THOMAS MERTON

DER AUFSTIEG ZUR WAHRHEIT

—

THOMAS MERTON

DER AUFSTIEG ZUR WAHRHEIT

Insula, im Januar 1993

BENZIGER

Aus dem Englischen übersetzt
von Hans Grossrieder
Titel der Originalausgabe: **The Ascent to Truth**
Curtis Brown, New York

Alle Rechte der Verbreitung, auch durch Film,
Funk und Fernsehen, fotomechanische Wiedergabe,
Tonträger jeder Art und auszugsweisen Nachdruck,
sind vorbehalten.

© 1988 Benziger Verlag AG Zürich
Unveränderter Nachdruck der Ausgabe von 1952

ISBN 3 545 20103 1

UNSERER LIEBEN FRAU

VOM BERGE KARMEL

INHALT

EINLEITUNG
DIE MYSTIK IM LEBEN DES MENSCHEN 11

ERSTER TEIL
DIE WOLKE UND DAS FEUER

1. Kapitel	Vision und Illusion	29
2. Kapitel	Das Problem des Unglaubens	36
3. Kapitel	Eine dunkle Nacht	53
4. Kapitel	Die falsche Mystik	62
5. Kapitel	Wissen und Unwissenheit	75
6. Kapitel	Begriffe und Beschauung	90
7. Kapitel	Die Krisis der dunklen Erkenntnis	102

ZWEITER TEIL
VERNUNFT UND MYSTIK BEI JOHANNES VOM KREUZ

8. Kapitel	Die theologische Grundlage	115
9. Kapitel	Glaube und Vernunft	135
10. Kapitel	Der Verstand im beschaulichen Leben	142
11. Kapitel	«Euer geistiger Gottesdienst»	159
12. Kapitel	Zwischen Instinkt und Eingebung	168
13. Kapitel	Verstand und diskursives Denken	185
14. Kapitel	Der Verstand im Gebet der Ruhe	199

DRITTER TEIL
LEHRE UND ERFAHRUNG

15. Kapitel	Der silberhelle Wasserspiegel	221
16. Kapitel	Eine dunkle Wolke, die die Nacht erhellt	237
17. Kapitel	Die liebende Gotteserkenntnis	248
18. Kapitel	Zum Berg und Hügel	260
19. Kapitel	Der Riese regt sich im Schlaf	276

ANHANG

Biographische Notizen	289
Quellen	309

EINLEITUNG

.

DIE MYSTIK IM LEBEN DES MENSCHEN

Das einzige, was die Welt vom völligen sittlichen Verfall retten kann, ist eine geistige Revolution. Das Christentum fordert, von Natur aus, eine solche Umwälzung. Würden nämlich alle Christen nach ihrem Bekenntnis leben, so wäre sie schon da. Das Verlangen nach Weltabgeschiedenheit und Vereinigung mit Gott ist der wesentlichste Ausdruck dieses revolutionären Geistes. Aufgabe der Christen ist es, ihr Christentum durch die völlige, unzweideutige Verwerfung der Welt, wie sie das Taufgelübde von ihnen verlangt, zu bezeugen. Dies beraubt sie keineswegs der Fähigkeit zur sozialen Betätigung in der Welt, denn es bildet die einzige wesentliche Voraussetzung für ein fruchtbares christliches Wirken.

Die Menschheit steht vor der größten Krisis ihrer Geschichte, weil dabei sogar die Religion auf der Waage steht. Die heutige Unrast auf den fünf Erdteilen, mit dem ganzen Untergangsschrecken, hat manche Menschen wieder auf die Knie gezwungen. Das soll uns nicht zur Täuschung verleiten, die Welt befinde sich notwendigerweise auf der Rückkehr zu Gott. Jedenfalls hat die Entlarvung der Mythen aus dem neunzehnten Jahrhundert — «unbegrenzter Fortschritt» und «Allmacht der Naturwissenschaften» — die Welt in Verwirrung gestürzt. Manche wenden sich spontan der einzigen klaren Hoffnung auf eine geistig-religiöse und sittliche Ganzheit zu — eine auf die philosophische und theologische Wahrheit gegründete Ordnung, welche dem grundlegenden religiösen Instinkt des Menschen freien Ausdruck gewährt. Diese Bewegung ist so umfassend, daß ein bedeutender Psychoanalytiker wie Carl Gustav Jung erklären konnte:

«Viele Hunderte von Patienten sind durch meine Hände gegangen: es waren in der Großzahl Protestanten, in der Minderzahl Juden und nicht mehr als fünf bis sechs praktizierende Katholiken. Unter allen meinen

Patienten jenseits der Lebensmitte... ist nicht ein Einziger, dessen endgültiges Problem nicht das der religiösen Einstellung wäre. Ja, jeder krankt in letzter Linie daran, daß er das verloren hat, was lebendige Religionen ihren Gläubigen zu allen Zeiten gegeben haben, und keiner ist wirklich geheilt, der seine religiöse Einstellung nicht wieder erreicht...«[1]

Das große Problem, vor das sich die Christenheit gestellt sieht, sind nicht die Feinde Christi. Die Verfolgung hat dem innern Leben der Kirche als solchem nie großen Schaden zugefügt. Die eigentlichen religiösen Probleme existieren in den Seelen jener unter uns, die im Herzen an Gott glauben und wissen, daß sie verpflichtet sind, ihn zu lieben und ihm zu dienen — und es doch nicht tun!

Die Welt, in der wir leben, ist ein dürrer Boden für die Saat der göttlichen Wahrheit. Eine moderne amerikanische Stadt ist gar kein günstiger Ort, um nach der Gottesliebe zu streben. Der Mensch kann Gott nicht lieben, wenn er ihn nicht kennt. Er kann nicht zu ihm gelangen, wenn er nicht etwas Zeit und Frieden hat, um zu beten, an ihn zu denken und sich in seine Wahrheiten zu vertiefen. Zeit und Frieden sind im modernen Leben selten geworden. Darum müssen jene, die Gott dienen wollen, nicht selten darauf verzichten und ihren Hoffnungen auf ein Innenleben entsagen. Aber wie lange kann ein Mensch dieses Opfer bringen, ehe es aufhört ein Opfer zu sein und zur Pflichtvergessenheit wird? Tatsächlich können wir uns gar nicht Gott weihen, ohne zugleich ein inneres Leben zu führen.

Der Grund dafür ist klar. Alles, was wir im Dienste Gottes tun, muß von der übernatürlichen Kraft seiner Gnade belebt werden. Die Gnade aber wird in uns nur in dem Maße für unser religiöses Leben gestaltend, als wir bereit sind, sie durch die innere Betätigung der theologischen Tugenden: Glaube, Hoffnung, Liebe, zu empfangen. Diese Tugenden erfordern die volle und beständige Übung unseres Verstandes und Willens. Diese Übung aber wird häufig durch äußere Einflüsse gehemmt, welche die Leidenschaft in uns wecken, uns verblenden und von unserem übernatürlichen Ziel ablenken. Dies läßt sich nicht vermeiden, aber es muß durch beharrliche Übung in der Andacht,

Betrachtung, im Gebet und Studium, durch Abtötung der Triebe, und zum mindesten ein gewisses Maß von Einsamkeit und Zurückgezogenheit bekämpft werden.

Gewiß ist es nicht möglich, oder auch nur wünschbar, daß jeder Christ die Welt verlasse und in ein Trappistenkloster eintrete. Und doch scheint das plötzliche Interesse der Amerikaner am beschaulichen Leben *eines* klar zu beweisen: daß die Beschauung, die Askese, das innere Gebet, die Weltabgeschiedenheit Dinge sind, deren die Christen unserer Zeit am meisten bedürfen. Die Gefahr, daß wir darob das apostolische Wirken und die äußere Betätigung vernachlässigen, ist gering. Papst Pius XII. hat jüngst in einer Ansprache die Aufmerksamkeit auf die Übertreibung der äußerlichen Betätigung auf manchen Gebieten gelenkt und die Katholiken daran erinnert, daß ihre persönliche Heiligung und Vereinigung mit Christus in einem tieferen Innenleben das erste und wichtigste sei. Seine Heiligkeit schreibt:

«Doch können Wir Uns nicht enthalten, jenen Unsere Sorge und Angst auszudrücken, die sich wegen der besonderen Zeitverhältnisse nur zu oft derart in den Strudel der Betriebsamkeit stürzten, daß sie die erste Pflicht des Priesters vernachlässigten, nämlich die Pflicht des Strebens nach eigener Heiligkeit. Wir haben schon öffentlich verkündet, daß diejenigen, die verwegen glauben, den Menschen könne das Heil durch die mit Recht sogenannte ‚Häresie der Aktion' gebracht werden, auf den rechten Weg zurückgerufen werden müßten.»[2]

Der Kampf des Kommunismus gegen alles «Bürgerliche» pflegte jeden ernsthaften Kommunisten zu einer strengen, fast religiösen Askese gegenüber so ziemlich allem, was in der von ihm verabscheuten Gesellschaft in Geltung steht, zu verpflichten. Ich sage: pflegte, denn es ist klar, daß das Reich Stalins rasch in einen kulturellen Zustand geriet, worin die niedrigste Schicht des bürgerlichen Materialismus zum stalinischen Ideal erhoben wurde. Wenn aber das Christentum seine offene Auflehnung gegen die materialistischen Gesellschaftszustände, unter denen es um seine Zukunft ringt, beweisen will, so müssen die Christen deutlichere Anzeichen jenes «*Agere contra*», jenes positiven «Widerstands» bieten, welcher die Seele der christlichen asketischen «Revolution» darstellt. Nur um den Preis dieser Revolution läßt sich die wahre Gotteserkenntnis erringen.

Wir Menschen des Atomzeitalters, wie wir uns nennen, haben uns eine sonderbare Leichtfertigkeit angeeignet, Abstand zu gewinnen und über unsere eigene Geschichte nachzudenken, als hätte sie sich bereits vor fünftausend Jahren abgespielt. Wir reden gern über unsere Zeit, als gehörten wir nicht dazu. Wir betrachten sie so objektiv, als existierte sie außer uns, in einem Glaskasten. Doch braucht ihr nur in euch selbst hineinzublicken, um das Atomzeitalter zu sehen; denn ihr selbst seid es. Und nicht nur ihr, leider auch ich!

Das Böse, das die moderne Welt erfüllt, sagt uns deutlich genug, daß wir nicht soviel wissen, wie wir uns einbilden. Das eigentümlich Paradoxe dabei ist, daß der moderne Mensch vieles und doch eigentlich nichts weiß. Und zwar ist es deswegen so paradox und sonderbar, weil die Menschen anderer Zeiten, welche ein geringeres Wissen besaßen als wir, tatsächlich mehr wußten.

Gewiß gab es zu allen Zeiten schon Schlechtigkeit und tiefe Verblendung in dieser Menschenwelt. Es gibt ja nichts Neues unter der Sonne, nicht einmal die H-Bombe — die schon von unserem Urvater Adam erfunden wurde. Auch ist es richtig, daß Zeiten tiefster Verzweiflung sich oft in Zeiten des Triumphs und der Hoffnung verwandeln. Und welchen Sinn hätte es, ein Buch über den Aufstieg zur Wahrheit zu schreiben, wenn keine Hoffnung auf Gesundung der Menschheit mehr bestände? Jetzt, wo wir uns unserer gründlichen Barbarei bewußt geworden sind, scheint mir auch wieder eine neue Hoffnung für die Kultur zu erwachen, weil mehr Menschen guten Willens denn je nach echter Kultur streben. Und jetzt, wo uns unsere grauenhafte Kraft zum Bösen sozusagen ins Gesicht starrt, ist der Drang der Menschen zur Heiligkeit größer denn je. Denn von Natur neigt der Mensch zum Guten, nicht zum Bösen. Und unendlich weit über unserer Natur steht uns — die Gnade Gottes offen, die uns mächtig zur unendlichen Wahrheit hinaufzieht und keinem Menschen verweigert wird, den es danach verlangt.

Das ganze Glück des Menschen und selbst seine Gesundheit hängt von seinem sittlichen Zustand ab. Und da die Gesellschaft nicht im Leeren, aus sich selbst, existiert, sondern aus Einzelmenschen besteht, können die Gesellschaftsprobleme letztlich nur in bezug auf das sittliche Leben der Einzelmenschen gelöst werden. Sind die Bürger gesund, so ist auch der Staat gesund. Sind die Bürger wilde Tiere, so wird der Staat zur Dschungel.

Doch stellt die Moral keinen Selbstzweck dar. Die Tugend trägt, für den Christen, ihren Lohn nicht in sich selbst. Gott ist unser Lohn. Das sittliche Leben führt zu einem Ziel, das darüber hinausreicht – zur Erfahrung der Vereinigung mit Gott und zu unserer Umgestaltung in Ihm. Diese Umgestaltung wird im andern Leben und im Lichte der Herrlichkeit vollendet. Doch erhält der Mensch schon auf Erden in der mystischen Beschauung einen Vorgeschmack des Himmels. Und mag ihm diese Erfahrung zuteil werden oder nicht, so lebt der gläubige Mensch, kraft seines Glaubens, bereits im Himmel. Conversatio nostra in cœlis!

Die Tatsache, daß sich heute nur sehr wenige Menschen der Beschauung widmen, heißt nicht, daß sie für die Menschheit als solche keine Bedeutung besitze.

Wenn die Rettung der Gesellschaft, auf die Dauer, von der sittlichen und geistig-religiösen Gesundheit der Einzelmenschen abhängt, so ist die Beschauung höchst bedeutungsvoll, da sie ein Zeichen geistig-religiöser Reife ist. Sie ist eng verbunden mit der Heiligkeit. Die Welt wird nicht bloß durch ein System gerettet. Ohne Liebe gibt es keinen Frieden. Ohne Heilige kann keine Ordnung bestehen.

2

Unsere Natur zeichnet uns einen bestimmten Entwicklungsweg vor, dem wir folgen müssen, um unsere besten Fähigkeiten zu entfalten und wenigstens das teilweise Glück des Menschseins zu erlangen. Diesen Weg müssen wir erkennen, er muß uns in allen wesentlichen Punkten klar vor Augen stehen. Sonst gehen wir fehl. Doch läßt er sich sehr einfach, in einem einzigen Satz ausdrücken: Wir müssen die Wahrheit erkennen und die erkannte Wahrheit lieben, und sodann nach dem Maße unserer Liebe handeln.

Welches sind die Grundbedingungen des «Wegs», den ich meine? Die erste und allerwichtigste ist: Ich muß mich der objektiven Wirklichkeit anpassen. Die zweite: Diese Anpassung wird erreicht durch Betätigung meiner höchsten geistigen Fähigkeiten — des Verstandes und Willens. Drittens verlangen diese nach Ausdruck, sobald mein ganzes Wesen, unter Führung des Willens, Taten hervorbringt, welche durch ihre sittliche Lebenskraft und Fruchtbarkeit zeigen, daß ich im Einklang mit der wahren Ordnung der Dinge lebe.

Dies sind nur die Grundbedingungen des «Wegs». Sie stellen eine psychologische Voraussetzung dar, welche der Mensch zu seiner geistigen und religiösen Gesundheit benötigt.

Und ich führe diese Grundbedingungen unserer Natur deshalb an, um darauf aufzubauen. Dieselben Wesenszüge des «Wegs» finden sich nämlich auch in der Beschauung, nur auf einer viel höhern Ebene. Denn die Beschauung ist ein Werk der Gnade. Die Wahrheit, mit der sie uns vereinigt, ist nicht eine Abstraktion, sondern die Wirklichkeit und das Leben selbst. Die Liebe, durch die sie uns mit dieser Wahrheit vereinigt, ist eine Gabe Gottes und wird nur durch die unmittelbare Einwirkung Gottes in uns erzeugt. Die Tätigkeit, welche als höchste und vollkommenste Frucht daraus hervorgeht, ist eine so mächtige Liebe, daß sie sich zu einer zeitlosen Selbstaufopferung erhebt, in der jede Bewegung aufhört, da ihre ganze Vollkommenheit im unbegrenzten Kreis eines ewigen Augenblicks liegt.

Dies sind schwierige Fragen. Kehren wir zu unserem einfachen Satze zurück: Wenn ich sage, wir müßten die Wahrheit erkennen und die erkannte Wahrheit lieben, so meine ich nicht in erster Linie die Wahrheit der Einzeltatsachen und Feststellungen, sondern die Wahrheit an sich. Die Wahrheit ist die Wirklichkeit selbst, und zwar als Verstandesobjekt betrachtet. Die Wahrheit, die der Mensch zu erkennen nötig hat, ist die transzendente Wirklichkeit, von der die besondern Wahrheiten nur Teiläußerungen darstellen. Da wir selbst wirklich sind, so steht uns diese hohe Wahrheit nicht so fern, wie wir glauben könnten.

Unser gewöhnliches waches Leben ist ein bloßes Dasein, worin wir meistenteils abwesend von uns selbst und von der Wirklichkeit scheinen, weil wir in die nichtigen Sorgen verstrickt sind, welche die Tage jedes lebenden Menschen ausfüllen. Doch gibt es Zeiten, in denen wir plötzlich aufwachen und den vollen Sinn unserer eigenen gegenwärtigen Wirklichkeit entdecken. Solche Entdeckungen lassen sich nicht in Formeln oder Definitionen festhalten. Sie gehören dem Bereich der persönlichen Erfahrung, der nicht mitteilbaren Intuition an. Im Lichte einer solchen Erfahrung ist die Wertlosigkeit all der Geringfügigkeiten, die unsern Geist beschäftigen, leicht zu erkennen. Damit erlangen wir einen Teil der Ruhe und des Gleichgewichts wieder, die stets in uns wohnen müßten, und begreifen, daß das Leben ein viel zu großes Geschenk ist, als daß wir es an etwas Geringeres als die Vollkommenheit verschwenden dürften.

Im Leben der Menschen, die sich von der modernen Welt mitreißen lassen und sich einzig auf sich selbst verlassen, sind diese Augenblicke einer tiefern Einsicht kurz bemessen und dürftig. Denn mag dem Menschen auch etwa ein flüchtiger Lichtblick in den natürlichen Wert seines Geistes gewährt sein, so ist doch die Natur allein unfähig, seine geistig-religiöse Sehnsucht zu erfüllen.

Die Wahrheit aber, deren der Mensch bedarf, ist kein philosophischer Begriff, sondern Gott selbst. Das Paradoxe in der Beschauung liegt darin, daß Gott nicht wahrhaft erkannt wird, ohne auch geliebt zu werden. Und wir können Ihn nicht lieben, wenn wir nicht Seinen Willen erfüllen. Das erklärt uns, warum der moderne Mensch, der soviel weiß, doch unwissend bleibt. Weil ihm die Liebe fehlt, vermag der moderne Mensch die einzig notwendige Wahrheit, von der alles abhängt, nicht zu erkennen.

Gott ist überall in ganz besonderer Weise gegenwärtig und offenbart Sich in der Welt, wo immer Menschen Ihn erkennen und lieben. Seine Herrlichkeit leuchtet in unaussprechlicher Weise aus jenen, die Er mit Sich selbst vereinigt hat. Die Menschen, die nichts von Gott wissen, haben vollkommen recht, wenn sie von jenen, die behaupten, Ihn zu erkennen, erwarten, daß sie ihr Wissen durch die Tat erhärten; nicht nur dadurch, daß sie sich «jedermann gegenüber verantworten, der von uns Rechenschaft verlangt über die Hoffnung, die uns beseelt»,[3] sondern vor allem durch das Zeugnis ihres eigenen Lebens. Denn in seinem hohenpriesterlichen Gebet sagt Christus:

«Ich habe die Herrlichkeit, die du mir gegeben hast, ihnen gegeben, damit sie eins seien, wie wir eins sind: Ich in ihnen und du in mir. So laß auch sie vollkommen eins sein. Dann wird die Welt erkennen, daß du mich gesandt hast und sie geliebt hast, wie du mich liebtest.»[4]

Das Studium der göttlichen Wahrheiten nützt dem Menschen nichts, solange er ein Leben führt, das in keiner Beziehung mit dem Kreuze Christi steht. Übrigens würde sich darin eine völlige Verkennung des Sinns des Christentums offenbaren. Denn das Christentum ist keineswegs bloß eine Philosophie oder ein Moralsystem, noch weniger eine Gesellschaftslehre.

Christus war nicht ein weiser Mensch, der ein Lehrsystem verkündete. Er ist Gott, der Fleisch geworden ist, um der Menschheit eine mystische Umgestaltung zu bringen. Gewiß hat er auch eine Lehre verkündet, die größer ist als jede andere vor oder nach ihm. Doch besteht das Ziel dieser Lehre nicht in sittlichen Ideen oder asketischen Vorschriften. Die Botschaft Christi ist der Same eines neuen Lebens. Die Aufnahme des göttlichen Wortes durch den Glauben bildet den Anfang der Umgestaltung des Menschen. Sie erhebt ihn über diese Welt und seine eigene Natur und führt sein Denken und Verlangen auf eine übernatürliche Ebene hinauf. Er wird zum Teilhaber der göttlichen Natur, ein Kind Gottes; und Christus lebt in ihm. Von diesem Augenblick an steht das Tor zur Ewigkeit in den Tiefen seiner Seele offen, und er ist zur Beschauung befähigt. Dann wacht er am Eingang zu einem Abgrund so hellen Lichts, daß es zur Dunkelheit wird. Dann wird er glühen im Verlangen, die Fülle des Lichts zu schauen und, wie Moses in der Wolke auf dem Sinai, Gott zurufen: «Laß mich deine Herrlichkeit schauen!»

Dieses Buch nun möchte das Wesen der beschaulichen Erfahrung darstellen, die notwendige innere Askese, welche dazu führt, umschreiben und einen Umriß der reifen Beschauung geben. Erst wenn der Glaube zu einer tiefern geistlichen Erkenntnis vordringt und über den Bereich der Begriffe hinaus in die Dunkelheit eintritt, die nur vom Feuer der Liebe erleuchtet werden kann, beginnt der Mensch Gott wirklich, auf dem einzigen Weg, der seine Seele zu befriedigen vermag, zu erkennen.

Die Begriffe sagen uns zwar die Wahrheit über Gott, doch ist ihr Licht so unvollkommen, daß der Mensch, der sich völlig mit der begrifflichen Gotteserkenntnis zufrieden gibt, ohne Verlangen, Ihn durch die Liebe zu besitzen, Ihn nie wirklich erkannt hat. Bleibt aber die beschauliche Gotteserfahrung, wenn sie über die Begriffe hinausgeht, nicht rein subjektiv? Schließt sie nicht eine vollständige Ablehnung der wissenschaftlichen Wahrheit ein? Sprengt sie nicht den Bereich jeder Autorität? Ist der Mystiker nicht eine Art religiösen Genies, das in einer ganz eigenen Atmosphäre lebt und seine Eingebung von niemand anderem empfängt? In einer vollen Bejahung dieser Fragen ist wohl der Grund zu suchen, warum William James die Geltung der mystischen Erfahrung anerkannte – unter diesem Gesichtspunkte paßt sie auch ganz in das System seines Pragmatismus hinein.

Über all diese Fragen handelt das vorliegende Buch. Die Antworten darauf lassen sich wie folgt zusammenfassen:

Erstens erfordert das beschauliche Leben eine Loslösung von den Sinnen, doch bedeutet dies nicht eine völlige Verwerfung der sinnlichen Erfahrung. Es erhebt sich über die Ebene des begrifflichen Denkens; trotzdem spielt der Verstand eine wesentliche Rolle in der innern Askese; ohne den Verstand können wir den Weg der Mystik nicht schadlos betreten. Das mystische Gebet erhebt sich über die natürlichen Denkvorgänge, doch bleibt es stets wesentlich damit verbunden. Die höchste Rolle, die dem Menschengeist zugewiesen ist, ist letztlich das Werk des in übernatürlicher Weise umgestalteten Verstandes, und zwar in der Anschauung Gottes, der «Visio beatifica». Aber auch der Wille spielt eine wesentliche Rolle in jeder Beschauung, denn ohne Liebe gibt es keine Beschauung. Die Liebe bildet sowohl den Ausgangspunkt der Beschauung als auch deren Genuß.

Ferner setzt die Beschauung die Askese voraus. In dieser Wechselbeziehung zwischen der Tätigkeit des Verstandes, Willens und unseres übrigen Wesens bringt die Beschauung unser ganzes Selbst Gott zum Opfer dar. Gott ist der Haupthandelnde bei diesem erhabenen Werk. Die Beschauung ist Sein Geschenk, Er kann frei darüber verfügen wie es Ihm gefällt. Streng gesprochen, kann sie durch keinerlei Bemühung und Hingabe unsererseits verdient werden. Tatsächlich aber schenkt Gott diese Gabe gewöhnlich jenen Menschen, die sich am meisten bemühen, jede Verstrickung in die Befriedigungen außerhalb des Bereiches des reinen Glaubens zu meiden.

Letztlich kommt uns die mystische Beschauung, gleich jeder andern Gnade, durch Christus zu. Die Beschauung ist die Fülle des Lebens Christi in der Seele und besteht vor allem in der übernatürlichen Durchdringung der Geheimnisse Christi. Dieses Werk wird in uns vollendet durch den Heiligen Geist, der durch die Gnade wesenhaft in unserer Seele gegenwärtig ist, in Gemeinschaft mit den beiden andern göttlichen Personen. Der höchste Gipfel der Beschauung ist die mystische Vereinigung mit Gott, in welcher die Seele und ihre Kräfte, wie wir uns ausdrücken, in Gott «umgestaltet» werden und zu einer voll bewußten Teilnahme am verborgenen Leben der Dreifaltigkeit der Personen in der Einheit der Natur gelangen.

Der Hauptzweck dieses Buches besteht nicht in einer Beschreibung oder Erklärung der höchsten Stufen der mystischen Erfahrung, sondern nur in der Erläuterung einiger Grundfragen, die sich eigentlich mehr auf die asketische Vorbereitung zu den mystischen Gebetsgnaden beziehen. Die wichtigste dieser Fragen betrifft das Verhältnis zwischen dem Verstand und Willen in der Beschauung.

Der Grund, warum ich dies so nachdrücklich betone, liegt darin, daß wir in großer Gefahr schweben, von einer falschen

Mystik überflutet zu werden. In Zeiten größter Verwirrung werden die Geisterseher zu Orakeln. Die Panik verblendet, gleich jeder andern Leidenschaft, den Verstand des Menschen, und angesichts der ihn bedrängenden Verwirrungen nimmt er gerne Zuflucht zu einer «übernatürlichen» Erklärung. Wir müssen uns völlig klarwerden darüber, daß die traditionelle christliche Mystik, obgleich sie zweifellos nicht in demselben Sinne intellektualistisch ist wie die mystische Philosophie Platos und seiner Anhänger, doch weder antirational noch antiintellektualistisch ist.

Es besteht daher keinerlei Widerspruch zwischen der christlichen Mystik einerseits und den Naturwissenschaften, der Naturphilosophie, der Metaphysik und der dogmatischen Theologie anderseits. Die Beschauung ist suprarational, ohne auch nur im geringsten das Licht der Vernunft zu verachten. Die Päpste der Neuzeit haben die grundsätzliche Harmonie zwischen der «erworbenen» oder spekulativen und der «eingegossenen» Weisheit, welche eine Gabe des Heiligen Geistes und die wahre Beschauung ist, betont. Papst Pius XI. weist im gleichen Zusammenhang, in dem er den heiligen Thomas von Aquin als Vorbild für die Priester und Theologen bezeichnet, darauf hin, die Heiligkeit des engelgleichen Kirchenlehrers habe vor allem in der wundervollen Einheit von spekulativer Wissenschaft und «eingegossener» Beschauung bestanden, welche miteinander die reine Flamme seiner vollkommenen Gottesliebe nährten; und zwar in so hohem Grade, daß die ganze Theologie des heiligen Thomas nur das eine Ziel hat: uns zur innigen Vereinigung mit Gott hinzuführen.[5]

Pius XII. betont in der Enzyklika «*Humani Generis*» die vollkommene Übereinstimmung zwischen der theologischen Wissenschaft und der «wesensförmigen» Gotteserkenntnis durch die Liebe in der mystischen Beschauung, während er gleichzeitig unbestimmte philosophische Behauptungen, die das Wirken des Verstandes und Willens in der Erkenntnis göttlicher Dinge miteinander verwechseln, zurückweist.

All dies sagt uns bereits, daß der Verstand eine lebenswichtige Rolle in der christlichen Heiligkeit zu spielen hat; und niemand darf den Anspruch erheben, Gott zu lieben, wenn er gleichzeitig jedes Verlangen, Gott besser zu erkennen und Seine Vollkommenheiten in den Wahrheiten, die Er uns über Sich selbst geoffenbart hat, zu erforschen, verwirft. Trotzdem bleibt die Liebe das eigentliche Wesen der christlichen Vollkommenheit und Heiligkeit, da sie uns unmittelbar und ohne Bindeglied, schon in diesem Leben, mit Gott vereinigt. Auch wird die Liebe, welche die Frucht unserer Anschauung Gottes im Himmel bildet, unsere reinste Freude im Himmel sein, da wir dadurch fähig werden, nicht nur Seine unendliche Güte zu empfangen, sondern Ihm etwas aus dem Schatze Seiner eigenen unbegrenzten Vollkommenheiten zurückzuzahlen.

Die traditionelle Lehre der Kirche, die in den Rundschreiben der neuern Päpste so nachdrücklich unterstrichen wurde und die das eigentliche Herz der «*Summa Theologica*» bildet, weigert sich, den Menschen mit sich selbst zu entzweien. Die gesunde Geisteshaltung der katholischen Theologie kann dem Asketen niemals erlauben, auf Nebenpfade des Angelismus oder Gnostizismus abzuschweifen. Die Kirche will die Menschen nicht durch Vernichtung ihrer Menschennatur heiligen, sondern durch Erhebung derselben, mit allen ihren Fähigkeiten und Gaben, zur höchsten Vollkommenheit, zu jenem Zustand, den die griechischen Väter die «Vergöttlichung» nannten. Gleichzeitig überläßt die Kirche den Menschen nicht im geringsten der Täuschung über sich selbst. Sie zeigt ihm deutlich die Ohnmacht seiner natürlichen Fähigkeiten, aus eigener Kraft die göttliche Vereinigung zu erlangen.

Damit werden zwei Extreme vermieden. Einerseits schreibt die falsche Mystik der Menschennatur die Kraft und das Recht zu, durch Bemühung unseres eigenen Verstandes, übernatürliche Erleuchtungen zu erlangen. Anderseits aber verdunkelt die falsche Mystik den Verstand völlig. Und zwar durch ihre ausdrückliche Verwerfung der Wahrheit und dadurch, daß sie in der Ekstase einer blinden Liebe, die den Verstand außer acht läßt, nach der göttlichen Vereinigung strebt und die «Vergöttlichung» als eine so reine Gabe betrachtet, daß es zu ihrer

Erlangung keiner Anstrengung von seiten des Empfängers bedürfte.

Worin aber besteht das eigentliche Wesen der mystischen Beschauung? Zuerst ist es eine übernatürliche Gotteserfahrung. Diese Erfahrung ist eine freie Gabe Gottes, und zwar in einem besonderern Sinne als alle andern zu unserer Heiligung notwendigen Gnaden, obwohl sie einen Teil des normalen übernatürlichen Organismus bildet, durch den wir geheiligt werden. Die mystische Erfahrung ist wesentlich eine lebendige, bewußte Teilnahme unserer Seele und ihrer Kräfte am Leben, an der Erkenntnis und Liebe Gottes selbst. Diese Teilnahme ist ontologisch nur möglich, weil uns die heiligmachende Gnade als ein neues «Sein» gewährt wird, das zu unserer Natur hinzugefügt wird und ihr die Kraft verleiht, Handlungen zu vollziehen, die ihre Fähigkeit vollkommen übersteigen.

Vor allem aber wird die mystische Erfahrung unmittelbar verursacht durch besondere Eingebungen des Heiligen Geistes, der in der Seele selbst wesenhaft gegenwärtig und ihr durch die Gnade verborgenerweise gleichförmig geworden ist. Die Wirkung dieser Eingebungen befähigt die Seele zur «Schau» und einer ganz neuen und unerwarteten Erfassung der vollen Wirklichkeit der in den bisher noch nie «gekosteten» Gottesbegriffen enthaltenen Wahrheiten. Vor allem aber verleiht uns diese Erfahrung ein tiefes Eindringen in die Wahrheit unserer Gleichwerdung mit Gott durch die Gnade. Die beschauliche Erfahrung ist im strengen Sinne des Wortes stets eine Erfahrung Gottes, der nicht als Abstraktion, als fernes und fremdes Wesen, sondern als innerlichst und unmittelbar in seiner unendlichen Wirklichkeit und Wesenhaftigkeit in der Seele gegenwärtig erfaßt wird.

Darin besteht die Substanz der katholischen Mystik. Diese Substanz, wie sie der «zuverlässigste» mystische Theologe der Kirche, der heilige Johannes vom Kreuz, ein spanischer Karmelite des sechszehnten Jahrhunderts in seinen Werken dargestellt hat, möchte ich hier näher betrachten.

Dieser große Diener Gottes, der zusammen mit der heiligen Theresia von Avila den reinen Karmelitenorden wiederhergestellt und die Welt den Weg des mystischen Gebets gelehrt hat, steht auf dem Gipfelpunkt der mystischen Tradition, die man vom Pseudo-Dionysius herzuleiten pflegt. Der heilige Johannes vom Kreuz steht an der Spitze der «apophatischen» Theologen, der Lehrer der «dunklen» Gotteserkenntnis. Er vollendet und erfüllt die Tradition der größten unter den griechischen Vätern – des heiligen Gregor von Nyssa, der die apophatische Schule eigentlich begründet hat, des Evagrius Ponticus und des heiligen Maximus. Noch weit bedeutungsvoller aber ist, daß er alle Zweideutigkeiten und Übertreibungen der patristischen Mystik vermeidet, indem er seine ganze Lehre auf der festen Grundlage des Thomismus aufbaut, die er sich an der Universität Salamanca erworben hatte.

Die Lehre des heiligen Johannes vom Kreuz ist so klar, so festbegründet und so universell, daß Papst Pius XI. nicht zögerte zu erklären, er «weise den Seelen in seiner sehr klaren Darstellung der mystischen Erfahrung, die gleichsam durch ein Licht von oben erleuchtet wird, den Weg zur Vollkommenheit». Und der Papst fügt bei: «So schwierig und geheimnisvoll (seine Werke) auch scheinen, enthalten sie doch eine so erhabene geistliche Lehre und passen sich der Auffassungsgabe der Leser so gut an, daß sie mit Recht als Gesetzbuch und Schule der gläubigen Seele auf dem Weg zu einem vollkommenen Leben betrachtet werden können.»[6]

Die von der Kirche den Unbeschuhten Karmeliten zuerkannte Messe des heiligen Johannes vom Kreuz ist erfüllt von Bildern aus der Schrift, womit er seine mystische Theologie zu illustrieren pflegte. Die Präfation dieser Messe enthält eine kurze, aber beredte Zusammenfassung seiner Lehre von der Entsagung und der «Nacht» als des sichern Wegs zur göttlichen Vereinigung.

Ein solches Zeugnis zeigt zur Genüge die große Bedeutung, die der Heilige Stuhl der Lehre und Fürsprache eines so großen Heiligen zumißt. Das zunehmende Interesse an seiner Theologie, und vor allem die Abhandlungen, in welchen Dominikanertheologen die grundsätzliche Übereinstimmung zwischen der Mystik des heiligen Johannes vom Kreuz und der dogmatischen Theologie des heiligen Thomas darlegen, läßt uns die vertrauensvolle Erwartung hegen, der heilige Johannes vom Kreuz werde eines Tages den ihm gebührenden Platz als doctor communis der katholischen mystischen Theologie erhalten. Dem angeführten Breve Papst Pius' XI. läßt sich entnehmen, daß auch die heutigen Theologen zum heiligen Johannes vom Kreuz zurückkehren und seine Größe als Meister des geistlichen Lebens an sich selbst erproben sollten, «indem sie aus seiner Lehre und seinen Schriften wie aus einer reinen Quelle christlichen Denkens und des Geistes der Kirche schöpfen».

ERSTER TEIL

DIE WOLKE UND DAS FEUER

ERSTES KAPITEL

VISION UND ILLUSION

Die irdischen Wünsche, denen die Menschen nachjagen, sind Schatten. In ihrer Erfüllung liegt kein wahres Glück. Warum streben wir trotzdem weiter nach wesenlosen Freuden? Weil das Streben selbst unser einziger Ersatz für die Freude geworden ist. Unfähig, bei einer Sache zu verweilen, suchen wir unsere Unzufriedenheit in einer unaufhörlichen Jagd nach neuen Befriedigungen zu vergessen. Auf dieser Jagd wird das Verlangen selbst zu unserer Hauptbefriedigung. Die Güter, die uns so sehr enttäuschen, sobald wir sie in der Hand halten, reizen unsere Begierde immer noch, wenn sie sich uns in der Gegenwart oder Vergangenheit entziehen.

Wohl niemand hat diese subtile Psychologie der Täuschung so deutlich gekennzeichnet wie Blaise Pascal in den Worten:

«Ein Mensch verbringt sein Leben ohne Langweile, indem er alle Tage ein wenig spielt. Gebt ihm jeden Morgen das Geld, das er täglich gewinnen kann, unter der Bedingung, nicht zu spielen: ihr macht ihn unglücklich. Man wird vielleicht sagen, der Grund dafür sei, daß er die Unterhaltung des Spieles sucht und nicht den Gewinn. Veranlaßt ihn also, um nichts zu spielen: er wird dabei nicht warm werden und sich langweilen. Er sucht also nicht nur das Vergnügen allein: ein Spiel ohne Kraft und Leidenschaft wird ihm langweilig. Es ist nötig, daß er sich erhitze, daß er sich selbst täusche, indem er sich einbildet, er würde glücklich sein, wenn er das gewönne, was er nicht geschenkt haben wollte unter der Bedingung, nicht zu spielen; damit er sich einen Anlaß zur Leidenschaft schaffe und daran seine Begierde, seinen Zorn, seine Furcht entzünde – um eines Zieles willen, das er sich selbst geschaffen hat, wie die Kinder, die sich vor dem Gesicht fürchten, das sie selbst geschwärzt haben.» [1]

Ein auf die Begierden gegründetes Leben ist wie ein Spinngewebe, sagt der heilige Gregor von Nyssa. Über uns gewoben vom Vater der Lügen, dem Teufel, dem Feind unserer Seelen, ist es ein zartes Gewebe wesenloser Nichtigkeiten, und doch vermag es uns zu fangen und festzuhalten und zu seinem Gefangenen zu machen. Trotzdem bleibt die Illusion nur eine Illusion, und mehr nicht. Es sollte für uns ebenso leicht sein, dieses Lügennetz zu durchbrechen wie ein Spinngewebe, das wir mit einer Handbewegung zerreißen. Der heilige Gregor sagt:

> «Was der Mensch in diesem Leben anstrebt, existiert nur in seinem Denken, nicht in der Wirklichkeit: Meinung, Ehre, Würde, Ruhm, Glück ist nur ein Werk der Spinnengewebe dieses Lebens... Jene, die sich in die Höhen erheben, entrinnen mit einem Flügelschlag dem Spinnengewebe der Welt. Jene dagegen, die schwerfällig und kraftlos wie Fliegen am Leim des Lebens klebenbleiben, lassen sich von den Ehren, Vergnügungen, vom Lob und mannigfaltigen Wünschen packen und fesseln, wie in Netzen, und fallen somit dem Tier, das sie zu fangen sucht, anheim.» [2]

Das Grundthema des «Ecclesiastes» ist das Paradox, daß, auch wenn es «nichts Neues gebe unter der Sonne», jede neue Menschengeneration von Natur dazu verurteilt sei, nach «neuen Dingen» zu jagen, die gar nicht existieren. Diese Auffassung, deren Tragik dem orientalischen Begriff des Karma sehr ähnlich ist, birgt das große Rätsel des Heidentums. Nur Christus, nur die Menschwerdung, durch die Gott aus Seiner Ewigkeit heraus in die Zeit hereintrat, um sie Sich selbst zu weihen, konnte die Zeit vor dem endlosen Kreislauf der Enttäuschungen retten. Nur das Christentum kann, nach dem Satz des heiligen Paulus, «die Zeit ausnützen». Andere Religionen können aus dem Rad der Zeit ausbrechen wie aus einem Gefängnis; aber mit der Zeit selbst können sie nichts anfangen.

In seinen Betrachtungen über die Psychologie der Verstrickung und Täuschung, der Vision und Loslösung, erklärt Gregor von Nyssa (in seinem Kommentar über den «Ecclesiastes»), wie die Zeit dieses Gewebe der Illusion um uns schlinge. Es genüge nicht zu sagen, der an diese Welt gefesselte Mensch habe sich selbst ein für allemal durch eine falsche Wahl daran gebunden. Nein: durch die wiederholte Hingabe seines ganzen Wesens an Werte, die gar nicht existieren, spinnt er ein ganzes Netz von

Irrtümern um seinen Geist. Er erschöpft sich selbst in seiner Jagd nach Phantomen, die vergehen und sich ebenso rasch wieder erneuern, wie sie vergangen sind; und ihn immer weiter in die Wildnis hinauslocken, wo er dem Durst erliegen muß. Ein der Materie und den Sinnen verhaftetes Leben spiegelt unvermeidlich die Vorstellungen der Qualen wider, welche die griechische Mythologie in den Hades versetzt – den verhungernden Tantalus mit den Speisen vor dem Mund, Sisyphus, der seinen Felsblock den Berg hinaufrollt, obgleich er weiß, daß er ihm im Augenblick, ehe er den Gipfel erreicht, wieder entrinnen und bis zuunterst hinabrollen wird.

So ist diese Nichtigkeit der Nichtigkeiten, die den Prediger des «Ecclesiastes» und seinen Kommentator so sehr beschäftigten, nicht bloß ein Leben enttäuschter Gedanken und Pläne, sondern vor allem ein Leben unaufhörlicher, fruchtloser Tätigkeit. Und was mehr ist, das Maß der Illusion eines solchen Lebens bildet der Grad der Tätigkeit selbst. Je weniger der Mensch hat, desto mehr regt er sich. Das Ende der Verblendung ist Bewegung, Wechsel und Verwandlung einzig um ihrer selbst willen.

«Der ganze Eifer der Menschen in den menschlichen Geschäften, schreibt der heilige Gregor, ist nichts anderes als ein Kinderspiel im Sand, bei dem das Vergnügen mit dem Spiel aufhört. Denn im Augenblick, wo es zu Ende ist, sinkt auch der Sand zusammen und hinterläßt keine Spur von der menschlichen Mühe mehr.» [3]

Dieser tiefe Gedanke kehrt in Pascals «Gedanken» häufig wieder. Er bildet wohl die Grundlage seiner berühmten Theorie über die «Zerstreuung».[4] Pascal weiß, daß die Philosophen, welche über jene Menschen spotten, die den ganzen Tag einen Hasen jagen, den sie wahrscheinlich nicht einmal geschenkt bekommen wollten, nicht die volle Tiefe der menschlichen Nichtigkeit ausloten. Menschen, die sich für zivilisiert halten, jagen nicht Füchse um der Füchse willen. Aus dem gleichen Grunde studieren sie nicht Philosophie oder Naturwissenschaften, weil sie nach der Wahrheit suchen. Nein. Sie sind zur physischen oder geistigen Bewegung verdammt, weil es ihnen unerträglich ist, stillzusitzen. Es ist wie Pascal sagt:

«Man sucht die Ruhe, indem man einige Hindernisse bekämpft; und wenn man sie überwunden hat, wird die Ruhe unerträglich... Denn entweder denkt man an die Leiden, die man hat, oder an die, die uns drohen.»[5]

Der Mensch ist geschaffen für die höchste Tätigkeit, und dies ist die Ruhe. Diese Tätigkeit, nämlich die Beschauung, wohnt in uns und übersteigt die Ebene der Sinne und des begrifflichen Denkens. Das Schuldgefühl des Menschen vor seiner Unfähigkeit gegenüber dieser innern Tätigkeit, welche den eigentlichen Grund seines Daseins bildet, ist eben das, was ihn dazu treibt, im äußern Wechsel und Streben das Vergessen zu suchen. Die Unfähigkeit zur göttlichen Tätigkeit, die allein seiner Seele genügen kann, bewirkt, daß sich der gefallene Mensch auf die äußern Dinge stürzt, nicht so sehr um dieser selbst als um der Geschäftigkeit willen, die seinen Geist angenehm betäubt. Er will einfach mit Kleinigkeiten beschäftigt sein; seine Beschäftigung dient ihm als Betäubungsmittel. Es wird nicht die ganze Mühsal des Denkens in ihm ertöten; aber wenigstens wird es dazu beitragen, das Bewußtsein dessen, was er ist, wie auch sein tiefstes Ungenügen, zu betäuben.

Pascal faßt seine Überlegungen in den Worten zusammen: «Das einzige, was uns in unserem Elend tröstet, ist die Zerstreuung, aber gerade das ist unser größtes Unglück.»[6]

Warum? Weil es uns «zerstreut» und von dem einzigen ablenkt, das uns auf den Weg unseres Aufstiegs zur Wahrheit führt. Dieses einzige ist das Bewußtsein unserer eigenen Leere, Armut, Begrenztheit und des Unvermögens der geschaffenen Dinge, unser tieferes Bedürfnis nach Wirklichkeit und Wahrheit zu befriedigen.

Welche Folgerung ergibt sich aus all dem? — Wir schließen uns durch unsere Liebe zum schwachen, flackernden Licht der Illusion und der Begierde selbst in den Irrtum ein. Wir können das wahre Licht nicht finden, solange dieses falsche Licht nicht verdunkelt ist. Wir können das wahre Glück nicht finden, solange wir nicht das Ersatzglück der leeren Zerstreuung von uns fernhalten. Friede, wahrer Friede läßt sich nur durch Leiden finden, und das Licht müssen wir in der Dunkelheit suchen.

2

In der christlichen Tradition gibt es eine Theologie des Lichts und eine Theologie der Dunkelheit. Diesen beiden Traditionen entsprechen zwei mystische Richtungen. Auf der einen Seite finden wir die großen Theologen des Lichts: Origenes, die heiligen Augustinus, Bernhard, Thomas von Aquin. Auf der andern die großen Theologen der Dunkelheit: den heiligen Gregor von Nyssa, den Pseudo-Dionysius, den heiligen Johannes vom Kreuz. Die beiden Richtungen existieren nebeneinander. Hervorragende moderne Theologen sehen kein Hindernis darin, die beiden in einer Synthese, die sowohl den heiligen Thomas von Aquin wie den heiligen Johannes vom Kreuz umfaßt, zu vereinigen. Mehrere unter den größten Mystikern — Ruysbroeck, die heilige Theresia von Avila und der heilige Johannes vom Kreuz selbst — schildern beide Seiten der Beschauung, das «Licht» und die «Dunkelheit».

Es stehen Seiten in den Werken des heiligen Gregor von Nyssa, — aber auch in jenen des heiligen Johannes vom Kreuz — die ganz gut in einen Text des Zenbuddhismus oder in Patanjali's Yoga hineinpaßten. Dabei dürfen wir aber nicht vergessen, daß, wenn ein christlicher Mystiker die geschaffene Welt als Illusion und als «Nichts» bezeichnet, dies für ihn nur eine bildliche Redeweise ist. Seine Ausdrücke sind niemals wörtlich und ontologisch zu verstehen. Die Welt ist, metaphysisch betrachtet, wirklich. Die Geschöpfe können uns tatsächlich zur Erkenntnis und Liebe unseres Schöpfers und unserer selbst führen. Aber da die geschaffene Welt unsern Sinnen zugänglich und Gott, in Seinem eigentlichen Wesen, unendlich weit über dem Bereich der Sinne wie des Verstandes steht, und da die Unordnung der Sünde uns die Begierde einflößt, die sinnlichen Güter allen andern vorzuziehen, streben wir in einer Weise nach den Gütern dieses Lebens, als wären sie unser letztes Ziel.

Sobald uns die Schöpfung im falschen Lichte der Begierlichkeit erscheint, wird sie zur Illusion. Der höchste Wert, wonach die Begierde in den geschaffenen Dingen strebt, existiert darin gar nicht. Der Mensch, der einen Baum für einen Geist hält, täuscht sich. Der Baum ist objektiv wirklich, aber in seinem Verstand ist er etwas, das nicht ist. Ein Mensch, der einen Zigarrenstummel für einen Hundertmarkschein hält, täuscht sich ebenfalls. Es ist ein wirklicher Zigarrenstummel, aber als Hundertmarkschein betrachtet, ist er reine Illusion. Wenn wir so leben, als wäre die Vielfalt der äußern sichtbaren Welt das Kriterium der gesamten Wahrheit; und wenn wir unsere Umwelt so behandeln, als wäre die wechselnde Wertskala das einzige Maß unseres höchsten Gutes, so wird die Welt zur Illusion. Sie ist an sich wirklich, doch bleibt sie für uns nicht mehr wirklich, weil sie nicht dem entspricht, als was wir sie betrachten.

Manche christlichen Mystiker betrachten die Welt nur vom subjektiven Standpunkt des gefallenen Menschen aus. Daher sind wir nicht überrascht, wenn sie behaupten, die Welt sei leer, sie sei ein Nichts und sinnlos. Dagegen sieht der heilige Gregor von Nyssa, gleich vielen andern unter den griechischen Vätern, von den westlichen ganz zu schweigen, die Frage vom Gesamten her.

Die Betrachtung Gottes in der Natur, welche die griechischen Väter «*theoria physica*» nennen, kann sowohl positiv wie negativ sein. Einerseits ist die «*theoria physica*» eine positive Erkenntnis Gottes wie Er Sich in den Wesenheiten aller Dinge kundgibt. Sie ist nicht ein spekulatives Wissen von der Natur, sondern vielmehr ein innerer religiöser Habitus, welcher der Seele eine Art intuitiver Gotteserkenntnis verleiht, nach dem Bilde, das Seine Schöpfung von Ihm widerspiegelt. Diese instinktive religiöse Einsicht in die Dinge wird nicht so sehr durch das Studium als durch asketische Loslösung erworben. Dies setzt voraus, daß die positiven und negativen Elemente in dieser «Naturbetrachtung» wirklich untrennbar miteinander verbunden sind. Die negative Seite der «*theoria physica*» ist eine ebenfalls instinktive Erfassung der Nichtigkeit und Illusion aller Dinge, soweit sie außerhalb ihrer wahren Ordnung und Beziehung zu ihrem Gott und Schöpfer betrachtet werden. Der oben angeführte Kommentar des heiligen Gregor von Nyssa über den «Ecclesiastes» ist eine Abhandlung über die «Naturbetrachtung» in ihrem doppelten Aspekt, als Nichtigkeit und als Symbol.

Heißt dies, daß die *theoria physica* der griechischen Väter eine Art immerwährender Dialektik sei zwischen den beiden Begriffen Vision und Illusion? Nein. Im christlichen Platonismus der Kirchenväter spielt die Dialektik eine weit geringere Rolle als bei Plato und Plotin. Die christliche Naturbetrachtung besteht nicht in einem intellektuellen Tennisspiel zwischen diesen beiden entgegengesetzten Seiten der Natur. Sie besteht vielmehr in der asketischen Unterscheidungsgabe, die in einem durchdringenden Lichtblick einsieht, was die Geschöpfe sind und was sie nicht sind. Sie ist das intellektuelle Gegengewicht zur Loslösung im Willen. Unterscheidung und Loslösung sind zwei Merkmale der reifen christlichen Seele. Sie sind noch nicht das Zeichen eines Mystikers, aber sie geben Zeugnis dafür, daß eine Seele, die sie besitzt, auf dem richtigen Wege zur mystischen Beschauung stehe und bereits über das Anfangsstadium hinaus sei.

Das Vorhandensein der Unterscheidung und Loslösung äußert sich in einem unmittelbaren Verlangen nach dem Guten — der Liebe, der Vereinigung mit dem göttlichen Willen — und einem ebenso großen unmittelbaren Widerwillen gegen das Böse. Ein Mensch, der diese Tugend besitzt, braucht nicht länger durch Versprechungen zum Guten ermahnt oder durch Strafandrohungen vom Bösen abgeschreckt zu werden.[7]

So groß ist die Macht des Menschengeistes, daß er vom geringsten aller Wesen aus zum größten gelangen kann. Der Menschengeist hat, in seinem eigentlichen Wesen, am Geiste Gottes teil, dessen Licht die Schlußfolgerungen seines begrifflichen Denkens erleuchtet. Die Worte lassen sich traurig mißhandeln und mißbrauchen; doch können sie nicht falsch sein, außer wenn sie auch wahr sein können. Der Mund der Narren und Scharlatane kann die Sprache zu einem verdächtigen Werkzeug erniedrigen, und doch behält sie, an sich, die Kraft, die Wahrheit zu bedeuten und mitzuteilen.

Ohne auch nur im geringsten von der Rechtfertigung durch den Verstand abhängig zu sein, steht der Glaube nie im Gegensatz zum Verstand und bleibt stets verstandesgemäß. Der Glaube zerstört den Verstand nicht, sondern erfüllt ihn. Doch muß stets ein zartes Gleichgewicht zwischen den beiden herrschen. Dabei sind zwei Extreme zu vermeiden: Leichtgläubigkeit und Skepsis; Aberglaube und Rationalismus. Wird dieses Gleichgewicht gestört und verläßt sich der Mensch zu sehr auf seine fünf Sinne und seinen Verstand, wo ihm der Glaube Lehrer sein sollte, so liefert er sich der Illusion aus. Oder mißtraut er der Vernunft zu sehr und setzt sein Vertrauen und seinen Glauben auf eine fehlbare Autorität, so verfällt er ebenfalls der Täuschung. Denn der Verstand bildet, in der Tat, den Weg zum Glauben, und der Glaube beginnt da, wo der Verstand nichts mehr zu sagen vermag.

ZWEITES KAPITEL

DAS PROBLEM DES UNGLAUBENS

Es ist dem Menschen absolut unmöglich, ohne irgendwelche Art Glauben zu leben. Der Glaube, im weitesten Sinne, ist die Annahme einer Wahrheit auf das Zeugnis eines andern hin. Das Wesen jedes Glaubens besteht in der Unterordnung unseres Urteils unter die Autorität eines andern Menschen, auf dessen Aussage hin wir eine Wahrheit annehmen, die unserem Verstande nicht eigentlich evident ist. Der menschliche oder natürliche Glaube besteht in der Annahme von Wahrheiten auf die Autorität anderer Menschen hin. Der übernatürliche Glaube ist der Glaube an von Gott geoffenbarte Wahrheiten, auf Grund des göttlichen Zeugnisses und der Autorität Gottes, der uns diese Wahrheiten geoffenbart hat.

Eines der Paradoxe unserer Zeit, die sich im übrigen gewiß nicht als Zeitalter des Glaubens auszeichnet, besteht darin, daß sich Millionen Menschen, denen der Gottesglaube als etwas Unmögliches erscheint, blindlings von selbst in menschlichem Glauben jedem Scharlatan unterwerfen, der Zugang zur Presse, zum Film oder Mikrophon hat. Menschen, die nicht an das geoffenbarte Wort Gottes glauben können, verschlingen alles, was sie in den Zeitungen lesen. Menschen, die es für unsinnig halten, daß die Kirche, kraft der Führung und dem Beistand des Heiligen Geistes, imstande sein könnte, unfehlbare Entscheidungen über die Offenbarung Gottes in bezug auf die Lehre oder Moral zu treffen, glauben an die phantastischsten Behauptungen der politischen Propaganda, auch wenn die Unehrlichkeit ihrer Urheber längst sprichwörtlich geworden ist.

Sie halten es für unmöglich, dem Papst zu glauben, wenn er, mit der für Rom bezeichnenden, äußersten Vorsicht und Zurückhaltung einen seiner seltenen, wohlüberlegten Entscheide ex cathedra im engsten Bereich des «Glaubens und der Sittenlehre», von dem er, als Stellvertreter Christi auf Erden, vermutlich etwas verstehen dürfte, erläßt. Wenn aber irgendein Filmstar oder eine sonstige Tagesberühmtheit, die ein paar Jahre lang im letzten Klassenrang sitzengeblieben ist, um schließlich jede Hoffnung, in einer Mittelschule vorwärtszukommen, aufzugeben, eine dogmatische Erklärung über irgendwelche Frage zwischen der Ehe oder der Astrophysik abgibt, so hält man dieselbe für «glaubwürdig».

Die Endironie der ganzen Situation liegt darin, daß die meisten Menschen keinen verstandesmäßigen Grund für ihren theologischen Unglauben haben. Streng gesprochen, hat eigentlich kein Mensch einen vernünftigen Grund zum Unglauben, weil der theologische Glaube in hohem Grade vernunftgemäß ist. Der Verstand hat kein Recht, bewußt unverständig zu sein. Doch gibt es immerhin einzelne Menschen, die, in aller Aufrichtigkeit, aus eigenem Suchen heraus zum Irrtum gelangt sind, der theologische Glaube sei unannehmbar. Wir können ihren Irrtum nicht schätzen, doch müssen wir wenigstens zugeben, daß sie erst nach harten Bemühungen dazu gelangt sind. Ihre Unwissenheit ist unüberwindlich. Sie sind «in gutem Glauben» ungläubig, weil sie meinen, stichhaltige Gründe gegen die Gültigkeit des Glaubens als solchen zu haben. Dies setzt, wenigstens theoretisch, voraus, daß sie, wenn sie die Stichhaltigkeit des Glaubens einsähen, sogleich ihren Standpunkt wechseln würden.

Dem ist aber nicht so. Darin besteht das Paradox. Während ein, zwei Menschen, als Folge falscher Überlegungen, den theologischen Glauben für unannehmbar halten, verwerfen Millionen andere den Glauben nicht auf Grund der Überlegung, sondern auf Grund eines blinden Glaubens. Hierin offenbart sich die äußerste geistige Armut unserer Zivilisation: daß unsere Ablehnung des Glaubens im Glauben begründet ist.

Doch steckt eine noch größere Ungeheuerlichkeit in unserem Unglauben. Auf das Zeugnis des Menschen hin glauben wir nicht an Gott. Wir lehnen das Wort Gottes ab, weil uns Menschen dazu veranlaßt haben, die ihrerseits wiederum von Menschen dazu veranlaßt werden. Der einzige wirkliche Grund, warum sich die meisten Ungläubigen der unfehlbaren Autorität Gottes nicht unterwerfen können, besteht darin, daß sie sich schon der fehlbaren Autorität der Menschen unterworfen haben.

Nun sagt uns aber der Verstand, der einzige, der uns etwas über Gott zu sagen vermöge, sei Gott selbst. Die Menschen wissen nichts von Seinem innern Leben und den Absichten, die Er mit ihnen verfolgt. Die Menschen können nur dann den Glauben an ihre Worte über Ihn fordern, wenn vernünftigerweise angenommen werden muß, daß ihre Worte nicht die ihren, sondern die Seinen sind — wenn sie als Seine Stellvertreter sprechen. «Denn euer Glaube sollte sich nicht auf Menschenweisheit gründen, sondern auf Gotteskraft» (1 Kor 2, 4).

Da Gott reiner Akt, reiner Geist ist, sieht Er nicht nur alle Wahrheit, sondern ist Selbst alle Wahrheit. Jede Wahrheit, jedes Wesen ist nichts anderes als Sein Spiegelbild. Die Wahrheiten sind nur wahr in Ihm und um Seinetwillen. Das Licht der Vernunft ist eine natürliche Teilnahme an Seiner Wahrheit. Der Verstand selbst erhält seine Autorität von Ihm. Darum führt uns der Verstand, wenn ihm die Möglichkeit gelassen wird, vorurteilslos unsern Weg zu erleuchten, zum Glauben.

Doch gehen die Menschen, die dem theologischen Glauben fernstehen, in ihrem Denken von falschen Voraussetzungen aus, die sie auf Treu und Glauben von der fehlbaren Autorität anderer Menschen empfangen, und benützen das gottgegebene

Licht des Verstandes, um Gott, den Glauben und sogar den Verstand selbst zu bekämpfen.

Diese Fragestellung wird meistens mißverstanden, weil der Glaube so häufig als vernunftfremd und sogar als im Widerspruch zu ihr stehend hingestellt wird. Dieser Ansicht nach ist der Glaube eine völlig subjektive Erfahrung, die weder mitgeteilt noch erklärt werden kann. Er ist etwas Gefühlsmäßiges. Er fällt uns zu oder nicht. Fällt er uns zu, so «haben wir den Glauben». Die Tatsache, daß wir «den Glauben haben», hat nicht notwendigerweise einen Einfluß auf unser verstandesmäßiges Denken, weil unser «Glaube» eine Gefühlssache ist, die jenseits der Grenze der Vernunft steht. Wir können sie weder uns selbst noch sonst jemandem erklären. Wenn aber der Glaube keinerlei Beziehung zum Verstand hat, so ist kaum einzusehen, wie der «Besitz des Glaubens» einen großen Einfluß auf unsere Lebensanschauung oder unser Betragen haben könnte. Er scheint nicht viel wichtiger, als wenn jemand rotes Haar oder ein Holzbein hat. Er ist ein Besitz, der uns zufiel; dem Nachbar nebenan aber nicht.

Diese falsche Auffassung des Glaubens stellt die letzte Zuflucht des religiösen Kompromisses mit dem Rationalismus dar. Aus Furcht, den Hausfrieden aufgeben zu müssen, verbarrikadiert sich der Glaube im Dachgeschoß und überläßt den Rest des Hauses der Vernunft. In Wirklichkeit sollten Glaube und Vernunft glücklich zusammenleben. Denn sie sind nicht gemacht, um geschieden oder getrennt zu leben.

2

In jedem Glauben, mag er natürlich oder übernatürlich sein, benötigen wir eine bestimmte vernunftbedingte Gewißheit, daß die Person, auf deren Wort hin wir eine Wahrheit annehmen, wirklich glaubwürdig sei. Die Beziehungen eines Durchschnittsmenschen zu seinem Arzt erfordern ein gutes Stück menschlichen Glaubens. Wir erwarten von unserem Arzt, daß er eine Menge Dinge von uns wisse, von denen wir selbst keine Ahnung haben. Wir nehmen die Heilmittel, die er uns vorschreibt, und verlassen uns auf seine Geschicklichkeit und Autorität. Doch ist es unvernünftig, jedem Menschen, der sich Arzt nennt, sein Vertrauen zu schenken. Wir handeln unvernünftig, wenn wir uns den Händen eines Menschen anvertrauen, dessen Patienten immer wieder Geld auswerfen für ausgefallene Behandlungen und sonderbare Operationen, die doch nichts nützen.

Tatsache ist, daß nicht wenig derartige Ärzte reich geworden sind. Und das Komischste dabei ist, daß sie nicht selten vom Glauben der Agnostiker und Atheisten gemästet wurden.

Die vernunftgemäße Grundlage des menschlichen «Glaubens» ist aus einem Beispiel wie dem Penizillin leicht ersichtlich. Was die meisten Menschen nicht begreifen, ist, daß es ebenso vernünftig ist, an Wunder zu glauben wie ans Penizillin. Aber auch hier ist die Fragestellung höchst unklar. Manche scheinen anzunehmen, der Glaube an Wunder habe zur Folge, daß der Gläubige, normalerweise, erwarte, eher durch ein Wunder von der Lungenentzündung geheilt zu werden als durch Penizillin.

Tatsächlich steht es ganz anders. Die Erfahrungen der Ärzte zeigen, daß das Penizillin den meisten an Lungenentzündung Erkrankten hilft. Die Erfahrungen der Ärzte zeigen auch, daß es Menschen gibt, die in völlig außergewöhnlicher Weise, für die sich keine andere Erklärung finden läßt, als daß es sich um einen unmittelbaren Eingriff Gottes handle, von scheinbar unheilbaren Krankheiten geheilt wurden. Der gläubige Christ weiß, daß die Heilung in jedem Fall Gott zugeschrieben werden muß, daß ihn Gott unter Benützung eines Arztes, der ihn mit Penizillin behandelt oder mit Hilfe eines Tropfens Lourdeswasser gesund machen kann. Gott, der die Naturgesetze geschaffen hat, kann sie auch wieder aufheben, wenn es Ihm gefällt. Und doch ist der gläubige Christ, unter Gefahr der Sünde, verpflichtet, die gewöhnlichen, vernünftigen Mittel zur Erhaltung seines Lebens und seiner leiblichen Gesundheit zu benützen. Er ist niemals verpflichtet, Lourdeswasser zu trinken. Er würde sich sogar versündigen, wenn er es mit einer wunderbaren Heilung versuchte, und dabei in schuldhafter Weise die gewöhnlichen Mittel vernachlässigte, um sein Leben zu erhalten!

Der Katholik ist verpflichtet zu glauben, daß Gott Wunder wirken kann. Doch ist diese Wahrheit auch der Vernunft begreiflich, denn, wie wir eben betont haben, Gott kann, als Urheber der Natur, mit den Naturgesetzen tun, was Er will. Aber kein Katholik muß an die konkrete Behauptung, in «Lourdes geschähen täglich Wunder», glauben. In der Tat kann diese Behauptung nicht durch den theologischen Glauben geglaubt werden, weil Gott nie offenbart hat, daß gerade in Lourdes Wunder geschehen müßten.

Die Hunderte wirklicher Wunder, die in Lourdes geschehen und im ärztlichen Bureau eingetragen sind, so daß jedermann sie nachprüfen kann, sind nicht mehr Gegenstand des theologischen Glaubens als die Heilungen, welche dem Penizillin zu verdanken sind. Man muß sich völlig im klaren darüber sein, daß die Wunder in Lourdes — oder irgendwelche andern Wunder, die je einmal außerhalb des Bereichs der göttlichen Offenbarung geschehen sind — den Gläubigen wie den Ungläubigen einfach als geschichtliche Tatsachen vorgelegt werden. Sie müssen in gleicher Weise wie jede andere geschichtliche Tatsache, durch rationale Untersuchung, geprüft und erklärt werden.

Die Wunder von Lourdes können ohne irgendwelchen vorhergehenden theologischen Glauben, einzig auf das Zeugnis der Ärzte hin, angenommen werden. Der einzige Grund, warum dieses objektive Zeugnis von den Ungläubigen so häufig verworfen wird, besteht darin, daß sie a priori annehmen, es gäbe keine Wunder, und daß sie dies für einen Glaubenssatz halten.

Daher das Paradox: Wird eine wunderbare Heilung berichtet, — etwa als Beweis für die fürbittende Macht eines Heiligen im Himmel — so verwirft der durchschnittliche Agnostiker das Wunder und schreibt es a priori dem Glauben zu, während die Kirche, falls sie überhaupt etwas unternimmt, a posteriori, eine langsame, sorgfältige vernunftgemäße Untersuchung über das Geschehene einleitet, um festzustellen, ob es wirklich ein Wunder war oder nicht. — Daraus ergibt sich die Frage: Wer hält sich strenger an die Vernunft, die Kirche oder die Rationalisten, welche «nicht glauben können»?

3

Das «Problem des Unglaubens» in der modernen Zeit ist offensichtlich nicht ein Problem der Glaubenslosigkeit, sondern des Irrationalismus. Die meisten Menschen unserer Zeit besitzen nicht soviel Verstand oder Bildung, um einer ausdrücklichen Sünde gegen die theologische Tugend des Glaubens fähig zu sein. Die in einem Lande wie Amerika, aber auch in Europa, überwuchernde Glaubenslosigkeit ist nicht ein ausdrücklicher Unglaube, sondern grobe Unwissenheit. Es ist die Verwirrung wohlmeinender, im Nebel verlorener Menschen, die ihre Linke nicht von der Rechten unterscheiden können. Der Agnostizismus und Atheismus, die den Menschengeist in der Welt benebeln, entstammen weniger einer eigentlich überlegten und begründeten Ablehnung der geoffenbarten Wahrheit als einer Denkunfähigkeit.

Dies rührt daher, daß die Menschen gar nicht imstande sind, ihre Unfähigkeit zum Glauben oder Unglauben einzusehen. Sie geben sich zufrieden mit dem Hochgefühl, daß sie imstande sind, mit ihrem Verstande die Behauptungen, die sie am Radio hören, aufzunehmen. Niemand kann von ihnen erwarten, daß sie in dem, was sie in den Zeitungen lesen, Wahrheit und Unwahrheit voneinander unterscheiden können, nachdem sie schon die größte Mühe haben, nur die Worte zu entziffern. Wie vermöchten sie selbst zu denken, wenn sie nicht einmal mit den Gedanken der andern Schritt halten können?

Der erste Schritt, der die Menschen zum Glauben führt, geschieht nicht auf der Ebene der Theologie, sondern der Philosophie. Er ist nicht Sache des Glaubens, sondern des Verstandes. Man kann von niemandem verlangen, daß er an die von Gott geoffenbarten Wahrheiten glaube, solange er nicht zuerst begreift, daß es einen Gott gibt und daß Gott die Wahrheit offenbaren kann. Doch verlangt die Kirche bei der Bekehrung der Erwachsenen zum katholischen Glauben nicht von ihnen, sie müßten ihre Vernunft dem Gottesglauben opfern. Sie versucht sie mit philosophischen Beweisgründen von einer Wahrheit zu überzeugen, die nach der Natur der Dinge, faktisch, zwingend ist.

Es wäre unnütz, zu leugnen, daß es mit den traditionellen katholischen Beweisen der Existenz Gottes — den fünf Gottesbeweisen des heiligen Thomas — zuweilen mißlingt, Menschen zu überzeugen, die nicht unter die obgenannte Kategorie fallen. Es handelt sich um geistige Menschen, um Intellektuelle. Die Fähigkeit zum Denken geht ihnen nicht ab. In ihrem Fall stammt das Unvermögen, die thomistischen Gottesbeweise anzunehmen, gewöhnlich aus der vollständigen philosophischen Verwirrung, welche außerhalb der Kirche herrscht. Eines der Symptome dieser Verwirrung besteht darin, daß die weltlichen Philosophen unfähig scheinen, Prinzipien wie den Satz vom Widerspruch oder das Kausalitätsprinzip einzusehen, obgleich sie inmitten einer naturwissenschaftlichen Entwicklung leben, die Zeugnis ablegt für eines wie das andere dieser beiden Grundprinzipien des Denkens.

Daher stammt das Unvermögen, selbst im Fall von Intellektuellen, die wirklich Anspruch auf diese Bezeichnung haben, die Existenz Gottes anzuerkennen, aus ihrer Denkarmut. Nicht daß ihnen die glänzende oder geübte Intelligenz fehlt. Aber in ihrer Beschäftigung mit den letzten metaphysischen Problemen scheint ihr Geist wie gelähmt von philosophischen Voraussetzungen, die weniger als untauglich sind: sie belassen sie im Zweifel über die Natur des Seins, der Wahrheit und gelegentlich sogar über ihre eigene Existenz. Nicht für sie stelle ich die Frage des Unglaubens. Auch unsere Intellektuellen sind nicht immer imstande, wider den Glauben zu sündigen!

Daher ist es verfehlt, das Problem des Unglaubens einzig auf der Stufe der Gottesbeweise zu stellen. Auf dieser Stufe handelt es sich noch nicht um den Glauben, sondern erst um die verstandesmäßigen Voraussetzungen des Glaubens. Pascal erkannte dies klar. Er erkannte auch das Paradox, daß Philosophen wie Descartes, welche in Wirklichkeit die Theologie auf die Ebene der Philosophie beschränkten und darauf abzielten, das Problem des Glaubens in den Bereich der «klaren Gottesbegriffe» hineinzuziehen, die ganze Frage verdunkelten und verfälschten. Pascal sagte richtig voraus, der Einfluß Descartes' auf die Theologie führe zu einer Verwässerung des Glaubens durch eine trügerische Philosophie.

Das Problem des Unglaubens stellt sich erst, wenn ein Mensch den Weg zu Gott gefunden hat. Jede Leugnung der Existenz Gottes verstrickt uns, wenigstens materiell, in eine Sünde wider den Glauben. Doch herrscht soviel unüberwindliche Unwissenheit gegenüber den verstandesmäßigen Voraussetzungen des Glaubens, daß es verfehlt wäre, anzunehmen, die Gottlosigkeit der meisten Menschen stelle ein wirkliches Problem des Unglaubens dar.

4

Oben wurde gesagt, die Massen seien glaubenslos wegen ihres Glaubens an wenige Menschen. Mit dem Unglauben dieser wenigen berühren wir das eigentliche Problem.

Der Unglaube dreier Menschenarten beschäftigt uns hier näher.

Zur ersten gehören die Atheisten, die einst an Gott geglaubt hatten, Ihn aber jetzt ausdrücklich ablehnen. Und da sie Gott verworfen haben, bemühen sie sich, die Gedanken an Gott und die Offenbarung auszurotten. Sie gehen soweit, ihre Angriffe gegen Gott zu organisieren und systematisch zu betreiben, so daß ihr Atheismus zu einer Art umgekehrter Religion wird. Der äußerste Atheismus ist eine Verzerrung des Glaubens, bei der jeder Gesichtspunkt der göttlichen Offenbarung eben um ihres Anspruchs auf die göttliche Autorität willen verleugnet wird. Alles in der Religion, was unsere Liebe zu Gott fördert, erregt daher den Haß der Atheisten. Der Atheismus in seiner extremsten Erscheinung ist eine irregewordene Religion. Auf der andern Seite läßt er sich nur als eine Abart der Psychose erklären.

Die zweite Art von Ungläubigen stellt das triftigste Problem, wie wir sehen werden. Sie besteht aus jenen, welche die Existenz Gottes mit dem Verstande annehmen und die Offenbarung wenigstens für glaubwürdig halten, sich aber dabei trotzdem gelähmt fühlen und «unfähig zu glauben».

Die dritte Art ist am wenigsten bekannt und am schwierigsten zu kennzeichnen. Sie besteht aus jenen, welche zwar dem Namen nach Glieder der Kirche bleiben und sogar gelegentlich, gewohnheitshalber, die Sakramente empfangen, aber ihren Glauben fast ganz verloren haben. Sie bewahren ihrer katholischen Vergangenheit und der katholischen Gesellschaft, zu der sie gehören wollen, eine gewisse Treue. Doch handelt es sich um eine rein menschliche und gesellschaftliche Treue, der jede theologische Grundlage fehlt. Dem Namen nach bleiben sie Katholiken, aber ihr Glaube ist tot, weil er keinen Ausdruck mehr in irgendwelcher christlichen Betätigung findet. Für sie könnte Gott und der Wille Gottes ebenso gut nicht existieren. Das Leben, das sie führen, ist offen und ungehemmt gottlos. Sie stehen bedeutend tiefer als die verhältnismäßig tugendhaften Ungläubigen in der Welt um sie herum. Der Unglaube jener, die noch gewisse äußere religiöse Formen beibehalten, ist eines der tiefsten Geheimnisse dieser Welt. Wer vermag zu sagen, was wirklich in solchen Seelen geschieht? Wer kann es wagen, sie zu deuten oder gar sie zu verdammen? Gott allein vermag die Tiefen der Finsternis auszuloten, in denen diese Menschen sorglos dahinleben. Zuweilen wirkt Er im letzten Augenblick ein Gnadenwunder in ihnen — und sie nehmen es ruhig hin wie ein Recht, das ihnen zukommt, als hätten sie von jeher darauf gewartet!

Diese drei Arten von Menschen stellen ganz verschiedene Probleme. So schwierig es im Fall der freimütigen Atheisten sein mag, reicht es jedenfalls nicht sehr tief. Der Atheist hat seinen Verstand und Willen und sein ganzes Wesen gegen Gott und die Religion aufgeboten. Die dritte Gruppe — jene, die sich, ohne lebendigen Glauben noch an die äußern Formen der Religion klammern — stellt wahrhaft ein Geheimnis dar: Ihr Wille gehört nicht Gott, da sie Ihm rücksichtslos ungehorsam sind. Was denken sie von Gott? Vielleicht sehr wenig. In ihrem Handeln sind sie Skeptiker. Der Gedanke an Gott, selbst die Frage Seiner Existenz hat für sie keinen unmittelbaren praktischen Wert mehr. Sie bemühen sich nicht einmal, Ihn zu verleugnen. Von diesem Gesichtspunkt aus sind sie vielleicht schlimmer als die Atheisten, die im Gedanken an Gott noch eine Quelle positiver Erregung finden.

Das eigentliche Problem des Unglaubens jedoch konzentriert sich, nach meiner Ansicht, auf jene, die Gott bis zu einem gewissen Grade kennen, aber nicht an Ihn glauben können. Um dieser Ambivalenz willen verstricken sie sich oft in die heftigsten geistigen Qualen. Sie anerkennen die Existenz und den Wert des Glaubens. Häufig wünschten sie etwas davon zu besitzen. Sie empfinden einen aufrichtigen Neid gegenüber den Gläubigen, welche die Lehrautorität der Kirche annehmen können und ungeteilt am katholischen Leben, mit allen seinen Vorrechten und Verpflichtungen, teilnehmen. Sie vermögen das Glück der wahrhaft religiösen Menschen zu schätzen. Sie halten die Ansprüche des Katholizismus für vollkommen vernünftig. Der Gedanke, daß Gott durch Christus zu den Menschen gesprochen und daß Christus seine Gebote, seine Lehre und heiligmachende Kraft seinem mystischen Leibe, der seine Fleischwerdung und seine sichtbare Gegenwart in der Welt der Menschen fortsetzt, übertragen habe, verwirrt sie nicht im geringsten. Und doch können sie nicht glauben.

Ich frage mich, wieviele Millionen solcher Menschen heute auf der Welt leben! Vielleicht liegt das Problem nicht bei allen offen zutage; doch läßt es sich leicht feststellen. Sie alle suchen dunkel in Gott den Frieden; aber sie sind moralisch gelähmt. Sie können sich zu keiner Bewegung entschließen, um zu Ihm zu gelangen. Diesen Menschen ist, wie mir scheint, am schwersten zu helfen. Und ich zweifle nicht daran, daß sie den meisten Geistlichen, bei der sogenannten «Konversionsarbeit», die größte Mühe verursachen. Doch weiß ich auch, daß ihr Problem häufig eine befriedigende Lösung findet. In welcher Weise? Durch die Erkenntnis, daß ihre Schwierigkeit nicht einfach intellektueller Natur ist.

Wenn wir zuweilen am Problem des Unglaubens in den Menschen, die «glauben möchten, ohne es zu können» vorbeigehen, so meistens deswegen, weil wir bloß Apologeten sind, wo wir Apostel sein sollten. Wir haben die Gewohnheit, die Menschen nicht mit Christus, dem Brot des Lebens, sondern mit apologetischen Argumenten zu nähren. Das kommt wohl daher, daß wir uns meist mit den stärksten und lautesten Gegnern der Kirche zu messen haben: den Atheisten und Skeptikern. Tatsächlich sind diese selten dazu berufen, sich zu bekehren. Selbst wenn der eine oder andere, aus einem echten Verlangen nach dem Glauben, mit Schwierigkeiten und Fragen, welche von den Gegnern der Kirche herstammen, zu einem Priester kommt, ist zu vermuten, daß seine eigentlichen Schwierigkeiten diesen Fragen fernliegen. Er glaubt sie als Vorwand zu einer Aussprache zu benötigen — oder hofft sie als Entschuldigung zu benützen, um sich zu keiner sittlichen Handlung zu verpflichten.

Schon längst hat Kardinal Newman vom Unterschied zwischen den vernunftbedingten Schwierigkeiten und dem theologischen Zweifel gesprochen. Mir scheint, daß, sobald diese Unterscheidung jenen, welche die Vernünftigkeit des Glaubens anerkennen, ohne glauben zu können, klargemacht wird, ihre Schwierigkeiten verschwinden. Denn sie begreifen nicht, daß die Tugend des Glaubens, als Materialobjekt, so tiefe Wahrheiten enthält, die soweit über unsern Verstand hinausreichen, daß man sie — und zwar im höchsten Sinne — als Geheimnisse bezeichnet. Es ist völlig klar, daß diese Wahrheiten nicht leicht zu begreifen sind und dem Verstande gewaltige Schwierigkeiten bereiten. Und doch ist es ganz falsch zu behaupten, die Glaubensgeheimnisse seien an sich unbegreiflich oder auf ihre Vernünftigkeit komme es nicht an. An sich sind die Glaubensgeheimnisse höchst vernünftig, da sie alle tief in die ewige Wahrheit und unendliche Vernunft Gottes eingetaucht sind. Aus diesem Grunde sind wir nicht imstande, ihre Tiefen, mit dem Licht unseres Verstandes allein, zu durchdringen.

Unsere Unfähigkeit, die Glaubensgeheimnisse zu verstehen, bedeutet noch keineswegs, daß wir unfähig seien, sie zu glauben. Aber der Glaube ist, wie gesagt, nicht etwa die blinde Annahme einer Wahrheit, die wir nie hoffen können zu verstehen. Obwohl wir den vollen Sinn dieser Geheimnisse nie begreifen werden, bildet der Glaube doch den Schlüssel zu einem relativen Verständnis derselben. Nach dem Anfangsakt des Glaubens beginnt der Gläubige zu sehen. Erst dann können die verstandesmäßigen

Schwierigkeiten, welche diese Geheimnisse uns bieten, in einigermaßen befriedigender Weise gelöst werden.

Stets müssen die Beweggründe der Glaubwürdigkeit abgeklärt werden. Doch wird deren Abklärung noch nichts zur Lösung eines Problems beitragen, das nicht wesentlich mit der Glaubwürdigkeit, sondern mit dem Glauben zusammenhängt. Belehrung, Nachdenken und wohlwollende Erklärung der Wahrheiten genügen meistens nicht. Es besteht ein subtiler Unterschied zwischen dem bloßen «Konvertitenunterricht» und der Verkündigung des göttlichen Wortes. Der heilige Paulus hat die Argumente jener, die nach Erschöpfung aller Argumente aus dem Lehrbuch der Fundamentaltheologie immer noch in einer Sackgasse stecken und den mangelnden Erfolg dem Umstande zuschreiben, Gott habe es vielleicht irgendwie unterlassen, dem künftigen Konvertiten die zum Glauben nötige Gnade zu verleihen, bereits vorweggenommen. Der Betreffende hat ihre ganze Beweisführung angenommen. Er weiß, daß die Offenbarung glaubwürdig ist. Er möchte an Gott, an Christus, an die Kirche glauben. Er erkennt sogar, daß er daran glauben sollte. Er hat einen klaren Begriff von allem, was er zu glauben hat, und es scheint ihm vernünftig. Aber hier – bleibt er stehen. Er kommt keinen Schritt weiter und gelangt nicht zur eigentlichen Annahme des Glaubens. Er kann nicht «glauben».

Was soll er tun? Die Hände falten und warten, bis die Gnade vom Himmel auf ihn herabsteigt? Der heilige Paulus schreibt:

«Die Rechtfertigung durch den Glauben aber sagt: ‚Sprich nicht in deinem Herzen: Wer wird in den Himmel hinaufsteigen?‘ nämlich um Christus herabzuholen; oder: ‚Wer wird in die Tiefe hinabsteigen?‘ nämlich um Christus von den Toten heraufzuholen. Was sagt sie vielmehr? ‚Nahe ist dir das Wort, es ist in deinem Munde und in deinem Herzen‘, nämlich das Wort vom Glauben, das wir predigen» (Röm 10,6–8).

Für den heiligen Paulus liegt das Problem der Rechtfertigung nicht im Beweise der Wahrheit dieser oder jener Lehre, sondern darin, daß Christus durch den Glauben in unsern Herzen wohne (Eph 3, 17). Ein Apostel ist jener, der durch das Wort Gottes «neue Wesen» in Christus erweckt. «Denn», schreibt Paulus an die Korinther, «hättet ihr auch viele Tausend Lehrmeister in Christus, so habt ihr doch nicht viele Väter; denn ich bin in Christus Jesus durch das Evangelium euer Vater geworden» (1 Kor 4, 15).

Das Wort des Glaubens erzeugt das geistliche Leben im Gläubigen. Das Wort, sagt der heilige Paulus, ist uns sehr nahe, wenn es einmal gleich dem Senfkorn in unser Herz «gesät» wurde. Diese Saat leitet eine innere Tätigkeit ein, die zu einer «Neugeburt» oder grundlegenden geistigen Umgestaltung führt, aus der ein neues inneres Selbst hervorgeht, ein «neues Geschöpf», das durch den Glauben eins ist mit Christus. Diese übernatürliche Umgestaltung wird durch das «Wort des Glaubens» herbeigeführt. Unsere geistige Geburt als «neue Menschen in Christus» hängt völlig davon ab, wie wir dieses «Wort» aufnehmen. Das Problem des Katechumenen, der glauben möchte und es doch nicht kann, wird gelöst sein, sobald er etwas mit dem «Wort» anzufangen weiß, das in ihn gesät wurde. Der heilige Paulus spricht von dieser Lösung in den folgenden Worten:

«Mit dem Herzen glaubt man, und das führt zur Rechtfertigung, mit dem Munde bekennt man, und das führt zum Heile» (Röm 10,10).

Diese Sprache klingt altmodisch. Sie wird den modernen Ungläubigen nicht plötzlich mit Licht überschütten! Und doch enthalten diese Worte den Kern des Problems des Unglaubens, wenn wir sie zu lesen verstehen.

Der heilige Thomas von Aquin hilft uns dabei. In seinem Kommentar über die Worte «mit dem Herzen glaubt man, und das führt zur Rechtfertigung», schreibt er:

«Dies bedeutet, daß wir mit dem Willen glauben. Denn andere Dinge, die zur äußern Verehrung Gottes gehören, können vom Menschen ohne den Willen verrichtet werden. Doch kann er nicht glauben, ohne daß er will. Denn der Verstand des Gläubigen wird nicht durch die zwingende Beweisführung zur Annahme der Wahrheit bestimmt, wie es für den Geist des Erkennenden der Fall ist. Daher ist die Rechtfertigung des Menschen [d. h. das übernatürliche Leben], die ihren Sitz im Willen hat, nicht eine Frage der Erkenntnis, sondern des Glaubens.» [1]

Dieser Willensakt, durch welchen der Verstand die göttliche Wahrheit im Glauben annimmt, ist notwendigerweise bedingt durch die weitere Willensbetätigung, welche als Folge des Glaubens erfordert ist. Der Glaube muß früher oder später «zum Heile bekannt» werden. Das heißt, die Wahrheit, an die wir glauben, muß so sehr von unserem ganzen Wesen Besitz ergreifen, daß der Glaube «sich in der Liebe auswirkt» und daß unsere Worte und Taten die Umgestaltung unseres Lebens nach außen hin kundtun. Wenn nötig, müssen wir unsern Glauben auch im Angesichte des Todes laut bekennen.

Der Unglaube, der wirklich ein Problem darstellt, beruht nicht auf dem Verstande, sondern auf dem Willen. Der heilige Augustinus hat schon längst klargestellt, daß einer der Hauptgründe, warum der Wille sich weigert, zur Tat zu schreiten und den Glauben anzunehmen, in der Furcht bestehe, den Preis des Glaubens zu bezahlen. Der Glaube ohne Werke ist tot (Jak 2, 17ff.). Die Werke, in denen sich der Glaube kundtut und durch die er lebt, verlangen das Opfer von Dingen, an denen der Wille hängt. Jeder Mensch, den es aufrichtig nach dem Glauben an Gott verlangt, erkennt, wenn auch dunkel, daß dieser Glaube, in seinem Wesen, mit der Liebe Gottes, der Unterwerfung unter seinen Willen und dem Verlangen, Ihm zu gefallen, verbunden ist. Dieselbe Gnadenwirkung, die ihn zum Glauben hinzieht, sagt ihm auch, daß seine Annahme des Glaubens, eine Umgestaltung seines ganzen geistigen Lebens erfordere. Er muß «sterben» und als neuer Mensch «wiedergeboren» werden. Er muß nicht nur seine ganze Lebenseinstellung ändern, sondern sich seiner alten Kleider, die mit seinem Wesen verwachsen sind, entledigen. Er muß sich entwurzeln und verpflanzen. Er muß sich vom alten Baume abschneiden und auf den neuen Baum, den mystischen Leib Christi, pfropfen lassen – und hier aus einem vollkommen neuen Lebensprinzip heraus leben. Der Glaube bedeutet Krieg.

Oft ist es so, daß ein Mensch, der, ohne wirkliche verstandesmäßige Schwierigkeiten mit dem Glauben zu haben, dennoch «nicht glauben kann», die Aussicht auf diese innere Umstellung nicht zu ertragen vermag. Er wünscht ernstlich den Frieden;

aber nicht um den Preis des Kampfes. Er möchte in Christus ein Zeichen der Erlösung für seinen Geist, aber kein Zeichen des Widerspruchs sehen. Er ist überzeugt von der Glaubwürdigkeit der Offenbarung und sehnt sich nach einem Leben im Glauben, und es fehlt ihm nur noch der Vollzug eines Willensaktes. Doch ist dieser Willensakt so furchtbar und so weitreichend in seinen Folgen! Daher ist es kein Wunder, daß sich der arme Mensch gelähmt fühlt.

Diese moralische Lähmung verdunkelt oft das verstandesmäßige Problem. Ein Mensch, der keine eigentlichen Schwierigkeiten mit der katholischen Wahrheit hat, kann sich plötzlich von «Problemen» bedrängt sehen, die nichts anderes sind als die Übertragung seiner moralischen Schwäche auf den Bereich des Verstandes. Eine Woche, einen Monat vorher vermochte er die Hauptzüge der katholischen Lehre noch völlig klar zu erfassen; aber jetzt, im «Unterricht», wird er verwirrt und verliert die Sicht. Sein zögernder Wille hat seinen Verstand verdunkelt. Er hat sich unbewußt von der Wahrheit abgewendet und schrickt davor zurück, sie in ihrer Gesamtheit anzunehmen.

Doch ist es nicht nötig, sich vorzustellen, daß all jene, die auf der Schwelle zum Glauben zögern, gleich dem heiligen Augustinus in den Banden schwerer Sünden stecken. Es gibt darunter Menschen von tiefer, aufrichtiger Geistigkeit, die der Kirche nahekommen, ohne den Glauben völlig annehmen zu können. Sie verstehen gewisse Aspekte der katholischen Theologie ebenso gut, wenn nicht besser als manche Priester, die ihnen Unterricht erteilen. Sie sind oft tief ins mystische Schrifttum der Heiligen eingedrungen, das manchen Geistlichen fast unbekannt ist. Sie besitzen hohe geistige Ideale und sind sogar, bis zu einem gewissen Grade, Asketen. Vielleicht haben sie auch eine gewisse Übung im innerlichen Gebet erlangt.

Und was mehr ist, oft handelt es sich um aufrichtige und demütige Menschen. Sie sind einer gewissen geistig-religiösen Bescheidenheit und Zurückhaltung fähig, um die sie manche von uns beneiden könnten. Es wäre ungerecht, ihr Unvermögen, den Glauben anzunehmen, leichthin dem geistigen Hochmut zuzuschreiben. Und doch liegt ihrer ganzen Haltung vor dem Glauben ein gewisser allgemeiner, unbewußter Hang zum Stolze zugrunde. Es ist nicht jene Art Stolz, für den sie individuell verantwortlich sind, sondern vielmehr ein Ausdruck der Erbsünde, welche die ganze Menschheit in Verwirrung gebracht hat. Das eigentümliche Ergebnis davon ist, daß ihre eigentliche Begabung, ihre natürliche Geistigkeit und Religiosität, sie, unbewußt, dazu führt, sich so zu betragen, als gebührte ihnen eine besondere Art Erfahrung, bevor sie niederfallen und glauben könnten.

Sie begreifen, wenigstens abstrakt, daß der Glaube eine Gabe ist. Sie begreifen, daß er sie zur Selbsthingabe an Gott führen muß. Doch meinen sie, dieser Selbsthingabe müßte irgendein Zeichen, irgendwelche geistige Erfahrung, irgendwelche dazu gehörige Tröstung vorausgehen.

Man kann für niemanden sagen, wie oder wann Gott Seine Gaben verschenkt. Doch scheint es mir wahrscheinlich, daß jeder, der die Glaubwürdigkeit des katholischen Glaubens einsieht und in dem oder jenem Augenblick den bestimmten Wunsch empfindet, ihn anzunehmen, bereits genügend Gnade dafür empfangen hat. Er braucht nicht zu warten, bis ihm ein Stern am Himmel oder ein Engel verkündet, er solle sich taufen lassen, oder bis ihm Gott selbst im Lichtglanze erscheint.

Wenn er nicht sicher weiß, ob er die Gnade besitzt, den Glauben anzunehmen, so mag er ihn vorläufig annehmen; und er wird bald feststellen, daß er nicht nur genügend, sondern auch wirksame Gnaden dafür empfangen hat. Er mag den Willensakt, den er für unmöglich hält, vollziehen; und er wird einsehen, daß er möglich und sinnvoll war. Dabei wird er sich zugleich verpflichten müssen, all die scheinbar schweren moralischen Folgen des christlichen Glaubens auf sich zu nehmen. Doch kann er moralisch sicher sein, daß, wenn er genügend Gnade empfängt, zum Beginn der Reise, er auch die nötige Gnade erhalten wird, sie fortzusetzen und ans Ziel zu gelangen.

Erst wenn der Glaube, durch den Willensakt in der Liebe, vollen Besitz von unserem Wesen ergriffen hat, wird das sogenannte «Licht des Glaubens» zu dem, was man als «Erfahrung» bezeichnen kann. In der Ordnung des Glaubens wird das Licht nur durch die Betrachtung des Willens erworben. Der Verstand vermag den Weg nicht allein zu finden, weil er in diesem Sonderfall durch den Willen bestimmt wird. Erst nachdem er vom Willen in Bewegung gesetzt worden ist, vermag er auf seine Erfahrung zurückzublicken und das Geschehene zu begreifen. Dasselbe Gesetz gilt für den gesamten Weg vom ersten Glaubensakt an bis zur höchsten Stufe der mystischen Beschauung. Gewöhnlich wird der ganze Weg in der Dunkelheit durchschritten. Wir werden nur in dem Maße erleuchtet, als wir uns immer vollkommener, in demütiger Unterordnung und Liebe, Gott hingeben. Es ist nicht so, daß wir zuerst sehen, um dann zu handeln; zuerst handeln und dann sehen wir. Nur durch die freie Unterordnung unserer Urteilskraft unter den dunklen Glauben gelangen wir zum Licht des Verstandes: credo ut intelligam. Daher wird ein Mensch, der zuwartet, bis er klar sieht, ehe er glaubt, seine Reise überhaupt nie antreten.

DRITTES KAPITEL

EINE DUNKLE NACHT

Von dem im ersten Kapitel erwähnten Spieler Pascals erfahren wir, daß die Tragik der menschlichen Situation auf Erden nicht einfach darin besteht, daß er Leidenschaften besitzt. Im Gegenteil. Darin liegt keine Tragik. Wer keine Leidenschaften hat, ist kein Mensch. (Daher hat es keinen Wert, daß die Prediger über die Begierden herfallen, die grundsätzlich von Natur gut sind, als wäre Leidenschaft gleichbedeutend mit Sünde und als wäre schon die Tatsache, daß wir einen Körper besitzen, ein fast nicht wieder gutzumachendes Übel!) Auch nicht im Umstande, daß unsere Leidenschaften eine Quelle der Illusion darstellen, besteht das Wesen unserer Tragik. Denn wir haben ja den Verstand. Und der Verstand genügt im wesentlichen, um das

Gewebe der Illusion, womit die Leidenschaft uns umgarnt, zu zerreißen.

Unsere Tragik liegt darin, daß wir, obgleich unser Verstand imstande ist, uns die Nichtigkeit unserer Begierden klar zu zeigen, doch fortfahren zu begehren um der Begierde willen. Die Leidenschaft selbst ist unsere Freude. So wird der Verstand zu einem Werkzeug der Leidenschaft. Und seine Rolle wird so sehr entstellt, daß er Götzenbilder schafft – das heißt Phantasiegebilde –, denen wir den Kult der Liebe und des Hasses, der Freude und des Schmerzes, der Hoffnung und Furcht darbringen können.

Aus dieser Knechtschaft gibt es keine natürliche Befreiung. Der Verstand selbst, der, von der Beistandsgnade gestützt, die Macht hat, sich selbst von der Leidenschaft zu befreien, verstrickt sich in Wirklichkeit in das Garn der Leidenschaften und hält den Glauben und die Gnade und den Einbruch der übernatürlichen Ordnung von unserem Leben fern.

Das geistliche Leben ist für den heiligen Gregor von Nyssa eine Reise aus der Dunkelheit ins Licht und aus dem Licht in die Dunkelheit. Es ist ein Übergang aus einem Licht, das Dunkelheit ist, zu einer Dunkelheit, die Licht ist. Der Aufstieg aus der Lüge zur Wahrheit beginnt da, wo das falsche Licht des Irrtums (das Dunkelheit ist) mit dem wahren, aber ungenügenden Licht der elementaren und allzumenschlichen Gottesbegriffe vertauscht wird. Dann muß dieses Licht ebenfalls verdunkelt werden, wie er sich ausdrückt. Der Geist muß sich selbst von den sinnlichen Erscheinungen loslösen und Gott in jenen unsichtbaren Wirklichkeiten suchen, welche der Verstand allein zu begreifen vermag. Dies ist die sogenannte «theoria», von der wir gesprochen haben – eine verstandesmäßige Form der Beschauung. Diese Verdunkelung der Sinne ist gleich einer Wolke, in welcher die Seele sich gewöhnt, blindlings zu reisen, ohne sich in ihrem Urteil über Wahrheit und Unwahrheit, über Gut und Böse auf die Erscheinungen der wechselnden Dinge oder auf die gefühlsmäßige Seite der Erfahrung zu stützen. Bevor der Geist jedoch den lebendigen Gott zu sehen vermag, muß er auch für die höchsten

Wahrnehmungen und Urteile seines natürlichen Verstandes blind sein. Er muß in die reine Dunkelheit eintreten. Aber diese Dunkelheit ist reines Licht – weil es das unendliche Licht Gottes selbst ist. Und allein schon der Umstand, daß Sein Licht unendlich ist, bedeutet, daß es für unsern endlichen Verstand Dunkelheit ist.

Diese Stufen des Aufstiegs zu Gott sind, nach der Auffassung Gregors von Nyssa, in den Stufen der Erleuchtung und Dunkelheit versinnbildet, durch welche Moses zu Gott zieht. Zuerst sieht Moses Gott im brennenden Dornbusch. Dann wird er von Gott in einer Wolkensäule durch die Wüste geführt. Schließlich steigt er auf den Sinai, wo Gott «von Angesicht zu Angesicht», aber in der göttlichen Dunkelheit, mit ihm redet.

«Dem großen Moses erschien Gott zuerst im Licht. Dann redete Gott zu ihm aus einer Wolke. Schließlich, als er eine höhere und vollkommere Stufe erreicht hatte, sah er Gott in der Dunkelheit. Dies bedeutet, daß unser Weg über die falschen, irrtümlichen Gottesbegriffe ein Weg aus der Dunkelheit ins Licht ist. Eine nähere Betrachtung der verborgenen Dinge durch die sichtbaren Dinge, führt die Seele zum unsichtbaren Wesen, das einer Wolke gleicht, die alles Sichtbare überschattet und die Seele leitet und ans Dunkel gewöhnt. Die Seele aber, welche auf diese Weise die Höhen erklimmt, läßt alles hinter sich zurück, was die Menschennatur von sich aus zu erreichen vermag, und tritt ins Heiligtum der Gotteserkenntnis ein, völlig umhüllt von der göttlichen Dunkelheit. Und da alles Sichtbare und Faßbare draußen gelassen wurde, bleibt der Seele nichts mehr zu schauen als das Unsichtbare und Unfaßbare. Und darin ist Gott verborgen, wie die Schrift vom Gesetzgeber sagt: ‚Moses begab sich in die Wolke hinein und stieg auf den Berg' (Exod. 24, 18).»[1]

Nun vollzieht sich aber diese Reise in der Dunkelheit nicht ohne Leiden. Unser Geist ist für das Licht, nicht für die Dunkelheit geschaffen. Aber der Sündenfall Adams hat uns in die verkehrte Lage gebracht, so daß das Licht, das wir jetzt lieben, Dunkelheit ist. Der einzige Weg zum wahren Leben ist eine Art Tod. Der Mensch, der die Anziehungskraft der göttlichen Wahrheit fühlt, und der begreift, daß er aus dieser sichtbaren Welt hinaus in ein unbekanntes Reich der Wolken und Dunkelheit gezogen wird, steht da wie einer, den es am Rand eines Abgrunds schwindelt. Dieses geistige Schwindelgefühl ist die konkrete Erfahrung der innern Entzweiung des Menschen mit sich selbst, da sein Geist, obgleich für den unsichtbaren Gott geschaffen, dennoch für jede klare Erkenntnis von den Erscheinungen der Außenwelt abhängig ist. [2] Und dieses Schwindelgefühl, das an die dunkle Angst in den Werken des dänischen Mystikers Sören Kierkegaard erinnert, gehört ebenfalls zu den Aspekten der «theoria physica», von der wir gesprochen haben. Es ist die metaphysische Qual, die eine Seele erfaßt, für welche die «Nichtigkeit» der sichtbaren Dinge nicht mehr eine Frage begrifflicher Überlegung, sondern der Erfahrung ist!

All diese Dinge weisen uns auf die klassischen Darlegungen des heiligen Johannes vom Kreuz über die beiden Nächte hin: die Nacht der Sinne und die Nacht des Geistes. Es besteht eine deutliche Beziehung zwischen den Stufen des Dunkels beim heiligen Gregor von Nyssa und den Nächten des heiligen Johannes vom Kreuz.

Wie der Aufstieg des Moses zu Gott, nach Gregor von Nyssa, in drei Stufen vor sich geht, so teilt der heilige Johannes vom Kreuz seine Nacht in drei Teile ein: [3]

«Diese drei Teile der Nacht bilden zusammen nur eine Nacht, die in drei Teile zerfällt, wie die wirkliche Nacht ja auch. Der erste Teil der Nacht, die Nacht des sinnlichen Menschen, entspricht nämlich dem Anfang der Nacht oder der Abenddämmerung, wo die Umrisse der Dinge entschwinden. Der zweite Teil der Nacht, die Nacht des Glaubens, entspricht der Mitternacht. Da ist nur Finsternis. Und der dritte Teil endlich, welcher Gott selbst ist, entspricht dem Morgengrauen, das dem vollen Tageslicht vorausgeht.»

Der heilige Johannes vom Kreuz ist ein erstaunlich klarer und einfacher Schriftsteller. Sollte ihn ein Leser schwer finden, so sicher nicht deswegen, weil er dunkel ist. Seine Klarheit ist fast grausam. Und darin liegt die Schwierigkeit. Seine Einfachheit ist zu rücksichtslos. Er verliert keine Zeit mit Kompromissen.

Er zählt seine asketischen Forderungen in Leitsätzen auf, die manchen Christen zum Schrecken und Ärgernis gereichen:

Willst du dahin gelangen, alles zu kosten, suche in nichts Genuß.
Willst du dahin gelangen, alles zu wissen, verlange in nichts etwas zu wissen.
Willst du dahin gelangen, alles zu besitzen, verlange in nichts etwas zu besitzen.
Willst du dahin gelangen, alles zu sein, verlange in nichts etwas zu sein.
Willst du erlangen, was du nicht genießest, mußt du hingehen, wo du nichts genießest.
Willst du gelangen zu dem, was du nicht weißt, mußt du hingehen, wo du nichts weißt.
Willst du gelangen zu dem, was du nicht besitzest, mußt du hingehen, wo du nichts besitzest.
Willst du erlangen, was du nicht bist, mußt du hingehen, wo du nicht bist. [4]

Todo y Nada. Alles und nichts. Die beiden Worte enthalten die Theologie des heiligen Johannes vom Kreuz. Todo — alles — ist Gott, der die Vollkommenheiten aller Dinge im höchsten Grade in Sich birgt. Für Ihn sind wir geschaffen. In Ihm besitzen wir alle Dinge. Um aber Ihn, der alles ist, zu besitzen, müssen wir auf den Besitz aller Dinge verzichten, die weniger sind als Gott. Nun ist jedes Ding, das wir in endlicher Weise sehen, wissen, genießen und besitzen können, weniger als Gott. Jedes Verlangen nach Wissen, Besitz, Sein, das hinter Gott zurückbleibt, muß ausgelöscht werden. Nada!

Seien wir vorsichtig! Der heilige Johannes vom Kreuz vergeudet keine Worte. Daher ist jedes Wort in seinen Schriften wichtig. Und das Schlüsselwort in jeder seiner Vorschriften für den Eintritt in die asketische Nacht ist das Wort «Verlangen». Er sagt nicht: «Willst du dahin gelangen, alles zu wissen, so wisse nichts», sondern «verlange in nichts etwas zu wissen». Nicht Genuß, Wissen, Besitz oder Sein an sich müssen «verdunkelt» und «abgetötet» werden, sondern nur das leidenschaftliche Verlangen, die Begierde nach diesen Dingen.

Weit davon entfernt, die Seele des Genusses, des Wissens usw. berauben zu wollen, möchte uns der heilige Johannes vom Kreuz zum reinsten Genuß und höchsten Wissen führen — «Genuß an allem», «Wissen von allem», «Besitz von allem....» Seiner Forderung nach Abtötung der Begierde liegt die tiefe psychologische Beobachtung zugrunde, die uns bereits von Pascal und Gregor von Nyssa her bekannt ist. Die Begierde, als Leidenschaft betrachtet, richtet sich notwendigerweise auf ein bestimmtes Objekt. Daher setzt jede Begierde unserem Wissen, Besitz und unserer Existenz eine Grenze. Um aber jeder Beschränkung zu entrinnen, müssen wir alles sprengen, was uns fesselt. Tausend Leidenschaften verwickeln uns in endliche und zufällige Dinge. Jede von ihnen veranlaßt uns, uns mit sinnlichen Dingen zu beschäftigen. Und diese Beschäftigung, Pascals «Zerstreuung», verengt und verschließt die Seele, verbannt sie in ihre eigenen Schranken und beraubt sie der Fähigkeit zu einer vollkommenen Gemeinschaft mit dem Unendlichen.

Alle «Leidenschaften» lassen sich auf vier zurückführen: Freude, Hoffnung, Furcht und Kummer. Alle vier sind so eng miteinander verknüpft, daß, wenn wir die eine im Zaum halten, auch die übrigen gehorchen. Deshalb lassen sie sich auf eine zurückführen: die Freude. Die Begierde ist daher das Streben der Seele nach Freude. Somit liegt das Geheimnis der asketischen Befreiung in der «Verdunkelung» aller Begierlichkeit. [5]

Der heilige Johannes vom Kreuz erklärt in seiner gewohnten nüchternen Art, diese Abtötung der Begierde sei unerläßlich für jeden, der das erste Gebot wortgetreu erfüllen wolle! Dies klingt wie eine ungeheuerliche Behauptung. Doch müssen wir uns vor Augen halten, daß das erste Gebot für den heiligen Johannes vom Kreuz eine Zusammenfassung des ganzen asketischen und mystischen Lebens, bis und mit der umgestaltenden Vereinigung, enthält. In der Tat, schreibt er, seine Werke seien einfach eine Erläuterung dessen, was im Gebot: «Liebe den Herrn, deinen Gott, aus deinem ganzen Herzen, aus deiner ganzen Seele und aus allen deinen Kräften», enthalten sei.

«In dieser Stelle ist alles enthalten, was die geistliche Seele tun muß, sowie auch alles, worüber ich sie belehren möchte, um in Wahrheit zur Vereinigung des Willens mit Gott durch die Liebe zu gelangen. Durch sie wird der Mensch angewiesen, alle Kräfte, Begehrungen, Werke und Neigungen der Seele für Gott zu verwenden, so daß alle Fähigkeiten und Kräfte der Seele auf diesen Zweck hingeordnet sind.» [6]

An einer andern Stelle erklärt er, diese vollkommene Abtötung der Begierde sei nichts anderes als die Nachahmung Christi. Denn wenn wir Christus gleich werden wollten, «der in seinem Leben keine andere Freude und kein Verlangen kannte, als den Willen seines Vaters zu vollziehen», so müßten wir «auf jeden Genuß, der sich den Sinnen bietet, verzichten und ihn von uns fernhalten, wenn er nicht einzig zur Ehre und Verherrlichung Gottes gereicht». [7]

Mit andern Worten, das Nada des heiligen Johannes vom Kreuz ist einfach eine ganz wortgetreue Anwendung des Evangeliums: «So kann keiner von euch mein Jünger sein, der nicht all seinem Besitztum entsagt» (Lk 14, 33).

2

Im ersten Buch des «*Aufstiegs zum Berge Karmel*» gibt der heilige Johannes vom Kreuz eine erschöpfende Darlegung der Wirkungen einer ungeordneten Begierde auf die Seele. Jeder Christ weiß, daß, wenn die Begierde ein gewisses Maß der Unordnung erreicht, das wir als Todsünde bezeichnen, die Seele der übernatürlichen Gegenwart und des göttlichen Lichts völlig beraubt wird. Jeder, der seinen Glauben ernst nimmt, fürchtet diese offensichtliche Gefahr. Aber nicht das beschäftigt den heiligen Johannes vom Kreuz am meisten. Er ergründet die scheinbar gesunde und lebenskräftige Seele, um ihr den gewaltigen Schaden zu zeigen, den die Ansteckung der Begierden anrichtet, vor der sich kaum jemand fürchtet. Zuvor aber legt er mit aller Sorgfalt dar, daß die Begierden, denen der Wille nicht zustimmt, der Seele keinen Schaden zufügen könnten. Unbewußte Regungen der Leidenschaft können nicht aus der Welt geschafft werden, und es wäre äußerst schädlich, es mit Gewalt zu versuchen. Der heilige Johannes vom Kreuz möchte in keiner Weise die instinktiven Regungen des Fleisches ausrotten oder die Menschennatur zerstören. Doch schenkt er den Wirkungen der bewußten, überlegten läßlichen Sünden und Unvollkommenheiten die größte Aufmerksamkeit, da wir vieles dafür tun können und sollten, um sie loszuwerden. Vieles, sagt er, aber nicht alles. Denn am Ende kann nur Gott, in der passiven oder mystischen Reinigung, die Seele von diesen Dingen reinigen.

Hier ist nicht der Ort, im einzelnen auf die Psychologie der Begierde des heiligen Johannes vom Kreuz einzugehen. Ein Kapitel aber ist für uns wichtig. Es soll uns von der falschen Auffassung befreien, als wäre der heilige Johannes vom Kreuz dadurch, daß er beständig von der «Dunkelheit» spricht, ein grundlegend irrationaler und verstandesfeindlicher Schriftsteller.

Wie wir bereits sahen, versucht der heilige Johannes vom Kreuz die Seele zur Erkenntnis aller Wahrheit in der göttlichen Wahrheit zu führen. Wenn es eine Erkenntnisweise gibt, mit der er sich nicht zufrieden gibt, so ist es die bruchstückhafte, illusorische und unvollständige. Diese muß verdunkelt werden, damit wir durch die Dunkelheit zum Licht der Wahrheit gelangen.

Jedermann weiß, daß die Leidenschaft den Verstand verblendet. Fehlurteile sind die Frucht ungeordneter Begierden. Ist die Wahrheit nicht so, wie wir sie uns wünschen, so verdrehen und verändern wir ihr Bild in unserem Geiste, bis es unsern Wünschen entspricht. Dabei schaden wir nicht der Wahrheit selbst, sondern richten unsern eigenen Geist zugrunde. Der heilige Johannes vom Kreuz schreibt darüber:

«Wie die Nebeldünste, die verfinstern und die Strahlen der Sonne nicht durchbrechen lassen, oder wie ein Spiegel, der Flecken bekommen hat, das Bild nicht mehr genau wiedergeben kann, oder wie ein von Schmutz getrübtes Wasser das Gesicht dessen, der sich darin beschaut, undeutlich widerspiegelt, so ist auch der Verstand einer Seele, in der die Begierden hausen, wie von dunklen Wolken überzogen. Diese aber lassen weder die Sonne des natürlichen Verstandes noch die Sonne der übernatürlichen göttlichen Weisheit sie bescheinen und erhellen.» [8]

So klar der heilige Johannes vom Kreuz auch sein mag, schreibt er doch so kraftvoll, daß manche Leser überzeugt sind, er verkünde eine Art manichäischen Dualismus, als wäre die Natur an sich böse, als stellten die Geschöpfe nichts als Hindernisse für die Vereinigung mit Gott dar. Doch bleibt die strenge Logik des heiligen Johannes unanfechtbar. Einerseits erklärt er vorbehaltlos, die Begierde der Geschöpfe als Selbstzweck vertrage sich nicht mit dem Verlangen nach Gott als unserem wahren Ziel. Wir könnten nicht Gott und dem Mammon dienen. Wenn unser Geist und Wille von der Begierde nach illusorischen Werten (der Nichtigkeit des «Ecclesiastes») umstrickt seien, so würden wir verdunkelt durch Irrtum, gequält und aufgerieben durch die Täuschung. In diesem Zustande vermögen wir weder Gott noch die Geschöpfe zu erkennen wie sie sind. Wir ruhen nicht in Gott und finden keine wahre Freude an seiner Schöpfung. Alles wird «Nichtigkeit und Ärger des Geistes».

Anderseits werden wir, sobald wir von der Knechtschaft der Begierde befreit sind, einer heiteren Erkenntnis, einer unverderblichen Freude fähig. Diese Erkenntnis und Freude werden wahrhaft erfüllt in Gott: In Ihm aber finden, erkennen und freuen wir uns auch der ganzen Schöpfung. Daher kann der Heilige die Schöpfung Gottes lieben. In der Tat vermag nur der Heilige diese Welt und die Geschöpfe darin, «gemäß ihrer Wirklichkeit» und «so wie sie sind», zu erkennen und sich ihrer zu freuen.

Über den «geistigen» und von den geschaffenen Dingen losgelösten Menschen sagt der heilige Johannes vom Kreuz:

«Man empfindet mehr Freude und Befriedigung an den Geschöpfen, wenn man auf sie verzichtet, eine Freude, wie sie der nie kosten wird, dessen Herz sich in den Besitz derselben zu setzen sucht. Denn diese Unruhe bindet den Geist wie mit einer Schlinge an die Erde und gestattet dem Herzen keine Bewegungsfreiheit. Durch die Entäußerung von diesen Gütern erkennt der Mensch auch deutlich deren natürlichen und übernatürlichen Wert, so daß er tiefen Einblick in die wahren Grundsätze bekommt, die man auf sie anwenden soll. Und aus diesem Grunde gereicht ihm auch die Freude zu größerem Nutzen und Vorteil als jenem, der sein Herz an dieselben hängt. Er kostet die Wahrheit, das Bessere und das Wesen derselben, jener aber, der sie nur mit den Sinnen betrachtet, den

Trug, das Schlimmere und das Unwesentliche. Die Sinne können eben nur das Unwesentliche fassen und erreichen, während der Geist, befreit von der unwesentlichen Hülle und dem äußern Schein, bis zur Wahrheit vordringt und den Wert der Dinge erkennt.» 9

Der heilige Johannes vom Kreuz lehrt uns keineswegs die Welt hassen, im Gegenteil, er weist uns den Weg, sie zu lieben und zu verstehen. Seine Botschaft könnte nicht deutlicher sein. Seine Unwissenheit weiß von allem außer vom Irrtum, daher ist sie der sicherste Pfad zur Wahrheit.

VIERTES KAPITEL

DIE FALSCHE MYSTIK

Die «Unwissenheit» des wahren Mystikers bedeutet nicht Unvernunft, sondern Übervernunft. Zuweilen scheint die Beschauung das spekulative Denken zu verwerfen, in Wirklichkeit aber bildet sie dessen Erfüllung. Jede Philosophie und Theologie, die sich über ihre Bedeutung in der wahren Ordnung der Dinge im klaren ist, strebt danach, in die Wolke auf dem Gipfel des Berges einzutreten, in welcher der Mensch hoffen kann, dem lebendigen Gott zu begegnen. Jede wahre Wissenschaft müßte daher erfüllt sein vom Bewußtsein ihrer eigenen Grenzen und vom Verlangen nach einer lebendigen Erfahrung der Wirklichkeit, welche dem spekulativen Denken allein unerreichbar bleibt.

Wie es einen Pharisäismus des Wissens gibt, gibt es auch einen der «gebildeten» Unwissenheit, denn ein verderbter Instinkt verschlingt alles, was nur immer unter der Sonne zu finden ist. Ein auf geheime, schwer zu erwerbende und nur wenigen zugängliche Fachkenntnisse eingebildeter Mensch ist nicht weniger stolz als einer, der sich in süßer religiöser Unwissenheit und im selbstbewußten Gefühl der Überlegenheit über jedes Wissen gefällt. Jeder dieser beiden Menschen ist stolz auf dasselbe. Jeder glaubt einen Gipfel geheimer, nur wenigen erschlossener Weisheit erstiegen zu haben. Aber vielleicht ist der unwissende Pharisäer schädlicher als der andere, weil er auf seine vermeintliche Demut stolz ist, was eine schwere Verwirrung darstellt.

Wir leben in einer Zeit, in der die falsche Mystik eine weit größere Gefahr bildet als der Rationalismus. Es ist heute viel leichter geworden, die menschlichen Gefühle mit religiös klingenden politischen Schlagworten zu beeinflussen als mit wissenschaftlich gefärbten. Dies gilt um so mehr für ein Zeitalter, in welchem die religiösen Neigungen von Millionen Menschen kein eigentliches Ziel vor sich sehen. Ein Volk, das nach Anbetung hungert, wird sich dem ersten falschen Gott zuwenden, der ihm in den Weg tritt.

Hitler hat der Welt gezeigt, was man mit der Ersatzmystik von «Rasse» und «Blut» anrichten kann. Die Mythologie des Kommunismus, die objektiv und gefühllos zu sein behauptet, ist in ihren Hauptzügen ebenso romantisch wie jene. Karl Marxens Zukunftsbild der dialektischen Entwicklung der Wirtschaftskräfte, die zum Sieg des Proletariats und der Einführung einer klassenlosen Gesellschaft führen sollen, ist nichts anderes als eine Anwendung alttestamentlicher Vorstellungen auf das neunzehnte Jahrhundert – das Gelobte Land, das auserwählte Volk, der Messias. «Das Kapital» verdankt dem unbewußten jüdischen Erbe nicht wenig. Der stalinische Imperialismus ist ein neuer Ausdruck des alten zaristischen Ideals – der «Erlösung» der Welt durch das heilige Rußland.

Stets besteht die Gefahr, daß die Dunkelheit des Glaubens, welche den Menschenverstand soweit vervollkommnen sollte, daß er sich über die Menschennatur erhöbe, dazu mißbraucht wird – wie sie zum Beispiel von den Faschisten mißbraucht wurde –, ihn Mächten zu unterwerfen, die unter seiner Natur stehen. Es gibt mancherlei dunkle Mächte der Seele, aber nur eine führt zur Reinigung. Alle übrigen erniedrigen den Menschengeist. Und ihre Unreinheit ist um so größer, je wahrer sie scheinen.

Die falsche Mystik ist oft in übler Weise verstandesfeindlich. Sie verheißt dem Menschen eine glühende Freude am Opfer seines Verstandes. Sie veranlaßt ihn, seinen Geist irgendwelcher blinden, bald als übermenschlich, bald als innerlich hingestellten Lebenskraft auszuliefern. Einmal ist sie politischer, dann wieder religiöser Natur. Fast immer erhebt das Gefühl sie über das Denken hinaus, auf verstandesmäßige Argumente antwortet sie zuweilen mit systematischer Gewalt — Aufhebung der Schulen, Vernichtung der Bücher, Einsperrung der Gebildeten. Weshalb das? Weil der Verstand selbst verdächtigt wird.

Die falsche Mystik hängt von einer Auffassung der Seele ab, nach welcher der Mensch in sich selbst geteilt ist. Geist und Wille bilden zwei Lager in ihm. Eine Kraft, eine dunkle Kraft steckt in ihm, die um Befreiung kämpft. Sie wird von den schwachen Ketten der Vernunft niedergehalten — den vom Verstande anerkannten Normen des Denkens und Handelns. Die falsche Mystik verwirft zum vornherein alle Normen und Gesetze der Vernunft, und zwar deshalb, weil sie vernünftig sind. Denn die Vernunft wird als Usurpatorin betrachtet. Der Verstand muß entehrt werden. Ein typisches Beispiel dafür ist die Behauptung, das «Licht der Vernunft» sei in Wirklichkeit nichts anderes als ein Komplex seelischer, durch die soziale Herkunft bedingter Reaktionen auf die Umwelt. Die Vernunft wird abgelehnt, um an ihrer Statt andern, angeblich «vitalen» und «fundamentalen» Trieben freie Bahn zu schaffen. Auf diese Weise gelangt man zur falschen Mystik des Sexuellen, der nicht wenige Schriftsteller unserer Zeit dienen.

Eigentlich gibt es gar keine Mystik in der Politik, Philosophie, Kunst oder Musik, noch weniger in andern, greifbareren Äußerungen des menschlichen Seelenlebens. Seit der Romantik haben sich die Literaturkritiker und Historiker den Ausdruck Mystik angeeignet und auf alle Menschen angewendet, welche das Gefühls- und Triebleben des Menschen vom Zwang konventioneller oder reaktionärer Auffassungen zu befreien suchten. So wurde jeder politische oder künstlerische Träumer, der seinen Lesern Tränen entlockte oder sie mit Ahnungen unsagbaren Weltschmerzes benebelte, als «Mystiker» betrachtet.

2

Die Erfahrung des Künstlers ist völlig verschieden von der des Mystikers. Obschon ein Mensch sehr wohl Künstler und Mystiker zugleich sein kann, müssen Kunst und Mystik bei ihm wesenhaft unterschieden werden. Die mystische Erfahrung kann, als Spiegelbild, Gegenstand einer ästhetischen Erfahrung sein. Der heilige Johannes vom Kreuz vermochte etwas von seiner Gotteserfahrung im Gebet in seinen Gedichten wiederzugeben. Aber auch hier bleibt stets ein unüberbrückbarer Abgrund zwischen seinen Dichtungen und seinem Gebet bestehen. Nie wäre er dem Versuch erlegen, die Schaffung eines Gedichts einem beschaulichen Gebet gleichzusetzen.

Die heilige Katharina von Siena spielte eine nicht unbedeutende Rolle im politischen Leben des vierzehnten Jahrhunderts, und zwar nur als Mystikerin und Werkzeug Gottes. Nie aber war ihre Mystik von der Politik bestimmt, sowenig wie ihre Politik von der Mystik. Die Mystik ist die «verborgene» oder «geheime» Gotteserkenntnis, welche der durch die Liebe mit Gott vereinigten Seele verliehen wird. Die Mystik umfaßt die ganze innere Erfahrung einer ins Absolute versenkten Seele. Darum ist es völlig sinnlos, von «politischer Mystik» zu sprechen. Ein solcher Ausdruck würde besagen, die «politische Betätigung» sei eine Art Emanation der göttlichen Natur und die Beschäftigung mit Politik komme einer Versenkung ins Absolute gleich. Die heilige Katharina von Siena vertrat eine solche Auffassung weder im mystischen Leben noch in der Politik. Ihre Mystik war nichts anderes als die Erfahrung ihrer Gottesvereinigung in Christus, dessen Reich «nicht von dieser Welt» ist. Ihre politische Betätigung bestand einfach in der Verwirklichung des göttlichen Willens in den zeitlichen Angelegenheiten der Menschen und vor allem der Kirche, mit der Absicht, eine möglichst große Zahl von Seelen in die Stadt Gottes zu führen, die in unwiderruflichem Gegensatz zur Stadt dieser Welt steht, weil sie einer völlig andern Seinsordnung angehört.

Im Rahmen dieser Schrift möchten wir uns auf die Frage der Mystik im strengen Sinne des Worts beschränken. Die einzige wahre Mystik ist die religiöse. Ich halte es folglich für selbstverständlich, daß jede nichtreligiöse Mystik zur «falschen Mystik» gehört, und stelle daher nur kurz die Frage nach der wahren und falschen religiösen Mystik.

Dabei sei einleitend betont, daß die Mystik nichts zu tun hat mit Okkultismus. Mystik ist keine Magie. Sie hat nichts mit Wahrsagerei zu tun. Sie ist kein Spiritismus und hat auch nichts mit Magnetismus zu tun. Keine dieser Erscheinungen kann als «mystisch» bezeichnet werden, weil keine davon religiös ist. Im Gegenteil, all diese Dinge verleiten den Menschengeist zur Sünde gegen die Religion. Alle sind grundsätzlich irreligiös. Die Religion ist die Tugend, durch welche der Mensch seiner vollkommenen Abhängigkeit von Gott Ausdruck verleiht. Die Eigenart aller okkulten Bestrebungen und der ungeordneten Verwendung des Magnetismus dagegen besteht darin, daß sie den Anspruch erheben, dem Menschen die natürliche Beherrschung der übernatürlichen Welt zu verschaffen. Sie geben vor, ihm übernatürliche Erscheinungen dienstbar zu machen, die irgendwie «unabhängig» von Gott wären. Sie gehen alle darauf aus, den religiösen Instinkt des Menschen zu vernichten und ihn durch eine krankhafte Inanspruchnahme mit außernatürlichen Erscheinungen zu ersetzen. Das grundlegende menschliche Verlangen nach Gottesverehrung und nach höchster Betätigung seiner geistig-religiösen Fähigkeiten in der übernatürlichen Erfahrung der göttlichen Güte und Wahrheit, wird dadurch vereitelt und gezwungen, sich mit «Zaubereroffenbarungen» des «Jenseits» zu begnügen. Alle okkulten Bestrebungen enden in einer üblen Verzerrung der Religion und Mystik.

Eng verbunden mit dem Okkultismus ist die Theosophie, die mehr oder weniger religiösen Ursprungs ist. Eigentlich ist sie eine heruntergekommene Popularisierung orientalischer Religionen. Sie enthält Spuren dessen, was man mit Recht als Mystik bezeichnen kann, allerdings nicht im strengen Sinne der katholischen Theologie. Die orientalischen Religionen, worauf sich die

Theosophie gründet, genießen die Hochachtung großer Persönlichkeiten um der natürlichen Vollkommenheit willen, zu der ihre sittlichen und asketischen Grundsätze manche besonders begabte Seelen emporführen. Die unklare Vermischung des Spiritismus mit der Theosophie, welche die Gemüter Tausender innehalb unserer westlichen dekadenten bürgerlichen Kultur – vor allem in den Vereinigten Staaten – zu fesseln vermochte, verdient keinerlei Achtung mehr. Die öde Vulgarität ihrer äußern Kundgebungen sollte genügen, uns davor stutzig zu machen. Eigentlich überrascht es, daß die Kirche diese Albernheit ausdrücklich verurteilt hat. Man sollte annehmen können, der eingeborne gesunde Menschenverstand genüge, um ihn von ihrem banalen Reiz fernzuhalten.

Die Gefahr dieser Pseudoreligion liegt nicht bloß in ihrer nebelhaften Lehre und abergläubischen Betätigung. Die Kirche verurteilt sie nicht bloß um ihrer Albernheiten willen. Hinterm Vorhang der törichten Lehren ist eine wirkliche, geheimnisvolle Macht am Werk. Es ist die Macht eines Geistes, der unsere Natur übersteigt, ohne Gott zu sein. Die Macht eines engelhaften Verstandes und Willens, die einer nur allzu unheilvollen Einwirkung auf das Leben der Menschenwelt fähig ist. Wir bezeichnen diesen besondern Verstand allgemein als bösen Geist, als Teufel. Seine hauptsächlichste und bezeichnendste Wirkung besteht in der Verderbnis des Tiefsten innerhalb der geistig-religiösen Ordnung, und dazu benützt er vor allem die falsche Mystik.

Anderseits wäre es kindlich und sinnlos, jede falsche Mystik dem Bösen zuzuschreiben, auch wenn es richtig ist, daß dieser Geist die Wirkung der wahren mystischen Gnade in der Seele, direkt oder indirekt, zunichte machen kann.

Dies führt uns zu unserem Hauptproblem: den falschen mystischen Erfahrungen in einer echt religiösen Seele. Die falsche Mystik ist höchst gefährlich, weil sie von der Gnade ablenkt. Und da Gott uns die Gnade schenkt zur Erlangung der hohen übernatürlichen Vollkommenheit, die Er unserer Natur verleihen will, hat die falsche Mystik auch eine Verderbnis unserer Natur zur Folge.

Von Natur aus streben wir nach Wahrheit. Die Gnade Gottes kann uns eine tiefere Erfahrung Seiner selbst verleihen, der die unendliche Wahrheit selbst ist. Die falsche Mystik lenkt uns vom richtigen Weg zu diesem Ziele ab. Sie führt uns in eine Fata Morgana hinein, läßt uns in der Wüste sterben, schließt uns ins Gefängnis einer Täuschung ein. Dies kann auf vielfache Weise geschehen, aber stets weist sie einige wenige bezeichnende Merkmale auf. Darum ist es sehr leicht, theoretisch über die falsche Mystik zu sprechen. In den konkreten Einzelfällen dagegen ist die Entlarvung einer Täuschung oft äußerst schwierig, wenn nicht sogar unmöglich.

3

Theoretisch betrachtet, lassen sich zwei Arten falscher Mystik unterscheiden. Beide bringen die private mystische Erfahrung in eine falsche Beziehung zur Wahrheit, die Gott öffentlich der Kirche geoffenbart hat. Eine dieser unrichtigen Wesenbestimmungen erklärt, der Mystiker benötige keinerlei verstandesmäßiger Gotteserkenntnis, weder einer geoffenbarten noch einer andern. Zur Erlangung der «beschaulichen Vereinigung» mit Gott müsse der «geistliche Mensch» jede Art geistig-religiöser Betätigung aufgeben und die Seele aller Gedanken und Neigungen entleeren. Sobald die Seele leer sei, werde sie, automatisch und ganz natürlich, mit der «erworbenen» Beschauung gefüllt, in welcher sie Gott «erkenne», wobei ihr jedes Bewußtsein, etwas zu erkennen, fehle. Da hierin das Wesen der wahren Beschauung erblickt wird, folgt daraus, daß die theologische Gotteserkenntnis ganz wesentlich ein Hindernis für die Beschauung darstelle, und daß dem Theologen berufshalber die richtigen Voraussetzungen für die Mystik fehlten, während ein Unwissender von Natur aus am besten auf die Beschauung vorbereitet sei. Diese Irrtümer des Quietismus wurden bereits im siebzehnten Jahrhundert von der Kirche verurteilt. Ihre Gefahr ist mehr spekulativer als praktischer Art, weil es dem Menschen in der Wirklichkeit sehr schwer fällt, seinen Geist aller Gedanken zu entleeren, und nur wenige werden es ernsthaft versuchen. Und doch beschäftigt uns hier dieser Irrtum am meisten, weil er, oberflächlich betrachtet, der wahren Lehre, die wir den Werken des heiligen Johannes vom Kreuz entnehmen, teilweise gleicht.

Die Irrtümer des Quietismus in bezug auf die Gotteserkenntnis bestehen in einer ausdrücklichen Ablehnung der Theologie, einer Entwertung der göttlichen Selbst-Offenbarung an den Menschen durch Christus, das eingeborne Wort, in der vollständigen Ablehnung des förmlichen Gebets und der Betrachtung, und in der Auffassung, die übernatürliche Beschauung könne durch die bloße Einstellung der geistigen Tätigkeit «erworben» werden. In Wirklichkeit verunmöglichen diese Irrtümer, wie wir sehen werden, die wahre Beschauung.

Beiläufig sei bemerkt, daß die orientalische Mystik im Ganzen nicht mehr mit dem Quietismus des Molinos gemeinsam hat als die Mystik des heiligen Johannes vom Kreuz. Die Annahme, der Yoga strebe nach einer Versenkung ins Absolute durch bloße Entspannung des Geistes und Einstellung der Tätigkeit, ist ganz falsch. Die im Orient angewendeten Betrachtungsmethoden sind weit mühsamer und anspruchsvoller als jede des Westens. Der orientalische Kontemplative steht der begrifflichen Erkenntnis ebensowenig gleichgültig gegenüber wie der christliche. Die göttliche «Offenbarung» spielt auch in der orientalischen Mystik eine Rolle und das «Wissen» ist einer der Grundsteine des Yoga. Die orientalische Mystik ist weit intellektueller und spekulativer als die westliche; darin besteht, tatsächlich, einer ihrer Mängel. Sie ist zu intellektuell. Sie neigt zu ausschließlich zur Abhängigkeit von der Betätigung des menschlichen Verstandes und von menschlichen Methoden, und läßt zuwenig Raum für die Liebe; auch besitzt sie nur eine zögernde unklare Einsicht ins höchste Wirken der göttlichen Gnade beim mystischen Gebet.

Wie gesagt, lassen sich zwei Arten falscher Mystik unterscheiden. Die erste wurde bereits geschildert: Sie setzt buchstäblich die Unwissenheit an Stelle der Begriffserkenntnis. Die zweite Art falscher Mystik ist weit verbreiteter: Sie erhebt den Anspruch, durch andere Mittel als die von Gott normalerweise angeordneten zu einer besondern übernatürlichen Erkenntnis zu gelangen. Dies ist gewiß sehr schmeichelhaft für die Menschennatur. Der gefallene Mensch erhebt sich gern über seine Mitmenschen und schwingt sich wie auf Engelsflügeln empor. Die meist verbreitete Täuschung gutgesinnter religiöser Seelen besteht in der Vorstellung, himmlische Stimmen zu vernehmen, Visionen zu sehen, in Ekstase und in Verzückung zu geraten, — alles reinste Erzeugnisse ihrer Einbildungskraft! Immerhin ist zu unterscheiden. Ansprachen, Gesichte, Ekstasen und andere außergewöhnliche Erfahrungen können sehr wohl übernatürlich sein. Es ist gut möglich, daß sie von Gott stammen, wenn auch nicht jede Vision vom Himmel kommt. Dabei muß man sich vor allem bewußt sein, daß diese Erfahrungen, auch wenn sie übernatürlich sind, nicht zum Wesen der wahren Mystik gehören. Sie stellen nur Nebenerscheinungen dar. Das heißt, die mystische Beschauung im strengen Sinne ist eine Gotteserfahrung, die unmittelbar im Bereich des Glaubens, unter der Eingebung der Gnade, vor sich geht, ohne Vermittlung irgendwelcher übernatürlichen Gesichte, Stimmen oder Erleuchtungen. In der mystischen Beschauung erkennt die Seele Gott ohne Vermittlung irgendeines bestimmten Begriffs oder Bildes, weder des Verstandes noch der Sinne. Daraus ergibt sich, daß alle Visionen und Ansprachen in gewissem Sinne im Gegensatz zur wahren Beschauung stehen, wenigstens soweit sie deren Reinheit und Vollkommenheit herabsetzen. Nach der Ausdrucksweise der apophatischen christlichen Theologen, die in der Tradition des heiligen Gregor von Nyssa und des Pseudo-Dionysisus stehen, hat ein Mensch, der eine Vision hatte, in welcher er Gott klar zu sehen glaubte, nicht Gott gesehen. Der heilige Johannes vom Kreuz widmet einen schönen Teil seines «*Aufstiegs zum Berge Karmel*» der Darlegung, daß der Christ Visionen, Ansprachen und ähnliche Erfahrungen, die ihm scheinbar eine genaue übernatürliche Gotteserkenntnis verleihen, weder suchen, noch ausdrücklich annehmen darf, da uns weder ein geschaffenes, sichtbares Ding noch eine klare Idee die volle Wirklichkeit Gottes, wie Er in Sich selbst ist, zu übermitteln vermag.

Sogleich stellt sich bei jedem, der mit den Heiligenleben vertraut ist, vor allem mit den berühmten Erscheinungen der Muttergottes in den jüngsten Zeiten, ein Einwand ein. Wie steht es denn damit? Durch die Behauptung, die Visionen der Heiligen, die Weissagungen erleuchteter Seelen, die Erscheinungen der seligsten Jungfrau stünden außerhalb des Bereichs der Beschauung im strengen Sinn, werden die Wirklichkeit und der sittliche Wert solcher von der Kirche anerkannten Visionen nicht in Frage gestellt. Die Anerkennung durch die Kirche berührt diese unsere Bemerkung keineswegs.

Kein Theologe wird annehmen, alle Visionen, als solche, seien trügerisch. Der heilige Johannes vom Kreuz ist jedenfalls nicht dieser Meinung. Er hatte selbst Visionen und ähnliche Erfahrungen, ebenso von ihm geleitete Seelen, und er wußte sehr wohl, daß solche Erfahrungen häufig von Gott stammen. Da er jedoch mit den praktischen Fragen der Seelenführung zu tun hatte, wußte er, wie schwer sich eine von Gott stammende Vision von einer, die vom Teufel kommt, unterscheiden läßt.

Worin liegt der Grund dieser Schwierigkeit? Deutliche Visionen übernatürlicher Dinge werden durch Phantasiebilder erzeugt oder wenigstens durch Ideen, die sich im Erkenntnisvermögen bilden. Solche Bilder und Ideen können durch uns fernstehende Kräfte gebildet oder jedenfalls angeregt werden. So kann ein Gesprächspartner in einer gewöhnlichen Unterhaltung Bilder und Ideen in unserem Geiste erwecken, indem er von Dingen spricht, die uns schon bekannt sind oder deren wir uns erinnern; und so gleicht er einem Hypnotiseur, der ohne Verwendung von Worten, mittels einer magnetischen Suggestion, in uns die Entstehung solcher Bilder und Ideen anregt. Diese natürlichen Vorgänge stellen eine Analogie dar zum weit subtileren und mächtigern Wirken geistig-religiöser Kräfte. Der Teufel, der viel geschickter ist als jeder Hypnotiseur, besitzt die Macht, uns nach seinem Willen Dinge vorzuspiegeln und einzugeben. Der natürliche Verbindungsweg zwischen geistigen Wesen führt über die direkte Vermittlung von Ideen. Als Geist kann daher der Teufel auf die Menschenseelen einwirken.

Es ist ganz selbstverständlich, daß Gott auch noch andere geistige Wesen – Seine Engel – benützen kann, um in derselben Weise auf den Menschenverstand einzuwirken und ihm Visionen einzugeben. Weit mehr noch, Er ist auch imstande, durch seine eigene unmittelbare Einwirkung im Menschengeiste Bilder und Ideen zu erzeugen. Die einzige Beschränkung dieser göttlichen Macht besteht darin, daß er im Menschen keinerlei Lügen oder Täuschungen hervorbringen kann.

Die wahre Beschauung aber wird durch Bilder oder klare Vorstellungen in der Seele erzeugt. Sie besteht in der Erfahrung einer unmittelbaren geistigen Vereinigung mit Gott, einer Vereinigung, die nur von Gott erzeugt werden kann und die wesentlich eine Vereinigung in der übernatürlichen Liebe ist. Es braucht nicht betont zu werden, daß sich kein anderer Geist als Gott selbst unmittelbar mit der Seele vereinigen kann; und niemand anders als Gott vermag der Seele eine übernatürliche Liebe einzugießen. Die wahre Beschauung ist daher die Erfahrung einer so rein und vollkommen übernatürlichen Vereinigung, daß kein geschaffenes Wesen sie je zustande bringen kann. In der Tat vermag kein geringerer Geist als der Geist Gottes je auch nur eine überzeugende Nachahmung der wahren mystischen Vereinigung hervorzubringen. Es werden den Seelen zwar Nachahmungen angeboten, und gelegentlich mit großem Erfolg. Doch erkennt jemand, wie die heilige Theresia irgendwo sagt, der die wahre mystische Vereinigung erfahren hat, ohne weiteres den unendlichen Abstand zwischen derselben und dem falschen Erzeugnis des Teufels oder unserer Einbildungskraft.

Dagegen ist die Trennung zwischen Wahrheit und Irrtum im Fall eingebildeter Visionen, Ansprachen und ähnlicher «bestimmter» Erfahrungen des Übernatürlichen nicht so deutlich. Deshalb gibt der heilige Johannes vom Kreuz den beschaulichen Menschen den Rat, sich ihnen allen gegenüber ablehnend zu verhalten, ohne sich darüber Gedanken zu machen, ob sie von Gott oder vom Teufel stammten. Sie seien unterschiedslos zu verwerfen.

Es ist bezeichnend, daß die Meinung des heiligen Johannes vom Kreuz, des größten unter den katholischen mystischen

Theologen, weit vorsichtiger ist als die der meisten Gewährsleute. Die katholischen Theologen vertreten im allgemeinen die Ansicht, normalerweise sollte es keiner beschaulichen Seele gestattet sein, noch viel weniger sollte sie dazu ermutigt werden, nach Visionen, Ansprachen und ähnlichen Erfahrungen zu streben. Nebenbei gesagt, stimmen sie auch darin überein, daß es einem Menschen, der geistig-religiös genügend fortgeschritten erscheint und Veranlagung dazu zeigt, normalerweise gestattet sein sollte, nach wahrer Beschauung und der mystischen Vereinigung zu streben, und daß er dazu ermutigt werden sollte, unter der Bedingung, daß die mystische Vereinigung in erster Linie als Gottesvereinigung in der vollkommenen Liebe aufgefaßt werde. Trotzdem sind viele Theologen weit nachsichtiger als der heilige Johannes vom Kreuz und gestatten den Seelen, Visionen, Ansprachen und ähnliche Erfahrungen anzunehmen, wenn sie ihnen zuteil werden.

Die Auffassung der Kirche in dieser Frage läßt sich am besten aus der halboffiziellen Erklärung des Assessors des Heiligen Offiziums, Mgr. Ottaviani, entnehmen.[1] Er tadelt die ungesunde Leichtgläubigkeit, mit der sich viele Katholiken in den letzten Jahren von angeblichen Wundern und Erscheinungen verlokken ließen. Monsignore Ottaviani warnt die Gläubigen nachdrücklich vor der wahrscheinlichen Unechtheit solcher Vorkommnisse an verschiedenen Orten in Frankreich, Italien, Belgien, Deutschland und den Vereinigten Staaten, die er aufzählt. Er erklärt, die Kirche wünsche ihre Gläubigen vor dem volkstümlichen abergläubischen Verlangen nach dem Außergewöhnlichen und nach Wundern zu schützen; und der Zudrang zahlreicher Katholiken zu den Schauplätzen angeblicher Wunder sei abzulehnen.

Gleichzeitig räumte jedoch der Heilige Stuhl den Erscheinungen Unserer Lieben Frau von Fátima eine außerordentliche Bedeutung im Leben des heutigen Katholizismus ein. Dies allerdings erst nach langer, sorgfältiger Prüfung.

Was können wir daraus schließen? Visionen, Erscheinungen, Ansprachen, prophetische Eingebungen können, in einzelnen Fällen, wahr oder falsch, übernatürlich, außernatürlich oder natürlich sein. Jeder Fall muß für sich beurteilt werden. Solche Erfahrungen lassen sich nicht allgemein als wesenhaft wahr oder falsch bezeichnen. Die falsche Mystik spielt dann mit, wenn ein ungeordnetes Verlangen nach diesen Erfahrungen oder eine unangemessene Betonung derselben damit verbunden ist. Wer Visionen hat, ist noch kein falscher Mystiker, dagegen ist es falsch, das Wesen der Mystik in den Visionen zu erblicken. Zur falschen Mystik gehört es auch, den Visionen, Ansprachen und Privatoffenbarungen eine größere Bedeutung zuzumessen als den von Gott der Kirche geoffenbarten Wahrheiten, die den Gegenstand des theologischen Glaubens bilden. Zur falschen Mystik gehört es sicher, mehr nach auffälligen Erfahrungen als nach der verborgenen Gottesvereinigung zu streben, als bestände die geistige Vollkommenheit in solchen Erfahrungen und als könnte ein Mensch ohne dieselben kein Heiliger werden.

Zusammenfassend kann gesagt werden: Unsere abstrakten Betrachtungen über die falsche Mystik haben ergeben, daß jede falsche Mystik die besondere Rolle der begrifflichen Erkenntnis und der Liebe in der Beschauung, wie auch das Wesen der Beschauung selbst, mißversteht. Entweder verwirft sie die verstandesmäßige Gotteserkenntnis oder strebt nach einer «wunderbaren» Erkenntnis, die dem Bereich des Glaubens fernliegt und überhaupt keine Gotteserkenntnis ist. Die falsche Mystik faßt die Beschauung so auf, als wäre sie entweder nur Liebe und keine Erkenntnis, oder nur Erkenntnis und keine Liebe. Schließlich lenkt uns die falsche Mystik von unserem wahren Ziele ab und sucht ihre Freude mehr in schmeichelhaften und großartigen Erfahrungen als in der vollkommenen Hingabe unseres ganzen Wesens an Gott allein.

In diesem Kapitel wollte ich nur versuchen, in großen Zügen eine abstrakte Darstellung der falschen Mystik zu geben. Die konkreten und praktischen Anzeichen, die zur Ermittlung der falschen Mystik in einem bestimmten Fall führen, wurden nicht berührt. Doch können die angeführten Prinzipien zusammen mit denjenigen der folgenden Kapitel einen allgemeinen Begriff dieser Anzeichen bieten. Klar ist, daß der starren Ablehnung der

Vernunft, der Philosophie, der theologischen Wahrheit sowie der dogmatischen Autorität der lehrenden Kirche eine große Bedeutung darunter zuzumessen ist.

FÜNFTES KAPITEL

WISSEN UND UNWISSENHEIT

Der heilige Johannes vom Kreuz erklärt die Worte des heiligen Paulus: «Wenn einer von euch sich in dieser Welt weise dünkt, werde er erst ein Tor. Nur so wird er weise» (1 Kor 3, 18, 19). Einiges darüber, was «in dieser Welt weise» ist, haben wir bereits gesehen. Und wir wissen, daß dieser «Unwissenheit», die zur wahren Weisheit führt, eine sehr große Bedeutung zukommt. Aber auch so tönt uns aus den Bemerkungen des heiligen Johannes darüber eine erdrückende Unbedingtheit entgegen:

«Will die Seele zur Vereinigung mit der göttlichen Weisheit gelangen, so muß sie danach mehr durch Nichtwissen als durch Wissen streben... Eine Seele, welche all ihr Wissen und Können aufwenden wollte, ist höchst töricht vor Gott und bleibt weit entfernt von der göttlichen Weisheit. Die Unwissenheit [im schlechten Sinne] weiß ja gar nicht, was Weisheit ist... Nur jene gelangen in den Besitz der göttlichen Weisheit, welche wie Kinder und Toren [im guten Sinne] all ihres Wissens sich begeben und sich voll Liebe dem Dienste Gottes widmen.»[1]

Dies ist völlig wahr und steht überdies in der direkten Linie der christlichen mystischen Tradition. Der heilige Johannes vom Kreuz stützt seine Lehre in diesem Abschnitt auf die klare Auffassung des heiligen Paulus. Besteht denn kein Unterschied zwischen derselben und dem Quietismus? Tatsächlich scheint er nicht leicht herauszufinden, wenn man die beiden Auffassungen nur in ein paar zerstreuten, aus dem Zusammenhang gerissenen Zitaten wiedergibt.

Erstens spricht hier der heilige Johannes vom Kreuz von der mystischen Weisheit: der erfahrungsmäßigen Gotteserkenntnis, welche die Seele in der Beschauung empfängt. Auch der heilige Thomas von Aquin erklärt den Text des heiligen Paulus im gleichen Sinn.

Der heilige Johannes vom Kreuz wie der heilige Thomas unterscheiden klar zwischen der erworbenen Weisheit, welche die Frucht des selbständigen menschlichen Forschens und Denkens ist, und der eingegossenen Weisheit oder Beschauung, die ein Geschenk Gottes ist. In diesem Text stellt der heilige Johannes vom Kreuz die beiden einander gegenüber. Des Menschen «Wissen und Können» — die erworbene Weisheit — kann nichts dazu beitragen, dem Menschen zur «göttlichen Vereinigung mit Gott» zu verhelfen. Die scheinbare Wiederholung desselben Ausdrucks darf nicht übersehen werden. Sie ist nur scheinbar, da der heilige Johannes vom Kreuz dem Wort «göttlich» den Sinn von «mystisch» gibt. Im ganzen «*Aufstieg zum Berge Karmel*» und der «*Dunklen Nacht*» wird diese «göttliche Vereinigung mit Gott» als Gipfel des Berges, als Höhepunkt des Aufstiegs der Seele bezeichnet. Es ist die «Vollkommenheit», welcher der Anfänger, während der aktiven Abtötung der Sinne und bei der zunehmenden Annäherung an die «passiven Nächte» der Sinne und des Geistes, zustrebt. [2] Weder die Anfänger noch die Fortgeschrittenen sind zur «göttlichen Vereinigung» gelangt. Dies ist der Lohn des «Vollkommenen». Trotzdem sind die Fortgeschrittenen bereits Beschauende, was nach der Ausdrucksweise des heiligen Johannes vom Kreuz soviel bedeutet wie Mystiker. Schon die Anfänger steigen den Berg hinauf. Sie befinden sich auf dem geistlichen Weg, der zur «göttlichen Vereinigung mit Gott» führt. Darin liegt ihre Bestimmung, und wenn sie ihr treu bleiben, wird sie zu ihrem Schicksal werden.

Worin besteht nun, in diesem Lichte betrachtet, der Sinn der Bemerkung des heiligen Johannes vom Kreuz über die Bedeutung des «Nichtwissens»? Das Wissen und Können des Menschen, das heißt, das theologische Wissen oder die erworbene Weisheit vermag den Abstand zwischen der Stufe eines Anfängers und derjenigen der «göttlichen Vereinigung» nicht zu überbrücken. Die mystische Vereinigung ist eine Gottesgabe. Sie läßt sich nicht durch eine asketische Technik erwerben. Sie kann im strengen Sinne durch keinen Menschen, so heilig er auch sein mag, verdient werden. Keinerlei System der Betrachtung, der innern Zucht, der Selbstentleerung, der innern Sammlung und Versenkung vermag einen Menschen zur Gottesvereinigung zu führen, ohne die freie Gabe von seiten Gottes. Noch viel weniger kann ein Mensch durch geistige Anstrengung auf seiner eigenen natürlichen Ebene zur mystischen Vereinigung gelangen. Die mystische Schau läßt sich nicht durch das Studium erwerben. Die Gotteserkenntnis in der mystischen Beschauung ist in ihrem Wesen so verschieden von der durch das theologische Studium erworbenen, daß der heilige Johannes vom Kreuz in einem gewissen Sinne einen Gegensatz zwischen den beiden sieht. Darum ist der Mensch, der kraft seines Verstandes, seines Wissens und seiner Lernbefähigung das höchste Ziel jeder Theologie, die Beschauung, zu erreichen glaubt, verblendet von einer Neigung, einer Quelle der Täuschung, die seine Seele «vor Gott in lautere Finsternis» einhüllt, so daß sie «nicht fähig ist, von dem reinen ungetrübten Lichte Gottes durchflutet zu werden». [3]

In demselben Gedankengang kehrt der heilige Johannes vom Kreuz zum eigentlichen Thema des «*Aufstiegs zum Berge Karmel*» zurück: zum Gedanken, daß das ganze asketische und mystische Leben ein Abbild des Lebens Christi auf Erden sei, weil es die Seele vollkommen entleere und «vernichte», um sie mit Gott zu vereinigen. Für den heiligen Johannes am Kreuz bedeutet die Nachfolge Christi nur eines: absolute Selbstentsagung. Es gibt keinen andern geistig-religiösen Fortschritt als in der Nachfolge Christi, denn «niemand kommt zum Vater als durch mich». [4]

«Christus ist der Weg und dieser Weg bedeutet für uns ein Absterben unserer Natur im Sinnlichen wie im Geistigen.» [5] Selbst jene, die aus Liebe zu Christus ein strenges Leben auf sich nehmen und sich als seine Freunde betrachten, kennen Ihn zu wenig, schreibt der heilige Karmelite, weil sie mehr nach geistigen Tröstungen streben als danach, Sein Kreuz auf sich zu nehmen. Und wenn jene, die scheinbar «Christi Freunde» sind, Ihn nicht kennen, wieviel mehr gilt dies für die andern! Der heilige Johannes führt ein paar Beispiele dafür an, was er unter den andern versteht: «Von den andern, die fern von Christus leben und nichts von ihm wissen wollen, die großen Gelehrten und Mächtigen und die, welche es mit der Welt halten und nur bedacht sind auf die Wahrung ihrer Rechte und Vorzüge, wie könnten wir von denen sagen, daß sie Christus kennen.»[6]

«Die großen Gelehrten», waren nicht weltliche Gelehrte und Schriftsteller oder Dichter wie Garcilaso de la Vega, der einen bedeutenden Einfluß auf Johannes vom Kreuz selbst hatte. Es handelt sich selbstverständlich um Gottesgelehrte. Dies ergibt sich aus dem Zusammenhang. «Gott hat sie durch ihre Gelehrsamkeit und ihre hervorragende Stellung auf den Leuchter erhoben.» So abschätzig diese Bemerkung auch sein mag, ist sie doch nicht als Ablehnung der Theologie an sich durch den heiligen Johannes vom Kreuz zu betrachten. Er spricht deutlich von Gelehrten, die ihr Wissen als Werkzeug für unwürdige Vorteile benützen. Sie mißbrauchen damit ein Geschenk, das ihnen Gott zur eigenen geistigen Erbauung und zur Heiligung der Mitmenschen verliehen hat. Ein anderer Sinn darf aus der Bemerkung, Gott habe sie «auf den Leuchter erhoben» nicht herausgelesen werden.

Jedenfalls muß daran erinnert werden, daß die großen Mystiker der Unbeschuhten Karmeliten im sechzehnten Jahrhundert eine sehr gesunde Hochachtung vor der Gelehrsamkeit und den Gelehrten hatten. Ein berühmtes Wort der heiligen Theresia von Avila lautet: «Ich habe nie einen guten Theologen gekannt, der mich im Stich gelassen hätte.» Die heilige Theresia legte Wert darauf, daß ihre Schwestern eine geistliche Führung, wenn möglich von guten Theologen, erhielten. Sie verlangte zwar vom Seelenführer eines beschaulichen Klosters nicht in erster Linie Gelehrsamkeit. Zwei Eigenschaften waren ihr noch wichtiger: Klugheit und Erfahrung. Doch fügte sie bei, alle drei Eigenschaften seien notwendig. «Wenn ein Seelenführer aber keine Wissenschaft besitzt, so ist dies ein nicht geringer Übelstand»,[7] sagt sie. Übelstand ist ein zu milder Ausdruck für die Leiden, die sie von seiten törichter Seelenführer zu ertragen hatte. Und doch zögerte sie nicht zu erklären, das Wissen eines gelehrten Theologen, auch wenn er keine Erfahrung im mystischen Gebet besitze, genüge, ihn zu einem fähigen Führer für beschauliche Menschen zu machen. Hier einige ihrer Bemerkungen darüber:

«Es war immer meine Meinung, und sie wird es auch bleiben, daß jeder Christ nach Möglichkeit trachten soll, sich bei tüchtigen Gelehrten Rats zu erholen; je mehr Wissenschaft sie besitzen, desto besser wird es sein. Am meisten aber bedürfen dies jene, die den Weg des Gebets wandeln; und je mehr sie im geistlichen Leben vorangeschritten sind, um so dringender ist dieses Bedürfnis für sie. Man sage nicht, Gelehrte, die das innerliche Gebet nicht üben, seien nicht für jene, die ihm ergeben sind; denn da würde man sich täuschen. Ich selbst habe mit vielen Gelehrten verkehrt, da ich ihnen von jeher zugetan war... Gibt es auch solche unter ihnen, die keine Erfahrung [d. h. im beschaulichen Gebet] haben, so sind diese doch dem geistlichen Leben nicht abhold und in diesen Dingen nicht unwissend, da sie in der Heiligen Schrift, mit der sie vertraut sind, allzeit die Wahrheit des guten Geistes finden. Ja, ich halte dafür, daß eine dem Gebete ergebene Person, die bei Gelehrten sich Rats erholt, sicher ist vor den Täuschungen und dem Betruge des Bösen Feindes, außer sie will sich selbst betrügen; denn ich glaube, die bösen Geister fürchten die Wissenschaft, die mit Demut und Tugend verbunden ist, gar sehr, weil sie wissen, daß sie dadurch entdeckt werden und mit Verlust abziehen müssen.»

Es besteht kein Grund zur Annahme, der heilige Johannes vom Kreuz sei nicht damit einverstanden gewesen. Sein Tadel an den Gelehrten, die ihre Rolle als Seelenführer nicht erfüllen, enthält, in der Tat, eine indirekte Bestätigung desselben Gedankens. Die Ursache ihres Fehlers liegt in der mangelnden Demut. Jedenfalls mißbilligt der heilige Johannes vom Kreuz die mangelhaften Seelenführer sehr deutlich. In der «*Lebendigen Liebesflamme*» fordert er dieselben drei Eigenschaften vom Beichtvater der beschaulichen Menschen wie die heilige Theresia. Der Seelenführer muß, nach seinen Worten, weise, klug und erfahren sein. Wenn auch das Wissen und die Klugheit die Haupteigenschaften eines Seelenführers bildeten, sei er doch nicht imstande, die Seele auf den richtigen Weg zu höheren Gebetsstufen zu führen, falls Gott sie damit begnadigen sollte, wenn ihm selbst jede Erfahrung darin fehle. [9]

Der heilige Johannes vom Kreuz gehörte selbst zu den Seelenführern der heiligen Theresia, und wir wissen, daß sie begeistert war von seiner Weisheit.

Über die Seelenführer, die ihre Aufgabe nicht kennen, sagt die heilige Theresia noch etwas mehr. Sie sah den beschaulichen Menschen nur sehr ungern in ihre Hände fallen, ohne daß ihnen die Möglichkeit offen stand, sich von einem andern beraten zu lassen: «Denn solche Führer, die in geistlichen Dingen kein Verständnis haben, quälen Seele und Leib und hemmen den Fortschritt.» [10] Sie rät allen, welche ihren Seelenführer selbst wählen könnten, diese Freiheit zu benützen. Und sie bedauert jene, die nur einen unerfahrenen Seelenführer zur Verfügung hätten, der ihnen zudem selbstherrliche Vorschriften mache für ihr geistliches Leben, die ihnen das Gebet erschwerten, und der sich eine tyrannische Herrschaft über die Seele anmaße.

Bemerkenswert ist das Beispiel einer törichten geistlichen Führung, das sie nennt: Eine verheiratete Frau fühlt sich zum Gebetsleben hingezogen. Ihr Beichtvater, statt sie die häuslichen Pflichten im Geiste des Gebets verrichten zu lassen, rät ihr, die Arbeit aufzugeben und zu beten, statt die Mahlzeit zuzubereiten. Ihr Gebetsleben wird ihr daher zum Hindernis in ihrem fraulichen Glück, und gleichzeitig bildet somit die Ehe eine Schranke zwischen ihr und Gott.

Soweit über die Seelenführer. Kehren wir nun zur eigentlichen Frage zurück: In welchem Sinne kann der Mensch, nach dem heiligen Johannes vom Kreuz, nicht aus «eigenem Wissen und Können» zur Vereinigung mit Gott gelangen?

Erinnern wir uns an seine Einteilung der geistigen Menschen in drei Arten: die Anfänger, die Fortgeschrittenen und die Vollkommenen. Gilt der Weg, den der Heilige den «Unwissenden» und «Ungelehrten» vorschreibt, für alle drei Arten? Gilt er nur für die einen und nicht für die andern? Durchlaufen die drei Gruppen verschiedene Arten und Grade der «Nacht»?

Der heilige Johannes vom Kreuz verlangt nicht, daß eine geistliche Seele ihre gesamte intellektuelle und affektive Tätigkeit vom Beginn eines beschaulichen Lebens an aufgebe. Darin liegt einer der großen Unterschiede zwischen dem heiligen Johannes und dem Quietisten Molinos. Der heilige Johannes vom Kreuz betont, der Anfänger müsse die geistlichen Wahrheiten betrachten. Er müsse sich bemühen, die geistlichen und sogar die philosophischen Prinzipien zu erfassen. Immer wieder weist er im «*Aufstieg zum Berge Karmel*» seine Leser auf die Grundprinzipien der scholastischen Philosophie hin. Noch zahlreicher sind bei ihm die der Heiligen Schrift und der Theologie entnommenen Gedanken, die er dem zum Berge Hinansteigenden mit der ausdrücklichen Mahnung vorlegt, sie zu betrachten, damit er zum Verzicht gelange.[11]

Für den heiligen Johannes vom Kreuz liegt darin bestimmt eine Stufe im Aufstieg zur göttlichen Vereinigung, auf der man eine klare Einsicht in die Prinzipien erwerben und sich in klarer, zusammenhängender Weise in dieselben vertiefen muß. Vor allem muß man das Leben Christi betrachten, um Seine Entsagung nachzuahmen.[12] Darin besteht für den heiligen Johannes vom Kreuz, wie für alle christlichen Mystiker, die Grundlage des ganzen geistlichen Lebens. Für die zum Priestertum oder zur geistlichen Seelenführung Berufenen bedingt dies notwendigerweise eine gründliche Kenntnis der Philosophie und Theologie. Ein solches Wissen läßt sich nur in einem langen Studium erwerben. Tatsächlich setzt es die Anfangsgründe eines intellektuellen Lebens voraus.

Der Anfänger denkt nach, studiert und betrachtet. In seinem Gebet beginnt er sich nun der Grenzlinie der eingegossenen Beschauung zu nähern. Was heißt das? Daß er eine Vision habe? Nein. Der heilige Johannes vom Kreuz, der die Visionen, Offenbarungen und innern Ansprachen für einen unwichtigen Nebenpfad des mystischen Lebens hält, gibt eine tiefe, subtile Deutung der Anfänge des mystischen Gebets in dem, was er als die «Nacht der Sinne» bezeichnet. Ich möchte hier nicht im einzelnen auf seine Bemerkungen darüber eingehen.

Uns beschäftigt nur die eine Tatsache, daß das mystische oder eingegossene Gebet das freie, natürliche Spiel des Denkens und der Einbildungskraft zu hemmen strebt. Der an tiefe, fruchtbare

Einsichten in geistige Wahrheiten gewöhnte Mensch ist betrübt, wenn er erkennt, daß er nun nicht mehr in der gewohnten Weise beten und betrachten kann. Die klaren, bestimmten Begriffe, die er von Gott hatte, verwirren sich, und die gewohnte Weise, Gott mit Hilfe von sinn- und gefühlbedingten Vorstellungen zu erfassen, befriedigen ihn nicht mehr. Die Anstrengung, an Gott zu denken, wird für ihn mühsam — aber ebenso geht es mit der Anstrengung, überhaupt an irgendetwas zu denken. Er hat den Geschmack an Ideen und Empfindungen verloren. Er fühlt sich irgendwie in einem verwirrenden Schweigen gefangen, das ihn lähmt und ihm doch eine unergründliche Verheißung der Befriedigung und Befreiung darbietet.

Hier beginnt das Verlangen nach intellektueller Betätigung zu einem ernsten Problem zu werden.

Die eingegossene Beschauung erhebt den Menschengeist zur Vereinigung mit Gott über die Ebene jedes bestimmten Bildes und Gedankens. Die Frage, ob der Intellekt im mystischen Gebet in unmittelbare Berührung mit der Wesenheit Gottes trete, wird von den Theologen umstritten. Ich möchte hier nicht in diesen Streit eingreifen. Die Feststellung, daß in der eingegossenen Beschauung eine wirkliche unmittelbare Vereinigung der Seele mit Gott stattfindet, mag hier genügen.

Es braucht nicht eine unmittelbare Intuition oder unmittelbare verstandesmäßige Vereinigung der Seele mit Gott zu sein. Die Theologen sind vielmehr geneigt anzunehmen, im mystischen Gebet finde eine unmittelbare Vereinigung der Seele mit Gott in der Liebe, das heißt, eine unmittelbare Vereinigung oder «Berührung» der beiden Willen statt, welche als Grundlage für eine mystische Gotteserfahrung diene. Der heilige Johannes vom Kreuz erklärt, daß, wenn diese Vereinigung von der eingegossenen Liebe erzeugt werde, der Intellekt von einer allgemeinen, dunklen Hinwendung zu Gott erfaßt werde; nicht zu Gott als Spiegelbild einer klaren, bestimmten Idee, sondern einfach zu Gott, der durch keinerlei Idee begrenzt und doch irgendwie als «Gegenwart» wahrgenommen werde. In der mystischen Erfahrung wird Gott als unbekannter «erfaßt». Er wird in Seiner Immanenz und Transzendenz wahrgenommen und «erfühlt». Er wird nicht in einem endlichen Begriff gegenwärtig, sondern in Seiner unbegrenzten Wirklichkeit, die jede analoge Vorstellung, die wir uns von Ihm machen können, übersteigt.

Nun aber vollzieht sich der natürliche Erkenntnisvorgang nur mit Hilfe von Begriffen, Ideen und Urteilen. Die mystische Erkenntnis Gottes aber ist ebenfalls ein Urteil, doch steht es über den Begriffen. Es ist eine Erkenntnis, die sich selbst passiv, ohne Hilfe einer Idee, auf die Seele überträgt. Dies klingt sonderbar. Die Menschen, die solche Erfahrungen durchgemacht haben, bezeugen uns aber, daß dieser Gotteserkenntnis in der hellen «Dunkelheit» nichts wesenhaft Beunruhigendes anhafte, da sie einen tiefen, unaussprechlichen Frieden verleihe.

Doch ist leicht einzusehen, daß das Verlangen nach begrifflicher Erkenntnis oder nach Ideen einem zum mystischen Gebet berufenen Menschen zum Problem wird. Der heilige Johannes vom Kreuz drückt dies in folgenden Worten aus:

«Kein wirkliches und kein gedachtes Ding kann dem Verstand ein geeignetes Mittel zur Vereinigung mit Gott abgeben, vielmehr wird ihm alles, was der Verstand in den Bereich seines Erkennens ziehen mag, eher ein Hindernis denn ein Förderungsmittel, falls er sich darauf stützen wollte...

Unter allen geschaffenen Dingen und unter allem, was der Verstand erfassen kann, gibt es keinen Steig, auf dem der Verstand zu jenem erhabenen Herrn gelangen könnte. Man muß im Gegenteil wohl bedenken: Wenn der Verstand all dieser Dinge oder auch nur eines einzigen davon als des nächsten Weges sich bedienen will, um zu solcher Vereinigung zu gelangen, so würden sie ihm nicht bloß ein Hindernis sein, sondern sie könnten ihm sogar beim Besteigen dieses hohen Berges Anlaß sein zu argen Verirrungen und Täuschungen.» [13]

Und nach der Schilderung des Zustandes einer mit Gott in der Beschauung vereinigten Seele, in welcher sie, in der «passiven Wahrnehmung», ein übernatürlich eingegossenes Licht empfängt, erklärt er den Einfluß der aktiven Erkenntnis auf diese Vereinigung:

«Wenngleich aber der Wille frei bleibt bei solcher Mitteilung dieser allgemeinen und dunklen Erkenntnis Gottes, so darf die Seele, will sie anders dieses göttliche Licht lauterer und in reichlicherem Maße empfangen, kein anderweitiges faßbareres Licht aus anderen Kenntnissen, Eindrücken oder Bildern irgendwelchen Nachdenkens darunter mengen. Denn nichts von all dem kommt jenem klaren und lauteren Lichte gleich. Wollte sie daher zu dieser Zeit gewisse Objekte besonders ins Auge fassen und Erwägungen darüber anstellen, und sollten diese auch noch so geistiger Art sein, so würde sie dadurch das Eindringen jenes erhabenen und einfachen Lichtes des Geistes verhindern; sie würde damit gleichsam Wolken dazwischen schieben. Es wäre dabei ähnlich, wie wenn sich jemand einen Gegenstand vor die Augen hielte, der das Sehen unmöglich machte und ihm so das Licht und den Ausblick benähme.» [14]

2

Das Verlangen nach einer klaren Erkenntnis und Einsicht in die göttlichen Wahrheiten ist für Anfänger auf dem Gebetswege unerläßlich. Es spornt ihr Bedürfnis nach Lektüre, Betrachtung und Gebet an. Gott antwortet auf dieses Verlangen durch die Gabe der Beschauung. Die Beschauung aber verdunkelt die klare Erkenntnis des Göttlichen. Sie verbirgt es in einer «Wolke der Unwissenheit». In dieser Wolke übermittelt sich Gott selbst der Seele in passiver Weise und in der Dunkelheit, wie der heilige Johannes vom Kreuz sich ausdrückt.

Dies befriedigt das natürliche Verlangen des Verstandes nicht. Der Verstand bedarf, von Natur, des Lichts. Er möchte das Wesen der Dinge erkennen und durchdringen. Er will verstehen. Doch erweist sich der menschliche Trieb nach Zergliederung und begrifflichem Verstehen seiner Erfahrung in den Augenblicken des beschaulichen Gebets als unnützer Diener. Er sucht die Wirklichkeit in die Reihe künstlicher und menschlicher Illusionen zurückzustellen. Mögen auch die Ideen und Urteile an sich philosophisch und theologisch gesund sein, so schmälern sie doch nur das reine Licht der Beschauung. Leider begreifen phantasievolle und verstandesmäßig eingestellte Menschen den Schaden nicht, den die Ersetzung des Göttlichen durch das Menschliche, des Begrenzten durch das Unendliche anrichtet.

Der heilige Johannes vom Kreuz zögert nicht, seine Prinzipien auf jede Art «klarer Gotteserkenntnis» anzuwenden, auch wenn sie der Seele in der Form einer Vision oder Offenbarung zukommt. Alle diese Erfahrungen sind weniger vollkommen als die Gottesvereinigung der Seele im «reinen Glauben», das heißt, in der «Nacht» der Beschauung.

Im zweiten Buch des «*Aufstiegs zum Berge Karmel*» geht der heilige Johannes vom Kreuz methodisch von einer übernatürlichen «Erfahrung» zur andern und fegt jede Art Offenbarung, Vision und Ansprache aus dem Hause der reinen Beschauung hinaus. Hierin ist er unerbittlich. Er schont tatsächlich nichts von dem, was man in der Volksfrömmigkeit als «Mystik» bezeichnet. Er leugnet nicht, daß Visionen zuweilen echt sein können. Er sagt einfach, sie könnten der Seele nicht als «Annäherungsmittel zur Vereinigung mit Gott» dienen. Der einzige Weg zur Gottesvereinigung sei der Glaube. Keine Vision, keine Offenbarung, so erhaben sie auch sei, läßt sich, in seinen Augen ,mit dem kleinsten Glaubensakt vergleichen.

Von leiblichen Visionen, von Heiligenerscheinungen, Engeln, «übernatürlichen Lichtern und der Wahrnehmung zarter Wohlgerüche» sagt er:

> «Wenn schon alle diese Dinge den leiblichen Sinnesorganen von seiten Gottes zuteil werden können, so dürfen sich solche Seelen niemals ihretwegen in Sicherheit dünken, noch sollen sie dieselben zulassen; im Gegenteil, man soll ihnen ganz und gar aus dem Wege gehen, ohne auch nur untersuchen zu wollen, ob sie gut oder böse seien. Je mehr sie sich nämlich auf das äußere leibliche Gebiet des Menschen erstrecken, desto weniger Sicherheit besteht, daß sie von Gott stammen... Wer auf solche Dinge etwas hält, irrt gar sehr und setzt sich großer Gefahr aus, getäuscht zu werden. Zum mindesten wird er in sich selbst das Haupthindernis tragen, daß er nicht zum Geistigen gelangt.»

Weiter erklärt er, diese Dinge zielten nur darauf ab, in den Seelen jener, die sie empfangen, den Glauben zu schwächen. Der reine Glaube ist ein steiniger, harter Weg. Geistige Erfahrungen spornen die Seele an und stärken sie, und einen Geist, der lange in der Dürre gelebt hat, zieht es desto mehr zur Süßigkeit hin, welche diese Dinge gewähren. Zweifellos schickt ihm Gott solche Dinge, weil er ihrer bedarf. Wer aber sieht nicht die Versuchung, die darin liegt? Welcher Mensch, der in seinen Visionen die Heiligen und Gott selbst schaut, bildet sich nicht gern ein, seine Vision stehe über dem Glauben? Der heilige Johannes vom Kreuz erinnert ihn immer wieder daran, daß dies eine Täuschung sei.

Der Grundgedanke dieser Zitate läßt sich wie folgt zusammenfassen: Alle besagen, daß jede Erkenntnis, die uns einen «klaren» und «genauen» Gottesbegriff zu bieten vorgibt, tiefer stehe als die «dunkle» Erfahrung Gottes in der von der eingegossenen Liebe erzeugten Vereinigung. Die Versuchung, eine klare, sei es natürliche oder übernatürliche, Erkenntnis dieser dunklen Gotteserkenntnis vorzuziehen, setzt die Seele der Gefahr aus, eine Wirklichkeit für eine Illusion aufzugeben.

Welches ist die Folgerung daraus? Manche Leser werden versucht sein, aus diesen Überzeugungen zu schließen, der heilige Johannes vom Kreuz wende sich überhaupt gegen jede begriffliche und verstandesmäßige Erkenntnis. In dem Fall müßte man annehmen, der Heilige stehe der verstandesmäßigen Atmosphäre der katholischen Theologie wesenhaft fremd gegenüber.

Die Lehrgewalt der Kirche, welche den katholischen Theologen unablässig den heiligen Thomas von Aquin als Führer und Vorbild hinstellt, verwirft den Antiintellektualismus. Die theologische Struktur des Katholizismus gipfelt in einer mystischen Beschauung, die sich nicht auf den Agnostizismus stützt, sondern auf eine spekulative Theologie und Philosophie, welche dem Lichte der menschlichen Vernunft die größte Ehrfurcht entgegenbringt. Die katholische Mystik ist in keiner Weise ein Zufluchtsort, an den sich die Heiligen vor dem unbegreiflichen Weltall geflüchtet haben. Im Gegenteil, sie ist die Krone und der Ruhm des Menschengeistes. Sie vollendet die höchsten Bestrebungen einer Theologie, Metaphysik und Kosmologie, welche die Welt für klar erkennbar hält, weil sie «von der Größe Gottes erfüllt ist».

Meine Aufgabe besteht nun darin, den wahren Sinn der Lehre von der «Unwissenheit» des heiligen Johannes vom Kreuz darzulegen. Was bedeutet sie, und was bedeutet sie nicht?

Erstens behauptet der heilige Johannes vom Kreuz nicht, der Verstand sei überhaupt unfähig, eine Wahrheit zu erkennen. Nirgendwo läßt sich in seinen Werken eine Andeutung finden, wonach er die Fähigkeit der Vernunft, zu wissenschaftlichen, philosophischen oder theologischen Einsichten zu gelangen, verachten würde. Nirgends läßt er auch nur vermuten, daß er die Naturwissenschaft, Philosophie und Theologie als solche für unnütz oder verderblich halten könnte. Der heilige Johannes vom Kreuz beschäftigt sich gar nicht mit allgemeinen Erkenntnisproblemen. Er untersucht nicht die Gültigkeit der menschlichen Erkenntnis, weder der geschaffenen Dinge noch Gottes. Wir haben ja bereits gesehen, daß er seine ganze Lehre auf den festen Prinzipien der scholastischen Philosophie und Theologie aufbaut.

Die Mystik des heiligen Johannes vom Kreuz stützt sich auf die Erkenntnislehre der Scholastik.

Welchen Platz nimmt die begriffliche Erkenntnis bei ihm ein? Die vom Verstand in der ihm eigenen menschlichen Weise erworbene Erkenntnis, sei es auf der Ebene der Vernunft allein oder in der Ordnung der Gnade, in welcher die Vernunft sich mit den geoffenbarten Glaubenswahrheiten beschäftigt, gilt für den heiligen Johannes vom Kreuz nicht weniger als für den heiligen Thomas von Aquin. Sie durchdringt, gewissermaßen, alles Sein. Sie gelangt zu einer gültigen, eindeutigen Erkenntnis des geschaffenen Seins und vermag mittels der geschaffenen Analogien wirklich das Höchste Sein Gottes zu erkennen.

Wir können nicht nur, sondern müssen die uns durch diese Erkenntnis gebotenen Mittel benützen, um zu Gott zu gelangen. Wir werden sehen, daß selbst die dunkle mystische Gotteserkenntnis, die unsere Begriffe übersteigt, dennoch von der Existenz der Begriffe abhängt. Sie bilden den Ausgangspunkt, das Sprungbrett, von dem sie sich in den Abgrund Gottes wirft.

Daher stellt die begriffliche Erkenntnis – was höchst bedeutungsvoll ist – für den heiligen Johannes vom Kreuz auf der rein natürlichen Ebene kein Problem dar. Für die orientalischen Mystiker, die Idealisten und andere Denker des Westens kann die «Wolke der Unwissenheit» auf die Philosophie herabsteigen. Die Wirklichkeit der Welt selbst wird in Frage gestellt, darum gehört es zur Wahrheit eines Philosophen, nicht zu wissen, was wesentlich als Illusion anzusehen ist. Nicht so der heilige Johannes vom Kreuz. Wissen und «Nichtwissen» geraten in seiner Lehre nicht in Widerstreit, bis die Seele wirklich ins mystische Gebet eingetreten ist.

Vergessen wir darum nicht, daß uns der heilige Johannes vom Kreuz seine Lehre von der Unwissenheit nicht als philosophischen Zugang zur Welt vorlegt. Sie ist in keiner Weise ein Ersatz für die Kosmologie. Sie ist kein Rezept zur Vernichtung der Naturwissenschaft oder eine Methode zur Anbahnung halb magischer Beziehungen mit kosmischen Kräften, die uns sozusagen die Herrschaft über das, was die Welt zu sein scheint, verschaffen sollte. Der Lehre des heiligen Karmeliten liegt nur eine Kosmologie zugrunde: die des heiligen Thomas von Aquin.

Die «Nacht» der Unwissenheit des heiligen Johannes betrifft einzig die Gotteserkenntnis. Dabei kann sogar die spekulative Theologie in der Apophasis aufgelöst werden, indem sie die Namen Gottes insofern betrachtet, als sie uns vielmehr sagen, was Gott nicht ist, als was Er ist. Doch ist dies nicht der Weg des heiligen Johannes vom Kreuz. Seine Theologie ist nicht spekulativ. Er beschäftigt sich mit den praktischen Problemen der Mystik und Erfahrung. Aber seine praktische Lehre stützt sich auf die Spekulationen des heiligen Thomas und des Pseudo-Dionysius.

Drei bestimmte Feststellungen zeigen uns die genaue Rolle der «Unwissenheit» in der Lehre des heiligen Johannes vom Kreuz:

1. Die erworbene begriffliche Gotteserkenntnis darf nicht bei-

seite geschoben werden, solange sie einem Menschen auf dem Wege zur göttlichen Vereinigung behilflich ist. Und sie fördert ihn so lange auf dem Wege zur göttlichen Vereinigung, als sie ihn nicht an der eingegossenen, passiven, mystischen Gotteserfahrung in der Dunkelheit hindert.

2. Es ist nicht so sehr die Gegenwart der Begriffe im Geist, welche die «dunkle» mystische Erleuchtung der Seele hemmt, als das Verlangen, mittels der Begriffe zu Gott zu gelangen. Es handelt sich folglich nicht darum, jede begriffliche Gotteserkenntnis abzulehnen (wie wir später sehen werden), sondern die Benützung der Begriffe als Annäherungsmittel zur Vereinigung mit Gott aufzugeben.

3. Er fordert nicht, daß der Mensch diesem Verlangen nach einer klaren begrifflichen Gotteserkenntnis entsage, solange er nicht wirklich das eingegossene Gebet empfangen hat – oder solange er im mystischen Leben nicht so weit fortgeschritten ist, daß er ohne aktiven Gedanken an Ihn in die Gegenwart Gottes eintreten kann.

Der heilige Johannes vom Kreuz sagt nicht nur, die Fortgeschrittenen, welche begonnen haben, mystische Beschauungsgnaden zu empfangen, sollten zur aktiven Betrachtung zurückkehren, wenn sie «ersehen, daß ihre Seele noch nicht jene Ruhe oder (mystische) Erkenntnis genießt».[16] Er fügt bei, die Betrachtung sei ein gewöhnliches Mittel, sie auf das mystische Gebet vorzubereiten: «Oft wird sie (die Seele) sich auch erst durch ruhige und mäßige Übung des Nachdenkens in dieselbe versetzen lassen müssen.»[17]

Der Grund dafür liegt zweifellos darin, daß die Theologie des heiligen Johannes vom Kreuz nicht rein negativ ist – so wenig wie die Theologie irgendeines andern christlichen Heiligen. Sie enthält ein stark positives Element. Licht und Dunkelheit folgen einander, sie wirken zusammen. Wenn die Betrachtung und die Begriffe uns nicht zur unmittelbaren Gottesvereinigung führen, so haben sie dennoch eine sehr bestimmte Rolle in der Vorbereitung dieser Vereinigung zu erfüllen. Dies möge uns das Folgende näher erklären.

SECHSTES KAPITEL

BEGRIFFE UND BESCHAUUNG

Die katholische Mystik gründet sich auf das katholische Dogma. Und das katholische Dogma hat die scholastische Philosophie zur Dienerin. Die scholastische Philosophie lehrt uns eben die Möglichkeit der Anwendung der menschlichen Worte auf Gott. Die Mystik des heiligen Johannes vom Kreuz ist auf einem Gedanken aufgebaut, der sich streng an die scholastische Lehre von der Analogie hält.

Die mangelnde Einsicht in die Ausdrucksweise unserer Sprache, was die Wahrheit über Gott anbelangt, kann uns in eine falsche Mystik verwickeln. Hierin liegt das Dilemma. Einerseits gibt es eine falsche Theologie, die von Gott spricht, als könnte Er mit menschlichen Begriffen völlig erfaßt und verstanden werden. Anderseits wiederum erklärt der Agnostizismus, Gott sei vollkommen unbegreiflich. Wir können dem Anthropomorphismus verfallen, ohne Gott unbedingt die körperlichen Merkmale des Menschen zuzuschreiben. Es bleibt uns daher nichts anderes übrig als mit denselben Worten von Seiner Macht, Weisheit, Gerechtigkeit und Seinen übrigen Vollkommenheiten zu sprechen, die wir für die Menschen brauchen. Darüber sagt der heilige Thomas: «Das Wort ‚weise‘, das wir auf einen Menschen anwenden, umschreibt und erfaßt in einem gewissen Maße die Wirklichkeit, die es bedeutet.»[1]

Mit andern Worten: Alle unsere Begriffe sind begrenzt. Sie müssen begrenzt sein, damit wir sie verstehen. In unserer Sprache bedeutet Weisheit nicht Gerechtigkeit. Wir sind nur insofern fähig, die Weisheit und Gerechtigkeit zu erkennen, als sie zwei verschiedene Dinge sind. Sie sind verschieden, weil sie durch bestimmte «Umschreibungen» abgesondert werden. Eine Idee genau umschreiben, sie definieren, heißt, ihr Schranken setzen. Jede Wirklichkeit, die wir in einem Begriff zu erfassen vermögen, wird in ihre eigenen Grenzen eingeschlossen. Was undefinierbar bleibt, bleibt uns unerfaßlich, weil kein Wort und keine Idee imstande sind, deren Sinn zu begreifen und abzugrenzen. Und Wirklichkeiten, die sich uns nicht in Form einer Idee darbieten, vermögen wir nicht klar zu erfassen.

Auch wenn man sagen kann, alle Ideen seien in gewissem Sinne illusorisch, weil kein menschlicher Begriff die ganze konkrete Wirklichkeit des Gegenstands, den er darzustellen versucht, völlig enthält, so müssen wir doch annehmen, daß uns die begriffliche Erkenntnis ein sicheres Verständnis der Wirklichkeit bietet. Sie sagt uns genau, was die Dinge sind. Der Naturwissenschafter weiß, daß sein Begriff von der Schwefelsäure eine bestimmte Wirklichkeit erfaßt und umschreibt, die weder das Wasser, noch die Milch, noch eine andere Flüssigkeit, sondern, ganz bestimmt, die Schwefelsäure ist.

Aber es gibt kein Wort, keinen Begriff, der die Wirklichkeit Gottes zu erfassen vermag. Wir dürfen nicht von der Wahrheit, Gerechtigkeit, Macht oder sogar vom Sein Gottes sprechen, als könnten diese göttlichen Vollkommenheiten durch die Definitionen dieser Dinge, so wie wir sie erkennen, ausgedrückt werden. Der heilige Thomas sagt, von jedem Begriff der göttlichen Vollkommenheiten, «die [in diesem göttlichen Namen enthaltene] Wirklichkeit bleibe unbegrenzt und übersteige die Bedeutung des Ausdrucks». [2] Alle Vollkommenheiten Gottes sind unbegrenzt, daher stellen sie alle ein und dieselbe Wirklichkeit dar. Es ist uns unmöglich, die Begriffe der Gerechtigkeit und Barmherzigkeit zu verstehen, wenn sie nicht irgendwie von einander getrennt und einander gegenübergestellt werden. In Gott ist die Gerechtigkeit Barmherzigkeit, die Barmherzigkeit Gerechtigkeit, und beide sind Weisheit, Macht und Sein, denn alle Seine Eigenschaften verschmelzen in der einen unendlichen Wirklichkeit, die sie über die Definition und Fassungskraft erhebt.

Aber auch wenn alle göttlichen Namen objektiv in Ihm ein und dieselbe Wirklichkeit sind, so können wir sie doch nicht als sinngleich verstehen. Gleich dem weißen, im Spektrum in verschiedene Farben geteilten Licht, läßt sich die eine Wirklichkeit Gottes nur unter vielen verschiedenen Aspekten erfassen. [3]

Die katholische Theologie stellt daher in den Begriffen, wodurch die Menschen Gott erfassen, zwei Dinge klar. Erstens erklärt sie, daß sie Gott wirklich erfassen wie Er ist. Sie sagen die Wahrheit über Ihn aus. Aber sie bieten diese Wahrheit unserem Geiste in einer Weise dar, die unendlich weit von der Wirklichkeit Gottes entfernt ist. Denn die Gerechtigkeit und Weisheit, die Barmherzigkeit und Macht, die in Ihm unbegrenzt und unteilbar gleich sind, erscheinen uns notwendigerweise als verschiedene und getrennte Eigenschaften. Sie sind Sein unendliches Wesen; uns jedoch erscheinen sie als Eigenschaften, die Sein Wesen verändern. Wie können solche Begriffe wahr sein für ein Wesen, das über jede logische Kategorie erhaben ist, das Wesen, das nach dem kühnen Ausdruck des Dionysius so hoch über dem irdischen Sein steht, daß es «Nicht-Sein» ist? Sie sind nur analog wahr von Ihm. Die Gerechtigkeit Gottes und seine übrigen Attribute werden von uns nicht als Eigenschaften des unbegrenzten göttlichen Wesens, sondern «so als wären sie» Eigenschaften eines veränderlichen Wesens, erfaßt. Dieses «so als» darf nie vergessen werden, denn unsere Vorstellungen von Gott sind nur Analogien, auch wenn sie wahr sind.

Darum hat jeder Gottesbegriff einen doppelten Aspekt. Insofern er Ihn wirklich erfaßt, sagt er uns, was Er ist. Denn Er ist weise, gerecht, barmherzig, allmächtig. Aber zugleich sagen uns dieselben Begriffe, was Er nicht ist. Er ist nicht in einem anthropomorphen oder begrenzten Sinne weise, gerecht, barmherzig, allmächtig.

Es gibt darum zwei Wege zu Gott: einen Weg der Bejahung und einen Weg der Verneinung. Diese beiden Wege stehen uns nicht etwa je nach unserem eigenen Geschmack zur Wahl offen. Wir müssen beide wählen. Wir müssen zugleich bejahen und verneinen. Der eine ist ohne den andern nicht möglich. Wenn wir bejahen, ohne zu verneinen, behaupten wir schließlich, wir hätten das Wesen Gottes mit unsern Begriffen «erfaßt». Verneinen wir dagegen, ohne zu bejahen, so verneinen wir schließlich, daß unsere Begriffe in irgendeinem Sinn die Wahrheit über Gott enthalten können.

Der Weg der Bejahung und derjenige der Verneinung werden verständlich, wenn wir sie mit dem Start und Flug eines Flugzeugs vergleichen. Wir starten mit einem Gottesbegriff und behaupten von Ihm: «Gott existiert». Dies ist wörtlich und absolut wahr.

Ich brauche hier nicht auf die Beweise für diese Behauptung einzugehen, denn schon die Tatsache allein, daß es Wesen gibt, besagt, daß das Wesen selbst existiert. Wenn Gott nicht existiert, existiert nichts. Wenn die Wahrheit selbst nicht existiert, so kann keine Behauptung wahr sein, auch nicht die Behauptung, daß die Wahrheit selbst nicht existiere.

Nun behaupten wir aber etwas von Gott. Er existiert, ist eine Bejahung. Das Flugzeug rollt über den Boden. Das heißt, wir brauchen den Ausdruck «existiert», als würde er in der gleichen Weise auf Gott angewendet, wie er auf dich und mich angewendet wird, denn von uns wissen wir, daß wir «existieren». Nun aber müssen wir anfangen zu verneinen.

Die Existenz Gottes ist nicht dieselbe wie die Existenz des Menschen. Das Flugzeug (das heißt, unser Denken) gibt seine Berührung mit der Ebene auf, auf der unser Existenzbegriff als positiv für uns annehmbar ist. Durch unsere Verneinung verbessern wir unsere Gottesbegriffe, indem wir feststellen, was sie nicht bedeuten können, wenn wir sie auf Gott anwenden.

Das Flugzeug kann nicht fliegen, solange es seine Berührung mit dem Boden nicht «aufgibt». Der Theologe kann Gott mit seinen Begriffen nicht erfassen, solange er deren Schranken und «Definitionen» nicht aufgibt. Aber so wie die christliche Askese den Leib nicht vernichtet, kann auch die apophatische Theologie in ihrer Verneinung nicht so weit gehen, daß sie alles Positive in unserer Gotteserkenntnis verneint. Wir sagen: Gott ist das Sein, die Gerechtigkeit, Macht, Weisheit, Barmherzigkeit selbst. Dann lösen wir uns von dieser Behauptung los und erheben uns in den Himmel unserer Verneinungen, indem wir um keinen Preis zugeben, daß irgendein Begriff der Gerechtigkeit die göttliche Gerechtigkeit, die Gottes Wesen selbst ist, erfassen kann. In diesem Sinne, sagt der heilige Johannes vom Kreuz, müssen wir auf «klare» Gottesbegriffe verzichten: Das heißt, wir dürfen uns nicht vorstellen, daß unser Seinsbegriff das Wesen Gottes zu erfassen und zu umschreiben vermöge, daß unsere klaren Begriffe Ihn in unsern Besitz bringen, uns Macht über Ihn und die Vereinigung mit Ihm verleihen.

Die Kirchenväter und großen Scholastiker halten die «*Via negationis*» für den Weg zur wahren Berührung mit Gott, zum wahren «Besitz» Gottes «in der Dunkelheit». Doch darf man dabei nicht übersehen, daß es sich nicht bloß um einen dialektischen Aufstieg der Vernunft ohne andere Hilfe handelt. Wir werden noch sehen, daß die *via negationis* des Verstandes einer *via amoris* für den Willen bedarf; auf diesem dunklen Weg müssen schließlich sowohl der Verstand wie der Wille erfüllt und umgestaltet werden durch die Wirkung der göttlichen Gnade unter den besondern Eingebungen des Heiligen Geistes.

Hier gilt, was der heilige Bonaventura in seiner Antwort auf die Meinung jener Theologen, die an die Möglichkeit einer unmittelbaren Gottesschau schon in diesem Leben glaubten, sagt: «Der hervorragendste Weg zur Beschauung ist der Aufstieg durch die Unwissenheit... wie Moses in die Dunkelheit geführt wurde.» [4]

Der heilige Bonaventura vergleicht den Theologen auf diesem Weg der Unwissenheit mit einem Bildhauer, der den Marmor bearbeitet. Der Künstler haut die Statue aus dem Stein heraus, indem er alles wegmeißelt, was zwischen demselben und der Verwirklichung seiner Idee steht. So schreitet der beschauliche Theologe, wie der heilige Bonaventura sagt, auf der *via negationis* vorwärts mit den Worten: Dies ist nicht Gott und jenes ist nicht Gott. Er schreitet durch Verneinung und Wegnahme vorwärts, nicht durch die Hinzufügung. [5]

Folglich sind zwei Gefahren zu meiden. Erstens dürfen wir unsere begriffliche Gotteserkenntnis nicht für das halten, was sie nicht ist. Zweitens müssen wir sie wenigstens für das halten, was sie ist. Sie darf weder unter- noch überschätzt werden. Beide Übertreibungen enden praktisch im Atheismus. Wenn wir unsern «klaren» Gottesbegriffen auf Grund dieser klaren Begriffe zuviel Macht gewähren, so schaffen wir uns schließlich einen Gott nach unserem eigenen Bilde. Schreiben wir dagegen den Begriffen nicht die Macht zu, uns die Wahrheit über Gott zu vermitteln, so schneiden wir jede irgend mögliche Berührung zwischen unserem Geiste und Gott ab.

Ich weiß nicht, welche von diesen beiden Schwächen die verhängnisvollere ist. Beide sind Wege zur falschen Mystik.

Lassen wir uns mit einem System von klaren Begriffen, womit wir das Wesen Gottes zu erfassen und zu umschreiben glauben, ein, so beginnen wir gleichzeitig Gott nach dem Maße unserer Begriffe zu beurteilen. Damit zerstören wir Gott – soweit dies dem Verstande möglich ist –, indem wir Ihn unserem System einordnen. Dies ist, nach den Worten des heiligen Gregor von Nyssa, offensichtlich eine Form des Götzendienstes.

Was geschieht in dem Fall? Gleich Jobs Freunden spielen wir uns als theologische Anwälte Gottes auf. Wir rechtfertigen sein Wirken vor den Menschen, nicht nach dem, was Er ist, sondern nach dem, was unser Begriffssystem über Ihn aussagt. Am Ende gehen wir soweit, daß wir Gott vor der Welt entschuldigen und dartun, daß Er, schließlich, um Seines Wesens willen nicht getadelt werden könne, da Er meist als gerechter, kluger, wohlwollender Mann handle. Oder wir stellen Ihn, um Ihn in der Achtung des Menschen ein paar Stufen zu erhöhen, ihnen als wohlgelaunten demokratischen Millionär vor. Für ein solches Verhalten gibt es nur ein Wort – Gotteslästerung! Auch das ist ein Atheismus, denn ein Gott, der zu Seiner Rechtfertigung unserer Vorstellungen bedarf, kann unmöglich existieren.[6]

Doch gibt es noch ein anderes Extrem. Und zwar handelt es sich dabei um einen noch verbreiteteren Irrtum, da er sich der geistigen und sittlichen Trägheit anbequemt. Er besteht in der Behauptung, keine unserer begrifflichen Erkenntnisweisen sei objektiv betrachtet sinnvoll. Da wir mit unsern Begriffen nicht die volle Wirklichkeit Gottes erfaßten, begriffen wir überhaupt nichts von Ihm. Es habe daher gar keinen Sinn, uns zu fragen, ob sie wahr oder falsch seien, da wir nie wissen könnten, was sie seien. Folglich bestehe die einzige Rechtfertigung für unsere

Gottesbegriffe darin, daß sie irgendwie ein Symbol unseres eigenen innern Zustandes seien. Sie objektivierten unsere religiösen und sittlichen Ideale. Sie hätten einen gewissen pragmatischen Wert als Schlagworte oder Sammelrufe, um die Einzelnen wie die Gesellschaft zum sittlichen Wandel anzuspornen. Unsere Gottesbegriffe stünden, wie gesagt, in keinem verstandesmäßigen Verhältnis zu Gott. Es spielte überhaupt keine Rolle, ob sie sich auf einen Gott bezögen oder nicht. Doch hätten diese Begriffe als solche ihren Wert. Sie flößten dem Volke eine gute Gesinnung ein. Den Menschen ohne Gottesbegriff würde diese gute Gesinnung fehlen. Sie benähmen sich abscheulich — wie die Kommunisten bewiesen!

Solche Auffassungen enden, paradoxerweise, faktisch im gleichen Atheismus wie ihr entgegengesetztes Extrem. Auch hier haben wir es mit Menschen zu tun, die einen schemenhaften Gott umfangen, dessen einzige Existenzberechtigung darin besteht, daß ihnen der Gedanke an Ihn eine abstrakte sittliche Einstellung im Leben bietet, die aber nicht so sehr von Gott als von ihnen selbst stammt. Der Gott dieser beiden Irrlehren ist ein Geschöpf des Menschen und Seine Existenz hängt vom menschlichen Begriff der Klugheit, Gerechtigkeit, Sittlichkeit, von Gut und Böse, Richtig und Falsch ab. Solange dieser Gott in ihre Vorstellung hineinpaßt, wird Ihm die Existenz gegönnt. Sobald Er ihnen irgendwie hinderlich ist, verliert die Vorstellung ihren praktischen Wert und wird abgeschafft oder gewechselt.

2

Es gibt noch eine weitere Form desselben Irrtums. Doch steht derselbe auf einer höhern Stufe. Er soll hier nicht übergangen werden, da er gelegentlich die christliche Mystik für sich in Anspruch zu nehmen versucht. Dieser Irrtum besteht darin, alle religiösen Dogmen und selbst die philosophischen Lehren zu verdächtigen, und einzig eine unmittelbare, persönliche und überbegriffliche Erfahrung des Absoluten anzuerkennen. So wird die *via negationis* zur offenen Verwerfung aller Gottesbegriffe. Gewöhnlich gehört auch eine wohlüberlegte asketische Technik dazu, mit deren Hilfe jedes Denken und Fühlen systematisch ausgeschaltet und der Geist entleert wird, bis jede gefühls- und verstandesmäßige Tätigkeit fast vollständig unterdrückt ist.

Diese Bemerkungen richten sich jedoch nicht gegen die orientalische Mystik, die, gleich der christlichen, auf dem Boden einer positiven religiösen Lehre steht. Es handelt sich hier um Auffassungen, die gegenwärtig im Westen stark verbreitet sind, ohne daß sie sich sehr klar umschreiben ließen; zudem weisen sie mancherlei Abarten auf. Eines ist ihnen allen gemeinsam: Sie verbinden den Agnostizismus mit einer pragmatischen Hochachtung vor der Askese und der «religiösen Erfahrung». Ihr Ziel läßt sich etwa wie folgt zusammenfassen: «Wir können Gott nur in der mystischen Erfahrung ‚erkennen‘. Die mit den religiösen Einrichtungen, etwa den Kirchen, verbundenen Lehren stellen ein Hindernis für die wahre erfahrungsgemäße Gotteserkenntnis dar. Der Mystiker ist daher wesentlich ein Rebell, der sich gegen das Dogma wendet.»

Die Formen, welche dieser Irrtum heute gewöhnlich annimmt, sind weit subtiler als das grelle Zerrbild, das ich hier von ihnen biete. Doch enthält es wenigstens dessen Wesenszüge.

Die Gefahr dieses Irrtums liegt nicht in der Anziehung, die er auf ein paar der Kirche fernstehende Intellektuelle, die ihre Ablehnung des Katholizismus offen bekunden, ausübt. Eine eigentliche Rolle spielt er erst, wenn die als «Modernismus» bezeichnete Häresie den Schatten ihrer Unwahrheit hier und dort ins katholische Leben wirft. Es wäre sehr schade, wenn Intellektuelle, die im Agnostizismus aufgewachsen sind und nach dem Religiösen hungern, in der Kirche nicht die Wahrheit selbst, nicht Gott suchten, sondern nur religiöse und ästhetische Erlebnisse, die in keiner Beziehung zum geistigen Gehalt des katholischen Glaubens stehen.

Den Konvertiten, der um die Taufe bittet, fragt die Stimme des kirchlichen Rituale, was er von der Kirche verlange. Die Antwort lautet nicht: Zeremonien, kirchliche Musik, Trost, das

Gebet der Ruhe, mystische Visionen oder sogar den innern Frieden. Sie lautet: den Glauben! Und damit keine Unklarheit darüber bestehe, daß die Kirche mehr zu bieten hat als zufällige, vorübergehende Reize, die Gemüt und Geist des religiösen Menschen erfrischen, fragt das Rituale wiederum: «Was erhoffst du vom Glauben?» Die Antwort lautet: «Das ewige Leben.» Damit gibt sich das Rituale zufrieden. Der Unterricht des Katechumenen ist beendet, er braucht nicht eigens an die Worte Jesu: «Das ewige Leben besteht darin, daß sie dich, den allein wahren Gott, erkennen, und den du gesandt hast, Jesus Christus» (Joh 17, 3), erinnert zu werden. Auch braucht ihm nicht eigens gesagt zu werden, der Glaube erfasse Gott durch Begriffe, denn der heilige Paulus sagt darüber: «Wie sollen sie an den glauben, von dem sie nicht gehört haben? Wie von ihm hören, wenn ihnen niemand predigt?» (Röm 10, 14).

Die Lehre von der Analogie rettet die katholische Mystik vor dem Agnostizismus. Sie bewahrt die beiden «Wege» der Bejahung und Verneinung davor, nach entgegengesetzten Richtungen zu führen. Sie macht sie zu Parallelpfaden desselben Höhenwegs, der zur transzendenten Wahrheit führt. Sie erklärt die Tatsache, daß die Leitsätze des Glaubens und der dogmatischen Theologie als Ausgangspunkt für den mystischen Aufstieg zu Gott dienen können. Zugleich ermöglicht sie es dem Dogma als sicheres Kennzeichen zu dienen, an dem sich die Aussagen der Mystik überprüfen lassen; dadurch bleibt die Wahrheit vor der Verzerrung durch subjektive Illusionen oder durch die Schrullen persönlicher Metaphern bewahrt.

Der «Weg der Verneinung» führt uns zur höchsten Gotteserkenntnis. Er endet, paradoxerweise, in einer positiven Bemerkung, welche die Erfüllung des «Wegs der Bejahung» darstellt.

Hier gelten die Worte, womit der heilige Thomas das Ende des Aufstiegs zu Gott umschreibt: «Das Endergebnis der menschlichen Gotteserkenntnis besteht in der Einsicht, daß wir Ihn nicht erkennen, weil wir einsehen, daß Er alles überragt, was wir von Ihm begreifen.»[7] «Am Ende unserer Erkenntnis erkennen wir Gott als unbekannten.»[8]

Die beiden Wege enden in derselben Bejahung der negativen Gotteserkenntnis. Es ist eine Bejahung, weil wir darin erklären, daß wir Gott wirklich erkennen. Wir erkennen Ihn in allen positiven Begriffen, die wir von Ihm haben, und darüber hinaus erkennen wir noch, daß Er unendlich weit über allen diesen Begriffen steht. In dieser Hinsicht bereichert der «Weg der Verneinung» unsere positive Gotteserkenntnis. Wir verneinen, was wir von Ihm erkennen, nur, um etwas zu finden, was darüber hinausgeht.

«Wir erkennen Gott als unbekannten», sagt der heilige Thomas. Weit davon entfernt, zu erklären, er sei unerkennbar, erkennt das katholische Dogma Gott, und zwar in Seiner unendlichen Transzendenz. Und die katholische Mystik erkennt Ihn durch die Erfahrung.

Auf dieser Grundlage sind die katholische Philosophie und die spekulative Theologie aufgebaut. Sie sind eigentliche Wissenschaften. In der Tat sind sie die höchsten unter den Wissenschaften. Und zwar handelt es sich dabei keineswegs um eine pragmatische rationale Systematisierung unbestimmter geistig-religiöser Sehnsüchte. Auf der Ebene der Philosophie wie der Theologie besitzt das katholische Denken einen spekulativen und absoluten Wert. Das heißt, es gelangt zu Schlußfolgerungen über Gott, die eine eigentliche wissenschaftliche Gewißheit bieten, weil sich in klarer Beweisführung zeigen läßt, daß sie mit unumstößlicher Logik aus Grundprinzipien abgeleitet werden, die auf der philosophischen Ebene evident und auf der theologischen von Gott geoffenbart worden sind.

Die scholastische Philosophie entwickelt ihr Denken auf der rein verstandesmäßigen Ebene. Doch braucht der Philosoph deshalb nicht auf das Licht des Glaubens und die Hilfe der Gnade zu verzichten. In der spekulativen Theologie beschäftigt sich die Vernunft mit den von Gott geoffenbarten und vom Glauben angenommenen Wahrheiten, welche die Philosophie als durchaus vernunftgemäß anerkennen muß. Die spekulative Theologie existiert und ist eine eigentliche Wissenschaft auf Grund der wesenhaften Übereinstimmung zwischen den Wahrheiten des

Glaubens und denjenigen der Vernunft. Diese beiden Erkenntnisweisen stammen von Gott, und Gott kann sich selbst nicht widersprechen. Wenn ein gewisser Zwiespalt zwischen Vernunft und Glauben zu bestehen scheint, so ist dies nur ein Zeichen der wesenhaften Begrenztheit des Menschenverstandes. Die wahre Wissenschaft kann nicht im Widerspruch stehen zur Offenbarung. Wenn eine wissenschaftliche Hypothese mit einem Glaubensdogma in Konflikt zu geraten scheint, so wirft der Gläubige nicht gleich die ganze Wissenschaft zum Fenster hinaus, um seine Zuflucht in einer obskurantistischen Reaktion gegen die Vernunft zu suchen. Er legt die betreffende Hypothese beiseite und bleibt bei der Lehre seines Glaubens, bis ein neues Licht auf das Problem fällt.

Die geistlichen Behörden, welche die Hypothese Galileis verworfen haben, tragen keine größere Schuld als seine wissenschaftlichen Nachfolger, welche damals seine Meinung nicht teilten und weitere Beweise abwarteten. Galilei wurde, dies dürfen wir nicht vergessen, nie ausdrücklich als Häretiker verurteilt. Seine Theorie, die manche Theologen beunruhigte, wurde beiseite geschoben. Später aber wurde sie anerkannt. Die Kirche hat das volle Recht, von ihren Kindern Gehorsam zu verlangen, wenn sie Stillschweigen über ein Thema wünscht, das einer der Wissenschaft fernstehenden Hierarchie noch unverständlich bleibt. Die Bischöfe sind nicht verpflichtet, sich mit den neuesten Ergebnissen der Physik vertraut zu machen, aber sie sind verpflichtet, das Gut der geoffenbarten Wahrheit nach den ihnen von Gott verliehenen Einsichten zu schützen.

Der katholische Naturwissenschafter, Philosoph oder Theologe weiß, daß er sich gelegentlich in seinem Leben gedulden und mit seiner persönlichen Theorie zurückhalten muß, um seine kirchlichen Vorgesetzten nicht damit zu beunruhigen. Er weiß sehr wohl, daß die Kirche die Hüterin der Wahrheit ist und daß seine Theorie, wenn sie wahr ist, schließlich doch Anerkennung finden wird. Manche Theologen lehnten die Lehre von der Unbefleckten Empfängnis ab, ehe sie zum Glaubensdogma erhoben wurde.

Die spekulative Theologie beschäftigt sich mit der verstandesmäßigen Erklärung der Glaubenswahrheiten. Mit andern Worten, sie vergleicht die geoffenbarten Wahrheiten miteinander und mit den der Naturwissenschaft und Philosophie bekannten Wahrheiten und schreitet dialektisch weiter zur Entdeckung der Wahrheiten, die sonst in den ursprünglichen Glaubenssätzen verborgen und untätig geblieben wären. Diese spekulative Theologie sucht vor allem in die eigentlichen Tiefen der Offenbarung einzudringen, soweit der vom Verstand erleuchtete Glaube und das Denken dazu imstande sind. Aber bei der Erfüllung dieser ihr wesensgemäßen Aufgabe wirft die Theologie auch ein Licht auf alle übrigen Wissenschaften, wobei sie einen zurückhaltenden Gebrauch von deren Hilfsmitteln macht.

So groß auch die Gewißheit der scholastischen Philosophie und Theologie sein mag, beide gipfeln in einer Erkenntnis Gottes. Sie erkennen Ihn in Seiner Transzendenz. Sie erkennen Ihn «als unbekannten».

Darum ist es klar, daß die wissenschaftliche Beweisführung wie sie der Philosophie und Theologie eigen ist, wenn diese sich mit Gott beschäftigen, sich gelegentlich von derjenigen der experimentellen Wissenschaft unterscheidet. Der Physiker erforscht die physikalische Energie in einer Art und Weise, daß sie seiner Herrschaft untersteht. Seine Schlußfolgerungen, falls sie richtig sind, geben ihm nicht nur die Möglichkeit, spekulative Urteile über die materiellen Kräfte zu fällen, sondern seine Folgerungen auch dadurch zu beweisen, daß er sich diese Kräfte unterwirft. Auch wo dies unmöglich ist, — ein Astronom vermag den Lauf der Planeten nicht zu verändern — bleibt der Naturwissenschafter, mit seiner Vernunft, doch Herr über seine Erkenntnisse.

Nun muß aber jeder, der eine wissenschaftliche Beweisführung der Existenz Gottes zu begreifen versucht, als erste elementare Wahrheit einsehen, daß diese Beweisführung, auch wenn sie zur absoluten Gewißheit führt, unsern Geist nicht in den Besitz eines Gegenstandes bringt, den er bestimmen, bewältigen, besitzen und beherrschen kann.

SIEBENTES KAPITEL

DIE KRISIS DER DUNKLEN ERKENNTNIS

Furchtbar ist es, Gott zu erkennen und Ihn nicht zu lieben. Furchtbar, eine spekulative Gewißheit über Gott zu erlangen, ohne den entsprechenden Sinn für die praktischen Folgerungen, die sich aus dieser Gewißheit ergeben. Ist unsere begriffliche Gotteserkenntnis wahr und gewiß, so erfassen und berühren wir Gott mit unsern Gedanken. Und doch ist Er unerreichbar und unerfaßlich. Wenn dies wahr ist, wie ist es uns dann noch möglich, ohne Qual an Ihn zu denken? Jede andere Gewißheit endet mit einem klaren, bestimmten Besitz des erkannten Dings. Unsere Gewißheit über Gott aber liegt als weitoffener Abgrund der Dunkelheit vor uns. Wenn wir aber in unsern Begriffen wirklich Gott gefunden haben, erkennen wir auch, daß diese Dunkelheit, welche unsere Begriffe übersteigt, Zeugnis gibt von Seiner unendlichen Wahrheit. Die Erkenntnis aller andern Dinge außer Gott, macht uns zum Herrn dessen, was wir erkennen. Die Erkenntnis Gottes aber macht Ihn zum Herrn der Seele, die Ihn erkennt. Wo dies nicht geschieht, da hat die Seele Ihn nicht wirklich erkannt. Nur in der Unterordnung des Glaubens können wir Gott «erkennen», und in dieser Erkenntnis finden wir den wahren Frieden.

Es ist gefährlich, leichtsinnig vom unendlichen Gott zu reden. Zuweilen ist es gefährlich, überhaupt vom Ihm zu sprechen, außer wenn uns die Rede über Ihn tiefer in Sein Geheimnis hineinführt und uns schließlich hineinwirft in das Schweigen vor dem Angesicht Seiner Transzendenz!

Wer ist Gott? Wer ist Er, den wir einzig dadurch erkennen, daß Er das Fassungsvermögen aller unserer reinsten und erhabensten Begriffe übersteigt? Wir sprechen von Ihm, als dem «Reinen Akt», der Unendlichen Wirklichkeit, in der jede Vollkommenheit, die wir zu erkennen imstande sind, in unendlicher und überreichster Fülle verwirklicht ist. Er überragt alles, was wir uns unter dem Verstande vorzustellen vermögen, denn Er ist reiner Verstand. Sein Wesen ist Verstand. Er überragt alles, was wir uns unter der Liebe und Barmherzigkeit vorstellen können. Die Liebe ist Sein Wesen selbst. Deus Caritas est. Er überragt alles, was wir Macht nennen. Er ist alle Macht. Wenn Denken, Liebe, Tätigkeit, Beschauung auf Erden existieren, wenn sie die höchsten immanenten Vollkommenheiten des Menschengeistes sind, und wenn alle uns bekannten Vollkommenheiten im höchsten Grade in Gott verwirklicht sind, der die Quelle, das Urbild und ihrer aller Ziel ist, wie kann dann Gott etwas anderes sein als ein persönlicher Gott?

Er hat uns erschaffen und erkennt uns. Wenn Er uns erkennt, so sind wir. Wenn Er uns nicht erkennt, so sind wir nicht. Seine Erkenntnis ist die Ursache unseres Seins. Aber Seine Erkenntnis und Liebe, in Ihm, sind Eins. Seine Liebe ist auch die Ursache unseres Seins. Durch Seine Liebe erhält Er uns im Dasein wie in Seiner hohlen Hand.

Und doch, sobald wir die kleinen Streichhölzchen unserer Begriffe anzünden: «Verstand», «Liebe», «Macht», weht die ungeheure Wirklichkeit Gottes, die alle Begriffe unendlich übersteigt, auf uns herab wie ein dunkler Sturm und bläst alle ihre Flammen aus!

Wie gefährlich ist für uns die Fähigkeit, diesem Wirbelwind widerstehen und unsere Streichhölzer brennend erhalten zu können, wenn der Nachtwind aus Seinem dunklen, unendlichen Meer herweht, Seinem *pelagus substantiae*. Und wie gefährlich ist es für den Menschen, wenn er sich mit einer Philosophie zufrieden gibt, die ihm die wichtigste Folgerung aus der göttlichen Transzendenz verschweigt: die Notwendigkeit des Glaubens.

Die christliche Mystik ist aus einer theologischen Krisis entstanden. Diese theologische Krisis wird hervorgerufen durch das Wesen des Glaubens. Denn der Glaube, der im Herzen der Beschauung liegt, benützt Begriffe und übersteigt sie dennoch. Er «sieht» Gott, aber nur in der Dunkelheit. In der Dunkelheit sehen, heißt nicht sehen. In einem Rätsel verstehen, heißt nicht verstehen, sondern verwirrt werden. Die Notwendigkeit dieser

Dunkelheit und dieses Rätsels — das heißt die Notwendigkeit des Glaubens — ist wiederum die Frucht einer andern Krisis — der Krisis einer apophatischen Philosophie. Ich rede vom Glauben innerhalb der Stufenleiter der Mittel, durch die wir Gott erkennen; nicht vom gewöhnlichen konkreten Glauben der Christen, den sie bei der Taufe empfangen haben und mit dem sie in vertrauter Gemeinschaft aufgewachsen sind. Sie sind zufällig von der Notwendigkeit, Gott in der Zwickmühle der Philosophie zu suchen, befreit.

Für den beschaulichen Menschen gibt es keine solche Befreiung. Das Kreuz ist der einzige Weg zum mystischen Gebet.

Die christliche Beschauung wird von Krisis zu Krisis, von Schmerz zu Schmerz geworfen. Sie entsteht aus einem geistigen Widerstreit. Sie ist ein Sieg, der plötzlich in der Stunde der Niederlage auftritt. Sie ist die von der Vorsehung bewirkte Lösung von Problemen, für die es keine Lösung zu geben scheint. Sie ist die Versöhnung von Feinden, die unversöhnlich scheinen. Sie ist eine Schau, in welcher die Liebe die Dunkelheit durchdringt, zu der das Denken keinen Zugang hat, und mit einem einzigen Band alle fernen Küsten verbindet, welche der Verstand allein nicht zu verbinden vermag, und mit diesem Seil das ganze Wesen des Menschen in die göttliche Vereinigung hineinzieht, deren Wirkung eines Tages in die «Außenwelt» überfließen wird.

Diese geistig-religiöse Krisis kann es nicht geben, wo das logische und begriffliche Denken, wo Worte und Urteile für unfähig gehalten werden, Wahrheiten über Gott auszusagen. In einer Welt, worin man einen unversöhnlichen Gegensatz zwischen Leib und Seele, Natur und Übernatur, Begriffserkenntnis und Beschauung annimmt, wird das Problem der Gottesvereinigung theoretisch viel einfacher. Aber seine Lösung ist falsch. Sie macht die wahre Vereinigung mit Gott unmöglich, außer durch ein Wunder oder durch Zufall.

Nach dieser falschen Auffassung muß die Welt der Erscheinungen, der Leib mit den Sinnen, die Sprache, die Begriffe, die Logik, der urteilende Verstand, der von der Liebe bewegte Wille — muß dies alles zum Verstummen gebracht und verworfen werden. Das einzige Problem besteht darin, den Geist vom Stofflichen und vom Denken zu «befreien», die nur ein Hindernis bilden für die Vereinigung. Die Seele ringt sich vom Leibe los wie ein Schmetterling aus der Hülle. Nach dieser höchst vereinfachten Auffassung ist der Mensch eigentlich ein im Leibe gefangener Engel. Sein Geschick bestimmt ihn nicht zu einer übernatürlichen Erhebung seines ganzen Wesens, des Leibes wie der Seele, zur Gottesschau in der Herrlichkeit, sondern zur Wiederaufnahme seines Geistes im Engelreich. Die Heiligkeit besteht nicht in der übernatürlichen Vollendung der menschlichen Persönlichkeit, denn die menschliche Person besteht aus Leib und Seele, sondern in der Vernichtung des Fleisches und der Individualität, wodurch der Geist frei werden soll.

Soweit es in dieser Art Mystik eine «Krisis» gibt, ist sie nicht verstandesbedingt, sondern psychologisch: Sie entsteht aus der Selbstentzweiung des Menschen im Kampfe gegen die eigene Natur. Diese Art Askese, die tatsächlich das eigentlich Menschliche im Menschen zu vernichten sucht, um den Geist auf ein angeborenes, rein göttliches Element zu beschränken, beruht auf einem schweren metaphysischen Irrtum. Die Schwere desselben wird schon aus der Tatsache deutlich, daß die geistige und seelische Gesundheit des Menschen von der richtigen Ordnung und dem Gleichgewicht seines ganzen Wesens — des Leibes und der Seele abhängt. Der Begriff «Natur» bedingt die richtige Lenkung eines Wesens auf das Ziel hin, zu dem es geschaffen ist. Daher besitzen die Tiere Instinkte, welche sie zur Erfüllung ihres eigentlichen natürlichen Daseinszwecks führen.

Die Menschennatur bestimmt ihn vor allem dazu, nach dem Frieden in der Beschauung und der Liebe zur höchsten Wahrheit zu streben. Man darf behaupten, alle Menschen seien mit einem instinktiven Verlangen geboren, die Wahrheit selbst zu erkennen und einer instinktiven (wenn auch unbewußten) Sehnsucht nach der höchsten Seligkeit, die in der Anschauung Gottes im Himmel besteht.

Wäre nun aber der Mensch von Natur ein Engel, wäre er ein reiner, wider seine Natur, im Fleische gefangener Geist, so müßte ihn derselbe natürliche Instinkt, der ihn drängt, nach der Wahrheit selbst zu streben, zum Selbstmord treiben, um dadurch seinen Geist vom Fleische zu befreien. Das Kind, in welchem der erste Schimmer der Überlegung Fragen über das Wesen der Dinge wachruft, müßte sich, statt spontan seine Eltern darüber zu befragen, ins Feuer oder aus dem Fenster stürzen. Es müßte instinktiv versuchen, seinen Körper zu vernichten.

Obgleich es Philosophen gab, etwa die Stoiker, welche den Selbstmord für eine mutige Tat hielten, so glaube ich kaum, daß sie ihn als Ausdruck des tiefsten Verlangens der Menschennatur betrachteten! Denn der einzige Grund dafür, ihn als «mutig» hinzustellen, war, daß er sich gegen den grundlegenden natürlichen Instinkt der Selbsterhaltung richte. Und wir alle wissen, daß kein Mensch in Versuchung gerät, sich umzubringen, solange er nicht der Verzweiflung erliegt vor der Enttäuschung seines ganzen natürlichen Verlangens nach Glück — eines Verlangens, das in seinem eigentlichen Wesen seine höchste Erfüllung in der Anschauung und im Besitz der vollkommensten Wirklichkeit, der unfehlbaren Wahrheit, durch die Liebe, sucht.

Die Gefahr der «Engelhaftigkeit» ist daraus klar ersichtlich. Pascal sagt: «Qui veut faire l'ange, fait la bête.» («Wer den Engeln gleichkommen will, wird zum Tier.») Wir können die Menschennatur nicht ohne unheilvolle Folgen wider sich selbst entzweien. Suchen wir die Vollkommenheit in der Vernichtung des äußern Menschen und der absoluten Verwerfung der Welt der Erscheinungen, so ergibt sich daraus nur, daß die beiden Hälften des metaphysischen Wesens im Menschen auseinanderfallen, und jede für sich ihres Weges zieht. Und wird das Fleisch zu seinem eigenen Herrn, so beherrscht es bald den Geist. Selten lebt ein Asket sein Leben lang, als besäße er keinen Leib. Weit verbreiteter sind jene, die sich während zwei, drei Jahren wütend selbst strafen, um dann ihre Zucht aufzugeben und der Verzweiflung, Schwermut und dem wilden ungeregelten Drang ihres Fleisches und Geistes zu verfallen.[1]

Eine ganze Reihe von Irrlehren rührt vom Gnostizismus und Manichäismus her. Ihnen allen liegt ein Dualismus zugrunde:

Das heißt, sie spalten die Welt in zwei metaphysisch unversöhnliche Lager, in Stoff und Geist, Bös und Gut. Alles Böse steht auf seiten der Materie – die das Lager des Teufels ist. Alles Gute auf seiten des Geistes, der die Seite Gottes ist. Der Mensch steckt zwischen drin, denn die beiden bekämpfen sich in ihm. Der Geist sollte durch die asketische Vernichtung des Fleisches den Sieg davontragen. Aber das Fleisch läßt sich nicht so leicht vernichten, auch nicht von einem wohlmeinenden Besessenen. Darum sehen wir, daß die Gnostiker, die Katharer und Quietisten und alle, die nach einer so reinen Geistigkeit streben und den Menschen eine Engelsnatur zuschreiben, sich in Wirklichkeit gezwungen sehen, das Fleisch zu übersehen, da nur wenige imstande sind, es zu besiegen. Bei Molinos finden wir die eigentümliche Auffassung, die fleischlichen Sünden seien keine Sünden. Zweifellos ergibt sich kein abgerundetes Bild der geistlichen Lehre des Molinos aus der alleinigen Liste seiner von der Kirche verurteilten Sätze. Immerhin bestätigt diese Liste das Wort Pascals, das ein besonders scharfes Bild einer Seele gibt, die halb Engel halb Tier ist.

Im Orient findet man eine ähnliche sonderbare Mischung von Mystik und Begierlichkeit. Millionen tief religiöser Menschen, deren Weltauffassung einem pantheistischen Monismus gleichkommt, können, mit höchst überraschender Gleichgültigkeit, die hohen geistigen Ideale des Raja-Yoga Seite an Seite mit der Tempelprostitution als gleichermaßen glaubhafte Äußerungen derselben religiösen Anschauung anerkennen. Es handelt sich zwar dabei um verschiedene Stufen der Geistigkeit. Alles hängt von der individuellen Berufung ab! Am Ende führen alle Wege zur gleichen Befreiung, vorausgesetzt, daß der Mensch die Last des Karma mit der nötigen Geduld ertrage.

Sobald die Erscheinungswelt aufhört, eine selbstverständliche Offenbarung des Absoluten zu sein, und sobald unsere Gedanken und Worte keine objektiv gültigen Verbindungsmittel mit Gott mehr darstellen, verfallen wir dem Agnostizismus. Dies gilt auch dann noch, wenn wir die verbindende Kraft der Worte und Begriffe mit Gott verneinen, um ja die reine Geistigkeit der göttlichen Natur unberührt zu lassen. Auch wenn der Mensch diesen Agnostizismus in der Absicht annimmt, die Reinheit einer innern individuellen unmitteilbaren Gotteserfahrung sicherzustellen, zieht er doch stets bedauerliche geistige und sittliche Folgen nach sich.

Der Agnostizismus führt unweigerlich zur sittlichen Gleichgültigkeit. Er spricht uns jede Fähigkeit, die sittlichen Werte einzuschätzen oder zu verstehen, ab, weil er die geistige Berührung mit Gott abschneidet, der allein die Quelle aller Sittlichkeit ist und der allein die Übertretung der Sittengesetze in einer Art und Weise bestrafen kann, die unserer Beachtung wert ist. Daher muten die schwachen Bemühungen des Bürgertums gegen Ende des neunzehnten und Anfang des zwanzigsten Jahrhunderts, ihre Kinder, ohne Gottesglauben, in der Ehrfurcht vor den sittlichen und sozialen Pflichten zu erziehen, so eigentümlich und komisch an. Die stets zunehmende Zügellosigkeit jeder neuen heranwachsenden Generation stellt in Wirklichkeit einfach die Frage: «In wessen Namen verlangt ihr von uns ein sittliches Benehmen? Weshalb sollte ich im Namen einer Lebenseinstellung, die nur in euerer Phantasie existiert, den Freuden, wonach es mich verlangt, entsagen? Weshalb sollte ich im Namen des Nichts die Phantasiegebilde verehren, die ihr mir aufdrängt?»

2

Die Krisis, welcher die christliche Beschauung entspringt, findet keinen Platz in einer Seele, die an die vollständige Verneinung alles dessen glaubt, was außerhalb der eigenen geistigen Wesenheit liegt. Anderseits aber ist es klar, daß diese Krisis in einer Seele, deren gesamtes geistiges Leben sich auf Worte, Formeln, Zeremonien, Riten und Vorschriften beschränkt, die sie um ihrer selbst willen beobachtet, nicht auszubrechen vermag. In beiden Fällen liegt grundsätzlich derselbe Fehler vor, denn er entzweit den Menschen mit sich selbst, trennt einen Teil seines Wesens wie ein Heiligtum von ihm ab und überläßt den andern sich selbst.

Der ganze Mensch, Leib und Seele, das Innere wie das Äußere an ihm muß Gott gehören. Der heilige Paulus sagt: «Wißt ihr nicht, daß ihr ein Tempel Gottes seid und der Geist Gottes in euch wohnt?» (Kor 3, 16). Er sagt nicht, die Seele allein sei Gottes Heiligtum. Der Geist Gottes wohnt zwar vor allem in der Seele, doch heiligt er den ganzen Menschen. Wir können nicht den halben Tempel Gott schenken und den Vorhof dem Belial überlassen: «Wie verträgt sich der Tempel Gottes mit Götzen?» Und Jesus sagt: «Wer nicht mit mir ist, der ist wider mich» (Mt 12, 30). Es genügt nicht, die Seele allein zu heiligen, noch weniger aber den Leib allein.

Eine rein innerliche Religion, ohne irgendwelches Lehrgebäude und irgendwelche äußere Liturgie, kann gelegentlich zu einem Anflug von Beschauung führen. Eine völlig äußerliche Religion führt fast nie auch nur zu einem Schein wahren innern Friedens und zur eingegossenen Beschauung.

In Wirklichkeit aber gibt es keine eigentliche Religion, die nur innerlich oder nur äußerlich wäre. Trotz der reinen Geistigkeit ihrer metaphysischen Grundlage beruht der Raja-Yoga zum größten Teil auf einer Technik der Askese, die jede Möglichkeit ausbeutet, welche eine subtile physiologische Erkenntnis des Menschenleibs zu bieten vermag.

Anderseits sind die primitiven Kulte, in welchen Mythus, Symbolismus und Magie den Menschen in freundliche Beziehungen zu geheimnisvollen Kräften bringen, welche die Welt, worin er lebt, zu lenken scheinen, nicht bloß äußere Formen. Sie reichen in die dunkeln unterbewußten Tiefen des menschlichen Wesens hinab. Die zeremoniellen Tänze und Riten der wilden Stämme erwecken gelegentlich verborgene Seelenkräfte zur Verzückung und Hypnose. Auch wenn es sich hier nicht um streng geistig-religiöse Erfahrungen handelt, so doch immerhin um innerliche. Sie entspringen der Seele, der Menschenpsyche. Auch üben sie eine deutliche Wirkung auf seinen Leib aus. So tief das geistige Niveau gewisser primitiver Religionen auch sein mag, besteht doch kein Zweifel darüber, daß sie vom ganzen Menschenwesen Besitz ergreifen können.

Aber gewöhnlich ist dies nicht ein Ausdruck dessen, was man im eigentlichen Sinn eine geistige «Krisis» nennen kann. Ich möchte zwar nicht bestreiten, daß die heidnischen Stammesangehörigen dann und wann tatsächlich etwas vom echten Schmerz derselben erleben. Doch handelt es sich um eine nackte, harte Gefühlsangst, einen physischen Schrecken, der erhöht wird durch den Aberglauben und beschwichtigt durch Trommeln, Blut und Zauber. Man darf wohl annehmen, daß der Heide nach einer solchen Stammesfeier sich weit mehr mit der Welt im Frieden fühlt als der Amerikaner, der müde und glücklich vom Fußballspiel heimkehrt, wo er sich heiser geschrieen hat. Aber es handelt sich um dieselbe Art Befriedigung. Es ist physischer Schein-Friede, der daher rührt, daß sich diese Menschen ausgetobt haben.

Die wahre geistige Krisis, die bisweilen zum Glauben führt, die Krisis in der Krisis, die stets den Weg zur Beschauung bereiten muß, enthält in erster Linie ein verstandesmäßiges Element. Sie muß aus dem Denken hervorgehen. Sie muß einer Ehrfurcht vor der Gültigkeit der Begriffe und des Denkens entspringen. Sie anerkennt die Verstandestätigkeit. Doch sieht sie auch die Grenzen der Begriffe und der Vernunft ein. Und gleichzeitig erkennt sie, daß der Geist nicht notwendigerweise an diese Grenzen gebunden ist. Hier setzt die Krisis ein.

Ich glaube, daß Christus Gott ist, daß er das Wort des fleischgewordenen Gottes ist. Ich glaube, daß die zweite Person der heiligen Dreifaltigkeit in Christus eine menschliche Natur angenommen hat, so daß er nicht in einer eigenen menschlichen Persönlichkeit existiert, sondern sein Sein von Ihm hat, in Ihm subsistiert.

Ich glaube, daß der Mensch Christus eine göttliche Person, der Sohn Gottes ist. Und ich glaube, daß er mich durch die Gnade, die er mit seinem Kreuzestod für uns alle erkauft und durch seine Auferstehung vom Tode uns allen zugänglich gemacht und allen Getauften übermittelt hat, teilhaben läßt an seiner göttlichen Sohnschaft. Geistig lebe ich daher aus dem Leben des göttlichen Sohnes. Mein Leben ist «mit Christus in Gott verborgen» (Kol 3, 3). Daran glaube ich.

Dies sind Begriffe, die miteinander zu verstandesmäßigen Urteilen verbunden sind. Ich vermag ihren Sinn durch eine Analyse, welche ihren geoffenbarten Inhalt mit dem Inhalt anderer von Gott geoffenbarter oder von der Vernunft anerkannter Sätze vergleicht, zu erfassen. Und doch bleiben sie Geheimnisse für mich. Keine noch so eingehende Analyse vermag sie meinem Verstand deutlich faßbar zu machen.

Trotzdem hat die göttliche Liebe den Menschengeist mit einer Art instinktivem Bewußtsein begabt, daß er diese Glaubensgeheimnisse irgendwie durchdringen und erfassen müßte. In einem gewissen Sinne sind sie uns gegeben, damit wir sie begreifen. Der Glaube sucht zu verstehen, nicht nur durch das Studium, sondern vor allem im Gebet.

Der heilige Paulus erklärt den bekehrten Christen in Korinth, daß, auch wenn er «Gottes geheimnisvolle, verborgene Weisheit» verkünde, der Geist Gottes doch die verborgenen Wunder dieser Weisheit offenbaren werde: «Uns aber hat es Gott durch seinen Geist geoffenbart... Wir aber haben nicht den Geist der Welt empfangen, sondern den Geist, der aus Gott stammt. So können wir erkennen, was uns von Gott geschenkt ist» (1 Kor 2, 7, 10, 12).

Dies erklärt die zwiefache Krisis der dunklen Erkenntnis. Erstens erhebt sich der Philosoph zu den Grenzen seiner Wissenschaft und erkennt, daß Gott die Fassungskraft jedes Begriffs, den wir von Ihm haben können, übersteigt. Und dennoch bleiben unsere Begriffe von Ihm wahr. Am wahrsten sind sie, wenn sie in ihrer negativen Bedeutung genommen werden, etwa in Worten wie: «Gott ist alles, was wir uns vorstellen können, und doch ist Er nicht das, was wir uns vorstellen, denn Er ist unendlich mehr.»

Die erste Krisis: Gott ist nicht nur erkennbar, sondern die unendliche und wesenhafte Erkenntnis selbst. Er ist wesenhaft der Verstand, der sich selbst begreift.

Da die göttliche Wahrheit zugleich das höchste Gut ist, gebührt es sich, daß Er sich selbst Seinen Geschöpfen in der vollkommensten Weise, die es gibt, mitteilt. Soweit kann ein Philosoph gehen. Und darin besteht seine Krisis, denn was er wirklich als Philosoph erkennt, ist, daß Gott immer noch unendlich weit über dem Bereich seiner Philosophie steht. An der Erkenntnismöglichkeit der Wahrheit überhaupt verzweifeln, hieße wider das Licht der Vernunft sündigen. Anderseits aber vermag nichts den Menschen Gott näher zu bringen als eben seine Vernunft. Einzig der Glaube sagt uns, wie Gott uns, in Wirklichkeit, Seine Wahrheit in vollkommener Weise übermittelt hat, nämlich durch die hypostatische Vereinigung, in welcher das Wort selbst eine geschaffene Menschennatur angenommen hat, «so daß eine Person aus diesen dreien ward: dem Wort, einer Seele und einem Leibe».[2]

Die zweite Phase dieser Krisis entspricht der ersten, nur auf einer innerlichern geistigern Ebene. Der Übergang von der philosophischen Erkenntnis zum Glauben ist durch eine Hingabe unserer selbst an Gott gekennzeichnet. Der Augenblick des Übergangs ist der Augenblick des Opfers. Der Übergang vom Glauben zur geistigen Erkenntnis, die als Beschauung bezeichnet wird, ist ebenfalls ein Moment des Opfers. Er ist die unmittelbare Folge einer vollkommeneren und tiefern Selbsthingabe an Gott. Die Beschauung ist eine Verstärkung des Glaubens, welche den Glauben in einen der Vision verwandten Zustand umgestaltet. Doch ist er nicht eine «Vision», da die Beschauung, als reiner Glaube, noch dunkler ist als der Glaube selbst.

Abraham, der das Messer gegen seinen Sohn Isaak erhebt, ist das Sinnbild des Glaubens.[3] Denn, gleich dem Opfer Abrahams, ist unsere Selbsthingabe in der unbedingten Unterordnung unter Gott ein Opfer, bei welchem wir, weit davon entfernt, etwas zu verlieren, alles als vollkommeneren Besitz erlangen und wiedergewinnen, auch was wir scheinbar verloren hatten. Denn im gleichen Augenblick, wo wir uns Gott schenken, schenkt Sich uns Gott selbst. Er kann Sich uns nicht vollständig schenken, solange wir uns Ihm nicht vollständig hingeben. Doch können wir uns wiederum Ihm nicht vollständig schenken, wenn Er Sich uns nicht in einem gewissen Grade vorerst schenkt.

Das Unbegreifliche des Glaubensgeheimnisses liegt darin, daß es eine «Taufe» im Tod und Opfer Christi ist [4]. Wir können uns Gott nur hingeben, wenn Christus, durch Seine Gnade, geistigerweise, in uns «stirbt» und wieder aufersteht.

ZWEITER TEIL

VERNUNFT UND MYSTIK BEI JOHANNES VOM KREUZ

ACHTES KAPITEL

DIE THEOLOGISCHE GRUNDLAGE

Wir können die Werke des heiligen Johannes vom Kreuz nicht lesen, ohne einen tiefen Eindruck von der Genauigkeit und Straffheit seines Denkens zu empfangen. Auch wer seine Schlußfolgerungen nicht durchwegs teilt, muß zugeben, daß er auf dem Wege strenger philosophischer und theologischer Beweisführung dazu gelangt. Kein zweiter christlicher mystischer Theologe geht von so klaren dogmatischen Grundlagen aus und stützt seine Gedanken auf ein so kraftvolles Grundgerüst. Unter allen, die wir als Mystiker zu betrachten gewohnt sind, steht er dem heiligen Thomas von Aquin und den großen Scholastikern durch die Klarheit seines Wegs am nächsten.

Es würde hier zu weit führen, wollte ich darlegen, daß die heiligen Thomas und Bonaventura, wie auch die großen Kirchenväter, die heiligen Augustinus, Bernhard und Gregor von Nyssa, ebenfalls Mystiker und überdies «mystische Theologen» seien. Dadurch, daß ich den heiligen Johannes vom Kreuz zu einer besondern Art «mystischer Schriftsteller» zähle, laufe ich Gefahr, in einer wichtigen Frage Verwirrung zu stiften. Vielleicht komme ich damit der herrschenden Ansicht, Mystik und Dogma seien streng voneinander getrennte Gebiete, die «Mystiker» und «Theologen» seien wesentlich von einander verschieden und besäßen eine völlig andere Weltanschauung, zu sehr entgegen!

Wenn auch die Werke des heiligen Johannes vom Kreuz seine persönliche Erfahrung widerspiegeln, — denn ohne seine Erfahrung wären sie gar nicht entstanden — stellen sie doch nicht bloße Erinnerungen an die Geschehnisse seines mystischen Lebens dar. Sie sind in einem volleren Sinne des Wortes theologisch als die Schriften der heiligen Theresia von Avila, der Ruysbroeck, Tauler und anderer. Ich will damit nicht sagen, die Werke der heiligen Theresia seien nicht unermeßlich reich an dogmatischer Wahrheit. Das christliche Glaubensleben der heiligen Theresia war erstaunlich und ihr Wissen um Christus so persönlich und unmittelbar, daß sie es nur aufzuzeichnen brauchte, um ein gutes Bild dessen zu geben, was ein Katholik wirklich sein sollte; denn mit der Schilderung ihres eigenen Seelenlebens hat sie uns ein eingehendes und objektives Bild des ganzen Verlaufs der Umgestaltung in Christus, welche das Ziel des christlichen Glaubens ist, gegeben.

Trotzdem weist diese «Umgestaltung» die besondern Lebensmerkmale einer ganz außergewöhnlichen Frau des spanischen sechzehnten Jahrhunderts auf. Wir sind alle, auf diese oder jene Weise, zur innigsten Vereinigung mit Gott in Christus berufen. Aber nur die heilige Theresia war zur besondern Stufe und Art der Vereinigung auserwählt, die sie in ihren Büchern schildert. Darin finden wir Christus, wie er sich in der Seele der heiligen Theresia widerspiegelte. Wir können aber dieses Bild Christi sehr wohl mit dem Antlitz vergleichen, das Er der ganzen Kirche geoffenbart hat. Und daraus ersehen wir, daß die heilige Theresia eine höchst orthodoxe Mystikerin war. Der Theologe jedoch, der als solcher schreibt, muß seinen Blick auf das Antlitz Christi richten, wie es der ganzen Kirche geoffenbart wurde, und nicht bloß auf seine persönliche Gotteserfahrung. Der Theologe, der zugleich Mystiker ist, benötigt, in seinen theologischen Studien, eines innersten übernatürlichen Sinns für göttliche Werte, einer Art Überinstinkts, der die göttliche Wahrheit blindlings erfaßt, sozusagen in einem «Lichtstrahl», wo andere Theologen im Flughafen am Boden zurückbleiben oder im Nebel zusammenprallen. Aber der Theologe schreibt nicht ausdrücklich über seine Erfahrung. Sein Geist richtet sich völlig auf die von Gott Seiner Kirche geoffenbarten Wahrheiten. Sein Hauptanliegen zielt darauf hin, den Inhalt der Offenbarung zu erklären, ihrem unerschöpflichen Schatze neue Kostbarkeiten zu entnehmen, und damit die Blicke des Glaubens zu überwältigen.

Gewiß beschäftigt sich der mystische Theologe notwendigerweise mit der mystischen Erfahrung. Aber als Theologe muß er vor allem erforschen, was Gott über die mystische Vereinigung und deren Begleiterfahrungen geoffenbart hat. Forscher, welche religiöse Erfahrungen anhäufen, sie systematisch anordnen, «Gesetze» herauszuschälen suchen, die sich auf allgemeine, in jeder Mystik beobachtete Elemente stützen, behandeln den Stoff eher als Psychologen denn als Theologen. Diese empirische Betrachtungsweise ist zweifellos sehr wertvoll. Für die Berufspsychologen, die Religionshistoriker und Forscher der verwandten Gebiete sind sie wahrscheinlich wertvoller als die eigentliche mystische Theologie. Ihre Arbeit kann auch Licht auf praktische Fragen werfen, die im innerlichen Gebetsleben auftauchen. Der Weg der eingegossenen Beschauung aber ist einsam. Jene, die Gott darauf führt, finden unaussprechlichen Trost, wenn sie auf ihrer Reise die Marksteine und Wegweiser erkennen, die in spärlicher Zahl von andern, welche diesen Weg vorausgegangen sind, gepflanzt wurden.

Einige der schönsten und wertvollsten Seiten des heiligen Johannes vom Kreuz gehören dazu; es sind Beobachtungen über die mystische Erfahrung, die er häufig durch Beispiele aus der Heiligen Schrift belegt. Aber der heilige Johannes vom Kreuz begnügt sich nicht damit. Er sieht ein, daß der angewandte Sinn der Heiligen Schrift keinen theologischen Wert hat und daß die Benützung von Schrifttexten durch mystische Schriftsteller erst dann zur Theologie wird, wenn sie uns die von Gott geoffenbarte Wahrheit lehrt. Wenn ein Mystiker eine Bibelstelle aus dem Zusammenhang herausnimmt und auf seine eigene geistige Erfahrung anwendet, so handelt es sich um eine rein buchstäbliche Verwendung der Schrift. Unter diesen Umständen besitzt ein Bibelzitat nicht mehr theologische Beweiskraft als ein Homerzitat. Nach der Meinung des heiligen Johannes vom Kreuz genügt es nicht, die Heilige Schrift als Spiegel des eigenen Innenlebens zu benützen. Wenn er sich daher auf seine erfahrungsgemäße Kenntnis der Mystik bezieht, so versucht er mit dieser Erfahrung allein nichts zu beweisen. Was er über die Gebetsgnaden sagt, dient ihm stets als Anlaß, nach der endgültigen theologischen Antwort zu suchen, der wahren katholischen Lehre im geoffenbarten Wort Gottes, und zwar in jeder Beziehung.

Der heilige Johannes vom Kreuz veranschaulicht nicht nur seine Lehre durch die buchstäbliche Verwendung der Schrift, er beweist sie aus der Schrift. Mehr noch, er findet seine Lehre in der Bibel. In diesem Sinn ist der heilige Johannes in erster Linie Theologe und nicht nur ein «geistlicher Schriftsteller» in einem allgemeinen Sinne. Wie Jesus selbst kann er sagen, er verkünde nicht bloß seine Lehre, sondern diejenige des Vaters, der ihn gesandt habe.

Alle tiefern Instinkte des wahren Theologen sagten dem heiligen Johannes vom Kreuz, daß ihm das geoffenbarte Wort Gottes eine größere Sicherheit gewähre als die eigene Erfahrung, weil es von einer übernatürlichen Ordnung spricht, deren Weg nur Gott, der sie geschaffen hat, mit Gewißheit kennt. Die Vorrede zum «*Aufstieg zum Berge Karmel*» kündigt die Absicht eines wahren Theologen an:

> «Wenn ich nun über diese dunkle Nacht [der mystischen Beschauung] etwas sagen will, so baue ich dabei weder auf meine Erfahrung noch auf mein Wissen; denn beides kann mich im Stiche lassen und täuschen. Ich will vielmehr, ohne dabei ganz abzusehen von diesen beiden Stützen, mich ganz und gar... von der Heiligen Schrift führen lassen. Denn sofern wir uns ihrer Führung überlassen, können wir nicht irregehen, da aus ihr der Heilige Geist zu uns spricht. Sollte ich trotzdem in irgendeinem Punkte nicht das Rechte treffen, ... so möchte ich mich hierin durchaus nicht von dem Pfade der unverfälschten Lehre unserer heiligen Mutter, der katholischen Kirche, entfernen.»[1]

Es handelt sich dabei nicht um eine bloße Redensart. Der «*Aufstieg zum Berge*» und «*Die dunkle Nacht der Seele*», die einfach zwei Teile eines einzigen Buches darstellen, folgen nicht nur einem sorgfältigen theologischen Plan, sondern — und dies ist einer der vielen Gründe für unsere Hochschätzung dieser Werke — sie schenken uns eine Lehre, welche uns durchgehend und folgerichtig den theologischen Sinn des Alten und Neuen Testaments darzulegen scheint.

Man beachte auch, wie ernst der heilige Johannes sein Streben nach der höchsten verstandesmäßigen Gewißheit nimmt, die er nicht in einer subjektiven Gotteserfahrung zu finden erwartet, sondern im objektiven Gehalt einer begrifflichen und dogmatischen Offenbarung. Es läßt sich bei diesem spanischen Mystiker keine Spur eines Agnostizismus finden, wenn er richtig verstanden wird. Dieselbe Auffassung wird in der Vorrede zum «*Geistlichen Gesang*» wiederholt. Dieser große Kommentar zu seinen eigenen Gedichten ist weit weniger eine systematische Abhandlung über die geistliche Theologie als sein obgenanntes erstes Werk, das aus dem «*Aufstieg*» und der «*Dunklen Nacht*» besteht. Im «*Geistlichen Gesang*» spricht der heilige Johannes mehr von der positiven Seite der mystischen Theologie – dem «Licht» des mystischen Gebets und der wunderbaren Freude der mystischen Vereinigung. Das Buch scheint weit persönlicher. Geschehnisse, die er nur durchs Tor der Ekstase erschaut haben kann, erhalten hier eine weit größere Bedeutung. Trotzdem betont er, er sei Theologe. Die Vorrede sagt es deutlich. Er benützt dafür dieselben Ausdrücke, die ich aus dem «*Aufstieg*» angeführt habe:

«Ich will keine Behauptung vorbringen, die sich auf meine eigene Ansicht gründet, und mich nicht auf meine eigene Erfahrung allein, noch auch auf jene stützen, die ich aus dem Verkehr mit geistlichen Personen geschöpft. Wohl werde ich mich derselben bedienen, aber dabei alles mit Stellen der Heiligen Schrift belegen.»[2]

Er denkt nicht daran, sich auf eine rein persönliche Offenbarung zu stützen. Seine Bibelauslegung hält sich selbstverständlich an die katholische Überlieferung und die Autorität der Kirche. Das sagt er hiermit ebenfalls.[3] Er ist daher Theologe im katholischen Sinn und erforscht und erläutert somit das Gut der öffentlichen von Gott der Kirche anvertrauten Offenbarung, und zwar tut er dies unter der Leitung der Kirche, mit dem Zwecke, die Lehre der Kirche zu ergründen und darzulegen.

Doch wird der katholische Begriff des «Theologen» im strengsten Sinne des Wortes noch durch ein mehr akzidentelles Merkmal ergänzt. In der neuern Zeit ist ein Theologe fast notwendigerweise scholastischer Theologe. Er befolgt die Methoden und das systematische Verfahren der Scholastik. Sein Denken stützt sich auf die von der aristotelisch-christlichen Synthese im dreizehnten Jahrhundert aufgestellten Prinzipien. Es wäre sinnlos, wollte man vom heiligen Johannes vom Kreuz eine im akademischen Sinne des Wortes scholastische Abhandlung über die mystische Theologie erwarten. Eine spätere Generation unter den Unbeschuhten Karmeliten wird in dieser Hinsicht ein gewaltiges Material zusammentragen. Als Beispiel seien nur die dicken Werke Josephs vom Heiligen Geist angeführt, die selbstverständlich auch ihren Wert haben. Der heilige Johannes vom Kreuz aber baut auf der scholastischen Grundlage auf und benützt die scholastischen Prinzipien sehr häufig. In der Vorrede zum «Geistlichen Gesang» erklärt er, wie er dazu kam, die spekulative scholastische mit der eingegossenen Weisheit, die nur durch das Gebet erlangt werden kann, zu verbinden.[4]

I.

DER HEILIGE JOHANNES VOM KREUZ
IN SALAMANCA UND ALCALÁ

Die Darstellungsweise des heiligen Johannes vom Kreuz überrascht uns nicht, wenn wir seine theologische Grundlage und die strenge Bildung, die er erhielt, in Betracht ziehen. Spanien erlebte im sechzehnten Jahrhundert eine kraftvolle intellektuelle und religiöse Erneuerung. Sie war der Ausdruck eines spontanen Wiedererwachens des Katholizismus nach der Reformation. Während halb Europa von der Kirche abfiel und ihre Lehrautorität verwarf, erwachten die Theologen plötzlich aus der Erstarrung, die sie im vierzehnten und fünfzehnten Jahrhundert befallen hatte. Eine mächtige Erneuerung der Theologie war unerläßlich, sollte das geistig-religiöse Leben wiedererstehen. Dieser Zusammenhang wird oft übersehen. Das vierzehnte Jahrhundert war trotz des Tiefstandes der Theologie eine Zeit großer geistig-religiöser Bestrebungen. Doch versandeten diese wieder oder wichen von ihrem Ziel ab. Hervorragende Einzelpersönlichkeiten wie Tauler, Menschen von tiefer persönlicher Innerlichkeit, trugen verhältnismäßig wenig zum Wachstum der Kirche bei. Die dogmatischen Grundlagen ihrer Lehren hätten leicht genauer umschrieben werden können. Doch wurde es unterlassen. Daher nahmen diese Mystiker eine zweideutige Stellung ein im wirren Geschehen ihrer Zeit. Sie treten über die Bühne wie gewisse Charaktere in Shakespeares geschichtlichen Dramen, an sich prachtvolle Charaktere. Aber sie passen in keinen künstlerischen Rahmen hinein. Sie sind einfach Ausdruck der überschwenglichen Schöpferkraft eines Dramatikers, der damit ein unbändiges Meisterwerk schuf.

Das Wiederaufleben der Theologie im sechzehnten Jahrhundert brachte notwendigerweise eine Erneuerung der katholischen Geistigkeit, der alten kirchlichen Orden (und die Gründung neuer), sowie ein sittliches und asketisches Wiedererwachen des Volkes und der Geistlichkeit mit sich. Diese Zeit hinterläßt uns auch eine ebenso erhabene wie gesunde Mystik. Ihre Mystiker sind gleichzeitig Theologen, Ordensgründer und Ordensoberhäupter, vor allem aber große Heilige und Erwecker von Heiligen. Woher kam ihnen dieses ganze Leben und Licht und die Heiligkeit? Aus der Lehre und Führung der Kirche. Denn nicht die Theologen lehren die Kirche, sondern die Kirche lehrt die Theologen. Die Kirche wird nicht von ihren Heiligen geheiligt, sondern sie heiligt jene mit der Gnade Christi. Die Lehr- und Heiligungskraft der Kirche sind jedoch untrennbar von ihrer Regierungsgewalt. In ihrer Geschichte waren die Zeiten des Lichts und der Gnade vor allem Zeiten der Ordnung. Diese ist notwendig; denn ohne Ordnung gibt es keine Einheit. Und sind die Glieder des mystischen Leibes nicht eng miteinander verbunden unter einem gemeinsamen Oberhaupt, so fließt ihnen nicht der volle Gnadenstrom zu, der von Christus allen zugeteilt wird, die in einem Willen verbunden und «eine Seele im Herrn» sind.

Die theologische und geistige Erneuerung des sechzehnten Jahrhunderts ist weitgehend einem der größten allgemeinen Konzile zu verdanken. Die Mystik des heiligen Johannes vom Kreuz und der heiligen Theresia darf als Frucht des Konzils von Trient bezeichnet werden! Salamanca war die bedeutendste Universität der katholischen Welt, als Johannes vom Kreuz als artista im Jahre 1564 unter den sechstausend Studenten derselben eingeschrieben wurde.⁵ Mehrere große Dominikaner hatten den Ruhm, den die Universität von Paris seit der gewaltigen Zeit des Thomas von Aquin im dreizehnten Jahrhundert besessen hatte, auf Salamanca übertragen. Obgleich Salamanca vor allem wegen seiner Schule für das kanonische Recht berühmt war, so herrschte doch auch an seinen Fakultäten der Künste und Theologie ein überschäumendes, unvergleichliches geistiges Leben. Salamanca stand deswegen in der Erneuerung der scholastischen Philosophie und Theologie an erster Stelle, weil es die Haarspaltereien der Niedergangszeit des mittelalterlichen Denkens für immer verbannt hatte. Die «*Sentenzen*» des Petrus Lombardus, die in einer vier Jahrhunderte langen Auseinandersetzung bis zum Überdruß glossiert und kommentiert worden waren, wurden nun endgültig beiseite geschoben. Zum erstenmal erhielt die «*Summa*» des heiligen Thomas, unter deren Einfluß die Kapitel und Definitionen des Konzils von Trient standen, ihre Stellung als maßgebender Text der katholischen Philosophie und Theologie.

Seither hat die «*Summa*» diese Stellung beibehalten; und auch wenn sie nie eine ernsthafte Gegnerschaft zu fürchten hatte, hat die bloße Möglichkeit einer solchen Gefahr den Heiligen Stuhl veranlaßt, den unbestrittenen Vorrang des engelgleichen Lehrers mit seiner ganzen Autorität zu bestätigen. Das heißt nicht, daß jede Meinung des heiligen Thomas zum theologischen Glaubenssatz erklärt wurde. Aber die Kirche verlangt von ihren Lehrern, daß sie die Grundprinzipien der «*Summa*» befolgen, und zwar vor allem aus dem Wunsche nach einer systematischen, geordneten und klaren Theologie heraus.

Das geistige Leben in Salamanca war durchdrungen von der lichtvollen Ordnung und Verstandesklarheit des heiligen Thomas. Dies hinderte nicht, daß das dortige Gemeinschaftsleben der Studentenschaft ein ebenso buntes und wirres Bild bot wie an jeder andern Universität des Mittelalters und der Renaissancezeit. Im Vergleich zum Salamanca des sechzehnten oder zum Bologna des zwölften Jahrhunderts erscheint das Treiben im modernen Oxford und Cambridge ruhig wie an einer Sonntagsschule.

Das Dutzend Karmeliten, die verborgen in einem kleinen Winkel, dem Sankt Andreaskollegium, lebten, ging völlig unter in diesem schäumenden, erregten Studentenmeer. In bescheidenem, unauffälligem Zug, zu zweit, die weißen Kapuzen über die gesenkten Augen gezogen, schritten sie durch das Gewirr. Nicht als hätte ihnen die Lebenskraft gefehlt; aber sie wußten, daß ihnen jeder ernste Verstoß gegen die Disziplin zehn Tage Arrest bei Wasser und Brot in der Karzerzelle des Klosters einbrachte, mit der Gefahr, daß sie ins Mutterhaus zurückgeschickt wurden, falls sich das Vergehen zu oft wiederholte.

Der heilige Johannes vom Kreuz verbrachte vier Studienjahre als Kleriker in Salamanca. Während der drei ersten studierte er die «Künste», das heißt die aristotelische Philosophie. Die Werke des Stagiriten – seine Logik, Physik, Ethik und Politik – wurden nach dem Geist und Buchstaben des heiligen Thomas kommentiert. Diese Bildung hinterließ unauslöschliche Spuren im jungen Karmeliten. Am wichtigsten ist für ihn das theologische Jahr.[6] Wir können die von ihm besuchten Vorlesungen mit großer Wahrscheinlichkeit feststellen, weil die Karmeliten ihre Leute meist zur gewöhnlichen Priesterausbildung, nicht zur Weiterbildung, an die Universität schickten. Folglich hörte Johannes vom Kreuz wahrscheinlich die meistbesuchten Vorlesungen, die zugleich die wichtigsten und grundlegendsten waren. In denjenigen über den Nominalismus oder in der Vorlesung über Duns Scotus, die so wenig Studenten anzog, daß sie stets Gefahr lief, fallen gelassen zu werden, suchen wir ihn vergebens. Diese waren nur für Hörer bestimmt, welche tiefer in die trüben Wasser der Spekulation und Kontroverse untertauchten. Johannes vom Kreuz wird nie dazu gehören.

Die Hauptvorlesungen über das Dogma wurden in jenem Jahr vom Dominikaner Mancio und einem Augustiner Guevara gehalten. Eine weitere wesentliche Vorlesung war diejenige über die Heilige Schrift von Grajal.

Mancio las jeden Morgen nach der Prim im Corpus Christi. Sein Lehrstuhl war früher von den großen Thomaskommentatoren — Vitoria, Melchior Cano und Dominicus Soto — besetzt gewesen, die Salamanca ein gewaltiges Ansehen erworben hatten. Während des Schuljahrs 1567—1568 las Mancio über den dritten Teil der «*Summa*», der sich mit der Inkarnation beschäftigt.

Die Selbstoffenbarung Gottes gegenüber der Welt in Seinem fleischgewordenen Wort bildet das Herz und die Substanz jeder christlichen mystischen Beschauung. Dies gilt so gut für den heiligen Johannes vom Kreuz wie für den heiligen Bernhard von Clairvaux, den heiligen Bonaventura wie für alle andern Mystiker, die um ihrer besondern Verehrung der Menschwerdung Christi in hohem Ansehen stehen. Zweifellos haben die Vorlesungen über den dritten Teil der «*Summa*» viel zur Bildung des Karmelitenmystikers beigetragen, falls er sie wirklich besucht hat.

Beinahe sicher scheint es, daß der heilige Johannes vom Kreuz in jenem Jahr bei Guevara studiert hat. Nach historischen Berichten hat Guevara in den Universitätssemestern 1567 und 1568 über den Anfang der *Prima Secundae* gelesen. Die *Prima Secundae* aber enthält die Grundlagen der Moral und der asketischen und mystischen Theologie des heiligen Thomas. Guevara muß sehr gründlich vorgegangen sein. Obgleich überliefert wird, er habe so schnell gesprochen, daß es den Studenten unmöglich war, Notizen zu machen, nahm er seinen Stoff sehr langsam durch. Er benötigte ein ganzes Jahr, um die ersten acht *Quaestiones* der *Prima Secundae* zu kommentieren. Diese *Quaestiones*, die nur ein paar Seiten lang sind und normalerweise in einigen Wochen bewältigt werden können, sind außerordentlich wichtig. Sechs davon handeln vom Endzweck des Menschen, der Anschauung der Wesenheit Gottes in der ewigen Seligkeit. Weiter spricht der heilige Thomas von den Kräften, durch welche der Mensch diesen Zweck zu erlangen vermag, den Hindernissen, die ihm auf seinem

Weg entgegentreten, und der ihm von Gott, in der natürlichen wie in der übernatürlichen Ordnung, gewährten Hilfe.

Ein Blick in die Werke des heiligen Johannes vom Kreuz zeigt hinreichend, daß er nicht nur mit den einleitenden Fragen der *Prima Secundae* vertraut war. Diese sechs kurzen *Quaestiones* aber, in welchen der heilige Thomas in kühnen Strichen seine Auffassung der höchsten Anschauung, die des Menschen Endzweck ist, umreißt, hat den heiligen Johannes vom Kreuz nicht nur beeinflußt, sondern ihm tatsächlich das Grundgerüst seiner ganzen Lehre gegeben.

Es mag auffallen, daß die strengen unbedingten Prinzipien, auf welchen der heilige Johannes vom Kreuz seine Lehre der vollkommenen Loslösung von den Geschöpfen zur Erlangung der Gottesvereinigung aufbaut, zeitweise wortwörtlich diesen Quaestiones des heiligen Thomas über die Seligkeit entnommen sind. Im Grunde aber läßt sich der ganze «*Aufstieg zum Berge Karmel*» auf diese Darlegungen des engelgleichen Lehrers zurückführen.

Schon allein die Tatsache, daß der heilige Johannes vom Kreuz imstande war, den gewaltigen tiefern Sinn für das beschauliche Leben auf Erden, der in ein paar einfachen, grundlegenden Gedanken des heiligen Thomas über den Endzweck des Menschen enthalten war, zu erkennen, spricht für seine hohe theologische Begabung. Hierin liegt zweifellos auch der Beweis dafür, daß der heilige Johannes vom Kreuz ein echter Thomist war; denn nie hätte er dies alles aus der Darstellung des heiligen Thomas über den Endzweck des Menschen herausgelesen, wäre er nicht, gleich dem heiligen Thomas, überzeugt gewesen, daß die «Gnade die Saat der Herrlichkeit» und das Leben des Glaubens auf Erden ein Anfang des Lebens im Himmel sei. [7]

Ein Blick auf die Hauptgedanken über den Endzweck des Menschen in der «*Summa*» wirft daher manches Licht auf die Theologie des heiligen Johannes vom Kreuz. Jedem einigermaßen sorgfältigen Leser des «*Aufstiegs zum Berge Karmel*» wird die parallele Entwicklung im Gedankengang der beiden großen beschaulichen Heiligen auffallen: beim einen auf dem Gebiete der spekulativen und wissenschaftlichen Theologie, beim andern auf dem der Mystik oder Erfahrungstheologie.

Der heilige Johannes vom Kreuz beginnt alle seine längern Abhandlungen mit dem Hinweis auf den Endzweck des Menschen: «der Vereinigung mit Gott durch klare, wesenhafte Anschauung». Der heilige Thomas lehrt uns in der «*Summa*»[8], Gott sei nicht nur der Endzweck des Menschen, sondern aller Dinge, da die ganze Schöpfung irgendwie in der Teilnahme an den Vollkommenheiten Gottes ihre Erfüllung finde. Für die vernunftlosen Geschöpfe beschränkt sich diese Teilnahme auf die ihnen zugeteilte Bestimmung. Für den Menschen ist es mehr. Wir sind nicht nur dazu bestimmt zu existieren, sondern Gott, unsern Schöpfer und die Erfüllung unseres Seins, zu erkennen und zu lieben.

Es gibt zwei Stufen der Seligkeit. Die eine ist das unvollkommene Glück, das der Mensch mit seinem natürlichen Verstand in der Betrachtung und Liebe Gottes, nach Art des Philosophen auf Erden, erlangen kann. Die vollkommene Seligkeit dagegen, die in der dunklen mystischen Beschauung Gottes auf Erden vorgebildet ist und im Licht der Glorie vervollkommnet wird, ist die klare, übernatürliche Anschauung der göttlichen Wesenheit als solcher. Diese Anschauung läßt sich durch kein geschaffenes Mittel erlangen; sie besteht in einer unmittelbaren Vereinigung des verklärten Menschengeistes mit der göttlichen Wesenheit. Diese Vereinigung allein ist imstande, das innerste Verlangen des Menschen nach vollem Glück und höchster Vollkommenheit zu befriedigen.

Deshalb zählt der heilige Thomas (dies bildet den Gehalt der Quaestio Secunda) die Freuden auf, worin die Seligkeit unmöglich bestehen kann. Seine methodische Ausscheidung aller Vollkommenheiten, die nicht zur einen höchsten Vollkommenheit des Menschen in der göttlichen Vereinigung führen, erinnert unmittelbar an den «*Aufstieg zum Berge Karmel*». Die bekannte schematische, vom heiligen Johannes selbst entworfene Zeichnung des «*Aufstiegs*» zeigt den Weg des Nada, der Entleerung, des «nackten Glaubens», der über die Verwerfung aller Dinge, die weniger sind als Gott, mögen sie sich an den Leib des Menschen oder seinen Geist wenden, auf geradem Weg zu Gott hinaufführt. Es überrascht uns nicht, wenn sowohl der heilige Thomas wie der heilige Johannes vom Kreuz erklären, des Menschen Glück bestehe nicht im materiellen Besitz, in der Ehre, im Ruhm, in der Macht, im Vergnügen, auch nicht im Leben und der körperlichen Gesundheit.[9] Weit subtiler ist die Frage, in welcher der heilige Thomas zeigt,[10] daß die Seligkeit, objektiv gesprochen, notwendigerweise mehr sein müsse als die bloße Vollkommenheit der Seele, ja mehr als die Seele selbst. Wir erlangen kein vollkommenes Glück, wenn wir uns in uns selbst versenken, alles andere ausschließen und nur an der stillen Verwirklichung unserer eigenen Innerlichkeit Gefallen finden. Unser Glück muß uns, metaphysisch gesprochen, von außen her zukommen. Das heißt nicht, daß das vollkommene Glück in einer psychologischen äußern Hingabe an die geschaffenen Dinge bestehe. Weit davon entfernt! Aber selbst wenn uns unser Glück von einem andern Wesen zukommt als unserem eigenen Geiste, dürfen wir die Seligkeit nicht objektiv für die Vollkommenheit halten, die wir von jenem Wesen, auch wenn es Gott ist, empfangen. Um glücklich zu werden, müssen wir uns selbst entäußern und über uns hinaus erheben, nicht nur auf eine höhere Stufe der Schöpfung, sondern zur unerschaffenen Wesenheit Gottes. Gott, Gott allein, ist unsere Seligkeit.

Dieser Gedanke findet einen gewaltigen Widerhall beim heiligen Johannes vom Kreuz, der nicht nur darlegt, unser Glück solle nicht in der Freude an unsern natürlichen Gaben und Talenten oder im Genuß sittlicher Güter (etwa der Tugenden) zum Wohl unserer eigenen Seele gesucht werden, sondern auch, es sei eine Täuschung, die Seligkeit in irgendeiner übernatürlichen Gnade oder geistigen Schau zu sehen, welche nicht die Wesenheit Gottes selbst im Auge habe.[11] Unser Glück kann nicht in etwas bestehen, das uns geschieht — in einer, wenn auch noch so erhabenen Erfahrung, wenn diese Erfahrung nur in bezug auf unsere eigene Vollkommenheit betrachtet wird. Gott allein ist unsere Seligkeit.

Noch einen zweiten Gedanken äußert der heilige Thomas, der von allen Seiten an den Felsen des Berges Karmel hallt und widerhallt. Die Vereinigung mit Gott kann nicht mit Hilfe eines sinnlichen Vorgangs oder irgendeiner Verstandestätigkeit, deren Ausgangspunkt in der sinnlichen Wahrnehmung liegt, zustande kommen. Dies ist der Grundstein der mystischen Theologie des heiligen Johannes.[12] Die Gründe dafür werden von beiden Autoren ausführlich dargelegt. Der heilige Thomas widmet der Frage, ob der Mensch mit seinen natürlichen Kräften zum vollkommenen Glück gelangen könne, einen Abschnitt, um sie zu verneinen. Nur die unvollkommene oder natürliche Seligkeit ist uns ohne freies Gnadengeschenk Gottes zugänglich. Die vollkommene Seligkeit aber, die in der klaren Anschauung der göttlichen Wesenheit besteht, übersteigt die Fähigkeit jedes geschaffenen Wesens und bleibt ihm unerreichbar. Daraus folgt, daß nur Gott uns das vollkommene Glück schenken kann, indem Er uns zur Vereinigung mit Sich selbst emporzieht. Von uns ist die Mitwirkung an Seiner Gnade erfordert. Dabei ist eine beidseitige Tätigkeit notwendig. Gott schenkt sich uns nicht, solange wir selbst uns Ihm nicht schenken. Und doch kann der heilige Thomas in einer Bemerkung, die im Lichte der Gesamtlehre der Kirche über Natur und Gnade zu verstehen ist, sagen, der «Mensch werde selig allein durch das Wirken Gottes».[13]

Der heilige Thomas erklärt, die Seligkeit oder Gottesvereinigung vollziehe sich in einem Erkenntnisakt des Menschen. In diesem geistigen Akt werden Verstand und Wille des Menschen von Gott in passiver Weise bewegt; in diesem Sinne «handelt Gott allein». Der heilige Johannes vom Kreuz folgt in dieser umstrittenen Frage über das Wesen der Seligkeit nicht nur dem heiligen Thomas, sondern braucht selbst häufig den Ausdruck: «Gott allein wirkt in der Seele», die zur vollkommenen Vereinigung mit ihm gelangt ist.[14]

Aber auch wenn der heilige Thomas der Meinung ist, der Akt, durch welchen die Seele mit Gott vereinigt wird, sei eine Tätigkeit des spekulativen Verstandes, unterläßt er es nicht, darauf hinzuweisen, daß die vollkommene Seligkeit nicht in den spekulativen Wissenschaften zu finden sei.[15] Diese wichtige Frage wirft ein Licht auf das Thema, womit sich das vorliegende Buch beschäftigt. Es mag uns widerstreben, wenn der heilige Johannes vom Kreuz schreibt: «Eine Seele, welche all ihr Wissen und Können aufwenden wollte, um zur Vereinigung mit der göttlichen Weisheit zu gelangen, ist höchst töricht vor Gott und bleibt weit entfernt von der göttlichen Weisheit.»[16] Und doch sind diese Worte nur ein Echo des heiligen Thomas, des mächtigen Verteidigers des Verstandes.

Der engelgleiche Lehrer weist darauf hin, daß alle spekulativen Wissenschaften durch die sinnliche Erkenntnis, aus der ihre Grundprinzipien stammen, beschränkt seien. Die Seligkeit aber besteht in der Vereinigung des Menschen, nicht nur mit dem, was über seiner eigenen Natur steht, sondern mit Gott, der die ganze geschaffene Natur überragt. Die spekulativen Wissenschaften dagegen finden Gott nur, insofern Er Sich in der sichtbaren Schöpfung widerspiegelt, das heißt, in Dingen, die unter dem Menschen stehen. Diese Wissenschaften können den Hunger des Menschen nach Gott nur steigern und ihn an sein Bedürfnis nach der Gottesschau erinnern. Sie können dieses Bedürfnis niemals befriedigen. Daher stimmt es ganz wörtlich, daß ein Mensch, der sich mit der philosophischen oder theologischen Spekulation über Gott begnüge, «höchst töricht vor Gott» sei.

Es gibt einen Satz beim heiligen Thomas, der zugleich seine eigene Auffassung und die des heiligen Johannes vom Kreuz über das Ungenügen jeder Gotteserkenntnis, die der Mensch mittels der Geschöpfe auf seiner eigenen Ebene erlangt, zusammenfaßt: «Jede Erkenntnis nach der Weise der geschaffenen Substanz versagt vor der Anschauung des göttlichen Wesens, das jede geschaffene Substanz unendlich übersteigt.»[17]

Im «*Aufstieg zum Berge Karmel*»[18] lesen wir genau den gleichen Gedanken:

«Unter allen geschaffenen Wesen höherer wie niederer Art gibt es nicht eines, das eine direkte Verbindung mit Gott herstellen könnte, oder das seinem Wesen gleichförmig wäre. Wohl muß ich zugeben, daß nach der Lehre des Theologen alle Geschöpfe... Gottes Spur an sich tragen...

Doch gibt es anderseits zwischen Gott und den Geschöpfen kein Verhältnis und keine Wesensähnlichkeit. Denn der Abstand zwischen dem göttlichen Wesen und dem der Geschöpfe ist unendlich. Darum ist es auch unmöglich, daß der Verstand durch Vermittlung der Geschöpfe, mögen diese nun himmlische oder irdische sein, vollkommen in Gott eindringen kann, da hier kein Verhältnis der Ähnlichkeit besteht.»

2.

DER KAMPF UM DIE HEILIGE SCHRIFT

Als sich der heilige Johannes für die Vorlesung des Gaspar Grajal über die Psalmen einschrieb, befand sich das Studium der Heiligen Schrift in voller Umwälzung. Nachdem die katholischen Exegeten jahrhundertelang friedlich allegorisiert hatten, wurden sie plötzlich von der Reformation aufgeschreckt und sahen sich einer ganzen Schar gefährlicher Fragen gegenüber. Die unschuldige Unverantwortlichkeit eines frühern und wohl auch geistigern Zeitalters ließ viele Heilige die Bibel mit einer Freiheit deuten, die sicher der Frömmigkeit nicht widersprach, sich jedoch oft weit vom buchstäblichen oder Litteralsinn des geoffenbarten göttlichen Wortes entfernte.

Die protestantische Behauptung, der Heilige Geist erleuchte jeden Gläubigen in der gleichen Weise wie die Verfasser der Heiligen Schrift, erzeugte eine gesunde Reaktion innerhalb der Kirche. Die katholischen Gelehrten begannen wieder aufs Mittelalter zurückzublicken und sich zu fragen, ob nicht die «Freiheit» gewisser Heiliger den Weg zur frommen Anarchie geöffnet habe. Durfte jedermann die Heilige Schrift nach seiner eigenen Meinung deuten, so war es klar, daß sich daraus Millionen verschiedener buchstäblicher Auffassungen ergaben. Dies bedeutete nichts weniger, als daß sie eigentlich gar keinen bestimmten Sinn hatte. Welchen Wert hat schon eine öffentliche, der ganzen Kirche geschenkte Offenbarung, wenn sie nicht einen Sinn hat, den die ganze Kirche annehmen kann?

Das Hauptproblem, vor das sich die katholischen Bibelgelehrten gestellt sahen — und das in Salamanca heftig umstritten wurde —, drehte sich um die Interpretation der Schrifttexte. Eng damit verbunden war die Frage einer kritischen Neubewertung der Vulgata und der Zweckmäßigkeit der Bibelübersetzung in die Volkssprache.

Der heilige Johannes vom Kreuz stützt sich vor allem auf die Heilige Schrift als Quelle seiner mystischen Lehre. Wir können seinen theologischen Standpunkt nicht bewerten und seine Einstellung zum spekulativen Denken nicht richtig einschätzen, ohne sein Werk im Zusammenhang mit dem zeitgenössischen Denken zu betrachten. Wäre der Heilige ein völliger Obskurantist gewesen und hätte er die Streitigkeiten der Theologen einfach als Zeitverlust betrachtet, so dürften wir erwarten, er hätte all den Streitfragen den Rücken gekehrt und die Streitenden mit höchster Verachtung behandelt. Wenigstens könnten wir annehmen, er hätte sich im Walde der Reaktion ein sicheres Nest gebaut und dasselbe allegorische Lied gesungen wie die Vögel, welche in dessen Laube wohnten und dessen Schutz vor den glühenden Strahlen der Neuerung oder neuen Lehre genossen.

Der Kampf um die Heilige Schrift hatte seinen Höhepunkt in Salamanca noch nicht erreicht, als der heilige Johannes die Vorlesungen des Gaspar Grajal besuchte. Aber schon war die Universität in zwei bitter getrennte Parteien geschieden. Die «scholastische» Partei war konservativ, die «Schrift»partei kämpfte für neue Ideen. Die «Scholastiker» bildeten noch die mächtigere Gruppe. Sie waren in der Mehrheit. Sie traten völlig für die herkömmlichen Methoden ein und verdächtigten alles, was nach «Kritik» schmeckte. Nachforschungen über den Originaltext und noch viel mehr Übersetzungen in die Volkssprache lehnten sie ab. Für sie bestand die Hauptaufgabe des Exegeten darin, den allegorischen oder «geistigen» Sinn der Heiligen Schrift nach der Überlieferung der Kirchenväter zu entdecken.

Die «Schrift»partei dagegen war der Meinung, die ganze Methode der Schriftinterpretation sei neu zu überprüfen. Die erste

Aufgabe des Exegeten bestehe darin, den buchstäblichen Sinn der Heiligen Schrift herauszufinden, was nur auf Grund eines wissenschaftlichen und kritischen Studiums der alten griechischen und hebräischen Manuskripte geschehen konnte, welche zur Rekonstruierung des Originaltextes führten, der die Vulgata des heiligen Hieronymus ersetzen sollte. Diese «Schrift»-Exegeten befürworteten auch die Bibelübersetzungen in die Volkssprache. Den geistigen Sinn der Schrift leugneten sie nicht und setzten auch dessen Bedeutung nicht herab, aber schließlich war es nicht möglich, durch eine fehlerhafte Interpretation des Buchstabens zum wirklichen geistigen Sinn vorzustoßen.

Gaspar Grajal war einer der Führer der «Schrift»partei. Seine Ernennung auf den Bibellehrstuhl stellte einen strengen Tadel gegen die Scholastiker dar. Sie bedeutete, daß den «Schrift»-Ansichten, die bisher für kühn und übertrieben «modern» gehalten worden waren, eine Art offizieller Anerkennung zugebilligt wurde. Unterdessen war eine weitere berühmte Gestalt des spanischen Humanismus in Salamanca aufgetreten: Luis de León, der vielleicht tätigste und einflußreichste Schriftsteller auf seiten der «Schrift»partei. Er hatte den Text des «*Hohenlieds*» überprüft, seine neue lateinische Fassung desselben, zusammen mit einer spanischen Übersetzung, veröffentlicht; und dazu einen Kommentar, worin er einige sehr radikale Gedanken äußerte, ohne deshalb die traditionelle geistige Erklärung dieses salomonischen Liedes aufzugeben.

Luis de León hielt ebenfalls Vorlesungen über die Bibel, aber erst nach der Studienzeit des heiligen Johannes vom Kreuz in Salamanca. In jenen Jahren las er über den Nominalismus, und wahrscheinlich besuchte der junge Karmelite seine Vorlesungen nicht. Inzwischen zog sich das Unwetter zusammen. Luis de León war daran, eine Abhandlung über die Zuverlässigkeit der Vulgata, worin er eine neue lateinische Ausgabe der Heiligen Schrift forderte, herauszugeben. Im folgenden Jahre wurden Luis de León, Grajal und andere «Schrift» parteiler zu Mitgliedern einer Inquisitionskommission zur Überprüfung des volkstümlichen Bibelkommentars eines gewissen Abbé Vatable [19] ernannt.

In den Sitzungen dieser Kommission standen die «Schrift»parteiler den hervorragendsten und mächtigsten Vertretern der Gegenpartei gegenüber, welche die Zuverlässigkeit der Vulgata als absolut heilig und ihren Text als ebenso unantastbar wie die Sätze des Nizäischen Glaubensbekenntnisses betrachteten. Der Streit erhitzte sich und entflammte die ganze Universität. Schließlich wurden, im März 1571, Grajal, Luis de Léon und andere festgenommen zur gerichtlichen Abklärung verschiedener Anklagen. Luis de Léon hatte sich für seine Einstellung zur Vulgata, seine spanische Übersetzung und seinen «falschen» Kommentar über das «*Hohelied*» zu verantworten. Auch in mehreren andern Punkten verdächtigte man ihn der Häresie. Die Untersuchungen dauerten vier Jahre, dann wurde Luis de Léon freigesprochen, und seine Ansichten als annehmbar erklärt. Er kehrte im Triumph an die Fakultät von Salamanca zurück, wo er bis zu seinem Tode 1591 (dem Todesjahr des heiligen Johannes vom Kreuz) das Feld der Schriftstudien beherrschte.

Es besteht wohl kein Zweifel, daß sich der heilige Johannes vom Kreuz von den Kundgebungen über die Schriftfrage in Salamanca fernhielt. Hätten ihn seine Veranlagung und Liebe zur Einsamkeit nicht daran gehindert, so jedenfalls die Ordensvorschriften mit ihren strengen Strafandrohungen. Und doch zeugen sein Werk und Leben dafür, daß er in höchst einsichtiger Weise am Geschehen teilnahm. Als Heiliger war er imstande, die von einer Partei vorgebrachte Lehre anzunehmen, ohne sich durch den Parteigeist einengen zu lassen. Seine Zuneigung blieb zwar nüchtern und unfachlich – aber sie stand völlig auf seiten des Fortschritts, der «Schrift»partei.

Als Luis de Léon später den Kommentar des heiligen Johannes vom Kreuz über dessen eigenen «*Geistlichen Gesang*» (der zugleich ein Kommentar des «*Hohenliedes*» ist) im Manuskript zu Gesicht bekam, erregte er die Bewunderung dieses Mönchs, der ein Freund und Anhänger der heiligen Theresia war. Der heilige Johannes vom Kreuz wie die heilige Theresia benützen die Heilige Schrift mit Vorliebe in der Volkssprache – sie zitieren gewöhnlich auf Spanisch, obgleich dies damals als «kühn» galt.

Anderseits fühlt sich der heilige Johannes vom Kreuz völlig befriedigt von der Vulgata. Warum? Weil er kein Fachmann ist und weiß, daß die Vulgata für seine Zwecke genügt. Das Konzil von Trient hatte die Benützung des Textes des heiligen Hieronymus als stets sicher erklärt und sie den Predigern vorgeschrieben. Es ist zwar anzunehmen, daß der heilige Johannes vom Kreuz das Bedürfnis nach einer neuen kritischen Bibelausgabe empfand. Aber da zu seiner Zeit und wohl auf Jahrhunderte hinaus keine zu erwarten war, hielt er sich an den einzigen gangbaren Weg, der ihm offenstand, und benützte die Vulgata. Erst im zwanzigsten Jahrhundert finden wir einen ernsthaften Fortschritt in der Herausgabe einer neuen lateinischen Bibelübersetzung zum Gebrauch für die Katholiken. Wenn sich aber der heilige Johannes vom Kreuz auf die Vulgata stützte, so fürchtete er sich doch nicht davor, auch andere, damals bekannte Bibelfassungen zu benützen; und zwar läßt sich im allgemeinen von seinem Werk sagen, daß es durchdrungen ist von den Grundsätzen der Schriftinterpretation, wie sie von der fortschrittlichen Schule des Luis de Léon gelehrt wurden.

Die stärkste Wirkung dieser Bewegung auf den heiligen Johannes vom Kreuz bestand darin, daß er sich die größte Mühe gab, sich an den buchstäblichen Sinn der Heiligen Schrift zu halten. Er war kein Fachmann für alte Texte, und seine Interpretationen des buchstäblichen Sinns sind gelegentlich fehlerhaft. Doch sind seine Belege aus der Heiligen Schrift gewöhnlich stichhaltiger und überzeugender als zum Beispiel jene des heiligen Bernhard von Clairvaux, eben darum, weil der heilige Johannes vom Kreuz in der Benützung der Heiligen Schrift vorsichtiger und objektiver ist und nicht die ausdrückliche Verachtung für den «Buchstaben» hat wie der heilige Bernhard. Gewiß beschäftigt sich der heilige Johannes vom Kreuz fast ausschließlich mit dem «geistigen» Sinn der Schrift. Doch ist dieser Ausdruck nicht in einem streng fachlichen Sinne zu verstehen. Einmal folgt unser Heiliger einer allegorischen, durch die Gewohnheit der Kirchenväter anerkannten Überlieferung. Dann erklärt er die biblischen Bilder und Geschehnisse nach den strengern Gesetzen der von den modernen und wissenschaftlich fortgeschrittensten Kommentatoren anerkannten Typik. Dann wieder stimmt der «geistige» Sinn einer Stelle in seiner Anwendung auf das innere Leben bei ihm einfach mit dem buchstäblichen überein.

Es läßt sich nicht leugnen, daß der heilige Johannes vom Kreuz die Heilige Schrift gelegentlich unrichtig deutet und daß gewisse seiner Schriftbelege fehlgehen, weil sie sich auf Vulgatatexte stützen, die nicht genau mit dem Sinn des hebräischen Originals übereinstimmen. Auch ist es richtig, daß er die Heilige Schrift zuweilen im angewandten Sinne benützt. Immerhin bleibt es sehr bezeichnend, daß er diesen Sinn nie braucht, um etwas zu beweisen. Gewöhnlich erinnert er die Leser daran, daß dieser «angewandte» Sinn nur eine Redensart und nicht als strenge Meinung des inspirierten Verfassers aufzufassen sei.

Im ganzen aber ruht die Schriftauffassung, welche die Grundlage der Theologie des mystischen Lebens des heiligen Johannes bildet, auf einer objektiv gültigen Bibelinterpretation. Die mystische Theologie, die er in der Bibel zu finden behauptet, steht wirklich darin. [20] Hierin ist er viel weiter als manche seiner Vorgänger.

NEUNTES KAPITEL

GLAUBE UND VERNUNFT

Der heilige Johannes vom Kreuz gibt nach Beendigung seiner theologischen Ausbildung in Salamanca die Berührung mit dem geistigen Leben seiner Zeit nicht auf. Bald nach Beginn der Karmelitenreform eröffneten die Unbeschuhten Karmeliten an der Universität von Alcalá ein Studienhaus für ihre jungen Kleriker.

Es ist sehr bezeichnend, daß das dritte Kloster eines zur Bußübung, zum beschaulichen Gebet und zur Verkündigung des innern Lebens bestimmten Ordens ein Studienhaus sein sollte. Die heilige Theresia hatte zuviel gelitten unter halbgebildeten Seelenführern. Sie wünschte, daß die Reformgeistlichen ihre

Theologie wirklich kannten; auch erklärte sie ihrerseits, sie sei bereit, die strengen Ordensregeln etwas zu lockern, wenn es zur Gewinnung gelehrter Männer für den Orden beitrage.[1] Der heilige Johannes vom Kreuz wurde als Rektor ans neue Studienhaus geschickt. Er hatte die Studien der Kleriker zu überwachen und ihren wöchentlichen theologischen und philosophischen Disputationen vorzustehen. So befand er sich in ständigem Kontakt mit der Universität.

Unter der meisterhaften Leitung dieses Heiligen führten die Karmelitenstudenten in Alcalá zugleich ein intellektuelles und mystisches Leben — ohne einen Widerspruch zwischen beiden zu erblicken. Das heißt, daß sich zur Zeit des heiligen Johannes praktisch alle Studenten des Studienhauses ins «beschauliche Leben» vertieften. Jeder konnte den Vers auf sich anwenden:

Religioso y estudiante,
Religioso por delante.[2]

Eine kleine Geschichte über den heiligen Johannes in Alcalá wirft ein weiteres Streiflicht auf seine Einstellung zum intellektuellen Leben. Er wurde von jemanden gebeten, ein Buch über die beiden Schutzheiligen der Stadt zu schreiben. Aber er weigerte sich mit der Begründung, er bringe nur eine «erbauliche» Lebensbeschreibung, keine objektiv geschichtliche, zustande. Man kann nur bedauern, daß nicht zahlreichere Hagiographen soviel gesunde Einsicht besitzen wie der heilige Johannes vom Kreuz!

Später, im Jahre 1579, wurde der heilige Johannes zum Rektor eines andern Studienhauses gewählt, und zwar in der kleinen Universitätsstadt Baeza, in Andalusien. Er organisierte das Studienprogramm und leitete die Disputationen, bei welchen er sich mit dem ganzen Scharfsinn des echten scholastischen Theologen an der Beweisführung, Unterscheidung und Lösung von Problemen beteiligte.

Wenn der heilige Johannes später unfähige Lehrer und Seelenführer streng tadelt, so deswegen, weil er die Bedeutung eines gesunden Unterrichts und der geistlichen Führung erkannt hatte.

Es steht außer Zweifel, daß Gott selbst, Gott allein, die beschaulichen Menschen bildet und sie zu Heiligen macht. Gewiß wird der Mystiker durch die Eingebungen des Heiligen Geistes auf einem geheiligten, persönlichen und innerlichen Wege geleitet. Trotzdem lehrt uns Gott normalerweise den Weg des innerlichen Gebets nicht, ohne andere Menschen dafür zu benützen.

Mag ein Mensch noch so einsam sein, als beschaulicher Mensch hat seine Beschauung doch irgendwie sozialen Charakter; diesen erhält er von der Kirche. Jede wahre übernatürliche Beschauung ist eine Teilnahme an der Selbstoffenbarung Gottes an die Welt in Christus. Die Kirche ist der mystische Leib Christi und setzt Seine Menschwerdung fort und bezeugt Ihn weiter in der Welt. Sie ist im vollen Besitz Seiner Offenbarung. Sie allein teilt die Schätze Seiner Gnade aus. Gewiß kann es beschauliche Menschen geben, die sich nie zum katholischen Glauben bekannten und nie formell der sichtbaren Kirche angehörten. Doch können sie nicht Heilige werden, solange sie nicht, wenigstens unsichtbar, zur Kirche gehören. Sie können jedoch auch unsichtbar nicht zur Kirche gehören, ohne in irgendeiner rudimentären Weise die Grundwahrheiten der Offenbarung anzuerkennen, die sie den Menschen vorlegt.

Die Lehre der Kirche stellt daher nicht etwa ein Übel dar, das der beschauliche Mensch als Beweis für seine Demut geduldig ertragen muß. Sie ist eine kräftige Nahrung seines ganzen innerlichen Lebens. Auch wenn die Beschauung am besten in der Stille und Einsamkeit gedeiht, verliert doch der beschauliche Mensch nichts durch die menschliche Berührung mit einem Seelenführer oder Theologielehrer. Das Schweigen fördert zwar die Beschauung, aber es ist nicht unerläßlich und schließt nicht jeden Gebrauch der Rede aus. Im Gegenteil, geistliche Vorträge, Gespräche, Studien und die Seelenführung können der Seele, die sich einem Leben der Einsamkeit und des Gebets geweiht hat, Licht und Gnade bringen. Das beschauliche Leben ist ein Leben der Liebe. Und die christliche Liebe ist stets zweifach. Sie hat nur ein Ziel: Gott. Aber sie gelangt sowohl direkt zu Ihm, in Ihm selbst, wie durch die Mitmenschen. Unser inneres Leben stirbt ab, wenn die beständige, lebendige Berührung mit Gott auf diesen zwei Wegen aufhört. Wenn wir uns nicht durch andere Menschen leiten lassen, die in Seinem Namen reden, können wir nicht behaupten, unter Seiner Führung zu stehen. Denn Christus hat zu seinen Aposteln gesagt: «Wer euch hört, der hört mich; wer aber mich verwirft, der verwirft den, der mich gesandt hat.»[4] Der heilige Johannes vom Kreuz bemerkt in einem seiner Leitsätze: «Eine tugendhafte, aber alleinstehende und führerlose Seele gleicht einer brennenden Kohle; anstatt sich mehr zu entzünden, erkaltet sie.»[5]

Manche Leute glauben, nur die katholische Kirche fordere Unterwerfung unter die Lehrautorität, und außerhalb ihrer Einflußsphäre seien alle geistigen Menschen frei wie der Wind — sie könnten glauben, was sie wollten, und jede ihnen passende Art Askese üben, und brauchten niemanden Rechenschaft über sich selbst zu geben. In Wirklichkeit wird dem Anfänger überall, wo ein ernstes Streben nach einem beschaulichen Leben besteht, zur ersten Bedingung gemacht, daß er sich willig einem Meister unterordne und gehorche, seiner eigenen Meinung entsage, Demut übe und von einem Seelenführer eine Lehre des innern Lebens lerne. Man braucht dafür nur auf die Beziehung des *Sadhak* (nach dem beschaulichen Leben strebender Hindu) zu seinem Seelenführer, dem *Guru*, hinzuweisen. Ramakrishna, der einen gewaltigen religiösen Einfluß auf das Indien des neunzehnten Jahrhunderts ausübte, sagt einmal: «Wer seinen *Guru* nur für einen Menschen hält, wird nie Fortschritte im geistigen Leben machen.»

Einem Novizen in einem Zisterzienserkloster wird gelehrt, mit der gleichen Ehrfurcht auf die Unterweisungen seines Abtes und Novizenmeisters zu hören, womit er auf die Stimme Christi hören würde, weil ihm der Glaube sagt, daß diese Männer im Namen Christi zu ihm reden. Der indische Sadhak dagegen muß weit mehr glauben. Er muß seinen *Guru* nicht nur für einen Stellvertreter Gottes halten, er muß in ihm die lebendige und in ihm wirkende Gottheit selbst sehen. Ramakrishna verlangt weiter: «Bevor der Schüler zum Verstehen der Gottheit gelangt, muß er zuerst im *Guru* das Licht der Gottheit erblicken. Der *Guru*, dessen Gestalt Gott geheimnisvollerweise angenommen hat, wird ihm später Gott zeigen. Dann wird der Schüler begreifen, daß der *Guru* und Gott ein und derselbe sind.»[6]

Der heilige Johannes vom Kreuz stellt eine weit maßvollere Forderung auf, wenn er sagt: «Sieh in deinem Vorgesetzten, wer er auch sein mag, stets Gott; denn er ist für dich Gottes Stellvertreter.»[7] Der heilige Johannes erklärt, wie die Demut und Klugheit der Heiligen denselben nicht erlaube, ihr Leben auf subjektive Eingebungen und Empfindungen der Gnade zu stützen oder sogar auf offensichtliche Visionen und Offenbarungen, ohne Berufung auf die Autorität und Glaubenslehre. Und noch wichtiger ist, daß er beifügt, zuallererst müsse es dem Urteil der Vernunft unterstehen!

Die asketische Lehre des heiligen Johannes vom Kreuz wäre früher viel besser verstanden worden, wenn sich seine Leser die Mühe genommen hätten festzustellen, daß der Heilige Visionen viel weniger hoch schätzt als den gesunden Menschenverstand. Er lehrt ausdrücklich, daß wir auf dem Weg zur Heiligkeit viel rascher vorwärts kämen, wenn wir dem Licht der Vernunft folgten, als wenn wir dem ungeordneten Trieb nach außergewöhnlichen Bußübungen und verdächtigen geistig-religiösen «Erlebnissen» nachgäben.

Bevor wir auf einzelne Stellen darüber eingehen, wollen wir noch eine Bemerkung näher betrachten, die sich auf das Verhältnis des beschaulichen Menschen zu seinem Seelenführer oder Theologielehrer bezieht. Sie stammt aus einem der Hauptkapitel des «*Aufstiegs zum Berge Karmel*».[8] Wir werden noch darauf zurückkommen. Es ist das Kapitel, worin der heilige Johannes erklärt, warum es sich für die Christen nicht mehr gezieme, Gott um übernatürliche Zeichen und Privatoffenbarungen zu bitten, auch wenn dies bei den Heiligen des Alten Testaments oft geschehen sei. Der heilige Johannes berichtet, selbst Moses und Gedeon hätten eine menschliche Bestätigung der übernatürlichen Zeichen verlangt, die ihnen zuteil wurden. Er erörtert die Stelle aus dem Exodus (4, 4–15), worin Gott dem Moses, nach mehreren Wunderzeichen, sagt, er solle seinen Bruder Aaron um Rat fragen: «Rede mit ihm», sprach der Herr zu Moses, «und lege ihm die Worte in den Mund; und ich will mit deinem Munde sein und mit seinem Munde und will euch zeigen, was ihr tun sollt.» Darüber schreibt der spanische Karmelite:

> «Als Moses diese Worte vernahm, faßte er sogleich Mut... Solches erhält nämlich die Seele in der Demut, so daß sie sich nicht anmaßt, allein mit Gott zu verkehren. Sie findet ja keine volle Beruhigung, wenn sie nicht Leitung und Beratung von Menschen empfängt. Und so ist es auch der Wille Gottes. Denn wo immer sich mehrere Menschen zusammenfinden, um sich über die Wahrheit zu besprechen, da gesellt er sich zu ihnen und erleuchtet und festigt sie in der Wahrheit, die auf der natürlichen Vernunft sich gründet.» 9

Solche Bemerkungen zeigen uns den eigentlichen Charakter des heiligen Johannes vom Kreuz. So tief seine Lehre dringt, sie bleibt doch einfach. Vor allem ist sie gesund. Sie enthält eine Weisheit, die dem natürlichen Gleichgewicht und der übernatürlichen Erfahrung entspringt. Das Letzte, was manche Menschen in einem Mystiker suchen, ist das ausdrückliche Verlangen nach Rat und Führung durch Mitmenschen. Und doch liegt darin eines der Merkmale einer wahrhaft innerlichen Seele. Ein sicherer geistiger Instinkt leitet den Mystiker an, Gott da zu suchen, wo Er zu finden ist. Und der Geist Gottes, dessen Rolle darin besteht, die Menschen durch die Liebe mit Gott zu vereinigen, vereinigt sie auch untereinander in Ihm. So demütig und beschränkt unsere arme Sprache auch sein mag, der Geist Gottes benützt sie doch als Werkzeug für Sein Wirken in unsern Seelen. Wer sich je ernsthaft dem innern Leben gewidmet hat, wird zugeben, daß ein Gespräch mit einem erleuchteten Seelenführer fast ebenso viel Frieden und geistigen Gewinn bringt wie eine Stunde beschaulichen Gebets.

Diese Lehre stammt von Jesus selbst. Der heilige Johannes vom Kreuz erinnert an die Worte Christi: «Wo zwei oder drei in meinem Namen versammelt sind, da bin ich mitten unter ihnen», und erläutert sie mit den Worten:

«Wo zwei oder drei in meinem Namen versammelt sind – um zu beraten, was mehr zur Ehre und Verherrlichung meines Namens gereicht –, da bin ich mitten unter ihnen! Und erleuchte und stärke ihre Herzen in der göttlichen Wahrheit. Wohlgemerkt, es heißt nicht: wo einer ist, da bin ich dabei, sondern wo mindestens zwei sind. Damit will Gott zu verstehen geben, es sei nicht nach seinem Willen, daß einer für sich allein an das glaube, was er für göttliche Wahrheit halte, oder sich darin bestärke, ja es auch nur zu behaupten wage, bevor er sich nicht der Lehrgewalt der Kirche und ihrer Diener unterworfen habe. Denn wo einer sich auf sich allein verläßt, da mag auch Gott nicht die Wahrheit in seinem Innern erhellen und stärken, und so bleibt denn ein solcher trotzdem matt und kalt.»[10]

Fassen wir die Ergebnisse dieser Zitate zusammen. Einmal beweisen sie uns, daß jede mystische Beschauung auf einer Lehre beruht. Sie zeigen, daß das Studium der scholastischen Theologie auch für den heiligen Johannes vom Kreuz, der zuweilen als Gegner des scholastischen Denkens angesehen wurde, nicht nur kein Hindernis für das beschauliche Leben, sondern dessen notwendige Grundlage darstellt. Mehr noch: Wo die geistliche Lehre gemeinsames Gut des Meisters wie des Schülers ist, da sind Kräfte am Werk, welche die menschlichen übersteigen. Da ist der Heilige Geist am Werk. Christus ist «mitten unter ihnen». Vor allem ist es besser für den beschaulichen Menschen, daß der Heilige Geist durch die Kirche und deren Diener ihn führe, als daß er dem Licht außergewöhnlicher und völlig privater Erfahrungen folge. Genauer ausgedrückt: Seine Bereitwilligkeit, sich der Leitung eines geeigneten Seelenführers unterzuordnen, wird ihm die Sicherheit geben, daß seine persönlichen innern Eingebungen (ohne die es selbstverständlich kein mystisches Leben gibt) wirklich von Gott stammen.

Weiter sagt der heilige Johannes vom Kreuz, daß, wenn geistliche Menschen miteinander über die geistliche Lehre sprächen, Gott in ihnen wirke und sie in der Wahrheit, die sich auf die natürliche Vernunft stützt, «erleuchte und festige». Anschließend an diese Bemerkungen soll nun die Stellung des Verstandes in der Lehre des heiligen Johannes vom Kreuz dargestellt werden.

ZEHNTES KAPITEL

DER VERSTAND IM BESCHAULICHEN LEBEN

Der heilige Johannes vom Kreuz leitet den «*Aufstieg zum Berge Karmel*» mit der Bemerkung ein, die Seele könne nicht zur Gottesvereinigung gelangen, wenn sie nicht in die «Dunkelheit» eintrete in bezug auf alles, was der Mensch nicht nur mit seinen Sinnen, sondern auch mit dem Willen und Verstand erkennen und begehren könne. Mit andern Worten, in einem gewissen Sinn «verdunkeln» und «blenden» Glaube und Beschauung den Menschenverstand. Über die Begrenztheit der begrifflichen Gotteserkenntnis wurde das zum Verständnis dieser Bemerkung Notwendige bereits gesagt. Sie bedeutet einfach, daß wir uns auf keinen klaren und verständlichen Gottesbegriff verlassen können, um Sein Wesen, wie es wirklich in Sich selbst ist, zu erfassen und zu umschreiben. Der Glaube hebt den Menschen über die Schranken seines begrenzten Verstandes hinaus. Folglich ist er für ihn «dunkel», weil ihm die Fähigkeit zur Erkenntnis der unendlichen Wahrheit Gottes fehlt, die trotzdem innerlich in seinem Geist in der Dunkelheit des theologischen Glaubens gegenwärtig ist. Der heilige Johannes vom Kreuz nimmt selbstverständlich an, daß der Glaube nie im Widerspruch zur Vernunft stehe.[1]

Leider schließen manche Leser der großen Mystiker — unter welchen die Lehre des heiligen Johannes vom Kreuz besonders hervorragt — fälschlicherweise aus dieser Behauptung, der Verstand sei vom mystischen Leben ausgeschlossen. Tatsächlich käme es jedoch einem geistigen Selbstmord gleich, wollten wir unser Leben auf eine wesentlich vernunftfeindliche Lehre aufbauen. Gewiß kann uns der Verstand allein nicht zu Heiligen machen, und sicher muß sich die christliche Tugend notwendig auf einer höhern Ebene betätigen als die natürlicherweise erworbenen Tugenden eines heidnischen Philosophen. Sonst gelangen wir niemals zur Vollkommenheit, die durch unsere Bestimmung zur vollkommenen Sohnschaft Gottes in Christus von uns verlangt wird. Der Heilige wird «nicht aus dem Geblüt, nicht aus dem Wollen des Fleisches und aus dem Wollen des Mannes, sondern aus Gott geboren» (Joh 1, 13). Doch schenkt uns Christus, das Licht der Welt, das jeden Mensch erleuchtet, der in die Welt kommt, eine natürliche Teilnahme am göttlichen Lichte Gottes; und zwar durch unsern menschlichen Verstand. Er hat uns den Verstand nicht umsonst gegeben. Der Verstand hat daher nicht nur im übernatürlichen Leben eine Rolle zu erfüllen, sondern Gott hat es so angeordnet, daß wir ohne den Gebrauch des Verstandes normalerweise nicht zur Heiligkeit gelangen. Und zwar nach der Lehre des heiligen Johannes vom Kreuz.

Der spanische Karmelite betrachtet es als ein Grundgesetz des geistlichen Lebens, daß Gott uns selbst, mit Hilfe Seiner Gnade, unter Benützung unserer natürlichen Fähigkeiten in Seinem Dienst zu heiligen wünscht. Mit andern Worten, die Gnade vernichtet die Natur nicht, sondern erhebt sie und weiht sie Gott. Die Menschen werden nicht dadurch Heilige, daß sie aufhören, Menschen zu sein. Wir gelangen nicht zur mystischen Vereinigung, indem wir die Seele vom Leibe trennen und wie Engel zu leben versuchen. Doch mißbraucht der heilige Johannes vom Kreuz sicher nie den theologischen Grundsatz, daß «die Gnade sich auf die Natur stütze», um eine bequeme, materialistische Geistigkeit zu verteidigen. Der Verstand muß uns in unserem Kampf um die Vollkommenheit dienen. Aber er kämpft nicht unter seiner eigenen Fahne. Nicht der Verstand allein ist unser Anführer. Er steht im Dienste des Glaubens. Wir müssen die sittlichen Folgerungen unseres übernatürlichen Glaubens gedanklich erfassen. Wir müssen unsern Verstand benützen, um die Gebote und Ratschläge Gottes zu erkennen und zu befolgen.

Der heilige Johannes vom Kreuz unterstreicht die Bedeutung der Vernunft im mystischen Leben in den Kapiteln des «*Aufstiegs zum Berge Karmel*»,[2] in welchen er zwei Arten Mystik einander gegenüberstellt. Einerseits den geraden Weg zur umgestaltenden

Vereinigung, den Weg der «Nacht», *Nada*, des reinen Glaubens. Dies ist die wahre christliche Mystik, eine unmittelbare Entfaltung des Lebens der heiligmachenden Gnade, der theologischen Tugenden und der Gaben des Heiligen Geistes.[3] Anderseits gibt es eine Mystik, die nicht eigentlich falsch ist, — da sie von Erfahrungen wimmelt, die wirklich übernatürlich sein können —, aber eine Abweichung vom direkten Weg zur Heiligkeit und göttlichen Vereinigung darstellt. Diese Art Mystik ist verbunden mit Visionen, Offenbarungen, außergewöhnlichen Begebnissen und Zeichen. Der heilige Johannes vom Kreuz leugnet nicht, daß Gott oft auf diesem Wege mit einzelnen Seiner Heiligen verkehre. Aber er betont, der Mensch dürfe diese ungewöhnlichen Erfahrungen weder suchen noch begehren, weil sie keine wesentliche Beziehung zur Heiligkeit hätten und nicht imstande seien, Gott so zu offenbaren, wie Er wirklich ist. Es besteht im Gegenteil stets die große Gefahr, daß uns das Verlangen nach Visionen vom einzig wahren Weg zu Gott, dem Weg des vollkommenen Glaubens, ablenke.

Hier springt der Verstand ein. Seine Haupttätigkeit im mystischen Leben besteht, nach dem heiligen Johannes vom Kreuz, darin, den beschaulichen Menschen vom Verlassen des geraden Wegs zur göttlichen Vereinigung, das heißt, vom Weg des Glaubens, abzuhalten. Zu den Hauptmerkmalen der Askese des heiligen Johannes gehört seine Forderung nach einer beständigen kritischen Prüfung geistiger Erfahrungen und die Verwerfung geistiger Eingebungen, die dem Bereich des reinen Glaubens fernstehen. Das Werkzeug der innern Askese besteht in nichts anderem als dem eingebornen Licht unseres Verstandes. Der im Dienste des Glaubens tätige Verstand hat alle unsere innersten und geistigen Bestrebungen zu ergründen, zu bewerten und zu beurteilen. Mit unerbittlicher Objektivität muß er alles prüfen, was als übernatürliche Regung in uns auftritt. Jede innere Stimme muß er in Frage stellen. Er muß unsere reinsten «Erleuchtungen» ins dunkle Meer des Glaubens eintauchen. Das tiefe Paradox beim heiligen Johannes vom Kreuz besteht darin, daß seine Askese der «Nacht» ohne das Licht des Verstandes unmöglich verwirklicht werden kann. Mit dem Licht des Verstandes begeben wir uns auf die Reise durch die Nacht des Glaubens.

Die Reise der Seele, auf dem Weg des reinen Glaubens, zur mystischen Vereinigung läßt sich mit einer Autofahrt über eine dunkle Landstraße vergleichen. Um den Weg zu finden, muß der Fahrer die Scheinwerfer anzünden. Diese Rolle erfüllt im mystischen Leben der Verstand. Der Weg des Glaubens ist notwendigerweise dunkel. Wir fahren durch die Nacht. Immerhin durchdringt unser Verstand die Dunkelheit soweit, daß wir ein Stück der Straße vor uns erblicken. Mit dem Lichte des Verstandes deuten wir die Wegmarken und erkennen die Wegweiser längs der Straße.

Jene, die den heiligen Johannes vom Kreuz mißverstehen, stellen sich den Weg des *Nada* als eine Fahrt durch die Nacht ohne Scheinwerfer vor. Dieses Mißverständnis der Lehre des Heiligen ist gefährlich.

Der heilige Johannes vom Kreuz tadelt jene scharf, die Gott um Zeichen, Visionen und außergewöhnliche Erfahrungen bitten. Und er erklärt den Grund dafür:

«Wenn es auch seine Richtigkeit damit hat, daß Gott auf ihre Bitten eingeht, so ist dies gleichwohl nicht der rechte Weg und hat Gott durchaus keine Freude daran, im Gegenteil, es mißfällt ihm... Warum? Weil kein Geschöpf die Schranken, die ihm Gott nach den Gesetzen der Natur zu seiner Leitung gesetzt hat, überschreiten darf. Dem Menschen nun hat Gott zu dessen Leitung die Schranken der Natur und der Vernunft gewiesen.»[4]

An einer andern Stelle wiederholt er diesen Gedanken noch deutlicher:

«Gott offenbart für gewöhnlich all das nicht, was hinsichtlich der göttlichen Visionen und Ansprachen in das Gebiet menschlichen Urteils und Rates bezogen werden kann. Er will nämlich stets, daß man sich derselben, soweit das möglich ist, bediene.»[5]

Mit andern Worten, wir dürfen die Hindernisse, denen wir auf dem Weg zur Beschauung und Heiligkeit begegnen, nicht durch

Wunder entfernen, sondern durch den vom Licht des Glaubens geleiteten und von der Kraft der göttlichen Gnade beseelten natürlichen Verstand.

2

Was der heilige Johannes vom Kreuz mit seiner Askese anstrebt, ist nicht mehr und nicht weniger als die richtige Ordnung im ganzen Menschenwesen, in welcher sich die Sinne dem Verstand unterordnen, und der Verstand seinerseits, sowie das ganze Wesen des Menschen, sich im übernatürlichen Glauben Gott weihen. Diese Ordnung ist vollkommen, wenn der Mensch imstande ist, Gott «aus seinem ganzen Herzen, aus seiner ganzen Seele und aus allen seinen Kräften» zu lieben. Darin besteht die Erfüllung des ersten Gebots. Dies entspricht auch einer Deutung der Heiligkeit, die wir beim heiligen Thomas finden, der sagt, der Mensch erlange eine relative Vollkommenheit auf Erden, sobald ihn kein Hindernis mehr davon zurückhalte, Gott mit seinem ganzen Wesen zu lieben.[6] Nach dem heiligen Thomas muß der Mensch, zuerst und vor allem, mit allen seinen Kräften danach streben, Gott zu lieben, um zu einem Zustande zu gelangen, in welchem alles in ihm zur Liebe Gottes hingeordnet ist. Dasselbe sagt der heilige Johannes vom Kreuz: «Die Seele, die vollkommen ist, ist sozusagen ganz Liebe. Sie handelt nur unter Eingebung der Liebe und verwendet all ihr Vermögen und ihren ganzen Reichtum nur für die Liebe.»[7]

Der Karmeliten-Mystiker erklärt, darin sei der eigentliche Sinn seiner ganzen Lehre enthalten. «In dieser Stelle ist alles enthalten, was die geistliche Seele tun muß, sowie auch alles, worüber ich sie belehren möchte, um in Wahrheit zur Vereinigung des Willens mit Gott durch die Liebe zu gelangen. (Er spricht vom ersten Gebot, Gott aus unserem ganzen Herzen zu lieben.) Durch sie wird der Mensch angewiesen, alle Kräfte, Begehrungen, Werke und Neigungen der Seele für Gott zu verwenden.»[8] Es ist klar, daß der heilige Johannes vom Kreuz die Auffassung vertritt, diese Vollkommenheit könne nur in der mystischen Vereinigung erlangt werden, auf welche die Seele durch die «dunkle Nacht» der passiven Reinigung vorbereitet wird. Die Askese allein vermag der Seele niemals eine so unbedingte Herrschaft über alle ihre Kräfte zu verleihen, daß sie imstande wäre, sie nach Belieben zu sammeln und völlig der Liebe Gottes zu weihen, so daß keine elementaren instinktiven Liebesempfindungen für etwas anderes als für Gott mehr in ihr zurückblieben. Gott selbst muß die Seele im Stande der «passiven Sammlung» an Sich ziehen, bevor sie imstande ist, «mit der ganzen Macht all ihrer Kräfte und ihrer geistigen und sinnlichen Neigungen zu lieben. Dies könnte aber nicht geschehen, wenn sie sich dem Genusse anderer Dinge zuwenden würde... [Darum] hält Gott alle Kräfte, Vermögen und Neigungen der Seele, die geistigen sowohl wie die sinnlichen, an sich gefesselt, damit all ihre Kräfte und Fähigkeiten in vollkommener Harmonie sich mit dieser Liebe beschäftigen und so im vollen Sinne des Wortes dem ersten Gebote Genüge leisten.»[9]

Doch ist hier ein warnendes Wort notwendig.

Wollte man diesen Gedanken aus der gesamten Lehre des heiligen Johannes herausreißen, so würde man sich ernstlichen Irrtümern aussetzen. Gewiß wird die endgültige Vollkommenheit der Seele, die vollkommene Liebesvereinigung mit Gott, in passiver Weise durch Gott in der Seele hervorgebracht. Das geschieht durch die mystische «dunkle Nacht» des Geistes, nicht durch die aktive Nacht der Askese. Aber die Askese bildet die gewöhnliche, normale Vorbereitung auf die Gnaden des mystischen Gebets und der passiven Reinigung.

Betrachten wir dies alles näher. Was verstehen wir, erstens, unter Askese? – Darunter ist die aktive Selbstreinigung zu verstehen, durch welche sich die von der Gnade erleuchtete und gestärkte Seele aus eigenem Antrieb eine strenge geistige Zucht in der Selbstverleugnung und Tugendübung auferlegt. Der Nachdruck liegt auf dem Wort aktiv. Die Initiative bleibt uns überlassen. Gott regt nur an und gibt uns ein, was wir zu tun haben. Wir können Seine Anregungen annehmen oder zurückweisen.

Die «mystische» oder passive Reinigung geschieht ohne Initiative unsererseits. Unsere Zustimmung ist dabei unwesentlich. Prüfungen, die uns von außen her auferlegt werden, berühren sie nicht. So gehört zum Beispiel die Krankheit nicht zur mystischen Reinigung! Doch kann sie dieselbe begleiten. Die passive Reinigung wird von Gott in der Seele vollzogen, im Innern der Seele selbst; ebenso werden die Gnaden des passiven Gebets aus ihren eigenen Tiefen in die Seele eingegossen.

Damit sind wir uns über den Sinn dieser Ausdrücke im klaren. Manche geistlichen Schriftsteller sehen im innern Leben zwei sich folgende, deutlich unterschiedene Stufen. Die erste ist die «asketische», auf welcher wir uns aktiv verhalten; auf der zweiten, «der mystischen», dagegen passiv. Dies sieht nun aus, als unterwürfe sich der Mensch, der ein inneres Leben führt, zuerst jahrelang mancherlei praktischen Tugendübungen. Dann erschlaffte er plötzlich eines Tages. Während seines übrigen Lebens triebe er dahin und empfinge geheimnisvolle Erleuchtungen. Andere Autoren wiederum behaupten, es gebe zwei verschiedene Wege zur Vollkommenheit, einen rein asketischen und einen mystischen. Auf diese Meinung möchte ich hier nicht eingehen; es sei nur bemerkt, daß ich sie nicht teile.

In Wirklichkeit gelangt das innere Leben nie auf eine Stufe, auf welcher sich der Mensch fortwährend in allem passiv verhält. Auch gibt es keine Stufe im wirklichen innern Leben, der nicht schon ein bestimmter Grad von Passivität beigemischt wäre. Die Grenzlinie des mystischen Lebens jedoch überschreitet der Mensch im Augenblick, wo die Seele den «Habitus» angenommen hat, in dem sie, in passiver Weise von Gott sowohl im Gebet wie in der Tugendübung geleitet wird. Diese Passivität ist nicht immer deutlich umrissen. Im allgemeinen bleibt noch ein fortwährendes Bedürfnis nach aktiver Mitwirkung mit der Gnade zurück. Daher das dringende Bedürfnis nach Askese. Ohne Askese ist ein mystisches Leben praktisch ausgeschlossen. Doch findet die Askese nicht unbedingt Ausdruck in strengen Abtötungen, noch weniger in auffälligen und außergewöhnlichen Bußübungen. Im Gegenteil, der wahre asketische Weg führt durch die Einfachheit und Verborgenheit, denn die wahre christliche Selbstentsagung beginnt zu allererst mit der aufrichtigen Annahme und Erfüllung der gewöhnlichen Pflichten des Standeslebens. Wen die Gnade lenkt, der wird spontan den Wunsch haben, von sich aus den von der Vorsehung und seinem Lebensstand geforderten Opfern noch etwas beizufügen. Die besten Abtötungen aber werden stets jene sein, von denen nur Gott weiß und die weder die Aufmerksamkeit der Mitmenschen auf sich ziehen noch der Selbstgefälligkeit schmeicheln. Durchaus verwerflich ist es dagegen, den Asketen zu gestatten, in Bußübungen miteinander zu wetteifern, weil sie auf diese Weise ihre Aufmerksamkeit nur auf sich selbst richten und dadurch ihr Ziel begrenzen und sich so der innern Freiheit berauben, die absolut unerläßlich ist für den Fortschritt im Gebetsleben.

Aus dem allem ergibt sich notwendigerweise die Folgerung: Daß die im richtigen Sinne verstandene und geübte Askese eine notwendige Voraussetzung der christlichen Vollkommenheit und des beschaulichen Lebens ist. Tatsächlich können wir sagen, Gott mache das mystische Leben, auch wenn es wesentlich unabhängig ist von unsern Bemühungen, gewöhnlich von unserer Hochherzigkeit in der Annahme von Opfern abhängig.[10]

Dafür bestehen zwei entscheidende Gründe. Erstens wird Gott der Seele die besondern Eingebungen des passiven Gebets und der Reinigung nicht verleihen, wenn sie nicht zuvor ihre Treue in der Mitwirkung mit den gewöhnlichen Eingebungen der Gnade bewiesen hat. Zweitens — und dies ist sehr wichtig — erfordert die passive Reinigung von Anfang an von der Seele größeren Mut und mehr Selbstverleugnung als die aktive Abtötung. Denn zu Beginn der passiven Reinigung ist die Seele noch weitgehend aktiv. Gott versenkt sie nicht auf einmal in Seine göttliche Tätigkeit. Es braucht viel aktive Tugendkraft, um das von Gott in den Tiefen der Seele in passiver Weise erzeugte Leiden zu ertragen. Aber Er hilft uns in dieser Prüfung durch besondere Gnaden.

3

Die ganze Wirkung der Askese wird vom heiligen Johannes vom Kreuz in den Worten zusammengefaßt, «sie lenke die ganze Kraft der Seele auf Gott hin».
Worin besteht die Kraft der Seele? In ihren Fähigkeiten, Leidenschaften und Begierden. Dadurch, daß sie alle vom Willen auf Gott hingelenkt werden, haben wir jene verhältnismäßige und begrenzte Vollkommenheit erlangt, welche mit Hilfe der Askese erreichbar ist und uns auf das mystische Gebet vorbereitet. Aber der Wille allein ist blind. Von sich aus vermag er die Kraft der Seele nicht auf Gott hinzulenken. Der Wille selbst muß in allen seinen Begehrungen mit dem Verstand in Einklang gebracht werden. Darum erklärt der heilige Johannes vom Kreuz: «Wenn man diese Leidenschaften so regelt, daß ihre Tätigkeit durch die Vernunft auf Gott hingerichtet wird, so ist es klar, daß die Seele einzig an dem Freude findet, was zur Ehre und Verherrlichung unseres Herrn und Gottes dient... Dadurch wird die ganze Kraft, die ganze Fähigkeit der Seele auf Gott hin gerichtet und für ihn bewahrt.»[11]

Über die Leidenschaften sagt er: «Diese Neigungen erzeugen in der Seele, wenn sie nicht im Zaume gehalten werden, alle Laster und Hindernisse oder, besser gesagt, alle Unvollkommenheiten, aber auch alle Tugenden, sobald sie wohlgeordnet und in Unterwürfigkeit gebracht sind. Ebenso ist zu bemerken, daß durch den Gehorsam und die Unterwürfigkeit der einen [dieser Leidenschaften] unter die Vernunft auch die anderen sich fügen...» «Dem Ziele, dem eine Leidenschaft zustrebt, wenden sich auch die ganze Seele, der Wille und alle Leidenschaften zu...»[12] Wenn der Verstand, durch die vollkommene Beherrschung einer Leidenschaft, auch alle übrigen Leidenschaften, sowie den Willen und alle Fähigkeiten der Seele auf das eigentliche Ziel des Menschen hinzulenken vermag, findet die Seele den Frieden. Der heilige Johannes erklärt deutlich, dieser Friede und die innere Stille, als Ergebnis der asketischen Selbstbeherrschung, schüfen die einzige Atmosphäre, worin die Gnaden des mystischen Gebets aufblühen könnten: «In dem Grade als diese Leidenschaften herrschen, rauben sie der Seele die für die Weisheit erforderliche Ruhe und den Frieden, in deren Besitz sie auf natürlichem oder übernatürlichem Wege gelangen kann.»[13]

Diese Folgerung ist zwingend. Das mystische Gebet ist ein Geschenk an eine wenigstens teilweise durch Askese — die nur erreicht wird, wenn der Verstand die Leidenschaften und Fähigkeiten beherrscht — gereinigte Seele. Das mystische Gebet hängt, per accidens, von der richtigen Führung der Seele durch den Verstand ab. In diesem Sinne bildet folglich der Verstand den Schlüssel zum mystischen Leben! Die psychologische Erklärung dafür finden wir in den Worten Christi, welche die Kirche ins Evangelium der Messe des heiligen Johannes vom Kreuz selbst im Karmelitenmissale aufgenommen hat: «Dein Auge ist die Leuchte deines Leibes. Ist dein Auge gesund [das heißt, sieht es klar, ohne daß sein Blick verschwimmt oder doppelt sieht], so hat dein ganzer Leib Licht. Ist es aber krank, so ist dein Leib in Finsternis. Sieh also zu, daß das Licht in dir nicht Finsternis sei!»[14]

Das Licht in uns ist der Verstand oder die Intelligenz. Es ist nicht nur das Auge, das uns die geschaffenen Dinge, wie sie wirklich sind, sehen und verstehen hilft; aber es ist vor allem das «Auge», welches das eingegossene Licht des Glaubens und der Beschauung aufnimmt. Die wahre Beschauung ist eine «liebende Erkenntnis Gottes», welche in der Tat die beidseitige Mitwirkung der übernatürlichen Erkenntnis wie der Liebe erfordert. Doch hat sie der Form nach ihren Sitz in der Intelligenz, wie der heilige Johannes vom Kreuz und der heilige Thomas übereinstimmend erklären. Wir haben gesehen, was der Ausdruck, das «Auge» der Intelligenz klar behalten, bedeutet. Unser Geist wird durch seine Neigungen verdunkelt. Die geistige Blindheit ist die Frucht des Gefühls, der Leidenschaft und ungeordneten Begierde. Ein Wort des heiligen Johannes vom Kreuz wird uns diesen Sachverhalt klären:

«Sobald man nämlich vom Wein [der Freude an den geschaffenen Dingen als solchen] getrunken hat, fühlt sich das Herz sogleich gefangen und vom Taumel erfaßt, der Verstand wird umnebelt.... Nimmt man nicht sogleich ein Heilmittel wider dieses Gift, um es schleunigst auszustoßen, so befindet sich das Leben der Seele in Gefahr.»[15]

Das Heilmittel, welches der heilige Johannes vorschreibt, ist die «Krisis», die scharfe Scheidung der wahren und falschen Werte, von denen zu Beginn dieses Buches die Rede war. Diese Scheidung ist eben das Werk des Verstandes.

4

Es wäre indessen ein verhängnisvoller Irrtum anzunehmen, daß, weil der heilige Johannes vom Kreuz dem Verstand in der asketischen Reinigung der Seele eine so wichtige Rolle zumißt, diese Reinigung völlig auf der Ebene der natürlichen Tugend vor sich gehe. Wenn er sagt, alle Seelenkräfte müßten vom Verstand geordnet werden, so meint er nicht, sie hätten sich einzig nach einem verstandesbedingten, natürlichen Ideal zu richten. Die richtige Ordnung der Seele, von der hier die Rede ist, ist nicht einfach eine ethische oder sittliche Vollkommenheit. Der heilige Johannes vom Kreuz denkt nicht bloß an die Vollkommenheitsstufe, auf welcher sich die Menschen des Betrugs in Geschäftssachen enthalten, am Sonntag in die Messe gehen, dann und wann den Armen ein Almosen geben, dem Nachbarn den Rasenmäher leihen, ohne dabei einen Fluch zu murmeln.

Wenn der heilige Johannes vom Kreuz sagt, die «Seelenkräfte müßten durch den Verstand geordnet und gelenkt werden», so spricht er von einer übernatürlichen Vollkommenheit, die unter Führung der Gnade nach den durch den Glauben geoffenbarten Prinzipien erlangt wird. Bei der natürlichen oder ethischen Vollkommenheit werden alle Seelenkräfte durch den Verstand auf Gott hin gelenkt, als Schöpfer der Natur und Endzweck der natürlichen Bestrebungen des Menschen. Jeder katholische Theologe aber weiß, daß alle Menschen in einer übernatürlichen Ordnung leben, in welcher sie von Gott einem übernatürlichen Ziel zugeführt werden — und erreichen sie dieses Ziel nicht, so können sie es nicht durch einen Ersatz auf der natürlichen Ebene «ersetzen». Es gibt in der Tat keine natürliche Seligkeit. Ein tugendhaftes Leben muß irgendwie, wenigstens mittelbar, auf ein übernatürliches Ziel hingelenkt werden und unter der Führung der Gnade stehen, soll es nicht verlorengehen.

Der Verstand muß die Menschenseele auf Gott hinlenken nach dem übernatürlichen Plan, den Er uns geoffenbart hat und den wir nur durch den Glauben erkennen können. Genügt das aber? Der heilige Johannes vom Kreuz drückt sich weit bestimmter aus. Ich lasse ihn seine Auffassung an einem konkreten Beispiel erklären. Denken wir an den Zweck, der ihm vorschwebt: Die ganze Kraft der Seele muß völlig der Liebe Gottes geweiht sein. Nehmen wir den Fall einer Seele an, die eine sinnenhafte Freude an den geschaffenen Dingen hat; und diese Freude wäre verbunden mit der Liebe zu Gott mittels dieser Dinge. Ist diese Freude der Seele von Nutzen? Hilft sie Gott lieben oder nicht? Wie können wir es wissen? Wir müssen uns dabei vergewissern, wen wir lieben: Gott oder die Freude? Den Zweck oder das Mittel? Die Antwort liegt in der Absicht unseres Willens. Wonach strebt der Wille tatsächlich? Worin sucht er seine letzte Befriedigung? Wenn in Gott, so ist die Freude an den geschaffenen Dingen nur ein Mittel. Dann handelt es sich um eine wohlgeordnete Freude. Sie hilft uns Gott preisen. Sie heiligt die Seele. Der heilige Johannes vom Kreuz sagt darüber:

«Richtet der Wille, sobald er durch Sehen, Hören und Empfinden usw. einen Genuß verspürt, seine Freude auf Gott, so ist, da er Ursache und Ziel dieses Aktes ist, dieser selbst ein sehr guter. In diesem Falle ist es nicht notwendig, die Eindrücke [der Freude], die ihn zur Andacht und zum Gebete stimmen, von sich zu weisen, vielmehr kann und soll man sich derselben zu dieser heiligen Übung des Gebetes bedienen; denn es gibt Seelen, die sich durch solche sinnenfällige Gegenstände in besonderer Weise zu Gott hingezogen fühlen.» [16]

Doch können wir uns leicht täuschen in der Beurteilung der Reinheit unserer Absichten, wenn wir eine große Freude an den geschaffenen Dingen empfinden. Einem frommen Menschen kann die Neigung zu gewissen geschaffenen Freuden, wenn er sie häufig in gutem Glauben als Gebetsanlaß benützt, zur Gewohnheit werden. Tatsächlich wird sein Verlangen nach der Freude bald stärker als das Verlangen nach dem Gebet. Unbewußt wird ihm das Gebet zum Anlaß für seine Nachsicht gegenüber seiner Lieblingsfreude. Bei gefühlsbedingten Freundschaften kann dies, zum Beispiel, leicht geschehen.

Zur Feststellung, ob eine Willensabsicht durch das Mittel geschaffener Freude auf Gott hin gerichtet sei oder nicht, begnügen sich manche Theologen damit, einen «Akt der Reinheit der Intention» vorzuschreiben. Ein solcher «Akt» besteht im Ausdruck des Wunsches, die Freude möge zur Ehre und zum Ruhme Gottes gereichen. In Wirklichkeit ist kein solcher ausdrücklicher, förmlicher Akt notwendig. Er braucht nur virtuell zu sein. Gemeinsam mit allen katholischen Theologen anerkennt der heilige Johannes vom Kreuz den übernatürlichen Wert einer reinen Intention. Doch weist er uns darauf hin, daß wir, infolge der Blindheit unserer Seele, sehr wohl in unsern guten Absichten zugleich aufrichtig sein und uns täuschen können. Unsere Aufrichtigkeit wird uns versichern, daß sich unser Wille in seiner Intention wirklich auf Gott hin richte, aber da wir in der Selbsttäuschung befangen sind, verläßt sich unser Wille nicht eigentlich auf Gott, sondern auf ein Geschöpf. Wir behaupten, Gott gefallen zu wollen; und vielleicht glauben wir es auch. Da wir uns jedoch mit der Liebe zur Freude als solcher selbst betrügen lassen, suchen wir unbewußt uns selbst zu gefallen. Unsere förmliche Hingabe an Gott ist nicht streng gesprochen heuchlerisch; immerhin ist sie ein Mantel, in welchen sich unsere unbewußte Eigenliebe verkleidet. Ein solcher Akt ist nicht eine eigentliche Sünde, da er einer guten Absicht entspringt. Aber das Fehlen einer theologischen Sünde heißt nicht, daß dieser Akt nicht schädliche geistige Folgen nach sich ziehen könne. Der heilige Johannes vom Kreuz erklärt, psychologisch würden solche Akte die Seele schwächen und in einer schlechten Gewohnheit bestärken. Dies wird allen einleuchten, die annehmen, daß die Gesetze der menschlichen

Psychologie durch äußerliche Akte der reinen Intention nicht aufgehoben werden. Der Heilige schreibt:

«Man muß hier mit Klugheit zu Werke gehen [in der Freude an geschaffenen Dingen, unterm Vorwand, dadurch Gott zu verherrlichen] und die Wirkungen im Auge behalten, die sich daraus ergeben. Gar oft überlassen sich viele geistliche Seelen der genannten Befriedigung der Sinne, angeblich um sich dem Gebete und Gott hinzugeben, während sie dabei im Grunde genommen mehr der Unterhaltung als des Gebetes pflegen und so mehr sich selbst befriedigen als Gott gefallen. Scheint auch die Absicht auf Gott gerichtet zu sein, so ist doch die Wirkung eine sinnliche Befriedigung, die den Willen schwächt, statt ihn zur vollkommenen Hingabe an Gott anzuregen.»[17]

Der heilige Johannes vom Kreuz erklärt, ein geistiger Mensch könne erfahrungsgemäß sagen, ob er geschaffene Freuden in reiner Absicht benütze oder nicht. Das sichere Zeichen dafür ist eine gewisse innere Freiheit des Geistes, woraus er erkennt, ob er der Gefangene dieser Freude sei. Die Freude selbst bleibt gleichgültig, neutral. In Gott verliert man sie aus dem Auge. Auf Gott allein kommt es an. Er allein steht im Brennpunkt der Seele. Alles andere erlischt vor Ihm.[18]

Wenn wir diese innere Freiheit in uns fühlen, können wir volles Vertrauen auf unsere reinen Absichten in der Benützung der geschaffenen Freuden haben. Der heilige Johannes erklärt jedoch – und dies ist das allerwichtigste –, daß, wenn wir diese Freiheit nicht in uns fühlten, wir nicht dem Verstand allein die Führung bei der Wahl der Mittel anvertrauen dürften. Daraus ersehen wir, daß der Verstand seine Grenzen hat, auch wenn er sich von den Glaubensprinzipien leiten läßt. Der heilige Johannes sagt darüber:

«Wer diese Freiheit des Geistes in den genannten sinnlichen Dingen und Genüssen nicht in sich fühlt, sondern seinen Willen ihnen hingibt und darin sein Genügen sucht, der zieht daraus keinen Nutzen und muß sich des Gebrauches derselben entschlagen. Und wenn er auch die Absicht hat, sich derselben auf seinem Wege zu Gott in vernunftgemäßer Weise zu bedienen, so sind sie ihm doch mehr zum Hindernis denn zur Förderung, mehr zum Nachteil als zum Segen, sobald sich das Gelüsten sinnlich daran ergötzt [d. h., nach dem Zusammenhang, in ungeordneter Weise].»[19]

Doch ändert kein Wort davon etwas am Wesen des Problems. Der Verstand bleibt beim heiligen Johannes vom Kreuz der Schlüssel zur Askese, in dem Sinne, daß er jenes höchst wichtige Werkzeug darstellt, wodurch wir an der göttlichen Gnade mitwirken und die Lehren unseres Glaubens in die Tat umsetzen. Wir werden geheiligt durch Selbstverleugnung, durch das Kreuz Christi, dadurch, daß wir Gott aus ganzer Kraft lieben. Darin besteht die Lehre unseres Glaubens. Wie verwirklichen wir sie? Kehren wir zum Anfang des «*Aufstiegs zum Berge Karmel*» des heiligen Johannes zurück. Wir müssen in allem, was wir tun, ein «habituelles Verlangen haben, Christus nachzuahmen». Damit unser Leben Christus gleichförmig werde, müssen wir sein Leben betrachten, «um zu wissen, wie wir es nachahmen sollen». Und um dies wahrhaft fertigzubringen, müssen wir «auf jeden Genuß» verzichten, «wenn er nicht zur Ehre und Verherrlichung Gottes gereicht». In allem muß «die Liebe zu Jesus Christus» unser Beweggrund sein.[20]

Der Glaube schenkt uns unsere Prinzipien. Er zeigt uns unsern übernatürlichen Zweck und die Mittel, ihn zu erreichen. Er gibt uns einen übernatürlichen Beweggrund. Aber der Erfolg oder Mißerfolg unserer Verwirklichung dieser Prinzipien hängt von unserer Fähigkeit ab, zu entscheiden, welche unserer Handlungen wirklich zur Ehre und Herrlichkeit Gottes gereichen und welche nicht. Gott ist stets frei, uns mit einem eingegossenen Licht zu erleuchten, das uns hilft, uns in einer Weise zu entscheiden, die unsere gewöhnliche praktische Urteilsweise übersteigt. Ein solches Licht ist eine Gabe, die wir streng genommen, nicht verdienen können. Daher hangen unsere praktischen Entscheidungen, sofern sie unsere eigene aktive Mitwirkung mit Gott betreffen, von der Klarheit und Tüchtigkeit unseres Verstandes und Willens ab, die unter der Leitung der gewöhnlichen Gnade und der Erleuchtung der eingegossenen theologischen Tugenden stehen. Ihrerseits aber hangen diese Klarheit und Tüchtigkeit von unserer Hochherzigkeit in der Selbstverleugnung ab; und diese Hochherzigkeit wiederum entspricht unserer Liebe. Der Glaube befiehlt uns, Gott vor allen geschaffenen Freuden zu suchen. Auf dem Wege der aktiven Askese aber beurteilt unser Verstand die Reinheit unserer Absichten und sagt uns, was unser Wille wirklich tut – ob er wirklich zu Gott hinstrebt oder auf die geschaffenen Dinge vertraut.

Die einfachste und unbedingteste Lösung des Problems finden wir in den strengen Ratschlägen, welche der Heilige zu Beginn des «*Aufstiegs*» erteilt:

> «Wenn sich einem Menschen ein Vergnügen bietet im Anhören von Dingen, die nicht zum Dienste Gottes beitragen, dann soll er daran weder Freude haben noch sie anhören wollen.»

Mit andern Worten, der Verstand muß alle unsere Begierden einer übernatürlichen Prüfung unterwerfen und dem Willen alle Freiheit, etwas zu lieben, was nicht der Ehre Gottes dient, verweigern. Vom Willen wird nur verlangt, daß er den Befehlen des vom Glauben und der Gnade geleiteten Verstandes gehorche. Doch müssen wir dabei Maß halten. Denn wir sind nur Menschen! Die Freude, nach der unsere Leidenschaften naturgemäß verlangen, zieht sie immer noch kräftig an. Trotz des Widerstandes des Willens kosten sie doch noch davon. In diesem Fall sagt der Heilige:

> «Es genügt, daß du wenigstens keine Freude daran hast, wenn diese Dinge an dich herantreten. Sorge desgleichen dafür, wie du deine Sinne abtötest und unberührt bewahrest von jener Lust. Dann werden sie gleichsam im Dunkeln sein.» [21]

Achten wir sorgfältig auf den Unterschied zwischen den beiden Zitaten aus dem Werk des heiligen Johannes: im einen verläßt sich der Wille auf die sinnliche Freude, im andern verlassen sich die Sinne auf diese Freude, aber gegen die Befehle des Willens. Im ersten Fall bleibt der Verstand hilflos. Er wird geblendet von der Neigung des Willens nach einer ungeordneten Freude. Seine äußerst trügerischen Entschlüsse können daher die ganze Seele in höchste Gefahr bringen.

Im zweiten Fall empfinden wir die Freude, doch verlangen wir nicht danach. Der Wille bleibt frei. Folglich bleibt auch der Verstand klar und seine Entscheidungen zuverlässig und wahr. Wir können vertrauensvoll, wenn auch mit größter Sorgfalt, weitergehen. Dank der Treue, womit der Verstand der Gnade Gottes dient, sind unsere Akte in ihrem Ziel und Zweck und ihren Umständen übernatürlich.

Die praktische Folgerung aus all dem ist bedeutungsvoll. Der heilige Johannes vom Kreuz erklärt damit, daß wir, in der Ausübung dieser aktiven Askese, von der, de facto, normalerweise unser geistiger Fortschritt abhängt, unserem Willen nie ausdrücklich gestatten dürfen, nach irgendeiner geschaffenen Freude um ihrer selbst willen zu streben. Es genügt nicht, daß diese Freude gemäßigt oder nach dem Maßstab des natürlichen Verstandes zulässig sei. Wird die Freude ausdrücklich nur um ihretwillen angestrebt und geht der Wille nicht über diese Freude hinaus, um sich eher auf Gott als auf die Freude selbst zu stützen, dann ist der Akt, nach dem heiligen Johannes vom Kreuz, nicht notwendigerweise ausdrücklich sündhaft; doch hat er schädliche Folgen für die Seele, weil er sie veranlaßt, auf die geschaffene Freude zu vertrauen, und sie dadurch blind macht für das übernatürliche Licht, das uns auf dem Weg des Kreuzes zur Gottesvereinigung führen sollte.

Verläßt sich dagegen der Wille nicht auf die geschaffene Freude, sondern strebt er in wahrhaft reiner übernatürlicher Absicht darüber hinaus nach Gott, — auch wenn diese Absicht nur virtuell bleibt — dann ist die Freude nicht nur unschädlich für die Seele; im Gegenteil, sie stellt einen beträchtlichen, akzidentellen Beitrag zu ihrem geistigen Wohle dar.

Es handelt sich hier um abstrakte Prinzipien, die in der konkreten Verwirklichung mit gesundem Verstand und Maß anzuwenden sind. Für viele Seelen könnte aber eine falsche Auffassung dieser Prinzipien sehr schädlich sein. Engherzige Skrupulanten könnten genau das Gegenteil dessen erreichen, was der heilige Johannes vom Kreuz bezweckt: Sie könnten der Seele die wahre geistige Freiheit und die Kraft zur völligen Selbsthingabe an die Liebe Gottes rauben.

ELFTES KAPITEL

«EUER GEISTIGER GOTTESDIENST»

Der heilige Paulus ermahnte die Christen in Rom, wie alle andern Kirchen, Abtötung zu üben. Dies war notwendig, wenn sie ihre christliche Sendung erfüllen wollten. Die Selbstverleugnung ist das Merkmal jener, die Christus nachfolgen, denn das Zeichen des Christen ist das Kreuzzeichen. Durch die Taufe werden wir dem mystischen Leib Christi eingegliedert, doch müssen wir in Ihm wachsen und durch gute Werke beweisen, daß wir Kinder Gottes sind. Das Prinzip dieses Wachstums und dieser Werke ist der Heilige Geist, der Geist, der uns zu Kindern Gottes macht. Der heilige Paulus schreibt: «Wenn ihr nach dem Fleische lebt, werdet ihr sterben; wenn ihr aber durch den Geist die Triebe des Fleisches ertötet, werdet ihr leben. Denn alle, die sich vom Geiste Gottes leiten lassen, sind Kinder Gottes.»[1] Und darum fügt der Apostel bei:[2] «Brüder, bei der Barmherzigkeit Gottes ermahne ich euch: Bringt euren Leib Gott als ein lebendiges, heiliges, wohlgefälliges Opfer dar. Das sei euer geistiger Gottesdienst.»

Was bedeutet, wir sollten unsern Leib Gott zum Opfer darbringen? Die Christen stürzen sich nicht wie die Azteken in Vulkane. Worin besteht daher dieses Opfer? Der heilige Thomas von Aquin erklärt die Theologie des heiligen Paulus. Wir können unsern Leib durch Annahme des Martyriums Gott zum Opfer darbringen — das heißt: durch Erleiden eines grausamen Todes um unseres Glaubens oder einer andern christlichen Tugend willen. Wir können unsern Leib auch durch Fasten, Abstinenz und andere Bußübungen Gott zum Opfer bringen. Aber es ist uns nicht erlaubt, aus Selbstverleugnung, mutwillig die körperliche Gesundheit zu zerstören. Dies würde uns unfähig machen für die dritte Weise, unsern Leib Gott darzubringen: nämlich durch gute Werke und Anbetung. Der heilige Thomas erklärt kurz die Merkmale dieser Selbstaufopferung. Er betont, sie müsse

vom Glauben und einer reinen Absicht geleitet werden, und vor allem müsse sie ein «geistiger Gottesdienst» sein.
Verstand und Geist verleihen ihr Würde und Ordnung. Der heilige Thomas führt einen weitern Grundsatz des heiligen Paulus an: «Alles soll würdig und geordnet vor sich gehen.»[3] Unsere Askese ist geistig geordnet und würdig, wenn unsere äußern Handlungen mit den innern Tugenden übereinstimmen, und wenn diese Tugenden alle auf das Wachstum des übernatürlichen Lebens des Glaubens, der Hoffnung und Liebe in unsern Seelen hinzielen. Unsere äußern Abtötungen oder Gebete sind Mittel zum geistig-religiösen Zweck. Sie sind nicht Selbstzweck. Die vernunftgemäße Verwendung der Mittel zu einem Zweck verlangt aber, daß diese Mittel ihrem Zweck entsprechen. Mit aristotelischem Maß und gesundem Sinn bemerkt der heilige Thomas: «Ein Arzt sucht dem Kranken möglichst viel Gesundheit zu bringen, aber nicht möglichst viel Heilmittel; er schreibt ihm nur soviel Heilmittel vor, als zur Gesundung des Kranken erfordert scheinen.»[4] Ein Mensch, der nicht Heilmittel nimmt, weil er krank ist, sondern weil ihn eine Art Zwangskomplex dazu treibt, ist ein Hypochonder. Es gibt auch geistig-religiöse Hypochonder, die eine Menge unnötiger Heilmittel nehmen, während sie gleichzeitig die Bußübungen vermeiden, die ihnen wirklich helfen würden — Übungen, die ihren Willen und Verstand in Zucht nehmen. Das wahre Maß der Askese ist die Liebe, sagt der heilige Thomas. Die Selbstverleugnung ist nur deshalb ein Merkmal des Christen, weil sie die negative Vorbereitung auf die Liebe darstellt, aus der allein wahrhaft ersichtlich wird, ob wir Christus angehören oder nicht. Wir müssen uns selbst entsagen, weil die Liebe, die sich auf uns selbst beschränkt, eigentlich ein Raub an Gott und den Mitmenschen ist. Die Liebe lebt nur vom Geben. Raubt sie und wird sie geraubt, dann stirbt sie, da sie nicht mehr frei ist.

Der heilige Johannes vom Kreuz wiederholt die Lehre der heiligen Thomas und Paulus an einer Stelle, die manche überraschen wird, welche die Schriften des Karmeliten nur oberflächlich kennen. Und zwar finden wir sie in einem tiefdringenden

Kapitel der «*Dunklen Nacht der Seele*», worin der heilige Johannes eine gewisse selbstsüchtige Begierlichkeit nach äußerlichen Bußübungen schildert, die er als Unvollkommenheit der «Anfänger» bezeichnet. Dann erklärt er, diese Art Askese sei «nichts anderes als eine Bußübung unvernünftiger Tiere».[5]

Dieser scheinbar verächtliche Ausdruck hat für den heiligen Johannes vom Kreuz einen bestimmten Sinn. Sonst hätte er ihn nicht gebraucht. Warum Tiere? Denken wir an die Unterscheidung des heiligen Paulus zwischen dem «bloß natürlichen Menschen», der nichts von göttlichen Dingen versteht, und dem «Geistmenschen, der alles versteht».[6] Hier die Erklärung des heiligen Johannes zu diesem Text: «Unter dem natürlichen Menschen ist hier derjenige zu verstehen, der sich nur seiner Sinne bedient; unter dem geistigen hingegen jener, der nicht an den Sinnen hängenbleibt und sich nicht von ihnen leiten läßt.»[7] Es ist die traditionelle Erklärung dieses Ausdrucks. Daneben gibt es noch andere Bibelfassungen, welche «*animalis homo*» mit «sinnlicher Mensch» übersetzen.

Die Begierde nach äußern Abtötungen ist eine Art umgekehrter Sinnlichkeit. Sie treibt den Büßenden zur Bestrafung seines Fleisches, weil er Freude empfindet an den Bußübungen. Doch wäre es ein Zeichen der Unkenntnis der religiösen Psychologie, wollte man solche Äußerungen religiöser Begeisterung als «Masochismus» betrachten. In Wirklichkeit müssen wir sorgfältig unterscheiden zwischen den Übertreibungen einer psychisch gesunden Seele und den Verirrungen eines Neurotikers. Der heilige Johannes vom Kreuz spricht hier nicht von der kranken Seele, sondern von der geistigen Unvollkommenheit. Daher muß sogleich beigefügt werden, daß keine gesunde Seele sich am Schmerz als solchem freut. Eine krankhafte Liebe zum Leiden um des Leidens willen ließe auf Neurose schließen. Der heilige Johannes vom Kreuz aber spricht nicht von Neurotikern, sondern von Athleten. Die Freude, welche diese Menschen an ihrem Fasten und ihren Abtötungen empfinden, entspringt nicht dem Schmerz, den sie ihrem Körper zufügen, sondern dem Bewußtsein, daß sie, objektiv betrachtet, schmerzhafte Dinge vollführen, ohne soviel zu leiden, wie man erwarten könnte. Mit andern Worten, sie empfinden das beglückende Gefühl, sich irgendwie durch Mut und sittliche Ausdauer über den Schmerz zu erheben. Dieses Gefühl hat nichts mit Neurose zu tun. Es handelt sich im Gegenteil um einen durchaus gesunden natürlichen Instinkt. Denn es ist etwas Gutes für den Menschen, sich an einer innern Mutprobe zu freuen. Wenn die meisten Menschen keine Freude an der Überwindung von Hindernissen haben, so deswegen, weil schon die Mühe, an dieselben heranzugehen, sie so sehr bedrückt, daß sie sich am liebsten überhaupt davon fernhielten. Und doch besteht der höchste innere Mut darin, Hindernisse ohne tieferes Gefühl der Befriedigung zu überwinden. Nicht derjenige ist der Tapferste, der nie Furcht empfindet, sondern derjenige, der die tiefste Furcht überwindet und die Gefahr kühl und mit klarem Bewußtsein besteht.

Wenn aber der Instinkt, sich einer sittlichen Kraft zu freuen, grundsätzlich gesund ist, so stellt doch dessen Mißbrauch eine sittliche Unvollkommenheit dar. Die Abtötung hat den Zweck, den Geist zu befreien und in den Händen Gottes bildsam zu machen. Ein Mensch, der in einer ungeordneten Hingabe an Bußübungen um ihrer selbst willen verharrt, beschäftigt sich schließlich nur noch damit, was er sich antun möchte und wie. Statt aus sich selbst herauszugehen, schließt er seinen Geist in ein Labyrinth des Eigenwillens und der Selbsttäuschung ein. Die Bemühungen, die ihn eigentlich in einen Zustand der Freiheit und Loslösung führen sollten, fesseln ihn mehr denn je an seinen eigenen Willen und sein eigenes Urteil.

Das Geheimnis der Entsagung aber besteht, wie wir gesehen haben, darin, daß der Mensch nicht nach den Neigungen der eigenen Phantasie und Lust handelt, sondern sich der Führung des durch den Glauben erleuchteten Verstandes unterwirft, mag ihm der vorgezeichnete Weg zusagen oder nicht. Für die Mitglieder der kirchlichen Orden ist der Weg des Glaubens und Verstandes auch der Weg des Gehorsams. In diesem Zusammenhang schildert der heilige Johannes vom Kreuz die Unvollkommenheit, welche er als «geistige Unmäßigkeit» bezeichnet. Worin besteht erstens das Wesen dieser Unordnung? – Darin, daß die Menschen der Lockung des «Wohlgeschmacks und Genusses folgen, der ihnen bei diesen [Buß-] Übungen zuteil wird, und daß sie in diesem Betreff mehr die Erquickung des Geistes als die Reinheit und kluge Mäßigung suchen; das allein hat Gott im Auge und nimmt es mit Wohlgefallen an auf allen Wegen des geistlichen Lebens.»[8]

Hier muß dem Leser nun der Sinn des Ausdrucks «Klugheit» oder besser «Unterscheidung» in der christlichen Askese erklärt werden. Er bedeutet ein gereinigtes geistiges Empfinden, wodurch der Asket im innern Leben das Feine vom Groben unterscheidet. «Unterscheidung» im höchsten Sinn ist eine Art geistigen Instinktes, wodurch wir unmittelbar den Unterschied zwischen Anwandlungen des Stolzes (auch in höchster geistig-religiöser Verkleidung) und den Eingebungen der göttlichen Gnade erkennen.

Der heilige Johannes vom Kreuz fährt weiter:

«Abgesehen von der Unvollkommenheit, die sich in dem Verlangen nach diesen Genüssen kundgibt, treibt sie die geistige Naschhaftigkeit von einem Extrem ins andere; sie verlassen die goldene Mittelstraße, auf der allein die Tugenden Bestand haben und gedeihen können. Angezogen vom Genusse, den sie dabei finden, richten sich manche durch Bußwerke zugrunde, andere schwächen sich durch Fasten, indem sie ohne Anordnung und Rat eines anderen mehr tun, als ihre Schwäche ihnen gestattet; sie tragen den Forderungen ihres Leibes keine Rechnung, die sie in dieser Beziehung berücksichtigen sollten, ja manche wagen dies sogar zu tun, wenn ihnen auch das Gegenteil befohlen wird.»[9]

Einem Menschen, der je in einem eifrigen beschaulichen Kloster gelebt hat, sind diese Fragen wohlbekannt. Und wir müssen anerkennen, daß es schließlich besser ist, wenn die Mönche die Neigung haben, zu viel Buße zu tun als zu wenig. Denn die Leidenschaft, welche die Menschen zu schweren und scheinbar heldenhaften Entbehrungen treibt, bildet guten Rohstoff für die Heiligkeit. Mit Klugheit läßt sich mit solchen Menschen etwas anfangen. Was aber läßt sich aus Menschen machen, die zum vornherein entschlossen sind, jedes Hindernis für unüberwindlich, jede Mühsal für unerträglich und jede Abtötung für zu groß zu halten? Sie verwandeln ganze Klöster in Spitäler, und ihre Seelenführer müssen sich damit zufrieden geben, daß sie die Fastengebote der Kirche und ihre Pflichtgebete halten. Zum heiligen Johannes vom Kreuz und seinen geistigen Athleten zurückkehrend, erkennen wir, wie unser Mystiker einmal mehr in unzweideutiger und kompromißloser Weise darlegt, daß der Verstand der Eckstein seiner Askese ist. Er schreibt:

«Das sind die Unvollkommensten, Menschen ohne Verstand, welche Bußwerke höher achten als Unterwürfigkeit und Gehorsam. Dieser allein ist eine vernünftige und mit kluger Mäßigung vorgenommene Bußübung und deshalb Gott angenehmer und wohlgefälliger als alle übrigen. Läßt man die kluge Mäßigung beiseite, dann ist ihre Handlungsweise [ihre Neigung zur körperlichen Bußübung] nichts anderes als eine Bußübung unvernünftiger Tiere, wozu sie ebenso wie die Tiere durch die Begierde und das Behagen, das sie darin finden, hingezogen werden. Da alle Extreme fehlerhaft sind und sie durch diese Handlungsweise nur ihren Eigenwillen pflegen, so nehmen sie mehr an Fehlern als an Tugenden zu.» [10]

Es ist bezeichnend, daß der heilige Johannes vom Kreuz kaum je so heftige Worte braucht wie gegen jene Menschen, die sich durch eine ungeordnete Liebe zur körperlichen Bußübung gegen die Vernunft vergehen. Am wichtigsten in diesem Abschnitt der «*Dunklen Nacht*» aber ist das darin enthaltene Grundprinzip, worauf bereits hingewiesen wurde, und das den Beweis für die wahre Klugheit und Unterscheidung darstellt.

Erfolg oder Mißerfolg des geistigen Lebens eines Menschen hängt von der Klarheit ab, womit er die Beweggründe seines sittlichen Handelns zu erkennen und zu beurteilen vermag. Um einen von der asketischen Tradition anerkannten Ausdruck zu brauchen: die Selbsterkenntnis ist der erste Schritt zur Heiligkeit. Aufgabe des Verstandes ist es, diese Beweggründe zu beurteilen, die Reinheit unserer Absichten zu prüfen, das Ziel unseres Verlangens und alle unser sittliches Handeln betreffenden Umstände zu bewerten. Doch wird das Wirken des Verstandes von der Gewohnheit gehemmt, immer wieder unterm Einfluß der instinktiven Regungen der Leidenschaft und der Wünsche zu handeln.

Was die Regungen der Wünsche anbelangt, welche das größte Problem im asketischen Leben darstellen, so handelt es sich nicht um Wünsche, die ein offensichtlich schlechtes Ziel verfolgen. Im Gegenteil, die größte Aufgabe des Verstandes im geistlichen Leben besteht darin, die ungeordneten Wünsche, die, auf den ersten Blick, geistig und auf das höchste Gut gerichtet scheinen, zu entlarven. Der Grund, warum soviel fromme Menschen keine Heiligen werden, liegt darin, daß sie zur Ehre Gottes falsch handeln.

Die scheinbare Erbarmungslosigkeit des heiligen Johannes vom Kreuz zielt darauf hin, das unerbittliche Licht eines vom göttlichen Feuer gereinigten Intellekts auf Ziele und Wünsche zu richten, die nach Auffassung der Mißgeleiteten zum Wesen der Heiligkeit und christlichen Vollkommenheit gehören. Er verurteilt sie alle. Nicht, weil alle schlecht sind, sondern einzig deshalb, weil sie als Mittel nicht gut genug sind, um für uns erstrebenswert zu sein. Wir müssen uns davon abwenden und nach etwas anderem suchen. Der Asket muß nicht nur den guten Dingen dieser Welt entsagen, sondern sogar einigen der höchsten Gaben und Gunstbezeigungen Gottes. Nicht daß wir ausdrücklich eine Gottesgabe zurückweisen sollen. Aber wir müssen Seine außergewöhnlichen Gunstbezeigungen stets behutsam aufnehmen, und zwar so, daß sich unser Verlangen auf den Geber, nicht auf die Gabe selbst, richtet.

Doch sind die Freuden des innern Lebens so groß und rein, sie übersteigen so sehr die rohen Sinnen- und Weltfreuden, daß sie eine furchtbare Anziehungskraft auf die Seele ausüben, die ihnen auf dem Wege zu Gott begegnet. Der Gedanke an diese Freuden und die Hoffnung, sie wiederzuerlangen, erregt den Menschen bis in die Tiefen seines Geistes und kehrt, unter der Gewalt seines starken Verlangens, sein Innerstes nach außen. Er verführt ihn zu den tollsten Unternehmungen, wenn er glaubt, er könnte ein paar Augenblicke der Freude wiedererlangen, die er einst in einer scheinbaren Vision Gottes gekostet hatte. Er ist bereit, bis ans Ende der Erde zu laufen, um ein unaussprechliches Wort zu hören, das ihn einst zwischen Zeit und Ewigkeit erhoben hatte. Er ist bereit, sich zu töten, um wenigstens ein Echo dieser süßen Stimme zu vernehmen. Aber der heilige Johannes vom Kreuz sagt ihm, jede dieser Regungen müsse mit dem Messer des Verstandes weggeschnitten werden; denn der Weg Gottes sei ein Weg der Leere, ohne Erquickung und Freude, auf dem wir kein Licht suchen, sondern den Glauben; keine Stimme hören, außer der des Glaubens — so daß wir, am Ende, stets in der Dunkelheit dahinschreiten müssen. Wir müssen im Schweigen wandern. Wir müssen bei Nacht fliehen.

Daher erstarrt die Begeisterung unreifer beschaulicher Menschen vor Verwirrung und Überraschung beim Anhören gewisser Leitsprüche des Heiligen. Ist es wirklich der Verfasser der «*Lebendigen Liebesflamme*», der uns solche Dinge sagt?

«Auf deinem Wege zu Gott gehe mit deiner Vernunft zu Rate und befolge ihre Weisungen; denn Gott wird daran mehr Gefallen haben als an allen Werken, die du, ohne denselben zu folgen, vollziehst, ja mehr als an allen Tröstungen, die du suchst.

Glücklich derjenige, der sich seiner Gelüste und Neigungen zu entledigen weiß, um seine Werke immer den Forderungen der Vernunft und Gerechtigkeit entsprechend zu vollziehen.

Wer vernunftgemäß handelt, gleicht dem, der sich vom Marke nährt; wer sich nach den Launen der Willensneigung richtet, ist jenem gleich, der eine saftlose Frucht genießt.» [11]

Ein weiterer — diesmal eher merkwürdiger — Leitspruch zeigt uns einen neuen Aspekt unseres Themas. Er weist uns auf die Lehre hin, die manche Leser schon eher dem heiligen Johannes vom Kreuz zuschreiben — die Lehre vom passiven Gebet, vom eingegossenen Licht und der Liebe des Heiligen Geistes. Er weist darauf hin, daß die Seele zuweilen tatsächlich in passiver Weise von geistigen Antrieben bewegt wird, die von jemand anderem stammen:

«Bedenke, daß dein Schutzengel, wenn er auch beständig deinen Verstand erleuchtet, nicht immer die Lust zu handeln anregt; um daher einen Tugendakt zu setzen, sollst du nicht warten, bis die Lust dich dazu treibt; es genüge dir die Vernunft und der Verstand.» [12]

Vielleicht dachte der heilige Johannes dabei an die Quietisten, die glaubten, daß jene, die den innern geistigen Gebetsweg gingen, sich nie einen Tugendakt gestatten dürften, ohne sich ausdrücklich und wahrnehmbar durch einen innern Anstoß von Gott dazu gedrängt zu fühlen.

Dies ist eine der wenigen Stellen, wo der heilige Johannes vom Kreuz auf die Betrachtung der Engel in unserem mystischen Leben verweist — ein Thema, auf das der Pseudo-Dionysius großes Gewicht legt. Auf jeden Fall spricht er hier sicher von der Mystik. Der Verstand spielt keine aktive Rolle in der mystischen Erfahrung als solcher. Die Beschauung ist, streng genommen, mystisch, sofern unsere Fähigkeiten passiv durch besondere Eingebungen Gottes bewegt werden. Doch gibt es eine Gebetsstufe, auf welcher unsere Fähigkeiten nicht völlig in Gott versunken sind. Solange aber der Wille und Verstand immer noch auf eigenen Antrieb hin handeln können, auch wenn es in Verbindung mit einer von Gott empfangenen passiven Bewegung geschieht, ist unsere Beschauung weniger rein.

Doch besteht eine wesenhafte Kontinuität zwischen diesen beiden Stufen geistlicher Tätigkeit. Die Lehre des heiligen Johannes vom Kreuz stützt sich auch hierin auf diejenige des heiligen Thomas. Im eben angeführten Leitspruch des heiligen Johannes vom Kreuz spiegelt sich ein thomistisches Prinzip. Das geistige Leben des Christen ist ein geordneter Aufstieg zur Vollkommenheit. Vom Anfang bis zum Ende dieses Aufstiegs wird der Mensch unter der Einwirkung Gottes bewegt, erleuchtet, gestärkt, geführt und erhoben. Zuerst wirkt Gott durch das Mittel des menschlichen, durch die Gnade erleuchteten und die Tugenden gelenkten Verstandes auf den Menschen ein. Später bewegt Er den Geist des Menschen auf unmittelbarere, innerlichere Weise, durch besondere Eingebungen, auf die wir durch die sieben Gaben des Heiligen Geistes vorbereitet sind. Ob aber der Mensch von seinem Verstand geleitet oder unmittelbar von Gott bewegt wird, das Ziel bleibt doch dasselbe und die vollbrachte Wirkung ist wesentlich dieselbe; denn in beiden Fällen führt Gott den Menschengeist, durch die Vollkommenheit des Glaubens, der Hoffnung und Liebe, zur göttlichen Vereinigung.

ZWÖLFTES KAPITEL

ZWISCHEN INSTINKT UND EINGEBUNG

Die genauere Beziehung des Verstandes zum mystischen Leben beginnt nun klarzuwerden. Der Verstand spielt eine so wichtige Rolle im Menschenleben, daß dessen übernatürliches Glück, in gewissem Sinne, davon abhängt. Der Verstand ist der Schlüssel zum mystischen Leben. Was heißt das? Es heißt nicht, daß wir den Weg zur mystischen Beschauung durch Nachdenken oder Studium finden. Nicht daß wir uns, streng genommen, durch ein Tugendleben, das unsern Verstand vervollkommnet, die Gnaden des eingegossenen Gebets oder der göttlichen Vereinigung verdienen können. Nicht daß die Beschauung den Verstand durch scharfsichtiges Nachdenken und glänzende Einsichten in die Wahrheit zu einer hohen Leistungsstufe in seiner eigenen Ordnung erhebt.

Der heilige Gregor von Nazianz nennt die Seele des Geistesmenschen — des Mystikers — ein vom Heiligen Geiste gespieltes Instrument. Der Heilige Geist entlockt diesem Instrument Harmonien und Wohllaute, welche Verstand und Wille des Menschen allein sich niemals erträumen können. Diese auf den wohlgestimmten Saiten erklingende Musik einer vollkommenen menschlichen Persönlichkeit macht den Menschen zum Heiligen. Wenn auf einem menschlichen Instrument besondere Harmonien erklingen, so heißt das, daß der Heilige Geist einen Menschen zur Beschauung erweckt. Welchen Anteil hat der Verstand an diesem schweigenden Gesang, den Gott für Sich selbst und Seinen Auserwählten in der Seele eines Mystikers singt? Die Rolle des Verstandes besteht nicht darin, das Instrument zu spielen, sondern nur die Saiten zu stimmen. Der Meister Selbst verliert keine Zeit damit, das Instrument zu stimmen. Er zeigt Seinem Diener, dem Verstand, wie er es anfangen muß, und überläßt ihm die Arbeit. Wenn Er dann kommt und das Instrument noch ungestimmt findet, nimmt Er sich nicht die Mühe, darauf zu spielen. Er schlägt eine Saite an und geht wieder. Der Fehler besteht gewöhnlich darin, daß der Stimmer schon selbst den ganzen Tag auf die Saiten losgeschlagen hat, ohne das ihm zugedachte Werk zu verrichten, — dem Instrument den richtigen Ton zu geben.

Es braucht viel seelische Klugheit und Feingefühl, um dieses Instrument zu stimmen. Die Saiten dürfen weder zu straff noch zu locker gespannt sein. Der Verstand muß das richtige Maß an Selbstverleugnung bestimmen, das alle Seelenkräfte auf den «Anschlag» Gottes abstimmt. Doch gehört dieses Werk bereits der übernatürlichen Ordnung an. Ohne die Gnade und die eingegossenen Tugenden bringt es der Verstand nicht zustande. Wie wird es denn vollbracht?

Die Aufgabe des Verstandes, die Seele durch die Tugend auf die Eingebungen der Gnade abzustimmen, läßt sich, wie mir scheint, als Ausscheidungsvorgang bezeichnen, bei dem die Regungen der ungeordneten Leidenschaft und des fehlgeleiteten Instinkts verurteilt und verworfen werden. Die in der christlichen Askese gereifte Menschenseele gleicht dem geübten Ohr eines Musikers, das auch die kleinsten Tonveränderungen einer Stimme oder eines Instrumentes wahrnimmt. Der mittelmäßige Asket weiß, moralisch betrachtet, nie, wann er zu tief singt. Überspannte Abtötungen sind Versuche, höher als in der von Gott angegebenen Tonlage zu singen: Sie gleichen einer lauten Stimme, die einen leisen Chor übertönt, während nur die Orgel den richtigen Ton hat.

Damit ist mit andern Worten das bereits Gesagte zusammengefaßt: daß nämlich der Verstand die Seele durch die aktive Tätigkeit der «Unterscheidung» und Klugheit auf die passive Gottesvereinigung vorbereitet. Es ist dies nur ein anderer Ausdruck für die: «Unterscheidung der Geister».

Die Aufgabe des durch die Gnade erleuchteten und die erworbenen und eingegossenen Tugenden vervollkommneten Verstandes besteht in der sichern, klaren Unterscheidung zwischen der Versuchung und dem Licht der Gnade, zwischen den Trieben und dem Instinkt der übernatürlichen Liebe, zwischen den Vorstellungen und Bildern einer lebhaften Phantasie und den Erleuchtungen des Heiligen Geistes. Die Regungen des übernatürlichen Lichts und der Liebe, die durch die Eingebungen der gewöhnlichen Gnade auf der menschlichen Ebene zu uns kommen, unterstützen den Verstand in der ihm angebornen Aufgabe, die Seele in der Tugend zu vervollkommnen, das heißt, sie auf den richtigen Ton abzustimmen. Über dieser Ebene jedoch gibt es eine weitere Reihe von Kräften, die demselben geeinten Organismus der Gnade angehören. Es sind die «Habitus», welche die Tätigkeit der Seele auf einer höhern Ebene vervollkommnen als ihrer eigenen natürlichen Seinsweise. Sie werden als Gaben des Heiligen Geistes bezeichnet. Wird die Seele von besondern Eingebungen Gottes, mittels dieser Gaben, beherrscht und gelenkt, so sagen wir, sie führe ein mystisches Leben.

Alle Tugenden, die erworbenen wie die eingegossenen, die natürlichen wie die übernatürlichen, befähigen die Seele nach dem Maßstab der Vollkommenheit zu handeln, wie er einem auf ein übernatürliches Ziel hingeordneten, vernunftbegabten Wesen geziemt. Und doch wird die Tätigkeit der Seele auf der Ebene der Tugenden, auf der sie sich in menschlicher Weise, gemäß der Führung des Verstandes, unterm Licht der Gnade bewegt, durch manche unfreiwillige Unvollkommenheiten geschwächt und gehemmt. Warum das? Mit der eingegossenen Liebe, der heiligmachenden Gnade und einer Menge Tugenden sollte es dem Verstand leicht gehen. Bis zu einem gewissen Grade ist es auch der Fall. Kehren wir jedoch zu unserem Instrument und dessen Stimmer zurück. Der Unterschied zwischen der Vollkommenheit einer Seele, die sich nur auf der Ebene der Tugenden, humano modo, betätigt, und einer, die sich auf der höhern Ebene der Gaben des Heiligen Geistes, unter den besondern Eingebungen Gottes bewegt, besteht ein ähnlicher Unterschied wie zwischen der von einem Klavierstimmer und einem Genie gespielten Symphonie. Mit der Gnade und Tugend vermag der Verstand im übernatürlichen Leben vorwärtszukommen. Er gleicht dabei einem Schlittschuhläufer, der mit der wohlbegründeten Hoffnung, nicht unterzusinken, auf dem Eis dahinläuft. Er darf vertrauensvoll sagen: «Ich kann Schlittschuh laufen.» Aber er erhebt nicht den Anspruch auf den Weltmeistertitel im Hockeyspiel und bleibt lieber ein bescheidener Schlittschuhläufer, statt einen Beinbruch zu riskieren. Würde es ihn aus einer Art natürlicher Eingebung heraus, die plötzlich einen Klavierstimmer in einen genialen Spieler verwandelte, doch danach verlangen, oder zöge ein holzbeiniger Schlittschuhläufer unverhofft mit der Anmut eines Meisters auf dem Teiche Kreise, — so ergäbe dies ein gutes Bild von der Wirkung der Gaben des Heiligen Geistes. Auf sie läßt sich ganz genau das Wort der Theologen über die Gnade, die ohne unser eigenes Zutun in uns wirkt, anwenden. Die Gaben stimmen uns auf besondere Eingebungen ab, die uns, mit einer Leichtigkeit und Wirksamkeit, welche uns aus eigener Kraft, sogar unter der Leitung der gewöhnlichen Gnade, völlig unzugänglich bleiben würden, zu übernatürlichen Urteilen und Entscheidungen befähigen. Diese Eingebungen sind mehr als nur Anregungen der Gnade. Ihre Wirkung beschränkt sich nicht darauf, den Verstand oder die Liebe zur Tätigkeit zu bestimmen. Statt unsere Kräfte selbst handeln zu lassen, wirkt der Heilige Geist unmittelbar in ihnen, während sie passiv bleiben. So empfangen sie den Eindruck, plötzlich auf eine neue Stufe übernatürlicher Erkenntnis oder einen stärkeren Grad der Liebe zu gelangen, ohne auch nur im geringsten zu wissen in welcher Weise.

Gleichzeitig ist es sehr wichtig, sich dessen bewußt zu sein, daß die Eingebungen des Heiligen Geistes, mittels der sieben Gaben, gewöhnlich ganz unauffällig und geräuschlos vor sich gehen, sowohl in ihrem Objekt wie in der Art ihrer Wirkung. Aus Darstellungen der Heiligenleben und mystischen Erfahrungen gewinnen manche Leser den Eindruck, das mystische Leben gleiche einer Wagneroper: Es sei erfüllt von gewaltigen Geschehnissen. Blitz und Donner kündigten jede neue Geistesregung an. Die Himmel brächen auf, und die Seele schwebte inmitten einer überirdischen, wunderbaren Lichtflut aus dem Leibe empor. Droben gelangte sie vor das Angesicht Gottes, inmitten eines erhabenen Turnvereins flügelschlagender, singender, posaunender Heiligen und Engel. Hier fände ein beredter Gedankenaustausch zwischen ihr und Gott statt, wie in einem Opernduett, das mindestens sieben Stunden lang währte; denn sieben ist ja eine mystische Zahl. Das alles unter Begleitung von Erdbeben, Sonnen- und Mondfinsternissen und überirdischem Bombenknall. Schließlich tanzte die Seele nach einer kurzen musikalischen Vorschau auf das Ende der Welt und das Jüngste Gericht anmutig in den Leib zurück, der Mystiker käme wieder zu sich und sähe sich von einem schweigend staunenden Kreis von Mitbrüdern umringt, von denen der eine oder andere im Versteckten Notizen machte über das Geschehene, im Hinblick auf einen einstigen Heiligsprechungsprozeß.

Gewöhnlich läßt sich mit Sicherheit sagen, Lärm und Aufsehen im innern Leben seien das Merkmal für Eingebungen, die unserem eigenen Gefühlsleben entspringen oder von einem ganz andern Geiste als dem Heiligen Geiste stammten. Die Eingebungen des Heiligen Geistes gehen in Ruhe vor sich, denn Gott redet in den schweigenden Tiefen des Geistes. Seine Stimme bringt Frieden. Sie erweckt keine Unruhe, sondern stillt sie; denn die Unruhe entspringt der Unsicherheit. Die Stimme Gottes bringt Sicherheit. Wenn Er uns zum Handeln bewegt, gehen wir mit ruhiger Kraft daran. Öfter als nicht lehren uns Seine Eingebungen, uns still zu verhalten. Sie zeigen uns die Leere und Verwirrung unserer Pläne, die Seinem Ruhme dienen sollten. Gott hält uns von Unternehmungen ab, die uns in wilden Wettbewerb mit den Mitmenschen stürzen würden, und befreit uns vom Ehrgeiz. Der Heilige Geist ist sehr leicht zu erkennen, da Er Gehorsam und Demut einflößt. Niemand erkennt Ihn wahrhaft, der nicht die Ruhe gekostet hat, welche die Entsagung von unserem eigenen Willen, unserer Freude und unseren Vorteilen, und dies fern von jeder Ehre, jedem Ruhm, jeder Anerkennung, einzig zum Vorteil anderer Menschen, begleitet. Die Eingebungen des Heiligen Geistes sind nicht prunkvoll. Sie sind einfach. Sie bewegen uns, Gott in Werken zu suchen, die uns schwerfallen, ohne Aufsehen zu erregen. Sie führen uns auf Wege, die um ihrer Verborgenheit willen beglückend sind. Darum bringen sie uns stets ein Gefühl der Befreiung. «Er ist der Geist der Wahrheit» (Joh 14, 17), und «die Wahrheit wird euch frei machen.» Seine Eingebungen reinigen uns. Sie befreien uns von Roheit und Begrenztheit.

Und im Lichte des Heiligen Geistes können wir zugleich glücklich und traurig sein: glücklich, um der göttlichen Wahrheit willen; traurig, weil wir in Seiner Wahrheit erkennen, was wir waren. Glücklich auch, weil wir erkennen, was wir in Ihm werden können. Wir finden Kraft und Demut, Vertrauen und Vorsicht zugleich in diesem Licht, das uns den Weg der Erkenntnis im Dunkeln lehrt, indem es uns mit einer wunderbaren Liebe erfüllt.

Noch ein letztes Wort darüber: Das Licht des Heiligen Geistes verleiht uns kein Gefallen an uns selbst, sondern nur an Gott. Wenn es uns gestattet, kein Mißfallen an uns selbst zu finden, so deshalb, weil es uns zu einer tiefern Vereinigung mit Gott geführt hat: Gott und die Mitmenschen, das ist alles, was wir lieben; nicht uns selbst.

Das Licht des Heiligen Geistes hat nichts mit der scheinheiligen Selbstbewunderung des Pharisäers zu tun, der sein eigenes Bild liebt wie eine Vision.

2

Die Heiligkeit besteht in der vollkommenen Vereinigung des Geistes und Willens mit Gott. Das heißt, in der unbedingten Aufopferung und Unterordnung aller unserer Kräfte unter die Wahrheit und Liebe Gottes. Daher läßt sich das ganze Werk unserer Heiligung, die auf einer Stufe durch den Verstand und die Tugenden, auf der andern vom Heiligen Geist, unter der unmittelbaren Einwirkung Seiner Gaben bewerkstelligt wird, als vollkommenen Gehorsam unseres ganzen Wesens gegenüber dem Willen Gottes bezeichnen.

Somit kann man das Wesen des ganzen geistigen Lebens praktisch im einfachen Satz zusammenfassen: Es besteht in der Erfüllung des göttlichen Willens. Der Satz darf aber nicht zu sehr vereinfacht, er darf auch nicht mechanisch und gedankenlos angewendet werden. Ebensowenig darf er je zur bloßen Routine werden; denn die Heiligkeit, die Gott von uns verlangt, besteht nicht im Gehorsam eines Maultiers, sondern im «geistigen Dienst» eines mit freiem Willen und Verstand begabten Wesens.

Der heilige Johannes vom Kreuz, wie auch der heilige Thomas von Aquin, sagt, Verstand und Tugend könnten uns nur zu einer bedingten und begrenzten Vollkommenheit in unserem Gehorsam gegenüber Gott führen. Auf dieser Stufe ist nur ein gewisser Grad der Gottesvereinigung möglich. Das Werk der aktiven Askese muß in passiver Weise durch die höchst zarte Vermittlung des Heiligmachenden Gottes vollendet werden. Auf der ersten Stufe erreicht die Seele wenigstens einen Zustand, in dem der Wille jedes Verlangen zurückweist, das der von der Gnade erleuchtete Verstand als im Widerspruch zum Willen Gottes erkennt. Aber, wie der heilige Johannes vom Kreuz sagt: «Wenn sie es nicht beachtet oder nicht erkennt, oder wenn es nicht ganz von ihrer [der Seele] Macht abhängt, dann mag sie wohl in Unvollkommenheiten und läßliche Sünden, auch in die natürlichen Strebungen des Begehrens geraten.»[1]

Diese Gewohnheiten sind gleich lebendigen Wurzeln, die, trotz unserer besten Absichten, ständig wieder bittere, zähe Schosse der Unvollkommenheit treiben. Die höchste Heiligkeit verlangt, daß selbst die Wurzeln der schlechten Gewohnheit ausgerissen und aus dem Garten der Seele geworfen werden. Dieses Werk vermag der Verstand allein nicht zu bewältigen. Es erfordert das unmittelbare Eingreifen Gottes bei den passiven oder mystischen Reinigungen der Seele.[2] Auch genügt die sogenannte Nacht der Sinne dafür nicht. Die vollkommene Heiligkeit kann nicht wahrhaft erlangt werden ohne radikale Reinigung des Geistes im Feuer der eingegossenen Liebe, das in seiner ganzen geistlichen Wirkung den Flammen des Fegfeuers ebenbürtig ist. Dies ist die wirkliche Dunkle Nacht — die Nacht der Seele.

Der heilige Johannes vom Kreuz erklärt ohne Zögern oder Zweideutigkeit, die aktive oder asketische Reinigung der Seele genüge niemals zur vollkommenen Heiligkeit. Er schreibt:

«Nur zur Begründung der Notwendigkeit der Nacht des Geistes, dieser Reinigung für denjenigen, der vorwärtsschreiten will, sage ich noch das eine: So wacker sich auch diese Fortgeschrittenen halten, so findet sich doch kein einziger, der nicht viele dieser natürlichen Neigungen und gewohnheitsmäßigen Unvollkommenheiten an sich tragen würde, die notwendigerweise erst entfernt werden müssen, wenn man zur göttlichen Vereinigung gelangen will.»³

Trotzdem sind sowohl diese passive Reinigung wie die daraus sich ergebende Heiligkeit Gottesgaben. Es ist gut für uns, danach zu verlangen. Wir dürfen und sollen darum beten. Wir können sie nicht aus eigener Kraft erlangen. Die Vollkommenheit in der aktiven Askese und die völlige Hingabe an die bewußte Erfüllung des göttlichen Willens bereiten uns darauf vor, sie zu empfangen. Und noch etwas. Gott wird die passive Reinigung unseres Geistes erst beginnen, wenn wir Ihm zuerst unsere hingebende und einsichtige Mitwirkung an der vorausgehenden Reinigung der innern Sinne gewährt haben.

3

Die Nacht der Sinne ist eine Zeit der Prüfung, während der Gott beginnt, die Seelenkräfte passiv zu bewegen, ohne ihnen die eigene Bewegungsfreiheit zu nehmen. Sie wird als Nacht bezeichnet, nicht, weil Verstand und Wille «verdunkelt» oder ihres eigenen natürlichen Lichts und ihrer Kraft beraubt, sondern weil sie in ihrer gewohnten Tätigkeit behindert werden. Natürlich vermag der Verstand nichts zu erkennen ohne Benützung des ihm von den Sinnen zugeführten Stoffs. Auch der Wille benötigt diesen Stoff, um auf der natürlichen Ebene zu handeln. In der Nacht der Sinne verursacht die eingegossene Wirkung Gottes auf das Innere darin einen Überdruß am diskursiven Denken. Dieselbe verborgene Wirkung benimmt dem Willen die Neigung zum Verlangen. Statt nachzudenken, verharrt der Intellekt in einer einfachen Intuition der Glaubenswahrheiten. Statt nach Einzelzielen zu streben, zieht sich der Wille von selbst in die geeinte Gottesliebe, das einzige Ziel unseres ganzen Strebens zurück. Da aber die eingegossene Wirkung Gottes auf die Seele noch sehr zart und die von ihr hervorgerufene Erfahrung unbestimmt und dunkel bleibt, befinden sich die Seelenkräfte in einem Zustand, der ihnen zweideutig erscheint. Und da sie nicht deutlich begreifen, was mit ihnen geschieht, schwanken sie zwischen Qual und Trost. Sie vermögen nie genau zu sagen, weshalb sie in Pein schweben oder weshalb sie sich getröstet fühlen. Ihr eigenes Handeln wird nicht ernsthaft gehemmt (wie später), sondern es befriedigt sie nicht mehr und erscheint ihnen mehr oder weniger fruchtlos. Aber sie wissen in diesem Zustand nicht, wie sich verhalten, um in einfacher, fruchtbarer Weise unter der geheimnisvollen Wirkung Gottes passiv zu bleiben. Zudem — und dies ist wichtig — wirkt Gott nicht immer in dieser besondern Weise in ihnen. Wenn Er nicht in ihnen wirkt, dürfen sie nicht passiv bleiben, sondern müssen selbst handeln; sonst sind weder Gott noch ihre eigenen Kräfte tätig, so daß die Seele müßig bleibt. Am Anfang läßt es sich nur schwer sagen, wann Gott der Seele diese zarten passiven Eingebungen eingießt.

Endlich gehört es zu den Gesetzen des mystischen Lebens, daß die Seelenkräfte, im strengen Sinne des Wortes, nur dann passiv bleiben, wenn sie von Gott entrückt werden und jede Fähigkeit verlieren, sich selbst zu bewegen.[4] Sonst ist ihre Passivität nur relativ. Darum ist es sehr wichtig zu begreifen, in welchem Sinn und bis zu welchem bestimmten Grade Verstand und Wille des Menschen in der Nacht der Sinne und im Gebet der Ruhe passiv bleiben. Aus zwei Gründen ist es wichtig. Erstens, weil die Seelenkräfte, die fähig bleiben, aus eigenem Antrieb zu handeln, das zarte Wirken Gottes durch eigene unbesonnene Betätigung, vor allem zur Gebetszeit, vereiteln können. Zweitens, weil sie dadurch, daß sie vollkommen untätig bleiben, die einfache Mitwirkung, die Gott doch noch von ihnen verlangt, versagen.

In einem Wort, das Prinzip, das ich hier betonen möchte, lautet: Wenn auch ausdrückliche verstandesmäßige Betrachtung in der Nacht der Sinne praktisch unmöglich ist und wenn auch in diesem Augenblick die Anfänge des eingegossenen und passiven Wirkens Gottes erfordern, daß die Tätigkeit des Verstandes und Willens gereinigt, vereinfacht und zur Einheit geführt worden sei, so bleibt doch noch für beide, den Verstand und den Willen, etwas zu tun. Vor allem zu Beginn unseres täglichen innerlichen Gebets. Denn während der Nacht der Sinne kommt die göttliche Wirkung gewöhnlich nicht über uns, ohne daß wir uns vorher selbst irgendwie zu ihrem Empfang vorbereitet haben. Erst später, wenn wir schon daran gewöhnt sind, ins Gebet der Ruhe zu versinken, kommt das passive Licht Gottes über uns und hüllt unsere Kräfte zu den unerwartetsten Tageszeiten ins helle Halbdunkel des «Unerkennbaren».

In der Nacht der Sinne wirken die eingegossenen Eingebungen des beschaulichen Gebets hauptsächlich auf den Willen ein. Der Wille wird zuerst den passiven Bewegungen des Heiligen Geistes unterworfen. Er wird zuerst vom Zauber der geheimnisvollen Gegenwart Gottes eingehüllt und umfangen. Denn Gott vergegenwärtigt sich unmittelbar der beschaulichen Seele nicht durch die Erkenntnis, sondern durch die Liebe. Daher spielt die Liebe gleich von Anfang an eine äußerst wichtige Rolle in der Beschauung, auch wenn die Beschauung formal ein Erkenntnisakt bleibt.

Wenn aber der Wille durch die Kraft der verborgenen Gnade in die Anfänge des eingegossenen Gebets versenkt und eingehüllt ist, kann er sich doch immer noch selbst bewegen. Er kann immer noch frei werden. Falls der Verstand ihn irreführt, kann er sich frei machen und aus eigenem Antrieb handeln, statt in der ruhigen Dunkelheit der göttlichen Liebe zu verharren. Der Erfolg unserer Mitwirkung bei den Eingebungen Gottes in diesem Zustande hängt daher weitgehend von der übernatürlichen Unterscheidung unseres Verstandes ab.

Wenn der Wille in der geheimnisvollen, beglückenden Liebe, die Gott in passiver Weise durch die Gabe der Weisheit in ihm erweckt, zu versinken beginnt, so löst er sich in der Tat zeitweilig vom Verstande los und wird unabhängig, wenigstens in dem Sinn, daß er nun unmittelbar von Gott zur innersten Erfahrung von Werten gelangt, die ihm in einer für den Verstand unerreichbaren Weise zugänglich werden. Der Wille wird plötzlich in der weißen Dunkelheit seiner eigenen verborgenen Passivität von der Flamme der Liebe berührt und «erfährt» und «erkennt» in gewissem Sinne das Göttliche in einer Weise, wie es der Verstand nicht zu ergründen vermag. Trotzdem kann der Wille allein nicht ausdrücklich ein Werturteil darüber fällen, das subjektiv über den wirklichen Wert dieser Erfahrung entscheidet. Daher teilt die Gabe der Weisheit ihre Eingebungen zwischen dem Willen und Verstand. Sie muß es auch. Denn der Wille wird zwar passiv von Gott bewegt, aber nur zart, so daß er der Führung des Verstandes unterworfen bleibt. Erkennt der Verstand keinen Wert in dem, was der Wille kostet, so ruft er ihn bald wieder weg und beraubt so die ganze Seele der übernatürlichen Nahrung und Freude.

Auch wenn es daher wichtig ist, einzusehen, daß zuviel diskursives Denken in dieser Nacht der Sinne und im Gebet der Ruhe ein Hindernis für die eingegossene Wirkung Gottes auf den Willen darstellt, so ist es doch nicht weniger wichtig, sich daran zu erinnern, daß Gott in diesem Zustande auch eine gewisse zurückhaltende intuitive Tätigkeit unseres Verstandes von uns verlangt. Tatsächlich hängt die erfolgreiche Mitwirkung unserer Seele an Seinen eingegossenen Gnaden von einer Passivität ab, die, weil verstandesbedingt, höchst demütig ist. Da übrigens die Demut Wahrheit ist, setzt sie einen übernatürlich erleuchteten Verstand voraus. Daraus können wir schließen, daß der Verstand in der Nacht der Sinne eine sehr wichtige, wenn auch zweitrangige Rolle zu spielen hat. Auch hier befindet sich der Verstand in seiner gewohnten entscheidenden Stellung an der Grenze zwischen Natur und Übernatur. Er ist die Wache, die der Glaube vor der innern Festung der Seele, welche der Wille ist, aufgestellt hat, um jeden Fremden am Eingangstor zu prüfen. Hier, im Halbschatten des Glaubens, der in der Nacht der Sinne auf die Seele herabsteigt, muß der Verstand eine besonders aufmerksame und mutige Wache halten und allen Instinkten der Menschennatur, die sich als geräuschvolle Freunde des Gebets vorstellen und Zugang zur Festung fordern, um auf ihre Weise Gott zu dienen, den Eintritt verweigern. Vor allem muß der Verstand viele seiner eigenen guten Freunde standhaft ausschließen. Redselige Intellektuelle gehören nicht in die Stille und Schlichtheit der innern Einsamkeit, wo sich der Wille zur unaussprechlichen Begegnung mit dem wahren Gott, jenseits der Ebene klarer Begriffe, erhebt. Nur Menschen, die eine gewisse Vertrautheit mit der innern Gebetsübung besitzen, können begreifen, welch heikle, mutige Aufgabe hier dem Verstand obliegt — da er weitgehend für die Reinheit des Willens, ohne welche die Beschauung unmöglich ist, verantwortlich bleibt. Diese Aufgabe ist um so heikler, als der Verstand vorerst den eigenen natürlichen Drang nach Erklärung der Probleme durch diskursive Überlegung und Analyse opfern muß. Er muß die Vorgänge im Hause der Seele überwachen, und zwar nicht in Form einer verwickelten Selbstzergliederung und nach genauesten Plänen, sondern unter weiser Anwendung seiner klugen, in schweigendem Nachdenken gereiften Entschlüsse, wobei der Verstand die Rolle des untertänigen Zuhörers spielt und die göttliche Gnade eingibt, was zu tun ist!

4

Es besteht aber noch eine weitere Schwierigkeit. Sie erklärt, warum der Verstand dem Willen etwas von seinem Vorrang abtreten muß. Der Verstand wird in den Tiefen, in denen der Wille von einer dunklen Erfahrung der unmittelbaren Gottesvereinigung gefesselt liegt, nicht zugelassen. Da der Verstand nicht so unmittelbar von Gott erleuchtet wird, erkennt er zwar etwas von dem, was geschieht, aber er erkennt es nicht ganz. Im Vergleich zum Willen spielt er hier eine untergeordnete Rolle. Wenn der Ausdruck erlaubt ist, ist es nun so, als wäre der Wille zu einer Auskunftsstelle des Verstandes geworden. Dies mag der Grund dafür sein, warum die Augustinianer unter den Theologen den Willen für die höchste Fähigkeit der Seele halten. Sie stützen sich dabei auf die Erfahrung in diesem Gebet, bei welcher der Wille, (wie jeder Thomist gern zugestehen wird) in der Tat auf einer höhern Ebene tätig ist als der Verstand, weil er in unmittelbarer Berührung mit Gott steht.⁵ Hätte der Wille wirklich den Vorrang über alle andern Seelenkräfte, so läge keinerlei Gefahr darin. Der Verstand hätte dann nichts anderes zu tun, als jede Nachricht, die ihm aus der Erfahrung des Willens zuflösse, anzunehmen. Überdies befände sich die Seele nun in vollkommener Ordnung: der Wille wäre im Besitz Gottes, der Verstand gehorchte dem von Gott geleiteten Willen, und alle andern Kräfte schlössen sich an. In dem Fall könnte man die Folgerung daraus ziehen, die höchste Seligkeit bestehe in nichts anderem als im Gebet der Ruhe oder im Gebet der vollen Einigung, in welcher die Seele Gott besitzt, ohne Ihn zu erkennen.

Ein Seelenzustand aber, worin sich der Wille einer erfahrungsgemäßen Berührung durch die Liebe mit Gott erfreut, ohne daß der Verstand dieser Liebesvereinigung entsprechend erleuchtet wird, birgt große Gefahren. Hielte Gott den Willen in fortwährender Vereinigung mit Sich, so blieben diese Gefahren verhältnismäßig bedeutungslos. Tatsächlich aber tut Er es nicht. Sobald der beschauliche Mensch aus der Nacht der Sinne auftaucht und tief in die «habituelle» Übung des Gebets der Ruhe eintritt, wobei er sich zeitweise zum Gebet der vollen mystischen Vereinigung erhebt, das alle seine Kräfte in Anspruch nimmt, gerät der Wille mit manchen Gegenständen der Lust in Berührung, die zwar geistig, aber deswegen noch nicht göttlich sind. Daher ist hier große Klugheit erfordert.

Die Wirkung Gottes im passiven Gebet hat die natürliche Kraft des Willens vertieft und erweitert, auf daß er die geistige Freude koste. Die neuen geistigen Fähigkeiten, welche die Seele in sich entdeckt, haben nichts Wunderbares an sich. Sie gehören ihrer Natur an, nur wurde ihre Betätigung durch die Bindung an sinnliche Freuden vereitelt und verunmöglicht. Jetzt sind sie frei geworden und haben einen Teil ihrer angebornen Frische und Kraft wiedererlangt.

Worin bestehen diese Fähigkeiten? — Ich erwähne nur eine davon als Beispiel. Und zwar den metaphysischen Sinn für das Sein und für alles Transzendentale. Manche Menschen vermögen die abstrakten Begriffe des Seins, der Wahrheit, Schönheit, Einheit, wie die Philosophen sie brauchen, nicht zu erfassen. Es fehlt ihnen die Fähigkeit zur Bewertung dieser Realitäten, die für sie bloße Worte bleiben. Den Menschen, die auf der Stufe der Sinneserfahrung leben und dem Denken und der philosophischen Einsicht fernstehen, können wir sie nur durch konkrete, besondere, tatsächliche Beispiele des Seins, der Wahrheit usw. nahebringen. Die intellektuelle Stufe der modernen Kultur wird von dem bestimmt, was die in «der Welt» lebenden Menschen um sich herum von früh bis spät an Anschlagsäulen und tagtäglich im Radio und Televisionsapparat hören und sehen. Das «Sein», die «Wahrheit», die «Schönheit» erfassen sie nur aus höchst fragmentarischen und besondern Erscheinungen. Hundert Millionen dicker kräftiger Bürger trinken ihr eisgekühltes Bier. Hundert Millionen junger Frauen benützen Seife, Strümpfe, Zigaretten, Automobile und eine Million anderer Dinge mit der Absicht, jeden, der ihnen begegnet, zur Bewertung dieser Produkte und zu einer Schlußfolgerung auf ihre Benützer zu veranlassen. Das ist das einzige, was noch als «Sein» betrachtet wird, in einer Welt, die entschlossen ist, sich schließlich selbst zu vernichten.

Sobald sich ein Mensch durch Gebetsübung und innere Zucht selbst von der nutzlosen Sorge um alles Stückwerk und Besondere befreit hat, und einen mäßigen Gebrauch von materiellen Dingen macht, ohne sich davon zu sehr ablenken zu lassen, und sobald Gott seine Fähigkeit zur geistigen Freude durch die eingegossenen Gebetsgnaden erweitert hat, beginnt er etwas von den Wonnen zu kosten, die jeder Menschenseele von Natur zukommen sollten, aber von den meisten Menschen verwirkt oder vergessen worden sind.

Metaphysisch gesprochen, können wir alle Werte, die wir in der sinnlichen Erfahrung der Einzeldinge erproben und genießen, in einer geistigen Intuition der transzendentalen Eigenschaften des Seins in konzentrierter und weit höherer Form genießen. Erklären wir dies in verständlicher Weise sogar jenen, die sich im geheimen beklagen, nicht unermeßliche Bäuche zu besitzen, um alle gebratenen Hühner der Welt zu verschlingen. Wir können nicht in den Besitz des ganzen in sämtlichen Speisen der Welt enthaltenen Seins und Guten gelangen, einzig dadurch, daß wir hartnäckig dasitzen und alles verzehren, was vor uns liegt. Hätten sie auch die Gelüste eines Gargantua, so sind doch unsere Leiber einem solchen Kraftstück nicht gewachsen.

Alle Wirklichkeit, die es gibt, alle Güte alles Existierenden und Guten aber können wir in einer einzigen metaphysischen Intuition des Seins und des Guten an sich geistig kosten und genießen. Der Weinrausch erscheint uns im Vergleich zur reinen intellektuellen Freude einer solchen Erfahrung wie ein Katergefühl. Es ist hier nicht die Rede von etwas Mystischem, sondern nur von der natürlichen Intuition des reinen Seins, der reinen Güte. Dabei werden das Sein und die Güte, an denen alle Einzeldinge teilhaben, in einer einzigen lichtvollen Intuition erfaßt, die unsern ganzen Geist mit Licht und Heiterkeit überflutet. Es ist eine Art natürlicher Ekstase, in welcher unser eigenes Wesen in sich selbst eine transzendentale Verwandtschaft mit jedem andern existierenden Sein entdeckt und dabei aus sich heraustritt, um alles Sein in Besitz zu nehmen; und sodann wieder zu sich zurückkehrt, um alles Sein in sich selbst zu finden. In einem Augenblick reicher metaphysischer Erleuchtung erheben wir uns über die Akzidentien und spezifischen Differenzen, um alle Dinge in einer unterschiedslosen transzendentalen Wirklichkeit, die das Sein selbst ist, zu entdecken.

Die Grundlage dieser Erfahrung ist zweifellos eine plötzliche intuitive Einsicht in den Wert unseres eigenen geistigen Wesens. Es handelt sich um ein tiefes metaphysisches Innewerden unserer eigenen Wirklichkeit — nicht des trivialen, psychologischen, oberflächlichen Selbst, das auf der Jagd nach allerlei zeitlosen Gelüsten und auf der Flucht vor allen möglichen Ängsten begriffen ist, sondern der tiefen substantiellen Wirklichkeit unseres persönlichen Wesens. In diesem Augenblick der Erleuchtung kostet die Seele etwas von der eingebornen Freiheit, die ihr als geistigem Wesen zukommt. Sie kann sogar von da zur Intuition des Absoluten Wesens gelangen, das unsern höchsten Begriff des Seins und Geistes unendlich übersteigt. In dieser metaphysischen

Intuition des Seins, von der hier die Rede ist, gelangt der Verstand nicht zu einer unmittelbaren Vision des Unendlichen Wesens. Wird Gott erfaßt, so immer noch durch Vermittlung des geschaffenen Seins. Er wird als Spiegelbild in den lebendigen Tiefen unseres eigenen Geistes erkannt, dessen Schöpfer Er ist, und der der Spiegel ist, welcher Sein Bild empfängt.

Trotzdem ist die metaphysische Intuition des Seins und seiner transzendentalen Eigenschaften etwas Gewaltiges. Sie läßt sich nicht ohne eine gewisse sittliche Reinheit erlangen, und unter ihrem natürlichen Einfluß wird die Seele gestärkt und ihre Befreiung von gefährlichen Bindungen gefördert. Jenseits dieser Intuition gibt es eine weitere — die intuitive Erfassung des absoluten Seins Gottes, eine Intuition, die nicht nur spekulativ, sondern qualitativ, affektiv ist, und mit Hilfe des Lichts der Analogie die Idee des Schöpfers ausstrahlt, und zwar in der intensiven Lebenskraft und Freude, die der Menschengeist als Gottes Geschöpf in sich wahrnimmt. Diese Intuition ist etwas so Gewaltiges, daß die heidnischen Philosophen sie für die höchste Seligkeit hielten; tatsächlich ist sie die höchste Seligkeit, welche der Mensch je mit seinen natürlichen Kräften allein erlangen kann.

Diese Freude, diese intellektuelle Erfüllung, die eine teilweise Antwort auf das tiefste Verlangen des geistigen Wesens im Menschen darstellt — auf sein Verlangen nach Beschauung — ist der Natur zugänglich. Doch unter der Führung der Gnade läßt sie sich rascher und vollkommener erlangen. Jene aber, welche die geistliche Erfüllung erfahren, die mit den ersten Anfängen des eingegossenen Gebets anhebt, sind sich des Unterschieds zwischen dem, was wesentlich zur wahren Beschauung gehört, und den bloß akzidentellen natürlichen Begleiterscheinungen derselben nicht bewußt. Es erscheint ihnen als selbstverständlich, daß alles, was ihnen geschieht, in Verbindung stehe mit dem, was sie als Regung der göttlichen Gnade empfinden, weshalb sie es einfach als «Gnade» betrachten und ihr zuschreiben. Sie nehmen offenbar an, daß sich, sobald sie zum Gebet der Ruhe gelangt seien, der Unterschied zwischen Natur und Gnade einfach verflüchtige — als Mystiker hätten sie nichts mehr mit der «Natur» zu tun! Tatsächlich wirken die Regungen der Gnade und die Eingebungen des Heiligen Geistes auf allen Stufen des mystischen Lebens — bis die Seele schließlich die «Nacht des Geistes» hinter sich hat — in einem geistigen Organismus, der nicht nur natürliche Funktionen ausübt, sondern, wie wir bereits gesehen haben, in sich selbst Fähigkeiten zu entdecken beginnt, welche der Natur unbekannt waren. Die Erleuchtungen des Gebets, welche in uns das Gefühl erwecken, Engel zu sein, sind oft nur Zeichen dafür, daß wir endlich zu Menschen werden. Wir haben eine zu geringe Meinung von unserer eigenen Natur. Wir sehen uns schon an der Himmelspforte, wobei wir erst beginnen, als freie und vernünftige Wesen unser eigenes Reich zu betreten.

Dabei spielt die geistige Eitelkeit mit und beeinflußt unsere Haltung gegenüber den Gebetsgnaden. Alles muß für uns sogleich «außergewöhnlich» und übernatürlich sein. Jede Regung in uns muß schon ein Fingerzeig Gottes sein. Und wenn Gott wirkt, müssen wir uns passiv verhalten. Nur zu gern flüstern wir uns ein, die von uns empfundenen Freuden seien mystisch, und wir könnten ihnen nicht widerstehen. Wir möchten uns im Entzücken berauschen und glauben daher, jeder geistige Rausch sei notwendigerweise «heilig». Und weil er heilig sei, benötige er keiner Überprüfung durch den Verstand. Aber gerade in diesem Punkt hat der Verstand seine wichtigste Rolle im geistlichen Leben zu erfüllen.

Es wäre höchst gefährlich, wollte man den Willen sich selbst und die ganze Seele dem Befehl des Willens überlassen, da der Wille stets eine blinde Kraft ist, blinder denn je in einer Nacht voll berauschender Entzückungen, die teils ihre Quelle in Gott haben, teils nichts anderes als die Selbstentdeckung verborgener geistiger Möglichkeiten unserer eigenen Natur darstellen. Dem Verstand jede Fähigkeit absprechen, daß er die Triebe, welche den Willen bewegen und zuweilen in einem Anfall seltsamer Verzückung die ganze Seele aus sich herausreißen, zu erkennen vermöge, wäre ungefähr gleich klug, wie wenn man einen hungrigen

Löwen zur größern Ehre Gottes frei herumlaufen ließe. Niemand richtet soviel Schaden in der Welt an wie jene Menschen, die sich auf dem Wege zur Mystik befinden, deren Mystik aber in eine irrationale Hingabe an jede ihnen bekannte Leidenschaft ausartet, der sie die Gestalt eines Lichtengels verleihen. Nie haben die katholische Kirche und die christlichen Mystiker einen solchen Irrationalismus gelehrt. Noch haben ihn die wahrhaft weisen Menschen gleich welchen Landes oder welcher Religion je anerkannt. Wie wir bereits gesehen haben, entspricht er jedenfalls nicht der Lehre des heiligen Johannes vom Kreuz.

DREIZEHNTES KAPITEL

VERSTAND UND DISKURSIVES DENKEN

Die innere Askese, die der heilige Johannes vom Kreuz von unserem Verstand fordert, läßt sich nicht ohne den kraftvollsten übernatürlichen Heroismus üben. Sie verlangt vom Verstand eine unerschütterliche Glaubenstreue, welche jede noch so dringende übernatürliche Anziehung, die mehr der Selbstverherrlichung und innern Erregung als der reinen Unterwerfung gegenüber Gott dient, zurückweist. Es handelt sich dabei um ein Opfer unseres Verstandes, das zugleich einer der höchsten und ehrlichsten Dienste ist, die der Verstand zu leisten vermag, denn damit beschützt er ja unsere Seele gegen tausenderlei Täuschungen auf dem Wege der mystischen Erfahrung.

Der heilige Johannes vom Kreuz tadelt jene beschaulichen Menschen sehr streng, die allzuleicht auf ihre innern Ansprachen hören, das heißt, auf alle Worte und Sprüche, die in passiver Weise entstanden zu sein scheinen, als hätte Gott oder einer Seiner Engel in ihren Seelen gesprochen. Der heilige Johannes kümmert sich nicht darum, ob diese Ansprachen in Verbindung stehen mit der wirklichen übernatürlichen Gnade. Er ist überzeugt, daß die Gewohnheit, sie anzunehmen, daran Gefallen zu finden und sich mit Genugtuung ihrer zu erinnern, ein gefährliches Hindernis für den Fortschritt im innern Gebet sei. Dies mag zweifellos all jene überraschen, deren geistliche Lektüre hauptsächlich aus Offenbarungen und Ansprachen besteht, welche der Herr oder Seine Heiligen angeblich frommen Frauen anvertraut hat. Der heilige Johannes vom Kreuz erklärt, daß, auch wenn diese Mystiker guten Glaubens seien, manche ihrer Botschaften, die sie vom Himmel zu empfangen glaubten, in Wirklichkeit von ihnen selbst stammten. Er schreibt: «Es ist nur die Freude, die solche Leute an diesen Dingen haben, und die Neigung ihres Herzens dazu, die sie selber sich Rede und Antwort stehen läßt, während sie meinen, Gott sei es, der ihnen Rede und Antwort gebe. So geraten dann solche Leute in große Torheiten, wenn sie nicht streng in Zaum gehalten werden... Ich kannte jemand, der diese sukzessiven Ansprachen hatte. Jedoch unter einigen ganz richtigen und wesentlichen Sätzen... fanden sich auch solche, die knapp an Häresie grenzten.»[1]

Darauf erklärt der Heilige, warum diese Ansprachen, auch wenn sie wahr wären, zu verwerfen seien. Sie schüfen eine unnötige Atmosphäre der Tätigkeit in der Seele, die ruhig und im Glauben gesammelt bleiben solle, um die Eingebungen zu empfangen, die wirklich zur göttlichen Vereinigung führen und nicht an Worte gebunden sind, da sie unmittelbar von besondern Eingebungen der Gnade in den Tiefen der Seele erzeugt werden. Die folgende Stelle zeigt, daß der Verstand mit der Gnade zusammenwirken muß, um die Seele dem reinen Glauben unterzuordnen.

«Der Heilige Geist erleuchtet den Verstand, wenn er gesammelt ist, und zwar erleuchtet er ihn nach dem Grade dieser Sammlung. Nun aber kann der Verstand nirgendwo eine größere Sammlung erlangen als im Glauben. Demnach wird ihn der Heilige Geist in nichts anderem besser erleuchten als im Glauben. Denn je reiner und vollendeter eine solche Seele in der Vollkommenheit lebendigen Glaubens wandelt, um so reicher ist das Maß der eingegossenen göttlichen Liebe. Und je größere Liebe ihr innewohnt, um so ausgiebiger spendet ihr der Heilige Geist sein Licht und seine Gaben. Somit ist also die Liebe Ursache und Mittel der Mitteilung dieser Gaben.»[2]

In dieser lichtvollen Stelle ist eigentlich die Mystik des heiligen Johannes vom Kreuz zusammengefaßt. Sie zeigt uns jedenfalls mit größter Deutlichkeit die Rolle, welche der Verstand im mystischen Leben zu erfüllen hat. Der Verstand muß die Seele rein und gesammelt erhalten. Wie? — Im Glauben. Das heißt, indem sie das Auge des Verstandes auf das Licht der Wahrheit richtet, die Gott Seiner Kirche geoffenbart hat, statt es durch Gefühlserfahrungen mehr äußerlicher und persönlicher Art ablenken zu lassen. Warum dies? — Weil das Licht des Glaubens den Weg zur eingegossenen Liebe öffnet. Die Heiligkeit besteht in der Liebe, und je mehr wir in der Liebe wachsen, desto mehr Raum findet der Heilige Geist in uns, um mit Seinen Eingebungen, die uns zur göttlichen Vereinigung führen, auf uns einzuwirken. Die göttliche Vereinigung aber ist nichts anderes als die vollkommene Liebe. Der heilige Johannes schließt mit der Unterscheidung zwischen der Wirkung des Heiligen Geistes in Ansprachen und Seiner Wirkung durch die theologischen Tugenden und die Gaben. Er schreibt:

«In der einen Weise [mittels der Ansprachen] erhältst du das Wissen einer, zweier oder dreier Wahrheiten; im Lichte des Glaubens aber empfängst du alle göttliche Weisheit zumal, nämlich den Sohn Gottes selber, der sich der Seele im Glauben mitteilt.»[3]

Ich möchte diese eindrückliche Bemerkung im Augenblick nicht näher erläutern, um die Darlegung unseres Themas nicht zu unterbrechen. Später werde ich auf diese Mitteilung des göttlichen Wortes durch den Glauben näher eingehen.

Im Augenblick habe ich noch eine bescheidenere, wenn auch nicht unwichtige Aufgabe vor: den Leser auf den Unterschied zwischen dem «Verstand» und dem «diskursiven Denken» hinweisen. Der Verstand ist ein Licht, das Denken ein Vorgang. Der Verstand ist eine Fähigkeit, das Denken die Betätigung dieser Fähigkeit. Das Denken schreitet mit Hilfe der Beweisführung von einer Wahrheit zur andern. Dies versetzt gewöhnlich den ganzen Geist in eine verwickelte angestrengte Tätigkeit. Aber der Verstand existiert nicht bloß um des Denkens willen.

Der Vorgang ist nur ein Mittel zum Zweck. Seine wahre Erfüllung findet der Verstand als Fähigkeit erst, wenn er die Wahrheit einfach und ohne Anstrengung im Lichte einer einzigen Intuition zu erfassen vermag.

Der Menschenverstand ist, von Natur und Anlage, intuitiv. Er ist geschaffen, um die Wahrheit in einem einzigen Blick zu erfassen. Da aber der Mensch kein Engel ist, so ist sein Verstand an die Sinne gebunden. Und weil er von der sinnlichen Erkenntnis abhängig ist, kann er nicht die ganze Wahrheit zugleich in ein paar grundlegenden Intuitionen betrachten. Er geht aber von einigen eigenen Intuitionen aus — die recht inhaltsarm sind — und schreitet mühsam von der Erkenntnis einer sinnlichen Wahrheit zur andern, bis er genügend Stoff beisammen hat, um etwas von der tiefen, in der Intuition, womit dieser Vorgang begann, enthaltenen Wahrheit zu erfassen. Oben sprach ich von der metaphysischen Intuition des Seins. Diese besteht einfach in einer tiefen geistigen Durchdringung einer Wahrheit, die von jedem Menschen aller Zeiten in grober Form intuitiv erfaßt wird: daß nämlich ein Wesen nicht gleichzeitig und im gleichen Sinne sein und nicht sein kann, was es ist. Dieses Prinzip erregt gewöhnlich kein großes Erstaunen bei jenen, die es hören. Aber es wird zum bezaubernden geistigen Erlebnis, sobald es im Lichte des gefühlsbedingten Umfangen alles Seins durch eine plötzliche metaphysische Würdigung unserer eigenen Wirklichkeit geschaut wird — der Tatsache, daß wir sind, und des ganzen Sinns dieser Einsicht! Auf dieser Stufe erhebt sich die Intuition der schlichtesten und offensichtlichsten aller Wahrheiten hoch über jede Erklärung hinaus, — so daß wir zur unfaßbaren Hilflosigkeit zurückkehren, die uns ganz am Anfang befällt, wenn uns kein anderer Ausweg mehr bleibt, als uns an den Kopf zu greifen und zu stammeln: «Alles, was ist, ist.» Manche mag es, in der Tat, sonderbar berühren, daß es Menschen geben kann, welche durch die plötzliche Erfahrung, daß sie existieren und daß die Welt wirklich sei, völlig verwandelt werden!

Nun ist aber jede Beschauung, in ihrem eigentlichen Wesen, eine Intuition. Der heilige Thomas gibt die umfassendste Definition der Beschauung, die es geben kann, wenn er sie eine einfache Intuition der Wahrheit nennt.[4] Sie umfaßt sowohl die Beschauung des spekulativen Philosophen, dessen ganze Wissenschaft der intuitiven Wertung einiger Grundprinzipien dient, wie die Beschauung des Mystikers, der das Wort Gottes im einfachen Licht des von der Weisheit und vom Verstande gestärkten Glaubens empfängt. Weil die Beschauung ein wesenhaft intuitiver Vorgang ist, muß unser Geist sich ruhig und empfänglich verhalten und sich nicht zu sehr einem unnützen diskursiven Denken hingeben, wenn er unterm eingegossenen Licht des Heiligen Geistes steht.

Daraus, daß die mystische Beschauung wesentlich eine erfahrungsmäßige Durchdringung der göttlichen Wahrheit durch die Liebe und passive Erleuchtung von Gott her ist, ergeben sich bedeutsame Folgerungen. Dies besagt, daß der Heilige Geist in der von Gott selbst eingesetzten Ordnung Menschen zur Beschauung erwecken kann, deren Gotteserkenntnis sich auf ein paar grundlegende Glaubenssätze beschränkt. Denn alle Glaubenssätze sind, wie der heilige Thomas betont,[5] in wenigen geoffenbarten Grundwahrheiten enthalten. Tatsächlich läßt sich die gesamte Glaubenslehre auf zwei Sätze zurückführen, die, nach dem heiligen Paulus, von allen geglaubt werden müssen, die ihr übernatürliches Ziel erreichen wollen: «Denn wer Gott nahen will, muß glauben, daß er ist und daß er denen, die ihn suchen, ein Vergelter ist.»[6] Die tiefsten Wahrheiten über Gott und das ganze Werk unserer Erlösung durch die Menschwerdung und den Tod Jesu Christi sind, wie der heilige Thomas sagt, indirekt, in diesen zwei Glaubenssätzen enthalten. Offenbar besitzt jeder religiöse Mensch eine intuitive Vorstellung vom Dasein und der Vorsehung Gottes. Daher können sich jene, die nicht imstande sind, ihre Gotteserkenntnis durch das Studium auszubauen, trotzdem durch die Erleuchtung der göttlichen Gnaden und andere Hilfsmittel, die Seine Vorsehung uns freiwillig dafür zur Verfügung stellen kann, im Glauben vervollkommen.[7]

Alle Katholiken, die einen richtigen Religionsunterricht empfangen haben und nach ihrem Glauben leben, besitzen wenigstens ein Mindestmaß einer zwar einfachen und elementaren, aber doch vollständigen Gotteserkenntnis. Viele von ihnen haben nie Gelegenheit, diese Erkenntnis durch das Studium weiterzuentwickeln, und sind wohl auch nicht imstande, eingehend darüber nachzudenken. Und doch wissen wir, daß es viele Christen «schlichten Glaubens» gibt und stets gegeben hat, die zu einer sehr tiefen, innerlichen Gotteserkenntnis gelangten, ohne fähig zu sein, dieselbe den andern mitzuteilen. Ihre Erkenntnis blieb intuitiv. Sie verwandelte sich nie in ein analytisches Denken. Nichts hindert Gott, diese Seelen von ihrer ursprünglichen Intuition der Glaubenswahrheiten zur tiefen, wenn auch unaussprechlichen Erfahrung der Wirklichkeit dieser Wahrheiten zu führen. Der Grund dafür besteht darin, daß die Beschauung selbst wesentlich intuitiv ist, weshalb das diskursive Denken keinen Anteil an der Beschauung als solcher hat.

Aber gerade in diesem Punkt begehen manche geistlichen Schriftsteller einen Irrtum, der in vollem Gegensatz zur Lehre der katholischen Theologie steht. Die bloße Tatsache, daß gewisse «schlichte, gläubige» Seelen, ohne Studium oder diskursive Erkenntnis, zur mystischen Beschauung aufgestiegen sind, erlaubt uns noch nicht anzunehmen, folglich sei die diskursive Erkenntnis, das verstandesmäßige Studium, die logische Betrachtung und jede sonstige Geistesbildung entweder unnütz oder ein eigentliches Hindernis für unser Wachstum im Gebetsleben. Im Gegenteil, unsere Verstandesbetätigung in der Betrachtung und im gebetserfüllten Studium der geoffenbarten Wahrheit stellt den gewöhnlichen Weg dar, auf dem wir uns zum beschaulichen Gebet vorbereiten müssen. Dies läßt sich leicht beweisen. Es folgt schon aus dem hier über das Wesen des Menschengeistes und seine Arbeitsbedingungen Gesagte. Wir haben gesehen, daß unsere Erkenntnis in der natürlichen Ordnung von der intuitiven Erfassung einiger evidenter Grundprinzipien ausgehe und mit Hilfe des diskursiven Nachdenkens über die Evidenz der sinnlichen Erfahrung zu Schlußfolgerungen gelangt, in welchen sich der Geist immer noch auf die Intuition stützt. Derselbe Vorgang spielt sich in der Ordnung des Glaubens ab. Zu Beginn stehen uns die Grundprinzipien unseres Glaubens unklar und kalt gegenüber, weil wir noch nicht unter ihre Oberfläche zu blicken vermögen. Sie nehmen unser Interesse nicht völlig in Anspruch, weil wir ihren Inhalt noch gar nicht ahnen. Wir müssen den Sinn und Gehalt dieser Wahrheiten zuerst studieren, unsern Geist mit den sich daraus ergebenden Folgerungen vertraut machen, Schritt für Schritt ihre wirkliche Bedeutung ergründen. Während wir auf diese Weise durchdringen und betrachten, was uns Gott über sich selbst geoffenbart hat, bringt das Wachsen der Wahrheit und des Glaubens in unsern Seelen ein Wachsen der Liebe zu Gott mit sich; und diese Liebe wiederum erweckt in uns ein größeres Interesse und regt uns zu einem sorgfältigern und gründlichern Studium unseres Glaubens an.

Aber wie Aristoteles irgendwo sagt, muß ein Mensch, der das Harfenspiel lernt, sich jede seiner Bewegungen überlegen. Ganz bewußt bemüht er sich, jeweils die passende Note zu finden und die richtige Saite zu zupfen. Hat er sich aber zu einem tüchtigen Spieler entwickelt, so merkt er gar nicht mehr, was er mit seinen Fingern tut. Sein Inneres ist nicht auf jede Einzelbewegung gerichtet, die er vorhat. Leicht, gleichsam instinktiv bewegt er die Hände über die Saiten, und sein Geist ist nicht mehr an technische Einzelheiten gebunden, sondern verliert sich in der Freude an der Musik, die er dem Instrument entlockt. So treten auch die göttlichen Wahrheiten spontan vor unser Inneres, wenn wir einmal gelernt haben, sie zu betrachten. Wir brauchen sie nicht immer in diskursivem Nachdenken zu erarbeiten, sondern können uns ihrer einfach im tiefen, beglückenden Blick der Intuition freuen. Doch wäre diese Intuition fruchtlos, wenn sie rein spekulativ bliebe. In Wirklichkeit sucht die Seele Gott durch die Liebe, findet Ihn durch Betrachtung und nährt ihre Liebe durch Beschauung Gottes. Wer Gott wahrhaft sucht, der wird die Erkenntnis durch den Verstand, welche ihre Vollkommenheit in der Betrachtung erreicht, als eigentümlich unbefriedigend empfinden. Ihn verlangt nach mehr. Er ist mit seinem Studienergebnis nicht zufrieden. Er sucht das Angesicht Gottes selbst — weiß aber nicht, wo es zu finden ist.

Doch bleibt gewiß, daß wir durch die Fähigkeit, die wir in der Betrachtung erlangen, eine Stufe erreichen, auf welcher sich die göttlichen Wahrheiten unserem Geiste ohne Mühe und Suchen darbieten. Wir gewahren sie in einem Blick. Ist der Geist einmal zu diesen reifen Intuitionen fähig, so ist er auch mehr oder weniger zur Aufnahme des Geschenks der Beschauung, durch besondere Eingebungen des Heiligen Geistes, vorbereitet.

2

Nun kommen wir zu einem weitern äußerst wichtigen Punkt. Der Mensch des Gebets, der durch Studium und Betrachtung soweit mit den Glaubenswahrheiten vertraut ist, daß er sie sich in einer einfachen Intuition vergegenwärtigen kann, gelangt dadurch noch nicht automatisch zum beschaulichen Leben.

Die Erfahrung macht dies deutlich. Das beschauliche Gebet besteht, streng genommen, nicht in einem raschen Blitz, der aufscheint und in ein paar Sekunden wieder verschwindet. Es hält den Geist und Willen in einer längern, fruchtbaren, liebenden Einsicht gefangen, in welcher die Intuition der göttlichen Wahrheit nicht rasch wieder vergeht, sondern in uns bleibt und unser ganzes Wesen stufenweise mit unerwarteten Erkenntnistiefen überschüttet und durchdringt. Diese Intuition ergreift uns mit einem dunklen, unerklärlichen Zauber. Sie fesselt und hält uns gefangen. Sie läßt uns der verborgenen, in den Tiefen unseres Geistes wirkenden Macht nicht wieder entrinnen, auch wenn wir kaum zu sagen vermögen, was dabei geschieht.

Was geschieht aber, wenn der Verstand die Grenze der Betrachtung erreicht hat und die Wahrheit in einer einfachen Intuition auf der natürlichen Ebene zu erfassen vermag? Dann durchdringt wohl, einen Augenblick lang, ein Blitz der Klarheit den Verstand. Aber er hält nicht an. Gewöhnlich flößt ihm seine Wirkung nicht Ruhe und liebende Versenkung ein, sondern spornt ihn nur zu weiterem diskursivem Denken an. Sie zeigt dem Verstand neue Wege, die er, nicht ohne eine gewisse Erregung, einschlägt. Wird dagegen das Denken nicht weiter angespornt, so erblickt der Geist einfach die Wahrheit als ganze, in einer nicht sehr lebendigen Intuition, die keine Macht auf ihn ausübt. Er sieht sie im trockenen, kalten Licht der Vertraulichkeit. Er vermag sie ein, zwei Augenblicke lang ohne Eingebung zu erblicken. Er kann sich auch dazu zwingen, im kalten Anblick dieser Intuition zu verharren, mit der Hoffnung, die Beschauung «komme noch». In Wirklichkeit müssen wir annehmen, daß es sich gar nicht um eine Beschauung handelt. Da sich die Seele nicht in einem passiven Beschauungszustande befindet, wird sie bald wieder davon abgelenkt werden oder einschlummern. Kommt sie im diskursiven Denken nicht weiter, so soll sie sich einfach und zwanglos in Liebesakten betätigen, oder kurze Stoßgebete sprechen.

Johannes vom heiligen Thomas, ein Dominikaner des siebzehnten Jahrhunderts und Thomaskommentator, betont, ohne besondere Eingebung des Heiligen Geistes durch eine der beschaulichen Gaben sei das beschauliche Gebet unmöglich:

«Der bloße Glaube allein läßt uns im Dunkel; daher verfallen jene, deren Beschauung einzig aus dem Glauben hervorgeht, rasch der Langweile und vermögen nicht lange auszuharren. Deshalb ist die Gabe des Verstandes für die beschaulichen Menschen, die sich bestreben, die Glaubensgeheimnisse zu durchdringen, notwendig, und sie müssen sie benützen.

Jene aber, die behaupten, die Vernunft und der nackte Glaube genüge ihnen bei der Beschauung, wissen kaum, was die Beschauung ist: Sie träumen oder schlafen bei ihrer Beschauung, weil der Glaube allein nicht beschaut, sondern nur in der Dunkelheit einwilligt.»[8]

Diese Stelle könnte bei Lesern, die mit der Sprache des heiligen Johannes vom Kreuz vertraut sind, Verwirrung stiften, da sich die Beschauung für ihn stets im «nackten Glauben» vollzieht. In Wirklichkeit aber versteht der heilige Johannes vom Kreuz unter dem «reinen Glauben» den durch die Gaben des Verstandes und der Weisheit erleuchteten Glauben, und nicht bloß die humano modo tätige Tugend des Glaubens. Denn nach der thomistischen Lehre von den Gaben und Tugenden kann die christliche Heiligkeit, — die wesentlich in der vollkommenen Liebe besteht, gestützt von den übrigen theologischen, sittlichen und intellektuellen Tugenden — nicht wirklich erlangt werden, wenn sie nicht durch die Wirkung des Heiligen Geistes mittels Seiner Gaben vervollkommnet wird. Die Tugenden selbst können aus zwei Gründen ungenügend sein — entweder um des Menschen willen, der sie betätigt, oder um einer der Tugend selbst innewohnenden Beschränkung willen. Der Ausdruck, die Tugenden führten nicht zur Vollkommenheit «um des Menschen willen, der sie betätigt», heißt nichts anderes als der Mensch werde deswegen kein Heiliger, weil er die Tugend zu wenig übe. Diesem Mangel wird durch eine hingebungsvollere Mitwirkung mit der gewöhnlichen Gnade und eine rückhaltlosere Übung der Tugenden abgeholfen. Wenn sich der Mensch zusammennimmt und mit dem notwendigen Eifer an die Tat geht, verschwindet derselbe. Die zweite Unzulänglichkeit aber, die dem Charakter der Tugenden als solchen innewohnt, kann, nach dem heiligen Thomas, nur durch andere «Habitus», gleichsam neue «Einrichtungen» mit besonderer Funktion in unserem Innenleben, behoben werden.

Der Glaube ist dann, auf seiner eigenen Ebene als Tugend, eine einfache Zustimmung zur Autorität, welche eine zu glaubende Wahrheit vorbringt. Er versenkt sich nicht in die Wahrheit, er taucht nicht voller Staunen und Einsicht in den Tiefen dieser Wahrheit unter. Er sagt höchstens «ja». Dieser Akt der Zustimmung, so heldenhaft er unter gewissen Bedingungen sein mag, dauert nur einen Augenblick. Gewiß vermag die Zustimmung das ganze Leben eines Menschen umzugestalten. Aber der bloße Glaube allein bleibt eine kalte Anerkennung der Autorität. Eine solche Zustimmung allein vermag, von sich aus, die liebende Versenkung und innige Erfassung der Wahrheit, welche die Beschauung ist, nicht zu erzeugen.

Selbstverständlich läßt sich dagegen erwidern, die Unterwerfung unter die göttliche Autorität, welche erwachsene Konvertiten zum Glauben führt, sei tatsächlich sehr häufig mit einer tiefen religiösen Erfahrung des Friedens, dem Gefühl, in eine völlig neue Welt einzutreten, und dem Bewußtsein einer tiefergreifenden seelischen Umgestaltung verbunden. Der Konvertit wird buchstäblich unter der Berührung der Gnade zu einem «neuen Menschen» – und diese Umgestaltung kann sehr wohl zum Gegenstand einer Erfahrung werden, die der wahren Mystik nahesteht oder wenigstens der eingegossenen Beschauung ähnlich ist. Aber der eigentliche Grund dafür besteht darin, daß der Glaube bei solchen Konversionen in seiner Betätigung von kräftigen Gefühlselementen, vor allem von der Liebe, und sogar von den Eingebungen durch die Gaben des Heiligen Geistes, die vom Augenblick ihrer Rechtfertigung an alle in der Seele gegenwärtig sind, gefestigt wird. Aber schon die Tatsache, daß dieses erfahrungsmäßige Element nicht bei allen Konversionen vorkommt und daß wirklich viele Konversionen nüchtern und «kühl» verlaufen, stützt das thomistische Argument, das zwischen dem nackten und dem durch die Gaben des Heiligen Geistes erleuchteten Glauben unterscheidet. Hierzu möchte ich nebenbei bemerken, daß die Tugenden des Konvertiten, dessen Glaube gefühlsmäßig «kalt» bleibt und der von keiner beinahe mystischen Erfahrung glüht, deswegen nicht geringer und Gott nicht weniger wohlgefällig sind. Es braucht in der Tat eine tiefe Liebe, um sich einzig von der Kraft der verstandesmäßigen Beweisführung zu einer nüchternen Annahme des Glaubens bewegen zu lassen.

3

Oben wurde von der Gabe des Verstandes gesprochen. Es ist eine der drei Gaben des Heiligen Geistes, die in erster Linie zur Vervollkommnung des Menschengeistes in der Beschauung bestimmt sind und dazu, ihn zur mystischen Gottesvereinigung zu führen. Zudem haben wir gesehen, daß die Rolle des Verstandes auf den Gebetsstufen, auf welchen der Verstand noch frei und zum eigenen Beitrag an der Mitwirkung der Tätigkeit des Heiligen Geistes gehalten ist, darin besteht, die ganze Seele auf die besondern Eingebungen abzustimmen, durch welche der göttliche Geist die Seele auf das mystische Gebet und die mystische Vereinigung vorbereitet.

Daher liegt eine der wichtigsten Aufgaben des Verstandes, während er an der Grenze des mystischen Gebets wacht, darin, die Boten zu erkennen, die ihr von Gott zukommen, vor allem jene, die im Dienste der Gaben der Wissenschaft, des Verstandes und der Weisheit stehen. Soll sich der Verstand mit diesen von Gott gesandten Geheimagenten verständigen, so muß er ihre Sprache kennen. Er muß dazu vorbereitet sein, die Berührung mit ihnen aufzunehmen. Er muß das Kennwort dazu wissen. Diese Berührung wird durch die asketische Vorbereitung der Seele hergestellt. Der Geist ist vom Verlangen nach geschaffenen Dingen losgelöst und daher bereit für die Eingebungen der Gabe der Wissenschaft, die uns die geschaffenen Dinge zeigt, wie sie wirklich sind, nämlich im Verhältnis zu Gott. Der Verstand ist in der Betrachtung der Glaubenswahrheiten geübt und daher bereit für die reinen Intuitionen der Gabe des Verstandes, welche die Glaubensgeheimnisse ohne Zögern, Zweifel oder Irrtum durchdringt. Endlich sind der Wille und Verstand, glühend in Liebe zur göttlichen Wahrheit, gemeinsam bereit für diese Gotteserfahrung, die die Seele durch die Erfahrung der Vereinigung in der Gabe der Weisheit zur Erkenntnis Seiner unendlichen Güte führt.

Wichtig ist es vor allem, die Rolle der Gabe des Verstandes im beschaulichen Leben näher zu betrachten. Bei Johannes vom heiligen Thomas finden wir bedeutsame Darlegungen darüber; sie gehen uns hier ganz besonders an, da die Eingebungen der Gabe des Verstandes den Menschenverstand erleuchten, ihn im Glauben vervollkommnen durch die Verleihung einer übermenschlichen Einsicht in die Wirklichkeiten, welche der Glaube in blinder Unterordnung unter die Autorität annimmt.

Die Rolle der Gabe des Verstandes besteht darin, die Seele von jedem bewußten Irrtum in Glaubenssachen zu reinigen, und den Verstand auf die klare, sorgfältige Beurteilung dessen, was zum Glauben gehört oder nicht, vorzubereiten. Johannes vom heiligen Thomas gibt sich viel Mühe, mit äußerster theologischer Sorgfalt den Sinn zu umschreiben, in dem uns die Eingebungen der Gabe des Verstandes zu einem Urteil in Glaubenssachen führen.

Eine seiner Schlußfolgerungen ist für uns besonders wichtig. Er unterscheidet die Arten des die drei beschaulichen Gaben betreffenden Urteils. Die Urteile der Wissenschaft und Weisheit sind analytisch; sie stützen sich auf die Kenntnis von Ursachen und Wirkungen. Die Urteile der Gabe des Verstandes dagegen sind einfach und unterscheidend. Aus einem innern Instinkt und dem Antrieb des Heiligen Geistes versenkt sich der durch die Gabe des Verstandes erleuchtete Geist in die unsichtbaren geistigen Wirklichkeiten, die ihm in Form sinnlicher Bilder und Vorstellungen übermittelt werden, welche von der unendlichen Vollkommenheit Gottes weit entfernt sind. Daher erklärt Johannes vom heiligen Thomas:

«Daraus folgt, daß die Gabe des Verstandes vor allem nützlich ist für die Beschauung, weil der Heilige Geist damit den Verstand schärft und durchdringender macht und es ihm ermöglicht, nicht in der Finsternis, sondern im Licht vorwärtszuschreiten, auch wenn er sich in der göttlichen Nacht bewegt, das heißt, wenn er im Dunkel der Verneinung dahinzieht. Umgestaltet von Tugend zu Tugend durch den Geist des Herrn gelangt diese Gabe durch Beschauung zu Seiner Glorie. Das auffälligste Zeichen für all das finden wir, wenn sich das Licht des Heiligen Geistes im Innern der Seele erhebt und diese erfährt, daß Gott über jedes Geschöpf erhaben sei... Die eigentliche Wirkung der Gabe des Verstandes besteht darin, das Herz zu erheben und es zum erhabenen Empfinden und Erkennen des Göttlichen zu führen, indem es begreift und einsieht, daß das Wesen Gottes jeden Vergleich übersteigt. Bei dieser Erhebung des Herzens wird nicht das Herz selbst erhoben, – wie es im Fall des erworbenen Wissens geschieht, wo das Wissen aufbläht, und ein aufgeblähtes Herz ist dem Bersten nahe – sondern durch die Gabe des Verstandes wird das Herz erhoben, um Gott, und nicht sich selbst, zu preisen und zu verherrlichen.»[9]

Deshalb muß der Menschenverstand vor allem nach der Gabe des Verstandes streben, um jene innere Klugheit in sich zu vervollkommnen, worin seine Hauptfunktion im beschaulichen Leben besteht. Die besondern Eingebungen des göttlichen Geistes können, streng genommen, von uns niemals verdient oder erworben werden. Der Verstand kann und muß sich selbst zur Aufnahme dieser Eingebungen vorbereiten, wie wir gesehen haben. Auch mit den besten Absichten unsererseits kann der falsche Gebrauch unserer Fähigkeiten, vor allem beim Gebet, die zarte Wirkung dieser Eingebungen, von welchen sowohl unser Fortschritt wie unsere Vollkommenheit abhängt, völlig zunichte machen.

Wir haben gesehen, daß die Nacht der Sinne und das Gebet der Ruhe eine entscheidende Stufe im mystischen Aufstieg bilden. Viele erreichen diese Gebetsstufe, die das Grenzgebiet der mystischen Beschauung darstellt, ohne weiter zu kommen. Dies liegt darin begründet, daß sie nicht wissen, wie sie mit den subtilen Regungen des göttlichen Geistes zusammenwirken sollen, so daß Sein Wirken in ihren Seelen in mehrfacher Weise unmöglich wird. Einzelne Seelen lassen sich die göttlichen Gaben durch vollständige Trägheit und Untätigkeit entgehen. Viele zertreten das zarte neue Wachstum des Gebets durch eine vielfache, unnütze Tätigkeit. Die meisten Seelen halten ihre Tätigkeit im Zaum, dafür verlieren sie ihre Zeit und Mühe damit, das Verkehrte zu tun.

Der am meisten verbreitete Fehler besteht darin, daß allzu viele beschauliche Menschen in Äußerlichkeiten verstrickt bleiben. Sie sind so sehr mit den Mitteln beschäftigt, die sie zur Beschauung führen sollen, daß ihnen keine Zeit mehr bleibt zur Beschauung selbst. Oder sie haben so viel mit besondern Abtötungsmethoden zu tun, daß sie der Sorge um sich selbst nie loswerden. Und doch ist eben diese Freiheit der Zweck jeder Abtötung. Mit einem Wort, das Geheimnis des Fortschritts im innern Leben besteht darin, so rasch und so völlig wie möglich sich selbst zu entrinnen, um sich Gott vollkommen zu schenken. Dies kann gewöhnlich ganz einfach geschehen und benötigt nur wenig Kunstgriffe und Observanzen. Wir brauchen uns nur auf die Stimme des göttlichen Geistes abzustimmen und darauf zu achten, daß wir Gott nicht geben, was er von jemand anderem in irgendeiner andern Situation wünscht, sondern genau das, was er von uns verlangt. So schenken wir Ihm unser ganzes Selbst. Er verlangt nicht mehr von uns, denn sobald wir uns Ihm vollständig schenken, schenkt auch Er sich uns vollständig.

VIERZEHNTES KAPITEL

DER VERSTAND IM GEBET DER RUHE

Der heilige Johannes vom Kreuz und die heilige Theresia von Avila haben uns beide ausführliche Darstellungen ihres Wegs im beschaulichen Gebet hinterlassen. Besser als alle andern Mystiker haben sie die praktischen Einzelheiten unserer Mitwirkung mit dem Geiste Gottes auf der Gebetsstufe, die uns hier am meisten beschäftigt, geschildert. Beide vertreten die Ansicht, die Seelenkräfte verhielten sich in der Nacht der Sinne und noch mehr im Gebet der Ruhe, in einem gewissen Grade, passiv. Aber sie stimmen auch darin überein, daß diese Kräfte immer noch frei seien, sich aus eigenem Antrieb zu betätigen, daher sind sie imstande, das Wirken Gottes entweder zu fördern oder zu hemmen. Beide gehen auch darin einig, daß unsere Kräfte zur Unterstützung der Gnadenwirkung eine Art sehr vereinfachter Tätigkeit ausüben müssen, die im Augenblick des passiven Gebets selbst in nichts anderem besteht als in der Bemühung, sich passiv zu verhalten. Außer der Gebetszeit müssen sie mehr tun. Aber auf jeden Fall braucht es eine Abtötung, um die Seele während der ersten Stufen des passiven Gebets im Zustand wachsamer Empfänglichkeit zu erhalten, wenn die Gnade fast unmerklich auf sie einwirkt und die Einbildungskraft von mancherlei Zerstreuungen bestürmt wird.

Im Folgenden gebe ich den Inhalt eines der wichtigsten Kapitel aus der Lebensbeschreibung der heiligen Theresia wieder. Sie zeigt uns sowohl, was unsere Seele im Gebet der Ruhe zu tun vermag und tun soll, wie auch, was sie tun und nicht tun muß.[1]

Die Heilige erinnert uns zuerst an das Wesen des Gebets der Ruhe. Dieser «Anfang alles Segens» und dieses «Zeichen» der Erwählung «zu großen Dingen» ist das erste bestimmte Kosten des mystischen Gebets. Denn, indes die eingegossene Beschauung möglicherweise schon während jenes trockenen Teils der

Nacht der Sinne, wo die Gegenwart Gottes nicht wahrgenommen wird, beginnen kann, versenkt das Gebet der Ruhe die Seele offensichtlich in einen Zustand passiver Sammlung und überflutet unser ganzes Wesen mit einem unbeschreiblichen innern Frieden, der einem tief innerlichen, wirklichen Gefühl der Gegenwart Gottes entspringt. Das dunkle Wasser der Seele ist plötzlich vom himmlischen Sonnenstrahl getroffen worden. Überströmt von der göttlichen Klarheit, erwacht sie zu einem neuen Leben, entdeckt sich als ganz anderes Wesen, ruht in einer unbekannten Freude. Und doch ist dieses Gefühl Gottes nicht scharf umschrieben, da die Seele noch geblendet ist von Seinem Licht. Der Geist ruht in einer tiefen Stille, schaukelt gemächlich wie ein geankertes Schiff in einem ruhigen Hafen, während sich die Sonne im stillen, durchsichtigen Nebel über einer neuen Welt erhebt.

Soviel über das Gebet der Ruhe. Der Vergleich mit dem Schiff stammt von mir, nicht von der heiligen Theresia. Vielleicht verdunkelt er die Frage nur. Die von ihr zu Beginn des hier herangezogenen Kapitels benützten Ausdrücke genügen, um ihre Gedanken klarzumachen. Es sind: «Ruhe», «Sammlung», «Genügen», «Friede», «vollkommenste Befriedigung», «Ruhe der Seelenkräfte», «Süße Wonne». William Blake kannte das Gebet der Ruhe und verglich es mit einer Mondscheinnacht.

In diesem Gebet verbleiben die Seelenkräfte passiv. Und doch können sie tätig sein.

Sie sind passiv. Das heißt, sie vermögen nichts, sei es um diesen Segen zu erwerben, sei es ihn zu behalten. Es ist eine reine Gottesgabe. Es kann durch keinerlei überlegte Methode erzeugt werden. Unsere Bemühungen können uns nur befähigen, es als Gabe zu empfangen. Daher ist das Gebet der Ruhe sorgfältig von den natürlichen Entsprechungen zur mystischen Erfahrung, die durch menschliche Kräfte erlangt werden können, zu unterscheiden. Die Seele kann sich aus eigener Kraft sammeln. Sie «sammelt» sich in einer tief befriedigenden, fruchtbaren Erfahrung der Ruhe. Auch die menschliche Liebe vermag zuweilen diese Wirkung zu erzielen, obgleich sie weit eher Ruhelosigkeit als Ruhe hervorbringt. Die Seele, die zu einer hohen Stufe asketischer Leere und Sammlung gelangt ist, kann in diesem Zustande eine willentliche verstandesmäßige Überlegung über das in ihr gegenwärtige metaphysische Sein Gottes anstellen. Diese kann zuweilen durch eine natürliche Eingebung von der Art verstärkt werden, die wir als metaphysische Intuition des Seins bezeichnet haben.

Im Gebet der Ruhe dringt diese Erfahrung tiefer. Die ganze Seele fühlt sich erleuchtet, belebt, auf eine neue Seinsebene erhoben, bis zu einem gewissen Grade von materiellen Schranken befreit. Sie empfindet ein außerordentliches Gefühl der Leichtigkeit und Freiheit, wie ein dem Schulzimmer entsprungener Knabe oder ein dem Bauer entronnener Vogel. Jenseits und über dem allem steht die Wirklichkeit Gottes, in der sich diese Erfahrung abspielt. Die Seele ist nicht durch Denken oder Überlegungen zu Gott gelangt. Sie erfaßt Ihn nicht in einem bestimmten Einzelbegriff. Und doch ist sie «in Ihm». Sie schwimmt in Seinem Licht. Es hüllt sie ein wie eine goldene Wolke. Das Wesentlichste an dieser Erfahrung aber ist, daß die Seele Gott in Seiner Immanenz und Transzendenz entdeckt. Alles, was die Seele erlebt, entquillt dem zentralen Geheimnis, daß Gott in allen Dingen und in der Seele ist, und daß Er trotzdem unendlich weit über der Seele und über allen Dingen steht.

Damit kehren wir zur heiligen Theresia zurück. Sie spottet über jene, welche diese Freude gekostet haben und sie aus eigener Kraft zurückzugewinnen versuchen. Aber es ist ein sehr milder Spott, weil sie dies schließlich selbst erlebt hat. Anfänger im Gebet erleben dieses wundervolle innerliche Gefühl. Sie wagen sich nicht mehr zu regen. Sie stehen gelähmt da, mit geschlossenen Augen, und wagen kaum zu atmen, aus Furcht, es könnte ihnen entschwinden. Oder, sobald der Funke der Liebe in ihren Seelen entzündet ist, schichten sie Holz darauf — das Holz nutzlosen Nachdenkens und hochtrabender Überlegungen. Damit ersticken sie das Feuer sogleich wieder. Die heilige Theresia erklärt ihre Ansicht über die Nutzlosigkeit unserer Bemühungen, diese Gebetsstufe zu erklimmen, mit den Worten:

«Welche Torheit, zu glauben, Gott werde, wenn er will, daß die Kröte fliege, erst abwarten, bis sie selbst sich emporschwinge! Unser Geist... ist mit Erde beladen und wird von tausend Hindernissen niedergehalten, so daß ihm also der Wille zu fliegen wenig nützt. Ist er auch seiner Natur nach zum Fliegen fähiger als die Kröte, so steckt er doch jetzt so tief im Kote, daß er diese Fähigkeit durch seine Schuld verloren hat.»[2]

2

Welche Rolle haben aber die Seelenkräfte im Gebet der Ruhe zu erfüllen? Hier müssen wir unterscheiden. Wenn die Seele wirklich im Gebet der Ruhe versunken ist, haben sie die eine Art Rolle zu erfüllen; eine andere dagegen außer der Gebetszeit. Ferner hat die Gnade der Ruhe auf jede Kraft eine andere Wirkung.

Betrachten wir zuerst die Seelenkräfte im Gebet der Ruhe selbst. Dann sind die äußern Sinne gesammelt. Und zwar ist dies gewöhnlich die Frucht der aktiven Sammlung, doch wird sie verstärkt durch die Wirkung des Heiligen Geistes auf die Tiefen der Seele. Die innern Sinne – vor allem die Einbildungskraft und das Gedächtnis – können dabei gesammelt oder völlig zerstreut sein. Ist die Seele tief in der passiven Sammlung versunken, so bleiben die Einbildungskraft und das Gedächtnis beinahe ganz untätig. Oder falls sie überhaupt handeln, wird ihre Tätigkeit in den Tiefen der Seele nicht mehr wahrgenommen.

Zuweilen aber können diese Kräfte quälend geschäftig sein. Dasselbe gilt für den Verstand. Dann wieder verharren sie in der ehrerbietigen Anerkennung dessen, daß der Wille seine Nachrichten unmittelbarer von Gott empfängt, als dies dem Verstande möglich wäre. Zu andern Zeiten aber können Verstand und Einbildungskraft einen gewaltigen Lärm verursachen. Unsere äußere Seele predigt, erneuert Klöster, bekämpft Irrlehrer, geht den Fehlern anderer beschaulicher Menschen nach, stellt verwickelte Theorien über das innere Leben auf, besorgt die geistliche Leitung ganzer Schwesternklöster, mahnt Bischöfe zu einem frömmeren Leben, wird schließlich unter allgemeiner Zustimmung sogar Papst und regiert die ganze Kirche. Unterdessen klammert sich der Wille, der im bombensichern Schutz inmitten der Seele verborgen ist, in äußerster Not und Verzweiflung an die Hoffnung, Gott möge sich ihr nicht ganz entziehen und sie nicht allein lassen im Gedankenstreit mit dem törichten Ungeheuer vor dem Tor. Unter diesen Umständen bleibt nur noch wenig übrig vom Gebet der Ruhe im wahren Sinn, das einen fühlbaren Frieden und Ruhe in der Gegenwart Gottes bringt. Wenn wir überhaupt gestatten, daß der Wille bete und sich passiv verhalte, dann erleidet er jene trockene Ruhe, die der eigentlichen Nacht der Sinne angehört. Sowie die Ruhe in uns zunimmt und immer mehr vom Willen Besitz ergreift, erhält diese Kraft ein größeres Übergewicht über die andern. Das Eigenartige aber besteht darin, daß er sie passiv beherrscht. Das heißt, der Wille wird in seiner Führung der Ruhe der Seele selbst passiv von Gott bewegt. Dies ist sehr wichtig. Es bietet die einzig mögliche Rechtfertigung der Tatsache, daß der Wille, auf dieser wie auf den andern Stufen des mystischen Gebets, Einfluß auf den Verstand gewinnt. Vom natürlichen Standpunkt aus ist der Verstand die edelste Seelenkraft des Menschen, weil er normalerweise die Aufgabe hat, mittels des göttlichen Lichts den Willen zu lenken.

Betrachten wir den Willen im Zustand der Ruhe näher. Der Wille ist diejenige Kraft, welche in diesem Gebetszustande am passivsten bleibt. Durch den Willen beherrscht die göttliche Liebe die Seele und zieht sie an sich, ohne daß die andern Kräfte ganz begreifen, wie dies alles geschieht. Das erklärt uns zweierlei: Erstens die Tatsache, daß die Seele gleichzeitig in der passiven Sammlung mit Gott vereinigt sein und dennoch unter Zerstreuungen leiden kann. Und zweitens, daß sich die Seele keine klare oder entsprechende Vorstellung davon machen kann, wie diese Vereinigung vor sich geht. Warum das? — Weil Gott die Seele passiv, nicht durch den Verstand, sondern durch eine blinde Kraft: den Willen, mit sich vereinigt hat.

Die heilige Theresia sagt darüber:

«Die Seele findet ein so vollkommenes Genügen in Gott, daß sie während der Dauer dieses Gebetes, weil der Wille mit Gott vereinigt ist, ihre Ruhe und Stille nicht verliert, wenn auch die beiden andern Kräfte umherschweifen; diese, Verstand und Gedächtnis, werden vielmehr vom Willen allmählich wieder gesammelt. Denn obgleich letzterer noch nicht ganz und gar in Gott versenkt ist, wird er doch, ohne zu wissen wie, so von ihm eingenommen, daß die anderen Kräfte, wie sehr sie sich auch bemühen mögen, ihm doch seine Zufriedenheit und Freude nicht rauben können; ohne jegliche Anstrengung trachtet er vielmehr darnach, daß dieses Fünklein der Liebe Gottes nicht erlösche.»³

Hierin liegt das Paradox! Der Wille, der passiv ist und sich «untätig verhält», ist in Wirklichkeit im Gebet der Ruhe doch tätig. Die andern Kräfte, die noch aktiv bleiben, sind in Wirklichkeit untätig, und sogar weniger als untätig, da ihre Tätigkeit schädlich ist und das Wirken Gottes hindert. Aber dank der passiven Tätigkeit des unmittelbar von den Eingebungen Gottes bewegten Willens steht, wie die Heilige betont, die unerwünschte Tätigkeit dieser andern Kräfte unter Aufsicht, so daß sie keinen allzu schlimmen Einfluß ausübt. Die Lösung dieses scheinbaren Problems liegt darin, daß der von Gott passiv bewegte Wille tatsächlich in einem weit höhern und vollkommeneren Sinne tätig ist, als wenn er unter eigenem Antrieb handelte. Da aber Gott unendlich weit über jeder Beschränkung steht, wird der Wille als der Gefangene Seiner Liebe, dem es gleichsam versagt ist, etwas anderes als Seinen Willen zu tun, schließlich vollkommen frei durch die Freiheit Gottes selbst!

Aber der Wille ist, wie wir gesehen haben, im Gebet der Ruhe in der Tat nicht vollständig der Gefangene Gottes. Er verliert nicht völlig die Kraft, von sich aus zu handeln. Er behält noch seinen natürlichen Drang, der Führung des Verstandes zu folgen. Wenn der Verstand und die Einbildungskraft den Willen zu überzeugen vermögen, daß ihr natürliches Licht irgendwie den dunklen, zarten Tröstungen, die er im geheimen empfängt, vorzuziehen sei, so können sie ihn auf ihre Seite bringen. Der heilige Johannes vom Kreuz zögert nicht zu behaupten, daß es, sobald dies geschehe, mit dem übernatürlichen und passiven Gebet zu Ende sei, auch wenn ein starkes Trostgefühl und ein scheinbares Empfinden der Passivität im Willen fortdaure. Nachstehend werde ich einige Stellen aus dem Werk des heiligen Johannes vom Kreuz darüber näher erläutern.

Dies führt uns einmal mehr zur Wahrheit, die ich in den letzten drei Kapiteln betont habe: daß der Fortschritt der Seele und ihre Mitwirkung mit Gott, selbst im passiven Gebet, weitgehend von der übernatürlichen Unterscheidung durch unsern Verstand abhänge. Hier die Beweise für diese Behauptung aus dem Werk der heiligen Theresia.

3

Was soll ein beschaulicher Mensch, der das Gebet der Ruhe erlangt hat, mit seinem Verstand anfangen?

Erstens: Gewöhnlich, das heißt außerhalb der Zeit der eigentlichen Versenkung ins passive Gebet, hat der Verstand folgende wichtigen Dinge zu tun: Er muß, wie die heilige Theresia sagt, die große Gabe erkennen, die Gott der Seele geschenkt hat. Er muß einsehen, wie wichtig es ist, daß sie der Gunst entsprechend lebt, die ihr verliehen wurde. Er muß sich weiterhin in aller Einfachheit in der Selbsterkenntnis, das heißt in der Demut, üben; dabei muß er ihr Vertrauen fördern und den Willen zum Verlangen nach dem Fortschritt auf diesem Gebetswege anspornen. Er wird, wie die Heilige sagt, erkennen, daß diese Gnade «der Seele ein Zeichen sei, daß Gott sie zu großen Dingen auserwählt» habe. Auch muß er demütig verstehen, wie sie sagt, daß nun viele andere Seelen von ihr abhangen, da uns Gott diese Gnaden nicht für uns allein verleiht. Durch die auserwählten, wenn auch vielleicht dunklen Gefäße, die Er zum Füllen bereit sah, damit der Wein des innerlichen Gebets daraus überfließe, gießt er Seine Freude über die ganze Welt aus. Vor allem muß der Verstand dem Willen zeigen, wie wichtig es ist, daß er im Gebet und der Selbstentsagung ausharre und nicht wieder, wie die heilige Theresia in einem feststehenden asketischen Ausdruck sagt, zu «den Fleischtöpfen» zurückkehre.

Viel wichtiger noch ist die Unterscheidung und das richtige Verhalten unseres Verstandes zur Zeit des passiven Gebets selbst. Darüber sagt die heilige Theresia wörtlich:

«Zur Zeit des Ruhegebetes hat die Seele nichts anderes zu tun, als sich in stiller Hingabe und ohne Geräusch zu verhalten. Geräusch nenne ich hier, wenn man mit dem Verstande viele Erwägungen anstellt und nach vielen Worten sucht, um für diese Wohltat zu danken; oder wenn man seine Sünden und Fehler zusammenhäuft, um sich seine Unwürdigkeit zu Gemüte zu führen... Die Seele würde viel verlieren, falls sie sich in dieser Hinsicht nicht klug verhielte, besonders wenn sie einen scharfen Verstand hat; denn sobald dieser einmal anfängt, Gespräche zu ordnen und Worte zu suchen, so wird er, falls ihm dies nur ein wenig gelingt, gleich meinen, er tue etwas Großes.»

Den Vergleich mit dem «Fünklein», den sie in diesem ganzen Kapitel braucht, fortsetzend, warnt die heilige Theresia den Verstand davor, zuviel Holz aufzuschichten. Trotzdem könne er von sich aus etwas zur Entzündung des Feuers beitragen:

«Einige Strohhälmchen — wenn überhaupt unserem Tun auch nur so viel Wert beizulegen ist — in Demut auf dieses Fünklein der göttlichen Liebe gelegt, sind geeigneter und helfen mehr, es zu entzünden, als ein ganzer Holzstoß von Redensarten, die unserer Meinung nach recht gelehrt sind, die aber das Fünklein in der Zeit eines Kredo auslöschen würden.»

Eines muß der Verstand zur Zeit des Gebets vor allem berücksichtigen: Er muß sich bewußt sein, daß es eine Gottesgabe ist, und seine eigene Unfähigkeit einsehen, etwas Wesentliches zu dem sich vollziehenden Werk beizutragen. Die heilige Theresia macht eine klassische Bemerkung darüber:

«Der Grund, warum uns Gott eine so große Gnade erweist, ist kein anderer als seine Güte. Die sollen wir hier klar erkennen und bedenken, wie so nahe wir der göttlichen Majestät sind...»[4]

Trotzdem ist das Bittgebet auch von den Augenblicken der passiven Versenkung in Gott nicht ausgeschlossen. Diese Bitten bleiben wortlos und einfach. Aber sie bemühen sich, die Bedürfnisse der Seelen in der Welt und aller, die zur Erlangung der Gnade Gottes von uns abhängig sind, einzuschließen. Endlich gibt die Seele, welche diesen Zustand erreicht hat, auch die Betrachtung nie völlig auf. Gelegentlich muß sie zur eigentlichen verstandesmäßigen Betrachtung zurückkehren, aber nur außerhalb der Zeit des passiven Gebets. Auch der heilige Johannes vom Kreuz vertritt diese Ansicht. Auf jeden Fall müssen wir uns den schlichten Gedanken an das Kreuz Christi stets vor Augen halten und uns dessen erinnern, daß die schmale Straße, die uns Jesus vorangegangen ist, der einzige Weg zur göttlichen Vereinigung ist.

Die falsche Auffassung der Rolle des Verstandes zu Beginn des mystischen Lebens würde unvermeidlich zum geistigen Stillstand führen. Unterm Vorwand, in einem Zustand passiver Empfänglichkeit zu verharren, ohne eigentliche Liebesakte oder Verstandesakte an Gott zu richten, würde sich der beschauliche Mensch von der Gewohnheit und Routine treiben lassen. Ist er bis zu einem gewissen Grade tugendhaft, so wird er noch eine Zeitlang rein gewohnheitsmäßig tugendhaft handeln. Aber bald werden diese tugendhaften Handlungen leer. Sie werden rein äußerlich und verlieren jede innere Willensbegeisterung. Die Bedingung unserer Natur in ihrem gegenwärtigen Zustand flößt dem Menschen einen ausdrücklichen Widerwillen ein, dem aktiven Streben nach Vollkommenheit zu entsagen. Die von Gott verliehenen passiven Gnaden verwandeln nur den Charakter der menschlichen Tätigkeit, indem sie dieselbe auf eine höhere Ebene erheben und die Initiative immer mehr Gott selbst überlassen. Aber gewöhnlich schenkt Gott diese passiven Eingebungen nur jenen Seelen, welche ein beständiges, hochherziges Verlangen, aktiv an Seiner gewöhnlichen Gnade mitzuwirken, verzehrt.

Gewiß vermag die geistige Untätigkeit gewisser Seelen das täuschende Gefühl des Friedens zu erzeugen. Aber dieser Friede ist ungesund wie die Ruhe eines reglosen Teiches. Die wirkliche Ruhe, zu welcher der Mensch berufen ist und nach der die höchsten Kräfte seiner Natur verlangen, finden wir paradoxerweise in der höchsten Betätigung dieser Kräfte. Wir sagen, der Mensch «ruhe» in der vollkommenen Vereinigung mit der Erkenntnis und Liebe Gottes, weil dann kein Hindernis besteht, das seine Geistestätigkeit in Gott hemmt; auch verspürt er keine Müdigkeit mehr, weil er keine Mühe hat.

Ein flämischer Mystiker, der selige Jan van Ruysbroeck, wendet sich scharf gegen die Beghardaen und andere Vorläufer der quietistischen Irrlehre. Auch wenn seine folgende Bemerkung aus einem ganz andern Zusammenhang stammt, so erinnert sie uns doch an das, was Johannes vom heiligen Thomas über die Unmöglichkeit einer Beschauung sagt, die nicht vom Heiligen Geiste eingegeben ist, sondern auf Grund eines Glaubensaktes herbeigeführt wird. Ruysbroeck sagt:

«Wenn der Mensch bloß und bildlos ist nach den Sinnen und müßig, ohne Tätigkeit den obersten Kräften nach, so gelangt er rein natürlich zur Ruhe... Der liebende Mensch kann aber hierin keine Ruhe finden, denn die Liebe und das innerliche Rühren der Gnade Gottes rasten nimmer, und deshalb kann der innige Mensch in seinem Innern nicht lange in [rein-] natürlicher Ruhe verharren... Die Ruhe jedoch, die auf diese Weise geübt wird, ist unerlaubt, denn die bewirkt im Menschen eine Erblindung in Nicht-Wissen und ein müßiges In-Sich-Versunkensein. Und diese Ruhe ist bloß ein Müßigsein, in das der Mensch verfällt, während er sich selbst, wie auch Gott und alle Dinge vergißt, wo immer es gilt, tätig zu sein.»

Ruysbroeck zeigt weiter in klarster Weise, daß diese Untätigkeit rasch von der Beschauung und göttlichen Vereinigung weg zum entgegengesetzten Extrem des geistlichen Lebens führt, weil sie dem Menschen die Fähigkeit entzieht, das Licht der Wahrheit zu empfangen, und ihn im starren Eigenwillen bestärkt. Wo Verstand und Wille vollständig abgestumpft sind, ist jedes geistige Leben unmöglich.

«Ohne innige, verlangende Hinkehr zu Gott ist der Mensch allen Verirrungen ausgesetzt, denn er ist von Gott abgewandt und mit natürlicher Liebe sich selbst zugekehrt und sucht und begehrt Trost und Süßigkeit und was ihn gelüstet... In allen seinen Werken sucht er den eigenen Gewinn mehr als die Ehre Gottes. Ein solcher Mensch, der derart in rein natürlicher Liebe lebt, besitzt immer nur sich selbst ohne Hingabe, in Eigenliebe.»[5]

Die einzige Möglichkeit für einen beschaulichen Menschen, diesen unheilvollen Fehler zu vermeiden, besteht im Gebrauch des ihm von Gott verliehenen Verstandes im Dienste des Glaubens und der Liebe. Er muß dazu die Klugheit und übernatürliche Erkenntnis besitzen, die der demütigen und beharrlichen Aufmerksamkeit gegenüber den Eingebungen der göttlichen Gnade in seiner Seele entspringt. Die Eingebungen der Gnade sind nicht immer leicht von den falschen natürlichen Neigungen, die den Menschen von Gott entfernen, zu unterscheiden. Da der Heilige Geist die beschauliche Seele zur Passivität führt, scheint es in der Tat, als neigten unsere Kräfte zuweilen zur Untätigkeit und Muße. Einzig jene Seele, die im beschaulichen Gebet zur Reife gelangt ist, vermag den Unterschied zwischen der stockenden Untätigkeit der Seelenkräfte und der fruchtbaren passiven Bewegung des Gemüts und Willens durch die Eingebungen des Heiligen Geistes zu erkennen.

Ein Kind, das zum erstenmal nachts im Zug fährt, stellt keinerlei Bewegung fest, wenn es durch die Fenster blickt, und klagt darüber, daß der Zug still stehe. Zuweilen erweckt uns ein durchs Dunkel oder einen Tunnel sausender Zug das Gefühl, rückwärts zu fahren. Dasselbe geschieht einer von Dunkelheit und innern Prüfungen heimgesuchten Seele. Ebenso haben, wenn zwei Züge miteinander im Bahnhof stehen, und sich einer in Bewegung setzt, die Leute im andern den Eindruck, sie würden sich selbst bewegen. Dasselbe gilt für das geistliche Leben. Ein beschaulicher Mensch, der inmitten einer eifrigen Gemeinschaft zum Stillstand gekommen ist, kann sich einbilden, er bewege sich, und die andern stünden still. Die Ursache seines Irrtums liegt im Fortschritt, den seine Mitbrüder machen.

Die Rolle der Klugheit in den Anfängen des mystischen Gebets besteht darin, den richtigen Weg zwischen den Extremen zu finden. Der vom Glauben gelenkte Verstand muß auf der Hut sein und dem Willen das nötige Licht schenken, um entweder den Drang nach übertriebener Tätigkeit oder den Hang nach Trägheit zu überwinden.

Bei solchen Entscheiden ist es jedoch selten zu vermeiden, daß allgemeine, weitgefaßte Regeln unterschiedslos auf alle Seelen angewendet werden. Solche Regeln sind notwendig; in der Praxis aber ist die Führung der beschaulichen Menschen, auch wenn sie sich in erster Linie auf die Grundsätze einer gesunden katholischen Theologie stützt, doch mehr eine «Kunst» als eine Wissenschaft. Dies heißt, daß der Seelenführer einen besondern Sinn für die Lösung von Einzelproblemen im Lichte ihrer eigenen unverwechselbaren Umstände besitzen müsse. Dazu bedarf er selbst einer gewissen Erfahrung im beschaulichen Gebet. Eine Tätigkeit, die für die eine Seele unnütz, ja schädlich sein kann, ist für die andere völlig unzureichend. Dieselbe Seele hat es nötig, zu einer Zeit ihre Kräfte stärker zu betätigen als zu einer andern. Mit einem Wort, was unter bestimmten Umständen gut ist, kann unter andern schlecht sein. Jeder Fall ist mit großer Demut und Vorsicht, auf Grund ihres eigenen Maßstabs, zu beurteilen. Darum ist es so gefährlich, wenn beschauliche Seelen in die Hand von Seelenführern geraten, die sich nach feststehenden Theorien über das beschauliche Leben richten und in umstrittenen Fragen leidenschaftlich für die eine oder andere Lösung eintreten, die ihre Beichtkinder unterdrücken und mit Gewalt auf das Prokrustesbett ihrer eigenen Meinung zwingen.

4

Eine der heikelsten Fragen, die im beschaulichen Leben entschieden werden muß, ist die, ob eine Seele tatsächlich die Gnaden der passiven oder eingegossenen Beschauung empfange oder nicht. Mancherlei hängt bei der Führung einer Seele von der Antwort auf diese Frage ab. Nach allgemeiner Ansicht der hervorragendsten theologischen und asketischen Autoritäten auf diesem Gebiet werden, sobald die Seele zur Beschauung gelangt, die gedankliche Betätigung, die Betrachtung und besondere ausgesprochen gefühlsmäßige Willensakte usw. durchwegs stark vereinfacht und eingeschränkt. Ebenso betrachten sie es als Tatsache, daß, wenn die Beschauung deutlich passiv oder eingegossen ist, die Tätigkeit der Kräfte dann, wenigstens bis zu einem gewissen Grade, durch das Wirken Gottes gehemmt wird.

Leider ist dieses Grenzproblem zwischen dem aktiven und passiven, dem «erworbenen» und «eingegossenen» Gebetszustande, zum Gegenstand heftiger theoretischer Auseinandersetzungen geworden. Jene, die die Meinung, die «eingegossene» Beschauung beginne sehr früh, weshalb die Betrachtung ebenfalls schon früh ins geistliche Leben übergehe, ablehnen, neigen dazu, ihren Zorn an ihren armen Beichtkindern auszulassen und manche zur Fortsetzung der Betrachtung und weit stärkerer Betätigung zu zwingen, als es für ihren schon ziemlich fortgeschrittenen Zustand gut ist. Jene, die anderseits beinahe jede Art Trockenheit beim Gebet für ein Zeichen der eingegossenen Wirkung Gottes halten, laufen Gefahr, manche Anfänger die Zeit in Wachträumen und Müßigsein verlieren zu lassen und so ihre Aussichten auf Fortschritt zu gefährden.

Immerhin möchte ich betonen, daß selbst tiefe Gegensätze in der Lehrauffassung nicht unbedingt einen ebenso großen Unterschied im praktischen Vorgehen bei der Seelenführung zur Folge haben. Ich weise dabei nur auf die Ansichten eines bedeutenden Jesuitentheologen unserer Zeit hin, des P. J. de Guibert,[6] und eines seiner Schüler. Der letztere, Pater Lebreton, erklärt, daß trotz der sich widerstreitenden Meinungen der verschiedenen Schulen in bezug auf den genauen Zeitpunkt der Berufung zur eingegossenen Beschauung praktisch alle die eingegossene Beschauung als Gabe Gottes betrachten und den besten Weg für den Menschen, sich auf diese Gabe vorzubereiten, in der Selbstentsagung und Demut sehen. Auch stimmen alle darin überein, daß, solange die Seele auf dem Wege der Betrachtung und des affektiven Gebets Vorteil und Frieden finde, dieselben nicht aufgegeben werden sollten. Daher wird ein Seelenführer, welche theoretische Ansicht er auch vertreten mag, praktisch keinerlei Zuneigung zur Mystik ermutigen, die eine hochmütige Verachtung der «gewöhnlichen Wege» des geistlichen Lebens fördert und die Seele in der Abtötung und Hingabe ans Gebet behindert. Aber er wird einer Seele, die von tiefer Demut und einem glühenden Verlangen nach der Gottesvereinigung durchdrungen ist und überdies stark von der Stille und Einsamkeit und den einfachen wortlosen Gebetsformen angezogen wird, kein Hindernis in den Weg legen.

In der eigentlichen Praxis ist die Meinung des heiligen Johannes vom Kreuz, der als der größte unter den katholischen mystischen Theologen anerkannt ist, der maßgeblichste Führer in der Entscheidung, ob eine Seele soweit sei, daß sie die diskursive

Betrachtung wenigstens vorläufig aufgeben und in einem Zustand der Empfänglichkeit verharren solle, in welchem sie sich unter der verborgenen Führung der göttlichen Gnade weitgehend passiv verhalte. Die vom heiligen Johannes für das beschauliche Gebet verlangten drei Kennzeichen der Seele sind sehr bekannt.[7] Ich brauche hier nur ganz kurz daran zu erinnern.

Zwei dieser Kennzeichen sind negativ, eines positiv. Erstes Kennzeichen: die Unfähigkeit zur Betrachtung. Der heilige Johannes äußert sich genau darüber. Er spricht nicht einfach von einer Seele, die nicht betrachten kann, sondern von einer, die einst imstande war, fruchtbare diskursive Betrachtungen anzustellen, und es nun nicht mehr vermag. Der Gebrauch des Verstandes und der Einbildungskraft beim Gebet ging leicht und mühelos vonstatten. Jetzt ist er unerträglich schwer und mühsam geworden. Dieses Kennzeichen bedeutet für sich allein nichts.

Zweites Kennzeichen: das Fehlen der Lust an besonderen Denkobjekten. Der Nachdruck liegt auf dem Wort: besonder. Die Seele neigt sehr stark nach etwas hin oder vielmehr nach «jemandem», der aber unbestimmt bleibt. Die Seele kann diese positive Neigung nicht befriedigen, indem sie ihre Gedanken auf besondere Dinge richtet. Verstand und Wille finden weder Ruhe noch Genügen an irgendeinem Ding auf Erden, nicht einmal im Himmel. Diese letzte Bemerkung besagt, daß keine Vorstellung Gottes oder des Himmels, welche die Einbildungskraft der Seele bietet, sie mehr befriedigt. Mit andern Worten, die Seele steht Aug in Auge mit der Unterscheidung zwischen Gott an sich und dem Gott unserer Gottesbegriffe. Dies kann uns zur Quelle tiefer Qual und Not werden, da wir natürlich bestrebt sind, Gott unsern Begriffen von Ihm gleichzusetzen. Und dadurch, daß wir nicht mehr imstande sind, eine fühlbare Neigung zu einer geistigen Vorstellung oder Idee von Gott zu empfinden, kommen wir zur Überzeugung, daß wir aufgehört haben, Gott selbst zu lieben. Menschen, welche diese Unterscheidung nicht verstehen, brechen oft unter der Anstrengung zusammen, mit der sie sich zu einer gefühlsmäßigen Verehrung einer besondern Gottesvorstellung ihres Innern oder einer Hinneigung zu einer Statue oder einem frommen Gemälde, die ihnen geistigen Trost zu spenden pflegten, zwingen.

Das dritte Kennzeichen ist das wichtigste von allen. Denn ohne dasselbe vermögen wir nicht zu entscheiden, ob eine Seele nur auf Grund der zwei andern, die zum Beispiel der Lauheit oder schlechten Gesundheit entspringen können, zum passiven Gebet berufen sei.

Das dritte Kennzeichen ist eine positive Vorliebe für das einsame beschauliche Gebet. Lassen wir den heiligen Johannes vom Kreuz diese Vorliebe selbst beschreiben:

«Drittens – und dies ist das sicherste Kennzeichen – muß die Seele gewahr werden, daß sie Freude daran hat, ganz allein zu sein in liebendem Aufmerken auf Gott, ohne besondere Erwägungen anzustellen, in innerem Frieden, in erquickender Ruhe, ohne Akte und Übungen der Seelenvermögen, des Gedächtnisses, Verstandes und Willens, wenigstens ohne nachsinnende Tätigkeit, wobei man von einem Punkt auf den andern schließt, sondern, wie gesagt, einzig in einem allgemeinen liebenden Erkennen und Aufmerken, ohne auf andere Dinge besonders zu achten.»[8]

Es ist fast dieselbe Voraussetzung, wie sie die heilige Theresia oben geschildert hat. Doch beobachtet der heilige Johannes vom Kreuz die Seele auf einer frühern und trockeneren Stufe desselben Gebets, auf welcher das Bewußtsein der Freude und Süßigkeit in diesem passiven Aufmerken zu Gott in der «Wolke des Nichtwissens» fast ganz fehlt. Hier schließt der heilige Johannes vom Kreuz nur eine bestimmte Art Tätigkeit aus: das diskursive Denken. Die Seele steckt immer noch in etwas ganz Bestimmtem. Die Aufmerksamkeit ist eine genau umschriebene Geistestätigkeit. Sie enthält auch eine Willenstätigkeit. Die Erkenntnis ist ein Verstandesakt. Es handelt sich nicht um den Unterschied zwischen der Tätigkeit und Untätigkeit, sondern zwischen zwei Arten von Tätigkeit – zwischen dem diskursiven Denken und der Intuition. Die Seele blickt mit dem Verlangen der Liebe in die Dunkelheit, worin Gott verborgen ist, und verliert stufenweise jeden andern Gegenstand aus dem Gesichtsfeld.

Alles, was der heilige Johannes vom Kreuz über diesen Gebetszustand geschrieben hat, zwingt uns zur Schlußfolgerung, daß der Verstand dabei eine wichtige Rolle spiele: die Rolle, die hier als Unterscheidung der Geister bezeichnet wurde. Es wäre nutzlos für den Heiligen, wollte er den beschaulichen Menschen vorschreiben, wie sie sich bei dieser Art Gebet verhalten sollten, wenn sie seine Anleitungen nicht verstünden und ihren Geist und Willen nicht dazu gebrauchen könnten, sie in die Tat umzusetzen. Das erste, was der Verstand zu tun hat, wie wir gesehen haben, ist, dem Drang, seine Voraussetzungen diskursiv zu zergliedern und lange Überlegungen darüber anzustellen, zu widerstehen. Wenn dieses Gebet einmal eine größere Macht über die Seele gewinnt, wird es süß, tröstlich und zeitweise sogar berauschend. Auch hier muß der Verstand behutsam vorgehen. Denn, wie der heilige Johannes betont:

«Sobald sich nämlich solche Seelen sammeln wollen, ist auch schon der Teufel zur Stelle, bietet ihnen geeigneten Stoff zu weitausholenden Erwägungen, bringt dem Verstande auf dem Wege der Suggestion Begriffe und Worte bei, spiegelt ihm, schlau, wie er ist, Wahres vor und stürzt ihn so in Irrtum.»[9]

An einer andern höchst bedeutsamen Stelle sagt der Heilige weiter:

«So fügt der Böse Feind der Seele durch ein fast unbedeutendes Mittel einen großen Schaden zu; er beraubt sie großer Reichtümer und zieht sie mit geringer Lockspeise wie einen Fisch aus dem Meere des reinen Wassers des Heiligen Geistes, in welches sie, ohne einen Grund und eine Stütze zu finden, in Gott vertieft und versenkt war.»[10]

Der Geist Gottes wirkt ganz anders in der Seele desjenigen, den Er zum beschaulichen Gebet berufen hat: Er zieht ihn zur Einsamkeit, Einfachheit und zum Frieden hin. Hier einzelne Stellen, worin der heilige Johannes vom Kreuz die Eingebungen des göttlichen Geistes schildert:

«Dem Geiste Gottes ist es eben eigen, daß er die Seele, in der er wohnt, interesselos macht für fremde Dinge und besonders jene vergessen läßt, die ihr keinen Nutzen bringen. Dieser Geist Gottes ist ein Geist der Sammlung und kehrt in die Seele ein, um sie mehr von fremden Dingen abzuziehen als ihr Augenmerk ihnen zuzukehren. Und so kommt es, daß die Seele im Verhältnis zu ihrer früheren Gewohnheit in einem Nichtwissen sich befindet.»[11]

Der Heilige wiederholt damit einfach, was er uns schon im «zweiten Kennzeichen» aus dem Anfang der Beschauung gesagt hat. Die Bewegung der göttlichen Eingebung zieht den Geist von der besonderen und bestimmten Gotteserkenntnis durch Begriffe, die Seine Vollkommenheiten zu begrenzen scheinen, weg. Sie erweckt einen Abscheu gegen die Gottesvorstellungen, die nicht imstande sind, Seiner unendlichen Wirklichkeit gerecht zu werden. Aber sie tut noch mehr, sie verleiht der Seele einen tödlichen Überdruß vor den tausend Kleinigkeiten und vergänglichen Geschehnissen, die den Menschengeist in Beschlag nehmen. Eine ganze Reihe von Texten der Karmelitenmystiker über die ersten Stufen des beschaulichen Gebets ließe sich finden und zu einer Art Anthologie zusammenstellen. Statt alle wörtlich anzuführen, brauche ich nur daran zu erinnern, daß die «drei Kennzeichen» des heiligen Johannes vom Kreuz alles Wesentliche über diese Gebetsstufe enthalten. Sie genügen, um zu zeigen, wie der Heilige Geist die Seele mit dem Öl Seiner besondern Gnaden «salbt» und «den Wohlgeruch Seiner Salben über sie ergießt, womit Er sie an sich zieht und Ihm nachzulaufen nötigt». Sodann weist uns der heilige Johannes vom Kreuz darauf hin, daß die mystische Beschauung keinen andern Zweck habe, als uns in den theologischen Tugenden zu vervollkommnen; vor allem in der Liebe.

«Diese Salben sind die göttlichen Einsprechungen und Berührungen, die beständig in der Vollkommenheit des Gesetzes Gottes und des Glaubens begründet und damit in Übereinstimmung gebracht sind; denn diese Vollkommenheit muß der Seele immer als Richtschnur dienen, um Gott näher zu kommen... bis sie eine so zarte und lautere Verfassung erhält, daß sie der Vereinigung mit Gott und der Umgestaltung nach all ihren Vermögen gewürdigt wird.» [12]

Er wiederholt, was er im wesentlichen in den «drei Kennzeichen» sagte: «Gott senkt der Seele geheim und friedvoll Weisheit und liebende Erkenntnis ein, ohne daß sie einzelne Akte erweckt.» [13] In einem schönen Satz schildert der Heilige, wie die Seele auf diese zarten Eingebungen «des Geistes der göttlichen Weisheit, dieses Geistes der Liebe, der Ruhe, der Einsamkeit, des

Friedens, der Süßigkeit, der den Menschengeist mit sich fortreißt, so daß dieser sich zart berührt und sanft entrückt fühlt, ohne zu wissen, von wem, woher und wie, antwortet; der Grund ist, weil er ihm ohne sein eigenes Zutun mitgeteilt wird.»[14]

Diese Beschauung ist ein Paradies des Friedens, der innern Freiheit, des geistlichen Wachstums. Die Seele ist schließlich nicht nur in ihrer Substanz rein, die vom Licht der heiligmachenden Gnade durchflutet wird, sondern auch in ihren Kräften, die nun von der niedrigen Bindung an alles Akzidentelle und Vergängliche befreit sind. Sie entdeckt ihre eigene wesenhafte Würde wieder und erhebt sich über ihre frühere Knechtschaft der Begierlichkeit. Aber, was noch mehr ist, die Seele beginnt sich in ihrer neuen Welt, einer «neuen Schöpfung», an einem Ort, der die Ebene ihrer eigenen Natur überragt, in den hängenden Gärten der Beschauung, die in halber Höhe zwischen Erde und Himmel hangen, zu bewegen.

Beachten wir jedoch: Der heilige Johannes sagt, der Geist Gottes werde der Seele «ohne ihr eigenes Zutun mitgeteilt». Gewiß. Die Berührungen der mystischen Gnade, welche die Seele nun erfährt, sind unabhängig von jeder Tätigkeit unserer Fähigkeiten. Und doch heißt dies nicht, wie wir deutlich gesehen haben, daß plötzlich jede Verstandes- und Willensbetätigung aufgehört habe. Der heilige Johannes vom Kreuz äußert sich noch bestimmter darüber als die heilige Theresia, was wir genau mit unsern Kräften im «Gebet der Ruhe» zu tun hätten. Nebenbei gesagt, scheint er viel weniger von uns zu verlangen als die heilige Theresia. Doch dürfen wir nicht vergessen, daß sie das gesamte Leben des beschaulichen Menschen, im Gebet und außerhalb desselben, in Betracht zieht. Der heilige Johannes spricht hauptsächlich von dem, was zur Zeit des Gebets zu tun sei. Die Tätigkeit, die er von der Seele verlangt, muß vom Verstand und Willen zugleich ausgelöst werden. Sie ist sehr einfach. Sie besteht aus drei Stufen oder «Stadien».

Erstens: einer entfernten allgemeinen Vorbereitung zur Aufnahme der Eingebungen des passiven oder mystischen Gebets.

Die Seele muß «ihre Hauptsorgfalt darauf richten, daß sie dem kein Hindernis bereite, der sie auf dem Wege führt», nämlich dem Heiligen Geiste.[15] Sie muß einen guten Seelenführer wählen. Dies ist in den Augen des heiligen Johannes vom Kreuz sehr wichtig. Im übrigen wird diese Aufgabe, Hindernisse aus dem Wege der göttlichen Gnade zu räumen, durch die «Klugheit» oder «Unterscheidung der Geister», auf die schon öfters hingewiesen wurde, von selbst gelöst. Die Seele muß sich hüten, Triebe der Eigenliebe oder Einflüsterungen des Bösen mit den Eingebungen des Heiligen Geistes zu verwechseln.

Zweite Stufe: Sobald der Geist im Gebet gesammelt und der Wille auf Gott gerichtet und imstande ist, in Ihm zu ruhen, bleibt nur noch eine einzige sehr einfache Tätigkeit zu verrichten. Die Seele verweilt in einer Haltung der «einfachen Erkenntnis oder des Aufmerkens», um so die eingegossene Erkenntnis und Liebe, die ihr von Gott zukommt, zu empfangen. Tatsächlich handelt es sich um eine Tätigkeit. Doch ist dieselbe so einfach und wird stets so sehr vom überhandnehmenden Wirken des göttlichen Geistes beherrscht, daß der heilige Johannes vom Kreuz nicht zögert, sie der «natürlichen Tätigkeit» der Seele gegenüberzustellen, die er während dieser Zeit untersagt. Die «natürliche» Tätigkeit besteht einfach in den diskursiven Akten, die unserem Denken eigen sind. Die Haltung der Seele selbst schildert der Heilige in folgenden Worten:

«Um zur Aufnahme derselben [dieser Gnaden] fähig zu sein, muß die Seele ihre natürliche Tätigkeit vollständig einstellen und nach der Weise Gottes ganz frei, untätig, ohne Bewegung friedlich und ruhig sein, ebenso wie die Luft von der Sonne um so mehr erleuchtet und erwärmt wird, je dunstfreier, reiner und ruhiger sie ist.»[16]

Schließlich, die dritte Stufe. Sobald ein positives Anzeichen (das die Seele erfahrungsgemäß erkennen muß) auftritt, daß sie von Gott passiv in eine innerliche Stille, Einsamkeit und Versenkung gezogen werde, geben die Kräfte jede Tätigkeit auf. Sie brauchen nicht länger in einem Zustand einfachen Aufmerkens zu verharren. Sie geben auch diesen allereinfachsten Akt auf und lassen sich vom süßen, mächtigen Schwergewicht, womit Gott sie ruhig ins Dunkel Seiner Liebe versenkt, mitziehen. In diesem Augenblick fällt das Bewußtsein unseres falschen, alltäglichen Selbst von uns ab wie ein schmutziges, von Nässe und Kot beschwertes Kleid. Das «tiefere Selbst», das zu tief liegt für die Überlegung und Zergliederung, wird frei und versinkt im Abgrund der göttlichen Freiheit und Seines Friedens. Nun bleibt keine Anspielung mehr auf das, was in uns, noch weniger auf das, was um uns geschieht. Wir stehen zu weit unter der Oberfläche, auf der die Überlegung einst vor sich ging. In Gott versunken, kennt die Seele Ihn allein, und sie erkennt Ihn nur dunkel. Sie weiß nicht mehr, was sie erkennt oder was sie liebt, oder sogar, was sie ist; ihr Geist ist fortgetragen worden in die Ewigkeit wie ein dürres Blatt im Novemberwind.

«Wenn nun der Fall eintritt, daß sich die Seele in dieses Schweigen und Lauschen versetzt sieht, so muß sie gleichsam auch die genannte Betätigung des liebenden Aufmerkens vergessen, um ganz frei zu sein für das, was der Herr will. Denn dieses liebende Aufmerken ist nur dann in Anwendung zu bringen, wenn sie sich nicht in diese innere Einsamkeit oder Untätigkeit, in dieses geistige Vergessen und Lauschen versetzt sieht; damit die Seele diesen Zustand wahrnimmt, ist er, so oft er eintritt, immer mit sanfter Ruhe und innerem Entzücken verbunden.» [17]

Ich möchte nicht näher auf diese höchst interessante Stelle eingehen, welche mehrere verschiedene Wege nennt, worauf die Seelenkräfte ins passive Gebet entführt werden. Es besteht ein großer Unterschied zwischen dem «geistigen Vergessen» und dem «geistigen Lauschen»; auch ist dieses passive «Lauschen» weit intensiver und reiner als «die einfache Erkenntnis oder das Aufmerken», das von der Seele selbst unterm Einfluß der Gnade aktiv hervorgebracht wird. Auf jeden Fall hat die Verstandestätigkeit hier aufgehört. Die Kräfte sind von Gott übernommen worden, obgleich sie nicht völlig in Ihm versunken sind. Geist und Wille ruhen nur noch im Vergessen ihrer selbst und aller Dinge.

DRITTER TEIL

LEHRE UND ERFAHRUNG

FÜNFZEHNTES KAPITEL

DER SILBERHELLE WASSERSPIEGEL

Wir können den heiligen Johannes vom Kreuz oder den heiligen Gregor von Nyssa nicht ganz verstehen, ohne uns daran zu erinnern, daß ihre Mystik den Mittelpunkt in Christus hat. Auch wenn ihre mystische Theologie apophatisch ist, so kann ihre überbegriffliche Gotteserfahrung in Wirklichkeit nur in Christus vollendet werden. Und überdies kann sie nicht einmal erlangt werden ohne Christus, das eingeborne Wort Gottes. Dies gehört zum Wesen der christlichen Mystik. «Niemand kommt zum Vater als durch Christus» (Joh 14, 6).

Einzelne der Kirche fernstehende Schriftsteller bringen den großen christlichen Mystikern eine gewisse Hochachtung entgegen. Die Heiligen selbst aber hätten sich davon nicht geschmeichelt gefühlt. Einige stellen den heiligen Johannes vom Kreuz als Pantheisten mit christlicher Fassade hin. Dies stimmt mit der Auffassung überein, die großen Mystiker aller Religionen lebten miteinander auf dem Gipfel ihres eigenen Olymps, hoch überm Dunst der religiösen Lehre, des Priestertums, der Liturgie, des Opfers, der Kirchenordnung und all der lästigen Einrichtungen, welche die gewöhnlichen Menschen in religiöse Gruppen spalten. Damit wird angenommen, die christlichen Mystiker der «Nacht» hätten praktisch Christus draußen vor den Toren ihres beschaulichen Eden gelassen. Vorstellungen wie die eines fleischgewordenen Worts mögen angehen für einfache Leute. Der Verehrung des gekreuzigten Jesus, der Betrachtung seiner geheiligten Menschennatur wird somit dieselbe Beziehung zur apophatischen christlichen Mystik zugeschrieben wie die des irdischen Bakhti Yoga zum reinen *Raja Yoga*. Der *Bakhti Yoga* ist eine achtbare, wenn auch anerkannt niedere Mystik, in welcher der Eingeweihte zur Vereinigung mit dem unter einer persönlichen Form verstandenen Absoluten gelangt. Diese unterhaltsame Auffassung kann nur vertreten, wer die wichtigsten Kapitel im Werk des heiligen Johannes vom Kreuz unterschlägt und seine grundlegendsten Lehren übersieht, als existierten sie gar nicht. Tatsächlich hat die Mystik des spanischen Karmeliten nicht Christus, als göttliche Person mit einer angenommenen Menschennatur, zum Mittelpunkt, sondern Jesus Christus, den wahren Gott und wahren Menschen, *Deum verum de Deo vero*, der wesenseins ist mit dem Vater, geboren in der Zeit aus der Jungfrau Maria, gestorben am Kreuze, um die Menschheit von der Sünde zu erlösen, und der in seiner wiedererstandenen Herrlichkeit aufgefahren ist in den Himmel, und unsere Menschennatur mit Sich genommen hat, so daß wir alle, wenigstens potentiell, mit Ihm im Himmel thronen.

Soviel wenigstens ist zu einer christlichen mystischen Lehre erfordert. Aber die Lehre der spanischen Karmeliten, der französischen Zisterzienser, der italienischen Franziskaner, der griechischen Väter, der Mystiker unter den ägyptischen Wüstenmönchen ist nicht nur christlich, sondern katholisch. Das heißt, ·sie hat nicht nur den geschichtlichen Christus zum Mittelpunkt, sondern ihre Beschauung nährt sich und lebt von jener Erweiterung der Menschwerdung, welche der mystische Leib Christi ist: Seiner sichtbaren Kirche.

Was bisher über die Stellung des Verstandes in der Mystik des heiligen Johannes vom Kreuz gesagt wurde, ist noch zu ergänzen durch seine Auffassung der Beziehung des Verstandes zur geoffenbarten Wahrheit und zur kirchlichen Autorität. Denn der heilige Johannes vom Kreuz, der sich ja ausschließlich mit praktischen Fragen des geistlichen Lebens beschäftigt, betrachtet den «Verstand» und die «Vernunft» nie in abstrakter Weise, als lebte der Mensch in einem hypothetischen «reinen Naturzustande». Der Verstand interessiert den heiligen Johannes vom Kreuz nur deshalb, weil er eine wichtige Rolle in der übernatürlichen Ordnung spielt, in welcher das ganze Menschengeschlecht wahrhaft sich selbst findet. Denn alle Menschen haben ein übernatürliches Ziel – die Anschauung Gottes. Sie müssen dieses Ziel durch den Gebrauch ihrer natürlichen Kräfte, vor allem des Verstandes und Willens, unterm Beistand der göttlichen Gnade, erlangen. Die Gnade wird einem Menschen nie fehlen, der alles in seiner Macht Stehende tut, um Gott zu suchen. Darum ist sich der heilige Johannes vom Kreuz, gemeinsam mit allen katholischen Theologen, bewußt, daß die Seelen nicht deshalb verlorengehen, weil sie willkürlich aus der göttlichen Gunst ausgeschlossen sind, sondern auf Grund der fundamentalen Unvernunft des Menschengeistes, der den Glauben nicht annimmt, der ihm als durchaus vernunftgemäß und als das einzige Mittel, den höchsten Bestrebungen des Menschenverstandes und Willens zu genügen, dargeboten wird.

In den letzten Kapiteln habe ich die Tätigkeit des Menschenverstandes bei der innern Reinigung der Seele durch die «Klugheit» und «Unterscheidung der Geister» ziemlich eingehend dargelegt. Das Schema zu Beginn des «*Aufstiegs zum Berge Karmel*» schlägt dem beschaulichen Menschen drei Wege vor, die er gehen kann. Zwei davon sind Irrwege. Einer führt nirgendwohin; der andere bringt uns erst nach einer mühsamen, umständlichen Reise an unser übernatürliches Ziel. Jene, welche diese beiden Irrwege benützen, lassen sich von einem rein subjektiven Wertmaßstab führen: Sie gehorchen dem Antrieb der Leidenschaft und des Verlangens. Das Verlangen ist blind. Es beurteilt die Dinge nur in bezug auf uns selbst. Darum bescheint das Licht der Täuschung diese beiden Wege. Der dritte Weg, der einzig wahre, ist der des *Nada*, des «Nichts», der jeden Subjektivismus verwirft, um die Dinge objektiv zu betrachten. Für einen Theologen besteht die objektive Wirklichkeit in dem, was die Dinge in bezug auf Gott sind, wobei Gott sowohl in Sich selbst wie als unser letztes Ziel betrachtet wird. Um den Weg zum *Nada* zu beschreiten, muß der Mensch nach der Vollkommenheit in den theologischen Tugenden streben. Dies vermag er nur durch beständige Übung seines Verstandes und Willens, entweder aktiv oder auf der passiven und mystischen Ebene. Die Rolle des

Verstandes besteht darin, die Reinheit des Glaubens, der Hoffnung und Liebe sicherzustellen, nicht durch vieles Nachdenken und Scharfsinn, sondern durch die beständige asketische Unterscheidung zwischen den Täuschungen des Subjektivismus und dem wahren Licht, das von Gott kommt.

Soweit ist alles in Ordnung. Aber hier erhebt sich ein ernstes Problem. Leitet Gott uns durch unmittelbare persönliche Eingebungen zu diesem unnachgiebigen Reinigungswerk der Intuition an? Wenn ja, so laufen wir Gefahr, uns in den Subjektivismus einzuschließen, dem wir zu entrinnen versuchten. Müssen wir die göttlichen Eingebungen einzig aus einer innern Haltung heraus von den Trieben des Wunschdenkens unterscheiden? Dann setzt sich diese Haltung stets der Gefahr der Willkür und folglich der Unvernunft aus. Somit fügt sich der Verstand bei dieser «Unterscheidung der Geister» selbst eine Niederlage bei. Er denkt nach zugunsten der «Gedankenlosigkeit». Er ist zum Werkzeug eines andern subjektiven Drangs geworden. Er hat sich zum Diener der Laune und Lust erniedrigt. Denn, obgleich uns Gott einen sichern innern «Sinn» schenkte, wodurch wir den Unterschied zwischen Richtig und Falsch «herausfühlen» — tatsächlich hat er uns einen solchen Sinn verliehen —, läßt Er uns doch unsere sittlichen Urteile nicht allein aus der Haltung eines zarten innern «Empfindens» heraus fällen. Ein innerer «Sinn», der unbestimmt bleibt, läßt sich viel leichter irreführen als das Licht des Verstandes. Ein Urteil aus einem innern «Gefühl» oder «Empfinden» heraus kann ganz individuell ausfallen. Künstler können gleicher Meinung sein über den Wert eines guten Bildes, weil sie irgendwie fühlen, daß sie in der gleichen Weise darauf reagieren. Und doch bleiben ihre Eindrücke ganz persönlich.

Die Wahrheit aber offenbart sich selbst dem Licht des Verstandes in einer Weise, die von allen, welche dasselbe Licht in gleicher Weise benützen, anerkannt wird. Wenn einer eine Wahrheit versteht, so kann er seine Erkenntnis durch Schlußfolgerungen und Beweise auf andere übertragen. Die auf diese Weise von einem Geist auf den andern übermittelte Wahrheit erzeugt in beiden dieselbe objektive Gewißheit, auch wenn sie gleichzeitig ganz verschiedene subjektive Rückwirkungen auf verschiedengeartete Geister haben mag. Wenn daher der heilige Johannes vom Kreuz den Verstand für einen der Grundsteine des mystischen Lebens hält, so deswegen, weil der Verstand, nach ihm, seine Aufgabe nur dann ganz erfüllt, wenn er den Menschen der Führung des Glaubens unterstellt. Und der Glaube, dem der Verstand dient, ist nicht etwas rein Subjektives, Persönliches und Unmitteilbares. Dieser Glaube hat seinen objektiven Mittelpunkt in Gott selbst, wie Er dem ganzen Leib der Gläubigen geoffenbart worden ist. Von da aus gelangen wir zu der sehr wichtigen Schlußfolgerung, daß der Verstand der Schlüssel zum mystischen Leben ist, und zwar insofern er dem Menschen sein ganzes Leben nach der Lehre und Autorität des in Seiner sichtbaren Kirche lebenden und wirkenden Christus gestalten hilft. Diese Kirche stellt zudem eine vollkommene organische Einheit dar, mit einem klar umschriebenen Glaubensbekenntnis, einer Rechtsordnung, einem Ritus, einem sichtbaren Haupt. Die Mystik des heiligen Johannes vom Kreuz läßt sich nicht bloß mit der kirchlichen Autorität und einem Dogmensystem vereinbaren – sie ist, in der Tat, unmöglich ohne dieselben.

Ich stütze diese Behauptung nicht auf die Erklärung des Heiligen, er unterwerfe seine gesamten Darlegungen der kirchlichen Lehrgewalt. Solche Erklärungen sind bloß eine Formsache, die keinen wesentlichen Beitrag zur Lehre selbst darstellen. Dagegen haben wir gesehen, daß sich das mystische Leben für den heiligen Johannes vom Kreuz konkret nicht verwirklichen läßt ohne eine unerbittliche vom Verstand gelenkte Willensaskese. Diese innere Askese gipfelt jedoch im Begriff des «reinen Glaubens». Und der objektive Glaube, wie der heilige Johannes vom Kreuz ihn auffaßt, ist der Glaube, den Christus den Menschen durch die Autorität der Kirche schenkt. Folglich gehört die Unterwerfung unseres Verstandes unter die sittliche Gewalt und die Lehrautorität dieser Kirche zu den wesentlichsten Merkmalen der Verstandesaskese des heiligen Johannes.

Nach diesen schon sehr weitreichenden Bemerkungen möchte ich noch weiter gehen. Es gibt kaum eine Seite im «*Aufstieg zum Berge Karmel*», worin der heilige Johannes vom Kreuz dem Verstand nicht die Aufgabe und strenge Verpflichtung auferlegt, nicht nur jedes geistliche Streben, das nicht im Einklang mit dem Geist der Kirche steht, zu verurteilen und aus der Seele zu verbannen, sondern überhaupt jede mystische Eingebung und jede mystische Neigung, die, auch wenn sie übernatürlich sind, auch wenn sie von Gott stammen, doch die potentielle Versuchung in sich bergen, die öffentliche Offenbarung und Lehrautorität zu durchbrechen. Der heilige Johannes vom Kreuz wäre der letzte Mensch in der Welt, der den Mystiker der Unterordnung unter das *Magisterium* entheben wollte. Obgleich für einen beschaulichen Menschen die Möglichkeit bestünde, alle Glaubensgeheimnisse in seiner Seele unmittelbar von Gott zu empfangen, so schreibt der heilige Johannes vom Kreuz doch nur für Mystiker, die Gott, auf Seinem gewöhnlichen Wege, durch die mittelbare Offenbarung bildet. Der Karmelitentheologe hat einen ganz besondern Grund, dies zu betonen. Seine Askese des «reinen Glaubens» fordert absolute Demut, Unterordnung und innere Selbstverleugnung von seiten der Seele. Diese Selbstverleugnung ist undenkbar ohne die grundlegende Hingabe des ganzen Selbst in der Unterordnung unserer höchsten Fähigkeiten gegenüber Gott. Und diese Unterordnung ist irgendwie vollständiger, wenn wir das Wort Gottes von einem menschlichen Stellvertreter empfangen. Es erfordert eine größere Vollkommenheit, an die göttliche Wahrheit zu glauben, wenn sie uns von den Nachfolgern der Apostel verkündet wird, als wenn wir sie unmittelbar, durch Visionen und private Offenbarungen, empfangen. Christus sagt darüber zum heiligen Thomas: «Selig, die nicht sehen und doch glauben.»[2]

Über diese lebenswichtige Frage schreibt der heilige Johannes vom Kreuz:

«Wir müssen uns in allem durch die Lehre unseres Herrn Jesus Christus, der da Mensch geworden, sowie von seiner Kirche und ihren Dienern nach Menschenart und in sichtbarer Weise leiten lassen und müssen auf diesem

Wege unsere Unwissenheit und unsere geistigen Schwächen heilen lassen. Denn für all das finden wir auf diesem Wege Heilmittel in Fülle. Was sich von diesem Wege entfernt und eigene Wege geht, das ist nicht bloß Vorwitz, sondern gröbliche Vermessenheit. Nichts, das uns auf übernatürlichem Wege kund wird, soll man glauben als allein die Lehre des Gottmenschen Jesus Christus und seiner menschlichen Diener.»[3]

Dieses Zitat stammt aus einem der beiden wichtigsten Kapitel des «*Aufstiegs zum Berge Karmel*». Es ist absolut wesentlich zum wahren Verständnis der mystischen Theologie des heiligen Johannes, denn nur hier erkennen wir den wirklichen Zweck seiner unnachgiebigen Angriffe gegen jede Art Privatoffenbarung und seine Vorschrift, wir müßten uns unter Umständen selbst von echten Visionen, Offenbarungen, Verzückungen, Ansprachen usw. abwenden, um uns auf den «reinen Glauben» zu stützen, der den einzigen unmittelbaren Weg zur Erlangung der Gottesvereinigung darstelle.

Die Lehre des genannten Kapitels zeigt uns zwei Aspekte seiner innern Askese. Einen davon haben wir eben gesehen. Die Unterordnung unter die Autorität ist äußerst wichtig, weil sie vollkommene Demut, Gehorsam und innere Loslösung erfordert, ohne welche die geistige Freiheit unerreichbar bleibt. Dies macht den Gehorsam gegenüber der Kirche und ihren Dienern zu einem höchst vernünftigen Akt. Und in diesem Sinn stellt der heilige Johannes den «Verstand» stets den Bewegungen der irrationalen subjektiven Eingebung und den unklaren mystischen «Anziehungen» gegenüber. Darin besteht die negative und unwichtigste Seite seiner innern Askese. Wir werden gleich zum positiven Werk des Glaubens selbst übergehen, worin, nach der Ausdrucksweise des heiligen Johannes vom Kreuz, die Vereinigung eigentlich vollendet wird. Vorerst aber möchte ich die paar noch ungelösten Fragen über die Rolle des Verstandes zu beantworten versuchen.

Dazu gehören: erstens der klare Standpunkt des Heiligen über die Privatoffenbarungen. Seine Auffassung ist darin außerordentlich streng. Und zwar ist sie weit strenger als die der meisten katholischen Theologen, obgleich eigentlich die Vorsicht der Kirche gegenüber «Privatoffenbarungen» uns zur Annahme des vom spanischen Karmeliten angewandten Maßstabs ermutigt. Wenn er von Offenbarung spricht, so meint er die unmittelbare Einsicht in verborgene Wahrheiten, vor allem in Wahrheiten, die unmöglich auf natürlichem Wege erkannt werden können. Tieferstehende Formen einer außergewöhnlichen mystischen Erfahrung, wie Erscheinungen von Heiligen, innere Ansprachen usw. hat er schon vorher ausgeschaltet. Mit Weissagungen über das Ende der Welt verliert der Heilige keine Zeit. Nun erklärt er, die Seele dürfe keinerlei Privatoffenbarung über die göttlichen Geheimnisse annehmen — achten wir darauf! —, auch wenn diese im Einklang mit dem stehe, was Gott der Kirche bereits öffentlich geoffenbart habe. Hier seine eigenen Worte:

«Da der heiligen Kirche schon alle Sätze unseres Glaubens im Wesen geoffenbart sind, so können keine neuen mehr hinzukommen. Infolgedessen darf man nichts annehmen, was etwa der Seele Neues darüber geoffenbart würde. Ja, man soll sogar in der Annahme anderer Wahrheiten, die darin enthalten sind, auf der Hut sein. Denn in bezug auf den Glauben soll sich die Seele vollkommen rein bewahren. Wenn ihr darum bereits geoffenbarte Wahrheiten neuerdings geoffenbart werden, so soll sie dieselben nicht deshalb annehmen, weil sie wieder dargeboten werden, sondern weil sie der Kirche schon hinreichend geoffenbart sind. Die Seele möge nur ruhig die Augen des Verstandes vor ihnen schließen und sich in aller Aufrichtigkeit der Lehre der Kirche und ihrem Glauben überlassen, der nach einem Worte des heiligen Paulus vom Anhören kommt.»[4]

Anderseits müssen wir den Abscheu des Heiligen vor allem, was außerhalb des Bereichs des reinen Glaubens liegt, richtig verstehen. Er sucht die beschaulichen Menschen nicht deshalb des Lichts, der Erfahrungen und Visionen zu berauben, weil das Streben nach etwas anderem als der Stufe des Glaubens, auf welcher der gewöhnliche Gläubige wahrhaft das Leben hat, zum Stolz verleite. Keineswegs. Das eigentliche Ziel des heiligen Johannes vom Kreuz ist, die Seelen den Weg zur höchstmöglichen Gottesvereinigung zu lehren. Warum verwirft er denn alles, was nach allgemeiner Meinung als Wesen der «Mystik» gilt? — Weil es nicht gut genug ist, weil es nicht das Eigentliche ist! So erhaben diese außergewöhnlichen Gnaden auch sein mögen, so sind sie tatsächlich weniger vollkommen als die wahren mystischen Gnaden, die zum unmittelbaren und «gewöhnlichen» Weg der Heiligkeit gehören. Warum dies? Weil diese Visionen und Weissagungen in ihrem Wesen weniger übernatürlich sind.⁵ Daher können sie die Seele nicht zur göttlichen Vereinigung führen. Sie besitzen von sich aus nicht die Kraft, die Seele in Gott umzugestalten.

2

Die höchstmögliche Beschauung Gottes ist die Schau, welche die Heiligen in der Himmelsglorie genießen. Nach dem heiligen Thomas wird angenommen, zwei große Heilige hätten schon zu Lebzeiten auf Erden eine unmittelbare Schau der göttlichen Wesenheit genossen. In diesem Sinn deuten viele katholische Theologen die Schriftstellen über die von Gott dem Moses und dem heiligen Paulus gewährte Gottesschau. Diese unmittelbare Schau Gottes liegt von Natur in der gewöhnlichen Linie der christlichen Mystik, da sie wesentlich dieselbe ist wie die Anschauung Gottes, die «Visio beatifica» — der normale Zweck und die Erfüllung des christlichen Lebens. Natürlich handelt es sich dabei um eine höchst außergewöhnliche Gnade, wenn wir bedenken, daß sie nur drei Menschen in diesem Leben zuteil wurde. Der heilige Johannes vom Kreuz behandelt die Gottesschau der drei, bei der Übersicht über alle Kategorien geistiger Erfahrung im «*Aufstieg zum Berge Karmel*», für sich. Und zwar behandelt er sie anders als die oben besprochenen Offenbarungen. Er betrachtet die dem heiligen Paulus gewährte unmittelbare Gottesschau nicht in demselben Sinn als außerordentliche Gnade wie eine private Offenbarung göttlicher Geheimnisse. Er betrachtet nämlich die Schau des heiligen Paulus nicht unterm Gesichtspunkte einer «Versuchung». Zweifellos ist diese Gnade so selten, daß der gewöhnliche alltägliche Mystiker, für den der heilige Johannes schreibt, gar keine Aussicht und kein Verlangen danach hat! Meinerseits wiederum erwähne ich die Frage dieser unmittelbaren Schau der göttlichen Wesenheit nicht aus Freude an leeren Spekulationen. Was uns hier beschäftigt, steht in einer bezeichnenden Bemerkung des heiligen Johannes vom Kreuz über die flüchtige Erscheinung der Gottheit, die dem Moses und dem Paulus gewährt wurde. Über diese seltene Gnade, die ihnen schon auf Erden für einen Augenblick die Tore des Himmels öffnete, schreibt er die Worte: «Gott gibt sie besonders nur denen zu kosten, die, wie die drei obenangeführten Männer, Quellen des Geistes der Kirche und des göttlichen Gesetzes sind.»[6]

Er spricht von «dreien», weil er auch den Elias erwähnt, den die Karmeliten nach der Überlieferung als ihren Ordensvater betrachteten.

Dieser Text bildet eine einzigartige Stütze für die These, daß unser Wachstum in der mystischen Beschauung und unser Fortschritt auf dem Wege zur göttlichen Vereinigung unserer Vereinigung mit dem «Geist der Kirche» entspreche. Dies ist jedem klar, der auch nur eine ganz oberflächliche Kenntnis der katholischen Theologie besitzt. Die Mystiker werden vom gleichen Heiligen Geist, welcher der göttliche Lehrer der Kirche ist, gebildet; und das beschauliche Leben ist einfach das volle Aufblühen der Gnade, die durch die ganze Kirche gespendet wird, in der einzelnen Seele. Es ist derselbe Heilige Geist, der die Kirche bei der Definition eines katholischen Dogmas leitet und der das Licht des Glaubens verborgenerweise in jede Christenseele gießt, welche das Dogma annimmt. Wenn ein Katholik einen Glaubensakt an einen ihm von der Kirche vorgelegten Glaubenssatz verrichtet, so nimmt er wirklich, wenn auch in dunkler, unvollkommener Weise, an der Beschauung teil, durch welche Gott Seine eigene göttliche Wesenheit erkennt und liebt. Die durch die Gaben des Heiligen Geistes vervollkommnete Betätigung des Glaubens, der Hoffnung und der Liebe hängt völlig von der Gegenwart Gottvaters und den Botschaften des göttlichen Wortes und des Heiligen Geistes in den innersten Tiefen der Seele selbst ab. Ich bin nur deshalb imstande, einen Glaubensakt an Gott zu verrichten, weil Gott geruht hat, meine Seele und deren Kräfte in den geheimnisvollen Kreis der persönlichen Beziehungen, welche Seine eigene unendliche Wahrheit und Seine ewige Beschauung ausmachen, hineinzuziehen.

Mit diesem Gedanken gelangen wir ans Ende unserer langen Darlegungen über den Verstand in der mystischen Lehre des heiligen Johannes vom Kreuz. Die menschliche Weise der Verstandestätigkeit, die notwendig ist, um unsere Seelen in der vollkommenen Unterordnung unter die Führung der Gnade zu erhalten, ist nur eine Voraussetzung für die wahrhaft bedeutungsvolle Tätigkeit, bei der die Seele und Gott gemeinsam in den Seelenkräften selbst wirken. Es ist dies die Tätigkeit der theologischen Tugenden, vor allem in der übermenschlichen Weise, die sie erlangen, wenn sie durch besondere Eingebungen mittels der Gaben des Heiligen Geistes vervollkommnet und erhoben werden.

3

Da der Glaubensakt der erste Schritt zur Beschauung und ewigen Anschauung Gottes ist, ist es äußerst wichtig, einen genauen Begriff dessen zu haben, was der Glaube wirklich ist. Der Glaube ist eine übernatürliche Tugend, deren Rolle darin besteht, den Menschenverstand zu einer festen, unbedingten Zustimmung zu der von Gott geoffenbarten Wahrheit zu befähigen; nicht auf Grund einer klaren innern Evidenz der Aussagen über Gott, sondern auf das Zeugnis Gottes selbst hin, der uns geoffenbart hat, was wir nicht wirklich sehen.

Diese verstandesmäßige Zustimmung ist ein freier Akt des von der Gnade erleuchteten und gelenkten Willens, dem ein Vernunfturteil über die Glaubwürdigkeit vorausgeht, das jedoch noch keinen innern Glaubensbeweggrund darstellt. Die katholische Kirche hat den verstandesmäßigen Charakter des Glaubensaktes konsequent verteidigt. Die Annahme, der Glaube sei eine «blinde Willensbewegung», wäre ein ernster Lehrirrtum. Dabei verteidigt die Kirche zugleich den wesenhaft dunklen Charakter des Glaubens. Er ist nicht und kann nicht eine Zustimmung zur innern Evidenz sein. Er ist wesentlich die «Annahme von unwahrnehmbaren Dingen». Wir glauben, was wir nicht sehen, darum ist der Glaubensakt nicht rein verstandesbedingt. Er steht unterm Antrieb des Willens.

So verteidigt die Kirche auch wieder den wesentlich übernatürlichen Charakter des Glaubens. Er ist eine Gabe Gottes. Er entsteht unter der Eingebung der Gnade. Diese Eingebung wirkt unmittelbar auf die Seelenkräfte, die sozusagen vom «Finger Gottes» bewegt werden. In jedem Glaubensakt ergreift der Heilige Geist unsern Willen, welcher durch die Sünde von Gott abgelenkt worden war, «richtet» sein Ziel und erleuchtet gleichzeitig den Verstand, auf daß wir glauben.[7]

Welches ist schließlich das Objekt des Glaubens? – Gott selbst. Der Glaube findet sein Ziel in Gott, insofern jeder geoffenbarte Glaubenssatz in Gott endet oder sich auf Gott bezieht, und auch in dem Sinn, daß alles, was wir glauben, von unserem Geist in Unterwerfung unter die Autorität Gottes angenommen wird.

Nach dieser kurzen Darlegung der Wesenszüge des Glaubens, können wir die theologische Bedeutung der kategorischen Behauptung des heiligen Johannes vom Kreuz, «der Glaube allein sei das nächste und geeignete Mittel für die Seele, damit sie mit Gott eins werde», verstehen.[8] Und: «Dieses liebevolle, dunkle Erkennen, unter welchem wir uns den Glauben zu denken haben, dient in diesem Leben zur göttlichen Vereinigung, so wie das Licht der Glorie im jenseitigen Leben das Mittel zur klaren Anschauung Gottes ist.»[9]

Der heilige Johannes wiederholt damit einfach das bekannte Wort des heiligen Thomas, worin er den Glauben als einen Anfang des ewigen Lebens bezeichnet. Es ist die Lehre der Kirche, die im Katechismus des Konzils von Trient ausgesprochen ist.[10]

Dort lesen wir:

«Der Glaube schärft die geistige Sehkraft des Menschen in solchem Grad, daß der Blick mühelos bis in den Himmel vordringt; daß er, von übernatürlichem Licht erfüllt, zunächst den ewigen Quell des Lichtes selbst und dann von Ihm aus alle Dinge unter Ihm betrachtet; so daß wir, wie der Apostelfürst sagt, ‚unsere Berufung aus der Finsternis in sein wunderbares Licht' mit unbeschreiblicher Wonne innewerden und ‚im Glauben unaussprechliche Freude genießen'» (1 Ptr 1, 8).

Kehren wir zum heiligen Johannes vom Kreuz zurück, um eine noch eindringlichere Bemerkung über die Kraft des Glaubens, die Menschenseele mit Gott zu vereinigen, als alle uns bisher bekannten, zu betrachten. Es handelt sich einfach um eine Wiederholung der eben angeführten Lehre der Kirche. Der heilige Johannes vom Kreuz sagt:

«Durch den Glauben kommt eine solche Gleichförmigkeit zwischen ihr [der Seele] und Gott zustande, daß es kein anderes Zwischending mehr gibt als Gott sehen oder glauben... So offenbart sich denn Gott der Seele durch ihn [den Glauben] als das einzige Mittel in göttlichem Lichte; und dieses Licht übersteigt alles Verstehen. Darum ist auch die Seele um so inniger mit Gott vereint, je mehr sie vom Glauben erfüllt ist.»[11]

Daraus ergibt sich deutlich, daß sowohl die katholische Kirche wie der heilige Johannes vom Kreuz, der größte mystische Kirchenlehrer, lehren, der Glaube schenke uns den gleichen Besitz der göttlichen Wahrheit in der Dunkelheit, wie die Seligen, und natürlich Gott selbst, sie in klarer Anschauung kosten.

Damit sind wir wieder beim zentralen Paradox der apophatischen Mystik angelangt. Der Glaube ist eine wesenhafte dunkle Schau Gottes. Die Seele erkennt Ihn, nicht weil sie Ihn von Angesicht zu Angesicht schaut, sondern weil sie von Ihm im Dunkeln berührt wird. Je reiner nun der Glaube ist, wie der heilige Johannes vom Kreuz soeben sagte, desto vollkommener ist unsere Vereinigung mit Gott. Da jedoch der Glaube wesenhaft dunkel ist, so entspricht die Reinheit des Glaubens seiner Dunkelheit. Darum ist, wie der heilige Johannes zu Beginn des «*Aufstiegs zum Berge Karmel*» betont, der reine Glaube «gleichfalls für das Erkenntnisvermögen dunkel wie die Nacht». Er ist in der Tat die dunkelste der «drei Nächte», und in dieser Nacht geschieht «die Mitteilung Gottes im Geiste... die sich gewöhnlich für die Seele in großer Finsternis vollzieht».[12]

Daraus ergibt sich: In der tiefsten geistigen Dunkelheit, in der tiefsten Nacht des Nichtwissens, in der Reinheit des nackten Glaubens vereinigt Gott die Seele in der mystischen Vereinigung mit sich selbst.

Bei unserem spiralförmigen Aufstieg stehen wir wiederum vor derselben geistigen Landschaft, die unsere Blicke auf den Anfang dieser Studie zurücklenkt. Doch sehen wir sie jetzt von einer größern Höhe herab. Daher ist es Zeit, unsern Schlußfolgerungen über die Rolle der begrifflichen Erkenntnis in der Beschauung eine abschließende, bestimmte Form zu verleihen. Hierin zeigt sich endlich das eigentliche Verhältnis der dogmatischen Theologie zum mystischen Leben.

In einem frühern Kapitel anerkannten wir die philosophische Geltung der Gottesbegriffe. Nun obliegt uns die Aufgabe ein für allemal festzustellen, welchen Beitrag die begriffliche Erkenntnis, von der ein theologischer Glaubensakt abhängt, zur mystischen Vereinigung der Seele mit Gott leisten kann. Diese Frage wurde bereits in den zuletzt angeführten Worten des heiligen Johannes vom Kreuz geklärt.

Der Heilige sagt, wir würden in reiner Dunkelheit mit Gott vereinigt. Folglich übersteigt der reine Glaube, der die eigentliche Atmosphäre der göttlichen Vereinigung bildet, jede klare begriffliche und wissenschaftliche Gotteserkenntnis. Der heilige Johannes vom Kreuz sagt, der Glaube «blende und überwältige den Verstand». Eben darum muß er den Verstand seiner klaren begrifflichen Erkenntnis des Göttlichen berauben. Zudem haben wir gesehen, daß, praktisch, die Seele, welche in den Zustand der eingegossenen Beschauung eintritt, tatsächlich ihre Neigung verliert, sich mit bestimmten und besondern Erkenntnisobjekten zu befassen. Sie sucht Gott in einer Dunkelheit, welche die Begriffe übersteigt. Sie findet Ihn, wir können seine Ausdrucksweise nicht bezweifeln, jenseits aller begrifflichen Erkenntnis.

Dies ist unbestreitbar richtig. Nachdem für uns feststeht, daß der heilige Johannes vom Kreuz die begriffliche Erkenntnis und die wissenschaftliche Theologie als solche nicht verwirft, müssen wir annehmen, daß er gleich dem heiligen Thomas und allen hervorragenden Theologen der Meinung ist, die eingegossene Weisheit übersteige die klare Erkenntnis und erfasse die göttlichen Vollkommenheiten in einem unmittelbaren Genuß, welcher der dunklen mystischen Liebe entspringt. Dies bildet die Grundlage einer Gottesauffassung, die nicht auf der Voraussetzung der begrifflichen Evidenz, sondern auf der instinktiven «Antwort» der «Gottähnlichkeit» beruht. Wir «erkennen» Gott, weil wir Ihm gleichförmig geworden sind durch die Liebe. Wesentlich dabei ist jedoch, und dies darf nicht vergessen werden, wie Papst Pius XII. in der Enzyklika *Humani Generis* betont, daß kein Gegensatz oder Widerspruch zwischen der erworbenen und eingegossenen Weisheit besteht. Die «wesensähnliche» Gotteserkenntnis verhilft uns zur Vervollkommnung unserer Gottesbegriffe, und die Dogmatik dient uns als Führerin bei Aussagen, die auf der mystischen Erfahrung beruhen. Die Mystiker schaffen nicht die Theologie: sie werden von der Theologie gebildet.

Bevor wir an diese Frage der Begriffe in der mystischen Erfahrung herangehen, wollen wir zuerst genauer bestimmen, um welche Begriffe es sich dabei handelt. Diese Begriffe gehören einer festumschriebenen Kategorie an: Es sind die Formulierungen der geoffenbarten Wahrheit, welche das Objekt des theologischen Glaubens bilden können. Der Katholik kann nicht sein Leben lang einfach Glaubensakte verrichten gegenüber allem, was ihm paßt. Auch wenn ein schlecht unterrichteter Christ es vielleicht für eine göttliche Offenbarung hält, daß sich die Sonne im Jahre 1917 in Fátima um ihre Achse gedreht habe, so kann dieses Ereignis doch niemals Gegenstand eines theologischen Glaubensaktes werden. Einen solchen Glaubensakt können wir nur für einen Satz verrichten, von dem wir wissen, daß Gott ihn geoffenbart hat. Die göttliche Offenbarung wurde mit dem Tode des letzten Apostels ausdrücklich abgeschlossen. Von da an hat es keine neue öffentliche Offenbarung mehr gegeben. Die von der außerordentlichen kirchlichen Lehrgewalt aufgestellten dogmatischen Definitionen haben keinen andern Zweck als zu erklären, daß verschiedene Lehrsätze tatsächlich zum ursprünglichen Offenbarungsgut gehören. Die Kirche stellt keine Glaubensartikel her, sie macht keine Offenbarungen, da sie nichts zu offenbaren hat. Aber sie ist die Hüterin der von Gott geoffenbarten

Wahrheit. Unterm Beistand des Heiligen Geistes besitzt sie allein die Macht, diese Wahrheit auszulegen. Der Glaubensschatz, zu dem sie den Schlüssel besitzt, ist ein organisches Ganzes von göttlichen Wahrheiten. Gott übermittelt uns diese Wahrheiten durch die Kirche. Durch unsern Glauben daran können wir, mit Hilfe unseres Verstandes und des Lichts der Gnade, zu einem gewissen Verständnis der göttlichen Dinge gelangen.

Gehen wir weiter zur Frage der mystischen Beschauung. Worin besteht diese Beschauung? Sie besteht einfach in der übernatürlichen Erfahrung der im christlichen Glaubensgut enthaltenen göttlichen Wahrheiten. Und da sich in der Tat die ganze geoffenbarte Wahrheit um das fleischgewordene Wort dreht, das die ganze Menschheit durch Seinen Kreuzestod erlöst und in Seiner eigenen Person auf mystische Weise mit Gott vereinigt hat, besteht die Erfüllung des mystischen Gebets in einem Genuß Gottes, in welchem der Mystiker in seiner eigenen Seele die Erfüllung des Werkes wahrnimmt, das Christus zu erfüllen gekommen ist. Diese Erfüllung wird als umgestaltende Vereinigung bezeichnet. Es ist eine vollkommene Liebesvereinigung mit Gott, durch Christus, im Heiligen Geiste — eine Vereinigung, die in ihrer höchsten Vollendung alle Seelen der Seligen in Gott zu umfassen bestimmt ist. Über diese Vereinigung sagt Jesus im Gebet an Seinen Vater beim letzten Abendmahl: «Wie du, Vater, in mir bist und ich in dir bin, so laß sie in uns eins sein... Ich habe die Herrlichkeit, die du mir gegeben hast, ihnen gegeben, damit sie eins seien, gleichwie wir eins sind.»[13]

Diese Liebesvereinigung mit Gott bedingt keine Zerstörung der menschlichen Substanz oder Persönlichkeit. Anderseits aber handelt es sich um eine weit engere Vereinigung als eine bloß moralische Vereinigung der Seelenkräfte. Auch wenn der Ausdruck, philosophisch betrachtet, sinnlos ist, so kann man sagen, der in Gott «umgestaltete» Heilige handle, als wäre er ein «Teil» Gottes. Meine Hand und mein Fuß sind Teile meines Leibes. Was meine Hand tut, tue ich. Was mein Fuß tut, tue ich. Was mit ihnen geschieht, geschieht mit mir. In diesem Sinne sind wir alle, nach dem Worte des heiligen Paulus, Glieder des mystischen

Leibes Christi. Christus ist Gott. Ein Mensch, der völlig im Leben Christi, das ihm als einem Glied des mystischen Leibes gehört, versunken ist, wird durch die Gnade Christus gleichförmig, und durch Christus mit dem Vater, und in Ihm mit allen übrigen Gliedern Christi: «Ich in ihnen und du in mir. So laß auch sie vollkommen eins sein.» Diese Worte Christi lassen keine andere Auslegung zu. Jesus sagt, jene, die in Ihm selbst zur vollkommenen Vereinigung mit Gott gelangten, seien durch die Gnade ebenso eins mit Gott wie Er wesenseins sei mit dem Vater. Dies ist das gewaltigste und zentralste Geheimnis des Christentums. Diesen blendenden Lichtabgrund, der so unendlich hell ist, daß er für unsern Verstand zur reinen Dunkelheit wird, betritt der Mystiker nicht nur mit seinen Augen, seiner Einbildungskraft und seinem Verstande, sondern mit seiner ganzen Seele und Substanz, so daß sie umgestaltet wird wie eine Eisenstange in der Weißglut des Ofens. Das Eisen wird zur Glut. Der Mystiker wird in Gott «umgestaltet».

SECHZEHNTES KAPITEL

EINE DUNKLE WOLKE, DIE DIE NACHT ERHELLT

Auf diesem Teil unserer Reise kommen wir am sichersten vorwärts, wenn wir zwei wichtige Stellen näher erläutern, in welchen der heilige Johannes vom Kreuz den Glauben sowohl vom Gesichtspunkt der Dunkelheit als von dem der Gewißheit aus betrachtet. Vom Standpunkt unseres Menschenverstandes aus scheinen sich diese beiden Merkmale des Glaubens zu widersprechen. In der natürlichen Ordnung ist das gewiß, was dem Verstande einleuchtet, welcher dessen Gewißheit erkennt. In der übernatürlichen Ordnung ist es umgekehrt: hier ist das Gewisseste das Dunkelste. Darum stellen die verstandesmäßigen Schwierigkeiten, die ein Mensch mit den Glaubensgeheimnissen hat, an sich noch keine Zweifel oder Versuchungen gegen den

Glauben dar. Wir können nicht erwarten, daß wir mit klarer innerer Evidenz verstehen, was unserem natürlichen Verstande wesenhaft dunkel ist. Der heilige Johannes vom Kreuz erklärt den Grund dafür. Durch den Glauben nehmen wir Wahrheiten an, die in gar keinem Verhältnis stehen zum menschlichen Verstand und nur insofern erkannt werden, als sie, auf Grund der göttlichen Offenbarung, geglaubt werden:

«Daher kommt es, daß dieses überschwengliche Licht, das der Seele im Glauben zuteil wird, für sie dunkle Finsternis ist; denn die geringere Kraft wird von der größeren verschlungen und überwältigt. Es ist da wie mit dem Sonnenlicht. Vor diesem verschwinden alle anderen Lichter, so daß man kein Licht mehr gewahrt, sobald die Sonne scheint.»[1]

Nur in diesem Sinne kann man sagen, der Glaube blende und verdunkle den Verstand. Das heißt nicht, daß die natürliche Erkenntnis an sich wertlos sei. Aber die natürliche Erkenntnis vermag uns so wenig die göttlichen Geheimnisse zu lehren, wie ein Blitzlicht einer von der Mittagshelle geblendeten Eule den Weg zeigen kann. Nicht nur das Sonnenlicht blendet die Eule, sondern auch das Blitzlicht; wer den Weg zu Gott finden will, muß sich an der Hand führen lassen.

Im Kapitel, worauf wir uns stützen, geht der heilige Johannes vom Kreuz auf psychologische Einzelheiten ein, über die hier bereits alles Nötige gesagt wurde. Für uns genügt es, daran zu erinnern, daß unsere natürliche Erkenntnis von Begriffen abhängt, die aus den Vorstellungen der Dinge abstrahiert werden. Unser Verstand ist von Natur so veranlagt, daß er mit Hilfe der Sinne zur Wahrheit gelangt. Doch ist er, wie der heilige Johannes vom Kreuz sorgfältig erklärt, «auch für das Übernatürliche aufnahmefähig, dann nämlich, wenn Gott ihn zu übernatürlicher Tätigkeit erheben will».[2] Mit andern Worten, der Verstand vermag auf übernatürliche Weise, ohne Hilfe irgendwelcher Vorstellung und jenseits bestimmter Begriffe, Wahrheiten zu erkennen. Gott kann, wenn Er will, den Menschengeist unmittelbar mit seinem unendlichen Licht erleuchten. Und tatsächlich tut Er dies im Himmel. Diese «Fähigkeit», durch welche die Seele eine solche Erleuchtung aufzunehmen vermag, ist streng genommen nicht natürlich. Aber der Verstand befindet sich von Natur in einem Zustand passiver oder «Gehorsams»-Potenz (Potentia obedientialis), um dieses Licht zu empfangen. Dieser Zustand der passiven Potenz verleiht der Seele, streng genommen, keine «Befähigung» zur übernatürlichen Erleuchtung. Diese Befähihung gelangt mit der durch die Gnade verliehenen aktiven Potenz in die unmittelbar auf das Übernatürliche vorbereitete und abgestimmte Seele.

Nun entwickelt aber die Seele diese aktive Potenz für das Übernatürliche, die ihr von der Gnade verliehen wurde, eben durch den Glauben, die Hoffnung und Liebe. Damit will ich sagen, die Betätigung der theologischen Tugenden bereite die Seelenkräfte des Menschen darauf vor, die höhern Erleuchtungen und Eingebungen von Gott zu empfangen, die ohne sinnliches Mittel in unsern Geist gelangen. Mit andern Worten, das Wachsen der Seele in den eingegossenen Tugenden bereitet sie zu einer unmittelbaren und überbegrifflichen Erfahrung der Wirklichkeit Gottes und Seiner Geheimnisse vor.

Steht aber der Glaube selbst über der begrifflichen Erkenntnis? Ja und nein. Er steht an der Grenze. Er benützt die Begriffe, um unserem Geiste die Erkenntnis eines Gottes zu übermitteln, dessen unendliche Vollkommenheiten die Fassungskraft aller Begriffe übersteigt. Seine Begriffe erreichen Ihn wirklich, wie wir gesehen haben. Die Feststellungen des Glaubens über Gott sind objektiv wahr. Und doch bleiben die für diese Feststellungen gebrauchten Begriffe unendlich weit hinter der Wirklichkeit der göttlichen Vollkommenheiten zurück, so daß man über ihre Ausdrucksweise, in gewissem Sinne, sagen kann, sie verbärgen Gott ebenso sehr wie sie Ihn offenbarten.

Der heilige Johannes vom Kreuz erklärt diese besondere Rolle der Begriffe im Glaubensakt mit einem interessanten Vergleich:

«Würde man jemand sagen, es gebe auf einer Insel ein Lebewesen, das er niemals sah, und würde man ihm nicht ein ähnliches Lebewesen nennen, das er schon anderswo gesehen, so bekäme er keine bessere Kenntnis und Vorstellung von jenem Wesen, als er vorher hatte, wollte man ihm auch noch so viel davon erzählen.»[3]

In diesem Beispiel nimmt er an, das Tier auf der Insel existiere wirklich. Alles, was über das Tier erzählt wird, ist wahr. Derjenige, der vom Tier hört, entdeckt etwas, das er vorher noch nicht kannte. Glaubt er an dessen Existenz, so hat er eine neue Wahrheit erworben. Aber leider fehlt ihm jede Möglichkeit, zu erkennen, was für ein Tier es ist. Nehmen wir an, es gleiche keinem Tier auf Erden. Stellt sich unser Mann dieses sonderbare Wesen nach der Art der ihm bekannten Tiere vor, so führt ihn seine Einbildungskraft irre. Der heilige Johannes schließt daraus, der Mann erkenne nur eines an diesem Tier wirklich, nämlich dessen Namen, den er «vom Anhören» empfangen habe.

Ebenso verhält es sich mit den Glaubensbegriffen. Die Wahrheiten, die der Glaube unserem Glaubensvermögen an Gott, wie Er in sich selbst ist, vorlegt, sind, wie der Heilige sagt, «keinem sinnlichen Erfassen» unsererseits «angepaßt». Wir haben nie etwas Ähnliches gesehen. Und doch bringt uns der Glaube auf dunkle, aber sichere Weise in den Besitz dieser Wahrheiten, und zwar mit Hilfe von Begriffen und Vorstellungen, denen wir in einem Glaubensakt zustimmen. Wie ist dies möglich? Der heilige Johannes vom Kreuz macht hier eine Unterscheidung. Die Gotteserkenntnis, die uns in unsern Glaubenssätzen geschenkt wird, steht in keinem Verhältnis zu unseren Sinnen oder unserer natürlichen Erkenntnis. Und doch wird sie mit Hilfe der Sinne durch unsere Zustimmung aufgenommen.

«Darum sagt auch der heilige Paulus: *Fides ex auditu* (der Glaube kommt aus der Predigt), als wollte er sagen: der Glaube ist keine Wissenschaft, die uns durch irgendeinen Sinn vermittelt wird, sondern er ist nur ein Zustimmen der Seele zu dem, was sie hört.»[4]

Trotzdem betont der heilige Johannes vom Kreuz sodann die zweite Hälfte seines Paradoxes — die Gewißheit des Glaubens. Der Glaube ist nicht bloß eine blinde Zustimmung des Willens, welche der Vernunft Trotz bietet. Sondern durch seine Zustimmung wird der Verstand zwar geblendet, aber er wird auch positiv erleuchtet. Der Glaube ist ein intellektuelles Licht. Es erleuchtet den Menschenverstand für das Übernatürliche, indem es ihn seines natürlichen Lichtes beraubt, nicht in bezug auf die Erkenntnis überhaupt, sondern nur in bezug auf die übernatürlichen Geheimnisse, die unser Verstand allein niemals zu durchdringen vermag. Während der Glaube jedoch unsern Verstand in dieser besondern Weise verdunkelt, befähigt er ihn gleichzeitig zum höhern Licht, mit dessen Hilfe er die Geheimnisse Gottes durchdringt. Johannes vom heiligen Thomas verlegt dieses höhere Licht weniger in den Glauben selbst als in die Erleuchtung durch die Gabe des Verstandes, die den Glauben vervollkommnet. Beim heiligen Johannes vom Kreuz fehlt diese Unterscheidung. Der «reine Glaube» ist für ihn der von der Kraft aller Gaben des Heiligen Geistes erleuchtete und gestärkte Glaube:

«Der Glaube ist für die Seele eine dunkle Nacht und gerade dadurch bringt er ihr Licht. Und er bringt ihr um so mehr Licht, je mehr er sie in Dunkel hüllt.»[5]

Hier vergleicht der Heilige den Glauben mit der Wolkensäule, welche die Kinder Israels aus Ägypten hinaus durch die Wüste führte. Diese Wolke war bei Tag finster und in der Nacht eine Feuersäule. Aber auch als Feuersäule blieb sie dunkel. «Das Merkwürdige daran ist, daß diese Wolke, obschon selber Dunkel, doch die Nacht erhellte.»[6]

2

Der Mensch ist geschaffen, um die Wahrheit zu erkennen. Und sein Heil hängt von der Liebe zur höchsten Wahrheit ab, die er erst dann lieben kann, wenn er sie erkennt. Doch gibt es nur eine Art Erkenntnis, die dem Menschen wirklich das Licht verleiht, ohne das er seinen übernatürlichen Zweck nicht zu erreichen vermag. Diese Erkenntnis kommt ihm in der Dunkelheit des Glaubens zu.

Der Prophet sagt: «Solange ihr nicht glaubt, werdet ihr nicht verstehen.»[7] Der Glaube allein vermag uns das Verständnis der göttlichen Geheimnisse zu erlangen. Doch bringt der Glaube noch mehr. Der heilige Paulus sagt: «Ohne Glauben ist es unmöglich, Gott zu gefallen.»⁸

Was heißt Gott gefallen? Wir sagen, Gott finde Gefallen an der Seele, die Er mit Seiner Wirklichkeit, Seiner Liebe, Seiner Wahrheit erfüllt sieht. Wir gefallen Gott in einer geheimnisvollen Weise, indem wir Ihn erkennen, weil wir Ihn nur dadurch erkennen können, daß wir Sein Licht in unsere Herzen aufnehmen. Der Glaube ist dann nicht nur imstande, die innere Substanz der göttlichen Wahrheit zu durchdringen, sondern er ist eine unmittelbar erlösende Gotteserkenntnis. Er «erlöst» uns. Sein Licht ist mehr als nur ein Strahl der Spekulation: Es verleiht Leben. Das Erwachen des Glaubens schenkt nicht nur dem Verstande Licht und dem Willen Frieden: Es gestaltet das ganze sittliche Wesen des Menschen um. Er wird zu einem neuen Geschöpf. Er wird wiedergeboren.

Worin besteht dieses neue Leben? Es besteht in einer wesenhaften Gegenwart Gottes. Vielmehr, es ist eine neue, besondere Gegenwart Gottes, der durch Seine Kraft, Gegenwart und Wesenheit alle Dinge im Sein erhält. Diese neue Gegenwart ist geistig. Worin besteht sie? Sie wurde bereits geschildert: Gott ist in Seinem eigenen Lichte und Seiner eigenen Liebe gegenwärtig. Durch den Glauben, die Hoffnung und die Liebe wird Gott zum Gegenstand einer potentiellen Erfahrung in den Tiefen der Seele, da Er den Seelenkräften durch die Gnade die Kraft und das Verlangen verleiht, Ihn im innersten Bewußtsein unserer Vereinigung mit Ihm durch die Liebe zu besitzen. Er offenbart sich selbst in der Seele als Objekt ihrer tiefsten Sehnsucht. Durch Seine dunkle Gegenwart verheißt Er eine klare Schau. Seine Verheißung gibt uns das Verlangen nach dieser Schau. Und durch unser Verlangen erfassen wir bereits die Schau, auch wenn sie dunkel bleibt.

Mit einem Wort, der Glaube schenkt uns mehr als Licht, mehr als Leben; denn das «Licht», das er uns schenkt, ist Gott selbst. Das Leben, das er uns verleiht, ist nicht weniger als das Sein Gottes, der alles Leben geschaffen hat, indem Sein Atem die Wasser des Abgrundes berührte, und der zum Prinzip unseres neuen übernatürlichen Daseins wird.

Nichts von dem aber entspringt rein und einfach aus dem begrifflichen Inhalt des Glaubens. Es kommt direkt von Gott. Was müssen wir daraus schließen? – In jedem Glaubensakt sind zwei Elemente am Werk. Erstens die Formel, das Begriffsgebilde, das die Wahrheit enthält, der wir zustimmen. Diese bietet sich unserem Verstande gleich jeder andern intentionalen Erkenntnis dar: in der Form eines Urteils. Doch erleuchtet es den Verstand nicht in der gleichen Weise wie eine gewöhnliche Erkenntnis. Auf der natürlichen Ebene erleuchtet ein Begriffsurteil den Verstand durch die klare Evidenz, die es enthält. In einem Glaubensakt wirft der begriffliche Inhalt des Glaubenssatzes von sich aus kein Licht auf den Verstand. Der Unterschied zwischen dem Glauben und Unglauben läßt sich nicht nach unserer Fähigkeit bemessen, den Sinn der Glaubenssätze zu begreifen. Ein Mensch kann sich eine tiefgründige Fachkenntnis der Theologie der Heiligen Dreifaltigkeit erwerben, ohne an die Dreifaltigkeit zu glauben. Ein anderer, dem die mit diesem Geheimnis verbundenen dogmatischen Probleme unbekannt bleiben, kann daran glauben. Ihm ist Gott selbst zur Gegenwart geworden. Er ist «gerettet». Er kann zur Beschauung aufsteigen. Folglich gibt es noch in jedem Glaubensakt ein zweites und wichtigeres Element: ein objektives, übernatürliches Licht, das die Tiefen der Seele durchdringt und ihr den wirklichen Inhalt der Wahrheit übermittelt, der sich aus den Worten des Glaubenssatzes nicht voll erfassen läßt.

Jedes dieser beiden Elemente ist unbedingt erfordert zu einem lebendigen Glaubensakt, weil eine innerste Beziehung zwischen ihnen besteht. Wären die Glaubenssätze nur Anlaß zur Eingießung des übernatürlichen Lichts, so wäre es gleichgültig, was uns Gott zu glauben vorlegte. Dann gälte ein Begriff soviel wie der andere. Dies würde jedoch bedeuten, daß der intentionale Inhalt unseres Glaubensbekenntnisses gar keinen Wert oder Sinn enthalte. Jedes Glaubensbekenntnis wäre sich gleich. So könnte man auswählen! Den Aufrichtigen würde Gott erleuchten, so daß er Ihn erkennte. Aber Gott, der die Weisheit selbst ist, kann nicht zwecklos ein ganzes organisches Gebäude von Wahrheiten offenbaren, denen schließlich jeder objektive Wert fehlte. Er, der die Wahrheit selbst ist, kann Seine Gnade nicht selbstgefällig allen zur Verfügung stellen, unter der einzigen Bedingung, daß sie bereit seien, auf Seine Rechnung hin den Irrtum anzuerkennen!

Die Beziehung zwischen dem begrifflichen Glaubensinhalt und dem eingegossenen Licht, wodurch uns Gott wirklich Seine Wahrheit schenkt, besteht darin, daß die Wahrheit tatsächlich, auf verborgene Weise, in den Glaubenssätzen selbst enthalten ist. Und zwar finden wir die Wahrheit in diesen Sätzen durch das Licht des Glaubens.

Aus den ganzen Darlegungen des heiligen Johannes vom Kreuz über die Kraft des Glaubens ergibt sich: daß dies der einzige Weg zur Gottesvereinigung ist, und daß er wesenhaft dunkel ist und Gott «verbirgt»; und doch ist er zugleich reine, in ihrer Gewißheit vollkommene Wahrheit und bietet uns Gott gleichsam in einer Wolkenhülle dar.

Auch der heilige Thomas von Aquin tritt für die eben dargelegte Unterscheidung ein, wonach der Glaube hauptsächlich in einem eingegossenen Licht besteht; die genaue Bestimmung im Hinblick auf eine besondere Wahrheit erhält er jedoch durch die verschiedenen Glaubenssätze.[9]

3

Blättern wir nun im Werk des heiligen Johannes vom Kreuz weiter bis zur klassischen Stelle im «*Geistlichen Gesang*»,[10] in welcher er die Rolle der christlichen Glaubenssätze in der mystischen Beschauung in unvermittelter schöner Weise erläutert.

Die vom Heiligen erklärte Strophe lautet:

«O christallina fuente,
Si en esos tus semblantes plateados
Formases de repente
Los ojos deseados
Que tengo en mis entrañas dibujados.»

Die Gott liebende Seele drückt hier ihren Glauben aus, nicht in abstrakter oder bloß allegorischer Form, sondern als lebendige, im Geiste der Gläubigen existierende und wirkende Realität. Es ist jene Quelle, die Christus selbst einen Quell «lebendigen Wassers» nennt, «der fortströmt ins ewige Leben».[11] Die Seele spricht zum Glauben — ich gebe hier die Übersetzung der Strophe wieder:

«O kristallhelle Quelle,
Wenn doch in deinem Antlitz silberhelle
Du plötzlich bilden möchtest
Die Augen, die ersehnten,
Die ich gezeichnet trag' in meinem Innern.»

Es sind die Augen und das Antlitz Gottes, welche die Seele zu «ersehnen wagt» und die in den Tiefen ihres Wesens «eingezeichnet» sind; doch erblickt sie dieselben nicht klar, sondern undeutlich und dunkel gleich den schwachen Umrissen einer Bleistiftzeichnung. Wie alle übrigen Strophen des «*Geistlichen Gesangs*» bleibt auch diese geheimnisvoll. Die Deutung ließe sich leicht bestreiten, wenn sie nicht vom Verfasser selbst stammte, von dem wir billigerweise annehmen können, er habe ihren Sinn besser gekannt als jeder andere.

Die Seele wendet sich hier mit tiefem Verlangen an den Glauben, so erklärt der Heilige, weil sie von der Betrachtung aller geschaffenen Dinge herkommt und sich völlig bewußt ist, daß Gott, so wie Er in sich selbst ist, in ihnen nicht zu finden sei. Die Geschöpfe sind so schwache Abbilder Seines göttlichen Seins, daß sie nicht mehr sind als Fußspuren, die Er nach Seinem Vorübergang zurückgelassen hat. Sie geben noch Zeugnis davon, doch ist ihr Zeugnis in Wirklichkeit von einem besondern Schmerz gefärbt. Sie können uns sagen, daß Er vorübergegangen sei. Das Geheimnis, wohin Er gegangen sei, vermögen sie uns nicht zu enträtseln!

Der Glaube dagegen kann uns dieses Geheimnis sagen. Mehr noch, der Glaube ist wahrhaft Sein Versteck, worin Er sich «ringsum in Finsternis einhüllt und Ihm das Wasserdunkel als Zelt dient».[12] Wie der heilige Johannes vom Kreuz schon zu Beginn seines «*Geistlichen Gesangs*» erklärt: «Wer eine verborgene Sache auffinden will, der muß sich ebenso verbergen und bis an den Ort vordringen, wo sie verborgen ist; und wenn er sie findet, ist er in gleicher Weise verborgen, wie die gefundene Sache.»[13] Somit wiederholt der heilige Johannes, der Glaube schenke der Seele «das helle Licht über den Geliebten» und biete ihr das einzige Mittel, um zur wirklichen Vereinigung und geistigen Verlobung mit Gott zu gelangen.[14] Dieser Gedanke stammt aus der Heiligen Schrift: «Ich werde mich dir verloben im Glauben.»[15]

Die Seele steht auf einmal vor dem Paradox des Glaubens. Sie ist ans Kreuz des Schmerzes und der Dunkelheit, welche die Krise des wahren Glaubens darstellt, genagelt. Sie sieht, daß der Glaube, weil er zugleich sicher und dunkel ist, Gott offenbart, indem er Ihn verbirgt; und dadurch, daß er Ihn verbirgt, offenbart er Ihn. Und doch liegt darin kein bloß verstandesmäßiges Dilemma. Es ist kein Problem, denn ein Problem läßt sich durch eine verstandesmäßige Lösung bewältigen. Die Seele sucht nicht nach einer Lösung. Sie stellt nicht eine Frage, die der Glaube beantworten muß. Ihr Schmerz ist anderer, weit tieferer Natur. Es ist die Qual der Liebe, die Gott besitzt, ohne Ihn zu sehen, und die stets im Besitze Gottes ruht, und doch ruhelos ist, weil sie in der reinen Anschauung zu ruhen verlangt. So ist ihre Ruhe im besten Fall ein Schweben in der Leere.

Nun spricht der heilige Johannes vom Kreuz rückhaltlos die eine große Wahrheit über den Glauben aus, die ihn zugleich zur Quelle des tiefsten Schmerzes und eines erhabenen Friedens macht. Er äußert diese Wahrheit auf zweifache Weise. Erstens sagt er, wie schon vorher, der Glaube übermittle der Seele die göttliche Wahrheit in einer «dunklen und unfertigen Erkenntnis». Dann erklärt er schließlich: — und dies ist äußerst wichtig — «der Glaube gibt und vermittelt uns Gott selbst.»[16] Denselben Gedanken finden wir in der «*Dunklen Nacht der Seele*».

«Diese dunkle Nacht [der reine, durch die Gaben des Heiligen Geistes vervollkommnete Glaube] ist ein Einwirken Gottes auf die Seele, welches sie reinigt von ihrer Unwissenheit und ihren bleibenden Unvollkommenheiten, sowohl natürlichen wie geistigen. Die Gelehrten nennen sie eingegossene Beschauung... In ihr belehrt und unterweist Gott die Seele in geheimnisvoller Weise in der Vollkommenheit der Liebe, ohne daß sie selber etwas tut, noch auch versteht, wie diese eingegossene Beschauung vor sich geht.»[17]

Und nun erklärt der heilige Johannes vom Kreuz, wie der Glaube uns Gott in verborgener Weise mitteilt. Die Glaubenssätze enthalten wirklich die Wahrheit über Gott. Gott ist das Formalobjekt, das unser Glaube erreicht. Er ist die Substanz hinter der Erscheinung, die aus einem glaubwürdigen Satz über Ihn besteht.

Die von Gott in der Heiligen Schrift oder Überlieferung geoffenbarten Glaubenssätze und Wahrheiten lassen sich mit dem Sakrament der Allerheiligsten Eucharistie vergleichen, in welchem Christus, Gott, unserem Blick unter den Gestalten des Brots und Weins dargeboten wird. In der geweihten Hostie ist keine Substanz des Brotes mehr. Die sichtbaren Akzidentien des Brotes, die wir mit unsern Sinnen wahrnehmen, werden unmittelbar von der Macht Gottes im Sein erhalten, ohne daß sie irgendeinem geschaffenen Ding innewohnen oder in metaphysische Zusammensetzung mit dem göttlichen Sein treten. Ebenso in den Glaubenssätzen. Wir beginnen das Glaubensbekenntnis mit den Worten: «Ich glaube an den einen Gott, den allmächtigen Vater.» Dieser Satz bietet unserem Geiste gewisse auf Bilder gestützte Begriffe dar. Die in uns durch diesen Glaubenssatz erweckten Begriffe und Bilder enthalten die wesenhafte Wahrheit über Gott, aber an sich bleiben sie geschaffene Erscheinungen oder «Erkenntnisbilder», durch welche der Glaube hindurchdringen muß, um zu Gott zu gelangen. Bleibt der Geist an der subjektiven, phantasiebedingten Vorstellung eines menschlichen «Vaters» haften, der mit einer endlos vergrößerten menschlichen Macht ausgestattet wird, so gelangt er nicht bis zu Gott. Dadurch wird unser Glaubensakt unfruchtbar.

Der heilige Johannes braucht noch einen andern Vergleich. Die Glaubenssätze sind gleich einem kostbaren goldenen, mit

Silber überzogenen Gefäß. Gott ist das mit dem Silber der formalen Glaubenssätze überzogene Gold.

«Der Glaube wird in den Sätzen, die er uns lehrt, mit dem Silber verglichen, die Wahrheiten aber und der Wesensinhalt gleichen dem Golde. Denn was wir jetzt glauben, verdeckt und verhüllt mit dem Silber des Glaubens, ist wesentlich dasselbe, was wir im andern Leben enthüllt schauen und als reines Gold genießen.»[18]

SIEBZEHNTES KAPITEL

DIE LIEBENDE GOTTESERKENNTNIS

Der reine, durch die Gaben des Heiligen Geistes vervollkommnete und vor allem durch die Liebe verklärte Glaube quillt auf in den Tiefen der Seele und tränkt sie im Verborgenen mit den Wassern der göttlichen Wahrheit. Diese Wasser sind nicht nur Aussagen über Gott, sondern sie sind die Gegenwart Gottes selbst. Aber vom Augenblick an, wo unsere Beschauung über die klaren Begriffe hinausgeht, vom Augenblick an, wo der Verstand in die göttliche Dunkelheit eintritt, wird unsere Gotteserkenntnis von der Liebe beherrscht und entspringt der Liebe. Dies ist so wahr, daß manche Kirchenväter, gleich dem Zisterzienser Wilhelm von Saint-Thierry, schrieben: «Die Liebe zu Gott ist unsere Erkenntnis Gottes.» Theologisch betrachtet, handelt es sich um eine unbestimmte Aussage. Und doch spricht sie eine bezeichnende Wahrheit aus, welche der heilige Johannes vom Kreuz mit großem Nachdruck betont und die der heilige Thomas von Aquin genauer definiert.

Auch wenn die Beschauung selbstverständlich in einem Erkenntnis-, nicht in einem Willensakt besteht, ist doch praktisch nicht die Erkenntnis das wichtigste Element im beschaulichen Leben, sondern die Liebe. Einige Gründe dafür sind:

Erstens fließt die eingegossene Beschauung, obgleich sie eigentlich ihren Sitz im Intellekt hat, aus der Liebe und endet in der Liebe. Wie wir gesehen haben, besteht diese Beschauung in einem erfahrungsmäßigen Erfassen der göttlichen Wahrheit in einer Dunkelheit, welche die Grenzen der begrifflichen Erkenntnis übersteigt. Eine solche Erfahrung kann nur dann gültig und wahr sein, wenn sie der göttlichen Liebe entspringt. Nur die Liebe vermag die lebendige Berührung herzustellen, bei welcher der Wille über den geblendeten Verstand hinausgeht und die eigentliche Substanz Gottes «berührt», die unser Geist nicht zu erfassen vermag. Oder vielmehr, um es genauer auszudrücken, dieselbe göttliche Einwirkung, welche die Tiefen der Seele berührt, wo Verstand und Wille eins sind, verdunkelt gleichzeitig den Verstand mit einem übermäßigen Licht und setzt den Willen durch die Liebe in Flammen, indem sie den ganzen Geist mit der beim Auszug aus Ägypten vorgebildeten Wolke erfüllt — der «dunklen Wolke, welche die Nacht erhellt».

Die Liebe ist vor allem deshalb wichtig, weil sie die Ursache der Beschauung ist. Der heilige Thomas unterscheidet deutlich die erworbene Weisheit, welche durch vernunftgemäßes Suchen zur intentionalen Erkenntnis gelangt, von der eingegossenen Weisheit der mystischen Beschauung, welche das richtige Urteil über das Göttliche aus der Erfahrung, *per modum inclinationis*, und aus der Tugend der Wesensähnlichkeit zieht. Diese Weisheit, auch wenn sie eigentlich ein verstandesmäßiger Akt ist, wurzelt in der Liebe, weil sie völlig von einer Erfahrung der Gottesvereinigung abhängt, die nur durch die Liebe zustande kommt.[1]

An einer andern Stelle stützt der heilige Thomas dieselbe Lehre auf einen klaren Text der Rede Christi an die Jünger beim Letzten Abendmahle. Jesus sagt zu ihnen: «Wer mich liebt, bewahrt mein Wort; mein Vater wird ihn lieben, und wir werden zu ihm kommen und Wohnung bei ihm nehmen... Ich will den Vater bitten, und er wird euch einen andern Beistand geben. Es ist der Geist der Wahrheit... Die Welt kann ihn nicht empfangen... Ihr jedoch kennt ihn; denn er wird dauernd in euch sein.»[2] In seinem Kommentar über diesen Gedanken und vor allem im Hinblick auf den heiligen Johannes den Täufer bemerkt der heilige Thomas: «Das Feuer der Liebe ist die Quelle des Lichts, denn durch die Glut der Liebe gelangen wir zur Erkenntnis der göttlichen Wahrheit.»[3] Dabei müssen wir aber das Wort insofern richtig verstehen, als die Liebe nicht irgendein anderes Objekt anstrebt als dasjenige, welches unserem Verstand durch die Glaubenssätze oder die geoffenbarten Worte der Heiligen Schrift vorgelegt wird. Die Liebe ist keine Erkenntnisquelle in dem Sinn, daß sie dem Verstand neue Dinge zuträgt, die ihm vollkommen unbekannt waren. Aber in der liebenden Gotteserkenntnis, welche die dunkle, mystische Beschauung ist, durchdringt die Liebe den begrifflichen Inhalt der Offenbarung und erkennt Gott erfahrungsmäßig in einer höhern und vollkommeneren Weise, als es sonst unserem Verstand möglich ist.

Wenn man daher sagt, die Liebe sei die Quelle der mystischen Gotteserkenntnis, so heißt das nicht, die mystische Beschauung benötige keine Begriffe mehr. Hier ist genau zu unterscheiden. Richtig ist, daß die Begriffe nicht mehr das eigentliche Mittel darstellen, wodurch wir unsere höhere, erfahrungsmäßige Gotteserkenntnis erlangen. Trotzdem bedingen sie diese Erkenntnis, und die mystische Weisheit bleibt der Spezifizierung durch die bestimmten begrifflichen Sätze der dogmatischen Theologie unterworfen. Jacques Maritain, dem ich hier folge, vergleicht die Begriffe in der mystischen Beschauung mit den schlafenden Jüngern im Ölgarten während der Todesangst Christi und erklärt, die Rolle dieser «liebenden Erkenntnis» werde vom Willen erfüllt, der in der Dunkelheit des Glaubens wache und leide. Die von ihm gebrauchten Worte erinnern an die oben angeführten des heiligen Thomas. Maritain sagt: «Das eigentliche Licht der eingegossenen Beschauung ist die in der Nacht leuchtende Glut der Liebe.»[4]

Die genaue Lehre der modernen Thomisten, Garrigou-Lagrange, Gardeil und Maritain, in diesem Punkte, sagt uns, die intensive übernatürliche, durch die Eingebung des Heiligen Geistes, mittels Seiner Gaben, gelenkte Liebe zu Gott werde zu einem überbegrifflichen Erkenntnismittel Gottes, wie Er in sich selbst sei. Die genaue Unterscheidung ist hier wichtig.

In jeder Art Liebe, der menschlichen wie der göttlichen, vermag die Seele über ihre eigene Liebestätigkeit nachzudenken und wird so zum Gegenstand ihrer eigenen Erkenntnis. Aus diesem Grund kann die Lust der menschlichen Liebe einen Zustand erzeugen, der einer niedern Art Beschauung ähnlich ist, falls der Geist in dieser beglückenden Erfahrung verharrt und sich deren um ihrer selbst willen freut. In dem Fall wird die Liebe zum Gegenstand einer nachdenkenden Intuition. Die Seele ruht im Genuß ihrer eigenen Erfahrung. Sie liebt und weiß, daß sie liebt, und weiß zugleich, daß ihre Liebe erwidert wird. Diese Erkenntnis erzeugt eine Lust.

Derselbe Vorgang kann sich nun auf den niedern Stufen der religiösen Erfahrung abspielen. Die Seele fühlt eine tiefe Liebe zu Gott in sich, denkt über diese Liebe nach und fügt zu dieser Überlegung den Gedanken, daß ihre Liebe von Gott selbst im Übermaß erwidert werde. Auch hier wird die Liebe selbst zum Gegenstand der Erkenntnis. Was wir betrachten, ist unsere Liebe. Wir ruhen und freuen uns an der Erkenntnis, daß wir lieben und geliebt werden. Streng genommen ist dies keine eingegossene Beschauung, jedenfalls nicht nach meiner Ansicht. Vielmehr ist es das, was manche Autoren als «erworbene» Beschauung bezeichnen, obgleich die Gültigkeit eines solchen Ausdrucks bestritten wird; und es liegt meiner Absicht fern, mich hier mit der Frage auseinanderzusetzen.

Mögen die obengenannten Theologen verschiedener Meinung sein über das Wesen einer solchen Beschauung. Darin sind sie sich jedenfalls einig, daß die Beschauung, die ein wirkliches überbegriffliches Gefühl der Gegenwart Gottes erzeugt, das die meisten Autoren als mystisch bezeichnen, höher stehe und nicht nur auf der Erkenntnis unserer Liebe beruhe.

Es handelt sich um eine sehr subtile Unterscheidung, die nicht unklar bleiben darf. Einerseits wird die von der Liebe bewegte Seele zum Gegenstand ihrer eigenen Erkenntnis. Anderseits ist die von der erleuchtenden Flamme der unmittelbaren Gegenwart Gottes berührte, entzündete und verklärte Seele kein Erkenntnisobjekt mehr, sondern das eigentliche Medium, in dem Gott erkannt wird. Folglich ist der in der innersten Erfahrung gegenwärtige Gott das Objekt der Beschauung der Seele. Das Medium, in dem Er geschaut wird, ist nicht die Liebe als Habitus oder Tugend, nicht der sich im Verstand widerspiegelnde Liebesakt, sondern die in der Flamme der göttlichen Liebe brennende und durchsichtige Seele selbst.[5]

Diese göttliche Liebe, welche die Seele verklärt und zum lichten Medium macht, worin Gott erkannt wird, läßt sich daher entfernt mit der Anschauung Gottes der Seligen im Himmel vergleichen, in welcher das Licht Gottes selbst die Seele erfüllt, beherrscht und umgestaltet und an die Stelle einer Idee oder Spezies tritt, in welcher der Verstand Ihn erfaßt.

Zur Verdeutlichung dieser Unterscheidung möchte ich folgenden Vergleich herbeiziehen. Inmitten der Nacht oder an einem Regentag kann ich an einen schönen sonnigen Nachmittag denken und in mir die Erinnerung an Sonnenschein und Freude, Wärme, Blumen, Bäume, an den Himmel, die Wolken und so weiter erwecken. Solange ich darüber nachdenke, stellen diese Bilder und Ideen das Objekt meiner Erkenntnis dar. So ist es auch, wenn ich über die Idee der göttlichen Liebe nachdenke und über die in mir gegenwärtige Liebeserfahrung. Scheint aber die Sonne draußen und schau ich durchs Fenster, ohne die Sonne tatsächlich zu erblicken, so gewahre ich doch ihr Licht überall am Himmel. Ich erkenne die Sonne in dieser Atmosphäre wie in einem eigentlichen Medium.

Am besten ist es wohl, wenn ich darüber eine Stelle des Johannes vom heiligen Thomas wiedergebe, der diese wesensähnliche und mystische Gotteserkenntnis durch die Liebe sehr schön zusammenfaßt. Jacques Maritain führt diesen Text im Kapitel an, dem ich hier gefolgt bin. Johannes vom heiligen Thomas schreibt:

«Die Gabe der Weisheit gelangt auf mystischem und affektivem Wege [d. h. auf dem Weg der Liebe] zu den höchsten Ursachen – das heißt sie erreicht sie wahrhaft in der Selbsthingabe Gottes an uns. Gewiß sind alle übernatürlichen ‚Habitus' göttliche Gaben. Aber es ist nicht dasselbe, wenn wir etwas als Gabe erhalten, wie wenn wir es im Akt des Gebens selbst und kraft desselben erlangen, so daß die Formalursache des Begreifens in der Selbsthingabe Gottes an uns liegt, der Sich uns durch Seinen Geist und Willen schenkt... Daher können wir sagen, die Formalursache, durch welche die Gabe der Weisheit den Urgrund erreiche, bestehe in der erfahrungsmäßigen Erkenntnis Gottes, sofern Er mit uns vereinigt und uns einverleibt sei und Sich selbst uns schenke. Es ist dies eine völlig geistige Erkenntnis, die nicht nur einem Licht oder begrifflichen Nachdenken entstammt, das uns das Wesen der Dinge zeigt, sondern der Liebe und Erfahrung der Vereinigung.» [6]

Um Mißverständnisse über die Darlegungen des Johannes vom heiligen Thomas zu vermeiden, müssen wir uns daran erinnern, daß man sagen kann, Gott schenke sich uns «Selbst», wenn wir uns Ihm unsererseits wirklich völlig hingeben mit einer Liebe, die sich in gewissem Sinne mit Seiner Liebe zu uns vergleichen läßt, weil sie vollständig, uneingeschränkt und absolut rein ist. Eine solche Liebe kann selbstverständlich nur durch eine Gabe Gottes in uns erzeugt werden; und darum, weil Er uns eine der Seinen ebenbürtige Liebe einflößt, können wir sagen, Gott ziehe die Seele völlig an Sich und schenke Sich selbst völlig der Seele. Tut Er dies, so besteht kein wirklicher oder erfahrungsmäßiger Unterschied mehr zwischen Seiner Tätigkeit und der Tätigkeit der Seele in der einen und gleichen vollkommenen Liebe.

2

In ihrer höchsten Vollkommenheit auf Erden, das heißt, in der umgestaltenden Vereinigung, kann diese Gotteserkenntnis als unmittelbar bezeichnet werden, wenn auch nicht in dem Sinn, daß der Intellekt Gott von Angesicht zu Angesicht schaut, denn Er wird immer noch durch die Liebe, als Wirkung, erkannt. Da aber die vollkommene Liebe unmittelbar zu Gott gelangt und unser Wesen ohne anderes Medium mit Seinem göttlichen Wesen vereinigt, und da die Seele des Mystikers Gott unmittelbar in der Erfahrung dieser Vereinigung erlangt, so ist es klar, daß die mystische Erfahrung im wirklichen Genuß Gottes besteht, der sich über jedes geschaffene Bild, jedes Ebenbild und jede Idee erhebt.

Wie ist all das möglich? Es ergibt sich aus der eigentlichen Natur der Liebe. Alle Liebe führt zur Ekstase, in dem Sinn, daß sie uns aus uns selbst herausreißt und uns in den Gegenstand unserer Liebe hineinversetzt. Im Fall der menschlichen Liebe kann diese Ekstase nie mehr als eine Redensart oder ein bloßer Ausdruck moralischen und seelischen Einklangs sein. Aber da unsere Seelen geistige Substanzen sind, und da Gott reiner Geist ist, steht einer ekstatischen Vereinigung im buchstäblichen Sinne zwischen uns und Ihm nichts entgegen. Der einzige Vorbehalt gegenüber dieser Vereinigung besteht darin, daß eine bedingte und endliche Substanz nie zu einer Natur und Substanz mit dem unendlichen und absoluten Wesen Gottes werden kann, soweit, daß alles, was Ihm von Natur angehört, auch uns von Natur angehörte. Die metaphysische Unmöglichkeit dessen wird schon aus der Vorstellung heraus evident, daß dabei eine Substanz in etwas von Natur Unwandelbares verwandelt würde. Wir können nicht «Gott werden». Gott ist, und Sein Wesen steht unendlich weit über allem Werden. Doch kann Er uns, als freie Gabe, die Möglichkeit schenken, durch die Erkenntnis und Liebe an allem teilzuhaben, was Ihm von Natur angehört.

Dies führt uns zum zweiten Grund, warum die Liebe das Wichtigste ist im beschaulichen Leben. Sie bildet das Ziel und die Vollendung dieses Lebens. Es ist so, wie der heilige Bernhard sagt: Die Beschauung Gottes ohne Liebe ist gar keine Beschauung. Gott erkennen, ohne ihn zu lieben, heißt gar nicht Gott erkennen. [7]

Es besteht kein Zweifel darüber, daß die Liebe das Ziel und die Vollkommenheit jeder Beschauung ist, denn die Beschauung hat ihr Ziel nicht in sich selbst. Beschauung ist nicht Heiligkeit. Die volle Reife des christlichen Lebens, zu deren Erlangung die Beschauung nur eines der vielen Mittel ist – wenn auch vielleicht das wirksamste –, besteht wesenhaft in der vollkommenen Liebe Gottes und der Mitmenschen. Darum sagt der heilige Thomas von Aquin:

«Obgleich das beschauliche Leben vor allem in der Verstandestätigkeit besteht, so nimmt es seinen Anfang im Willen... Und da das Ziel dem

Anfang entsprechen muß, so folgt daraus, daß Zweck und Ziel des beschaulichen Lebens ihren Sitz im Willen haben; wenn sich ein Mensch daher der Schau Gottes, den er liebt, erfreut, so wird seine Liebe in der Freude der Schau kräftiger... Somit besteht die höchste Vollkommenheit des beschaulichen Lebens darin, daß die göttliche Wahrheit nicht nur geschaut, sondern auch geliebt wird.»[8]

Dies ist um so wahrer, als die Liebe in der Tat insofern Vollkommenheit und Heiligkeit ist, als sie uns unmittelbar mit Gott vereinigt und uns das Leben in Ihm, der unser Leben ist, verleiht. Gott ist zugleich die Heiligkeit der Heiligen, ihre Beschauung und ihr Leben. In Ihm finden sie alles. Wie der heilige Augustinus sagt: «Wie die Seele das Leben des Leibes ist, so ist Gott das glückselige Leben des Menschen.»[9] Und der heilige Thomas fügt bei: «Die Liebe bindet den Menschen an Gott um Gottes selbst willen, indem sie die Menschenseele durch die Kraft der Liebe mit Gott vereinigt... Die Liebe ist das, was den Menschen unmittelbar zu Gott hinlenkt, indem sie den Willen des Menschen in einer Weise mit Gott vereinigt, daß der Mensch für Gott lebt und nicht für sich selbst.»[10]

Immerhin ist zu unterscheiden zwischen der Beschauung in diesem Leben und im andern. In der seligen Anschauung erfaßt der Mensch Gott eigentlich und unmittelbar durch einen Erkenntnisakt und besitzt Ihn. In diesem Leben nicht. Aber selbst im Himmel hängt die Reinheit und Vollkommenheit unserer Anschauung Gottes völlig davon ab, wie sehr wir Ihn in diesem Leben geliebt hatten. Folglich bildet die Liebe, sogar im Himmel, wenn auch nicht das metaphysische Wesen der Seligkeit, so doch einen wesentlichen Teil der Seligkeit. Die größten Heiligen im Himmel sind jene, die Gott hienieden am meisten liebten. Und die Ihn am meisten lieben, sind jene, die Ihn am tiefsten erkennen. Und jene, die Ihn im Himmel am tiefsten erkennen, hatten Ihn auf Erden am meisten geliebt. Folglich ist die Liebe auch in diesem dritten Sinne das Wichtigste im beschaulichen Leben: Sie ist die Quelle unseres Verdienstes.

In einer Gegenüberstellung des tätigen und beschaulichen Lebens sagt der heilige Thomas:

«Die Wurzel alles Verdienstes ist die Liebe... Die Liebe zu Gott ist wesenhaft verdienstlicher als die Liebe zu unserem Nachbarn... Das beschauliche Leben gehört unmittelbar, direkt, der Liebe Gottes an... darum ist das beschauliche Leben von selbst verdienstlicher als das tätige.»[11]
Da wir uns die Frage nach der Erkenntnis und Liebe im beschaulichen Leben im Himmel gestellt haben, wollen wir einen Augenblick bei einem höchst bezeichnenden Texte des heiligen Johannes vom Kreuz verweilen. Die darin enthaltene Lehre des spanischen Karmeliten scheint vom thomistischen Intellektualismus abzuweichen. Doch nur scheinbar. Hier wie überall bleibt der heilige Johannes vom Kreuz ein echter Thomist. Bei der Schilderung der glühenden Sehnsucht der mystischen Seele nach dem Himmel im «*Geistlichen Gesang*»[12] läßt er die Seele aufschreien zu Gott und Ihn um die vollkommene Liebe zu Ihm bitten, welche die Seligen im Himmel besitzen. Und da sich die Seele im «*Geistlichen Gesang*» stärker danach sehnt, diese vollkommene Liebe zu besitzen, die, philosophisch gesprochen, untergeordnet ist, als nach der Anschauung, die das Wesen der Seligkeit ausmacht, hat der heilige Johannes vom Kreuz den Eindruck, er müsse den Grund dafür erklären. Zuerst betont er, sogar im Himmel sei die Liebe in einem gewissen Sinne wichtiger als die Anschauung. Es ist völlig klar, daß sich seine Lehre unmittelbar auf die eben angeführten Sätze des heiligen Thomas stützt. Der heilige Johannes schreibt:

«Das Ziel von allem ist die Liebe, die im Willen ihren Sitz hat, und es entspricht der Natur der Liebe nicht zu empfangen, sondern zu geben, dem Verstande aber, dem Sitz der wesenhaften Glorie, ist es eigen nicht zu geben, aber zu empfangen. Hingerissen von Liebe, beschäftigt sich nun die Seele nicht mit der wesenhaften Glorie, die Gott ihr schenken wird, sondern denkt nur daran, wie sie sich durch wahre Liebe ihm weihen könne ohne Rücksicht auf eigenen Gewinn.»

Doch betont der Heilige sogleich, dies stelle keine eigentliche Schwierigkeit dar im Hinblick auf die thomistische Lehre von der Seligkeit, denn, wie er sagt, «man kann unmöglich zur vollkommenen Liebe Gottes gelangen ohne den Genuß der vollkommenen Anschauung Gottes.»

Diese Stelle beim heiligen Johannes vom Kreuz ist jedoch um ihrer Untertöne willen, die auf einen häufig verkannten Aspekt des thomistischen Intellektualismus hindeuten, wichtig. Wenn der heilige Thomas sagt, der Verstand stehe wesentlich höher als der Wille und sei daher die höchste Eigenschaft des Menschen, so ist er sorgfältig auf gewisse Einschränkungen bedacht, die für die praktische christliche Seelenführung, vor allem auf dem Gebetswege, äußerst bedeutsam sind. Der heilige Thomas erinnert uns daran, die Überlegenheit des Verstandes über den Willen sei in erster Linie theoretisch. Sie beruhe darauf, daß das Objekt des Verstandes höher und reiner sei als dasjenige des Willens. Die Rolle des Verstandes ist es, dem Menschen das Wesen der Güte zu zeigen, wonach der Wille strebt. Doch ist der Verstand, im eigentlichen Handeln, dem Willen nicht immer überlegen. Dies rührt daher, daß der Wille oft ein höheres und vollkommeneres Objekt erreicht, als der Verstand zu erlangen imstande ist. Der heilige Thomas spricht hier nicht von bloßen Anwandlungen und Wünschen nach Dingen, von denen wir keine sichere Erkenntnis besitzen. Wie der heilige Johannes vom Kreuz, nach der Lehre des heiligen Thomas, eben betont hat, wirkt der Verstand auf das, was er in sich aufgenommen hat, der Wille dagegen geht aus sich heraus in ein anderes. Aristoteles sagt: Wahrheit und Irrtum, die Verstandesobjekte, besitzen nur eine abstrakte Existenz im Geiste. Der Wille aber strebt nach dem Guten und Bösen, in ihrer tatsächlichen, konkreten Wirklichkeit in existierenden Dingen. Aus dieser Unterscheidung ergeben sich zwei sehr bedeutsame Folgerungen. Ein Wesen, das unterhalb der menschlichen Ebene steht, existiert in vollkommener Weise im Menschenverstand als in sich selbst — da seine Existenz in uns vergeistigt ist. Daher ist unser Verstand dem Willen überlegen, wenn wir es mit Objekten, die auf unserer Ebene oder darunter stehen, zu tun haben. Steht anderseits das von uns erstrebte Gut über der menschlichen Ebene, und vor allem in Gott, der alle Geschöpfe überragt, so erreicht Ihn der Wille vollkommener als der Verstand. Der heilige Thomas schließt mit drei kurzen Feststellungen:

«Darum ist die Liebe Gottes besser als die Erkenntnis Gottes, und umgekehrt, ist die Erkenntnis der leiblichen Dinge besser als die Liebe zu ihnen. Doch ist der Intellekt auf jeden Fall wesenhaft edler als der Wille.» [13]

Die erste dieser Feststellungen tritt überall in der Lehre der Mystiker auf. *Melior est amor Dei quam cognitio.* Eine so schlichte unmißverständliche Formel aus der Feder des heiligen Thomas von Aquin klingt tröstlich. Sie befreit uns für immer vom Wahn, die mystische Beschauung lasse sich aus Büchern erlernen und das beschauliche Leben erlange seine höchste Vollendung zwischen den Gestellen einer Universitätsbibliothek. Zugleich aber wird uns das bisher in diesem Buch Gesagte vor beschaulichen Menschen, deren Mystik keine positive Grundlage in der Theologie besitzt, warnen. Der heilige Thomas selbst ist ein Beweis dafür, daß kein Grund besteht, warum Gott nicht auch einem Professoren die reinsten mystischen Gebetsgnaden verliehe, während die heilige Theresia ein großartiges Beispiel dafür ist, daß Gott einen Menschen während des Kochens in Ekstase versetzen kann.

Auch der heilige Albert der Große, der Theologielehrer des heiligen Thomas, betont, die Liebe sei das wahre Merkmal der christlichen Beschauung. Er sagt:

«Die Beschauung der Philosophen strebt nach der Vollkommenheit des Beschauenden, daher hat sie ihren Sitz im Verstande, somit besteht ihr Ziel in der Verstandeserkenntnis. Die Beschauung der Heiligen dagegen strebt nach der Liebe Gottes selbst, den sie beschauen. Darum besteht ihr Endziel nicht im Verstand oder Denken, sondern geht darüber hinaus zum Willen und wird zur Liebe.» [14]

Die liebende Gotteserkenntnis stellt die engste Annäherung ans reine Glück dar, die den Menschen in diesem sterblichen Leben gewährt wird. Darum verlassen die wahrhaft Weisen, welche die Weisheit der Heiligen besitzen, alles, um Christus nachzufolgen, und streben nach völliger Selbsthingabe an Gott mit allem, was sie haben und sind. Ihm allein weihen sie ihr Leben und streben danach, in unablässiger Askese zur vollkommenen reinen Liebe Gottes zu gelangen. Bald lehrt sie der Geist Gottes, daß wir die Beschauung nicht erwerben, sondern daß sie uns geschenkt wird. Daher dürfen wir sie nicht durch eine nutzlose Verstandesanstrengung zu erringen versuchen, sondern müssen die Vernunft im Dienste des Glaubens benützen, um jede Handlung und jedes Verlangen unseres Leibes und unserer Seele auf Gott hin und zu Seiner Ehre zu lenken. Dieses Licht in uns ist uns zum Dienste der Liebe geschenkt worden. Das heißt nicht, daß der Verstand dem Willen unterlegen sei, sondern nur, daß uns das Reinste in uns, der Verstand, zu einer vollständigen Selbsthingabe an Gott befähige. Wenn uns der Verstand fehlte, wären wir nicht frei, und wären wir nicht frei, so könnte unsere Liebe nicht uneigennützig sein; und wäre unsere Liebe nicht uneigennützig, so wäre sie nicht rein. Und ohne reine Liebe können wir Gott nicht anschauen. Denn es steht geschrieben: «Selig, die reinen Herzens sind! Sie werden Gott anschauen.» [15]

Der größte Schmerz der Heiligen stammt daher, daß diese Reinheit und ihre Freiheit zur Liebe, die selbst die größten Gaben Gottes an uns sind, weil sie uns befähigen zu Ihm zu gelangen, uns so rasch wieder verlorengehen. Wir bleiben nie lange rein. Immer wieder müssen wir unsere Seelen reinwaschen, gleichwie die Hände. Stets fallen wir wieder in die Finsternis, Eigensucht, Gedankenlosigkeit und Unvollkommenheit zurück. Darum ist die Beschauung auf Erden nur ein nichtiger Vorgeschmack der Seligkeit, denn sie ist ganz unbeständig. Und doch zeigt uns der heilige Thomas, wie das Leben des beschaulichen Menschen, wenigstens virtuell, zur Vereinigung mit Gott hingeordnet werden kann. Es ist tröstlich von ihm zu hören, daß sogar notwendige und scheinbar ungeistige körperliche Handlungen wie das Essen und Schlafen, die zuweilen unsere Beschauung unterbrechen, doch teilhaben am beschaulichen Leben auf Erden, weil wir ohne sie nicht imstande sind, mit Beten, Lieben und Beschauen Gottes weiterzufahren. [16]

ACHTZEHNTES KAPITEL

ZUM BERG UND HÜGEL

Wir gelangen ans Ende unserer langen Reise. Wir sind nun soweit, daß wir die Rolle der Liebe in der mystischen Beschauung genauer umschreiben und einige weitere Stellen erläutern können, worin der heilige Johannes vom Kreuz einiges aus der Wirklichkeit der mystischen Erfahrung schildert. Vorher wollen wir den Weg, auf dem wir hergewandert sind, noch einmal überblicken.

Dabei müssen wir uns bewußt sein, daß das Ende unseres Weges nur der Anfang zu einer weit längeren Reise ist; denn dieses Buch verfolgt nur den Zweck, uns an die Grenze des Gelobten Landes zu führen und uns dasselbe vom diesseitigen Ufer des Jordans aus zu zeigen. Unsere Absicht bestand darin, ein klares, konkretes Bild des Vorspiels zur Mystik zu geben und einige Grundprinzipien darzulegen, ohne welche die eingegossene Beschauung nicht gründlich verstanden werden kann.

Beim heutigen, ziemlich verbreiteten Wiederaufleben des Interesses an der christlichen Beschauung erwecken manche Bücher in uns den Eindruck, der Anfang der eingegossenen Beschauung bilde das Ende der Reise und das Gebet der Ruhe sei der Gipfelpunkt des Einigungsweges. Dies ist ein schwerer Irrtum, wie der heilige Johannes vom Kreuz sagt, denn die Nacht der Sinne und die Zeit der tröstlichen Ruhe sind nur eine Vorbereitung zur wirklichen Mystik der geistlichen Nacht, der Vermählung und umgestaltenden Einigung. In der Nacht der Sinne und im Gebet der Ruhe steckt der beschauliche Mensch noch in der Kindheit. Und das Tragische besteht darin, daß das mystische Gebet in den meisten Fällen nicht über dieses Wiegenalter hinaus gelangt. Der Grund für diesen Stillstand in der Entwicklung liegt in subtilen Formen der Zuneigung, an welche sich der Geist klammert, ohne sich vielleicht seiner eigenen Unvollkommenheiten überhaupt bewußt zu sein.

Das Wachstum im mystischen Gebet hängt von der Reinheit unserer Liebe ab, und es können mancherlei Gründe bestehen, weshalb unsere Liebe nie gereinigt wird. Manche dieser Umstände entziehen sich vielleicht völlig unserer Herrschaft. Das Fehlen einer eigenen geistlichen Führung ist eine der verbreitetsten Ursachen der Verkümmerung beschaulicher Seelen. Andere, die möglicherweise in einer günstigen Umgebung auf eine höhere Stufe der Selbstverleugnung gelangen würden, sind durch Umstände, die sich ihrer Herrschaft entziehen, gezwungen, in einer Umwelt voller Getriebe und Verwirrung zu leben. Aus irgendeinem unerforschlichen Grunde beläßt Gott einen zur Beschauung begabten Menschen in einer Lage, die ihm die Beschauung verunmöglicht. Ein solcher Mensch kann gewiß sein, daß ihm die göttliche Vorsehung deswegen keine Stufe der Heiligkeit und Glorie im Himmel vorenthalten wird. Aber der Weg zu dieser Vollendung wird für ihn dunkel, gewunden und voller Verwirrung und Hindernisse sein.

2

Welches sind die Reiseetappen vom unentwickelten Glauben zum beschaulichen Gebet?

Einleitend ist zu bemerken, daß es eine Art Glauben gibt, der wesenhaft übernatürlich ist, ohne daß er deswegen imstande wäre, eine lebendige Berührung zwischen der Seele und Gott herzustellen. Ein solcher Glaube ist eine Zustimmung zur geoffenbarten Wahrheit, doch fehlt ihm das Leben und die Seele, weil die Liebe ihn nicht treibt. Er nimmt die Wahrheit ohne Verlangen nach Gott an. Seine Unterwerfung ist völlig sklavisch, als diente ihm die unumgängliche Wahrheit nur dazu, irgendwie anders zu sein, als er ist. Ohne Dank empfängt er das Geschenk des göttlichen Lichts. Er sucht alle Folgerungen aus seiner Annahme zu vermeiden. Er bringt keine Frucht hervor, keine Tugend, kein Zeichen der Liebe. Es ist ein totgeborner Glaube — und ein solcher Glaube wäre wohl besser nie geboren worden. Und doch könnte er leben. Eine Willensbewegung könnte, im

Einklang mit der Gnade Gottes, den Lebenshauch in diesem Glauben entzünden und ihm eine Seele, eine «Form» verleihen.

So besteht gleich von Anfang an eine besonders enge innere Verbindung zwischen unserer Gotteserkenntnis und unserer Gottesliebe. Sobald die Gnade eine Seele anfeuert, muß die Liebe in ihr wirksam werden. Die Liebe Gottes kann nicht müßig bleiben. Keine Liebe kann es. Und außer der Gottesliebe sind noch andere Arten Liebe in der Seele wirksam. Von Anfang an herrscht Krieg zwischen diesen verschiedenen Arten der Liebe. Die Liebe Gottes, die selbstlos ist, erklärt der andern, auf uns selbst beschränkten Liebe den Krieg. Diese beiden Arten der Liebe kämpfen um den Besitz der Seele. Sie verfolgen zwei Hauptziele. Ihr letztes Ziel ist der Besitz der Tiefen und der Substanz des Menschengeistes: seines ganzen Wesens. Deshalb kämpfen sie um seinen Verstand. Und um den Verstand zu gewinnen, wirken sie mit aller List auf den Willen ein, weil der Wille mit einem Entscheid die ganze Seele der einen oder andern Liebe schenken kann.

In vielen Menschen gelangt dieser Streit nie zur Entscheidung. Ihr Leben bleibt eine beständige Ausflucht und Zwischenlösung. Sie irren im Niemandsland zwischen Gott und dem Mammon herum, das heißt, sie gehören eigentlich dem Mammon an, denn Christus sagt: «Wer nicht mit mir ist, der ist wider mich; wer nicht mit mir sammelt, der zerstreut.»[1]

Gelangt aber die Liebe Gottes in den Besitz der Menschenseele, so erweckt sie in ihr das Verlangen nach der Erkenntnis Gottes, nach der Erkenntnis, wie sie Gott gefallen könnte, und nach der Entdeckung jeder nur gangbaren Möglichkeit, Ihm zu dienen und Ihn zu verherrlichen. Eine der ersten Wirkungen der Liebe ist daher ein tiefer Hunger nach der Wahrheit. Unterm Antrieb dieser Liebe spornt der Mensch seinen Geist zur begrifflichen Gotteserkenntnis an. Er sucht von der Vernunft wie von der Offenbarung möglichst viel über Gott und den Vereinigungsweg mit Ihm zu erfahren. Je nach Veranlagung sucht jeder Gott auf andere Weise. Die einen versuchen ihren Verstand durch genaue Urteilsschlüsse und klares spekulatives Denken zu befriedigen, wodurch sie zu einer gewissen, wenn auch sehr begrenzten, Erklärung der Glaubenswahrheiten gelangen. Andere versenken sich in den lebendigen Organismus des liturgischen Gebets, das Gotteserkenntnis, Gottesliebe und Gottesdienst in einer Weise miteinander verbindet, die alle Kräfte des Menschenwesens in Anspruch nimmt und seine Seele auf einem leichten und einfachen Weg zu Gott erhebt. Andere wiederum fühlen sich gedrängt, Gott fast von Anfang an durch innere Sammlung und gefühlsmäßige Vereinigung in ihren eigenen Seelen zu suchen, und bemühen sich, diese Vereinigung durch Werke des Gebets, der Selbstverleugnung und Liebe zu erreichen. In jedem Fall aber bilden die Begriffe und Sätze, welche der Glaube lehrt, eine Art Nadelöhr. Die Tugend des Glaubens ist die Nadel. Unser Verstand und Wille müssen, als Doppelfaden, eingefädelt werden, und an der Nadel durch den Schleier der Dunkelheit gezogen werden, der uns von Gott trennt. Ohne diese Nadel des Glaubens bleibt der Schleier undurchdringlich.

Auf den ersten Stufen des innern Lebens werden Verstand und Liebe leicht von all den Gottesbegriffen, welche uns der Glaube und Verstand vorlegen, in Anspruch genommen. Unsere Liebe freut sich an Entdeckungen – sie findet neue Ideen, neue Denk- und Gefühlsebenen und gelangt so unverhofft auf weite Betätigungsfelder, welche den Hunger einer Seele stillen, die unter einer langen geistigen Gefangenschaft gelitten hat. Auch wenn der sichere Glaubensinstinkt solche Seelen von Anfang an daran erinnert, daß all diese Aussagen über Gott in eine negative Beschränkung eingehegt sind, so stellt dies für sie kein Problem dar. Sie finden eine doppelte Lust an den positiven und negativen Aspekten unserer intentionalen Gotteserkenntnis. Sie freuen sich an der positiven Erkenntnis Seiner Vollkommenheiten, wie sie sich durch Analogie in Seiner Schöpfung widerspiegeln, dann aber wächst ihre Freude ins Maßlose beim Gedanken, daß Gott selbst jede geschaffene Vollkommenheit unendlich überragt.

Wie lange kann die Liebe Befriedigung finden an diesem Spiel mit Begriffen und Gefühlen? Dies hängt von der Veranlagung und Gnade ab. Es ist eine Frage der Bestimmung des Einzelnen. In manchen Heiligen erwecken «Licht» und «Dunkelheit» abwechslungsweise Freude und Leid, ohne ihnen je ein ernsthaftes theologisches Problem zu stellen. Für manche Mystiker, mögen sie noch so viel gelitten haben, war Gott stets das Licht, und wenn Er kam, wußten sie stets etwas Positives über Ihn zu sagen. Für andere — wie für den heiligen Johannes vom Kreuz — steigt Gott im «Ansturm» einer tiefen Nacht in die Seele herab, entleert sie aller Dinge und verwandelt ihr ganzes Denken und Reden in Schweigen.

Es besteht kein wesentlicher Unterschied zwischen der Mystik des «Lichts» und der Mystik der «Dunkelheit».

Im einen wie im andern Fall der Gotteserfahrung in der Beschauung überholt die Liebe den Verstand und gelangt unmittelbar in der Dunkelheit, die jenseits aller unserer Begriffe liegt, zu Gott. Der Unterschied zwischen den beiden Schulen, wenn man sie als solche bezeichnen kann, liegt in der Ausdrucksweise, wodurch sie das Wesen derselben Erfahrung wiederzugeben versuchen. Die Mystiker des «Lichts» steigen aus der Wolke herab und kleiden ihre Gotteserkenntnis in positive Bilder und Begriffe. Sie wissen zwar sehr wohl, daß kein Bild imstande ist, ihre Erfahrung in vollkommener Weise wiederzugeben, aber sie sind entschlossen, die Begriffe so gut wie möglich zu benützen. Auch die Mystiker der Nacht bemühen sich, zu diesem Zweck Begriffe zu brauchen. Aber sie betonen den transzendentalen Charakter der mystischen Erfahrung. Daher legen sie großen Nachdruck auf die Tatsache, daß die mystische Erkenntnis in einer «Wolke des Nichtwissens» erlangt werde.

Der heilige Bernhard von Clairvaux gehört zu den Mystikern des «Lichts». Seine Schriften betonen mehr die Lust als die Pein des Aufstiegs zu Gott. Darum finden wir bei ihm fast keine Spuren der apophatischen Tradition. Und doch beweist ein genaueres Studium seiner Schriften, daß die mystische Erfahrung, wie er sie beschreibt, auf dasselbe herauskommt wie beim heiligen Johannes vom Kreuz.

Weshalb können wir sagen, die Liebe «erleuchte» die Seele in der Erfahrung der mystischen Weisheit, die eine Gabe des Heiligen Geistes ist und die eigentlich die christliche Beschauung ausmacht?

Im allgemeinen stimmen die christlichen Theologen mit dem heiligen Thomas überein in der Meinung, die mystische Weisheit erkenne Gott nicht «quidditativ», in einem klaren Begriff Seiner Wesenheit, sondern in einer Art verborgener Verwandtschaft, die sich auf die Liebe gründet. Diese Erkenntnisweise wird als «wesensähnlich» bezeichnet, weil die Liebe die Seele mit Gott vereinigt, und wir vermögen Ihn, mit dem wir mystischerweise eins geworden sind, kaum noch irgendwie zu erkennen!

Die Theologen geben verschiedene Erklärungen für die bestimmte Weise, in welcher die Liebe die Seele erleuchtet. Die Schwierigkeit liegt darin, daß der Wille blind ist: Liebe ist nicht Erkenntnis.

Suarez löst die Frage mit der Bemerkung, daß es dadurch, daß die Seele durch die Liebe mit Gott eins sei, dem Willen leicht falle, den Verstand auf Gott hinzulenken. Nach dieser Auffassung ließe sich die Beschauung hinreichend als Einblick in die Dunkelheit bezeichnen, worin der Wille von der Liebe festgehalten würde. Doch würde es sich hier überhaupt nicht um eine Erleuchtung handeln, da der Intellekt nichts sähe. Höchstens würde die Willenstätigkeit den Verstand auf sein unsichtbares Objekt hin konzentrieren – oder, um es praktischer auszudrücken, die Liebe hielte den Verstand über den Begriffen in der Schwebe zwischen Erde und Himmel, und ließe ihn sich, in einer umfassenden Schau, mit der ganzen Wahrheit zufriedengeben, die er begrifflich erworben hätte, wobei er sich bewußt wäre, daß Gott unendlich weit über allem Denken stehe. Die Hauptschwierigkeit dieser Auffassung besteht darin, daß sie eine Art Beschauung annimmt, bei der nichts geschieht. Eine solche Beschauung ist nur theoretisch möglich. Wenn aber die Seele konkret nichts zu tun hat, weder aus eigenem Antrieb noch unter der passiven

Führung des Heiligen Geistes, so schlafen ihre Fähigkeiten ein. Dabei handelt es sich nicht um einen mystischen oder bildlichen Schlaf. Es ist ein einfacher, gewöhnlicher Schlaf.

Nach der Auffassung des Johannes vom heiligen Thomas, dessen Thomismus wohl nicht anzuzweifeln ist, lenkt die Liebe den Verstand nicht bloß auf ein unsichtbares Objekt hin; sie tut mehr. Sie leistet einen positiven Beitrag zu unserer Gotteserkenntnis im mystischen Gebet. In welcher Weise? Nicht dadurch, daß sie ein anderes Objekt erlangt als das schon dem Verstande dargebotene und von ihm in den begrifflichen Glaubenssätzen angenommene. Dieses Objekt ist Gott selbst. Aber während Glaube und Hoffnung nur von ferne zu Gott gelangen – sie suchen in Ihm den Offenbarer der Wahrheit und den Belohner unserer Liebe –, dringt die Liebe auf geradem Weg in die Tiefen der göttlichen Substanz ein und ruht in Gott einzig um Seiner selbst willen, indem sie uns sozusagen aus uns selbst herausreißt, so daß wir völlig in Ihm leben. Soweit die Lehre des heiligen Thomas,[2] die von den Theologen geteilt wird.

Daraus folgt, daß die Liebe die Seele in den konkreten Besitz alles dessen bringt, was in den Glaubenswahrheiten enthalten ist. Die Liebe schenkt uns eine Erfahrung, einen Vorgeschmack dessen, was wir nicht gesehen haben und noch nicht imstande sind zu sehen. Der Glaube verleiht uns den vollen Zugang zu diesem Schatz, der in der Dunkelheit unser wird. Die Liebe betritt die Dunkelheit und bemächtigt sich unseres Eigentums!

Genau ausgedrückt, besagt die thomistische Ansicht folglich, die Liebe schenke uns eine positive Erfahrung der überschwenglichen Vollkommenheiten, welche die Begriffe nur in negativer Weise auszudrücken vermögen. Der Glaube sagt uns: «Gott ist in einer Weise gut, welche alle unsere Begriffe von der Güte unendlich übersteigt.» Wenn aber die Flamme des Geistes der Liebe die Seele im Dunkel der Weisheit heimsucht und das göttliche Feuer in ihr entzündet, so gibt uns die Erfahrung der Liebe eine unmittelbare und positive Vorstellung jener überschwenglichen Güte, von der die Begriffe nur auszusagen vermögen, daß sie ihre Erkenntnis übersteige. Der Glaube spricht uns von der unendlichen Macht Gottes, die so groß ist, daß keines unserer Worte ihren Sinn zu fassen vermag. Die Liebe aber, welche die Seele in die Dunkelheit jenseits des Glaubens führt, vereinigt unser Wesen mit dem Wesen Gottes. In dieser Vereinigung wird die Seele, nach dem Ausdruck, den die Mystiker zuweilen brauchen, «vernichtet». Sie verliert das Empfinden ihrer eigenen für sich bestehenden Existenz. So blendet die Liebe den Verstand mit der lebendigen Kunde von einer transzendentalen Wirklichkeit, die der Menschengeist hienieden nur durch ein Bekenntnis der Unwissenheit zu erkennen vermag. Wenn daher der Verstand eingesteht, Gott sei zu gewaltig für unsere Erkenntnis, erwidert die Liebe: «Ich kenne Ihn!»

Dagegen gibt die Liebe als erste zu, ihre Gotteserfahrung sei, streng genommen, keine Erkenntnis. Hier beginnt die wirkliche Qual der mystischen Nacht. Die Schwierigkeiten und Leiden der Seele, welche die Evidenz der Sinne und der Einbildungskraft aufgeben und die Ebene der Vernunft übersteigen muß, um Gott zu finden, sind nur ein Vorgeschmack des künftigen Ringens. Denn nun muß die Seele, unbewaffnet und jeder natürlichen Hilfe entblößt, weiterziehen und die furchtbare Reinigung der Nacht des Geistes betreten.

Beim ersten Betreten der Gebiete des mystischen Gebets mag es dem beschaulichen Menschen vorgekommen sein, als hätte die Liebe selbst das Problem der Gotteserkenntnis gelöst. Und in gewissem Sinne bahnt die Liebe tatsächlich eine Lösung des Problems an. Sie verleiht uns eine Gotteserfahrung, die unsere intentionale Gotteserkenntnis umgeht. Aber früher oder später wird es dem Mystiker selbst völlig klar, daß diese scheinbare Lösung nur ein Vorspiel zum einzigen Problem war, das das eigentliche letzte für jeden Christen ist, den beschaulichen wie den andern.

Die Erkenntnis genügte nicht. Die Liebe stand zwar über der Erkenntnis. Aber auch die Liebe genügt noch nicht. Denn die Wirkung Gottes auf die Seele, die Ihn liebt, erweitert die Fähigkeiten dieser Seele so sehr, daß sie eine unendliche Tiefe zu erlangen scheinen. Aber Ihre Armut ist nicht größer als ihre Fähigkeit. Sie sind nicht weniger hungrig als leer, das verzehrende Feuer der göttlichen Liebe hat sie unendlich leer gemacht. In dieser Leere, diesem gewaltigen quälenden Abgrund, in welchen die Seele infolge ihrer eigenen Nichtigkeit und der Leere aller Dinge gefallen ist, besteht das eigentliche Problem.

Der ganze, vollkommene, unbeschränkte, ungehinderte Besitz und Genuß Gottes ist nur in der «Visio beatifica» möglich. Aber außerhalb des Himmels gibt es keine «Visio beatifica». Die flüchtigen Verzückungen hienieden, die ein Vorspiel zum Himmel darstellen, können die Augen des beschaulichen Menschen niemals von seiner wahren Bestimmung ablenken. Sein ganzes Leben wird verzehrt von diesem Verlangen nach Gott, wie Er nur im Himmel geschaut werden kann.

Zu Beginn des beschaulichen Lebens ist es der Seele noch möglich, längere Zeit hindurch in der Tröstung der göttlichen Liebe versunken zu ruhen. Der Geist ist in gewissem Sinne von dieser Liebe befriedigt. Die Beschauung scheint zum Selbstzweck zu werden, als wäre die innige Umarmung der göttlichen Liebe bereits der Himmel selbst. Doch ist dies eine Täuschung. Früher oder später muß diese Freude, gleich allen geschaffenen Dingen, ein Ende nehmen. Gott sorgt dafür, daß sie in einigen Seelen früher endet als in andern. Die frühere süße und tröstliche Liebe wird dann zum Fegfeuer. Die Ruhe, die uns gut war, wird zu einem furchtbaren Gegner, der unser Wesen zerreißt. Die Beschauung senkt sich nicht mehr wie ein Tau auf uns herab, sondern rast daher gleich einem Wüstensturm, der unser ganzes Wesen in Glut und Sand erstickt. Die Fähigkeiten beginnen sich zu winden wie ein Stück Papier bei der Berührung mit dem Feuer. Der Wille schrumpft zusammen und krümmt sich, der Verstand löst sich in Asche auf, verzehrt vom Durst nach der Anschauung Gottes.

Wenn die Liebe, die uns der Himmel selbst schien, plötzlich zur Hölle wird, so kann dies niemals die Lösung eines Problems bedeuten! Die Liebe ist keine Lösung. Die Liebe ist das Problem.

Wäre die Liebe allein schon der Himmel, so gäbe es für jene, die Gott lieben, keinen Schmerz mehr auf Erden. Nun aber leiden jene, welche Gott lieben, die größte Pein auf Erden. Dies ist unbedingt notwendig. Denn so wie die begriffliche Erkenntnis im beschaulichen Menschen Schmerz erweckt, wenn er sich vor Augen hält, wie fern er der Gotteserkenntnis noch stehe, so erfüllt ihn der Besitz Gottes auf Erden mit noch größerer Qual, weil er ihm noch deutlicher sagt, er werde nur in der Anschauung Gottes Ruhe finden.

Welcher von beiden vermag nun unser Problem zu lösen, der Verstand oder der Wille? Die Antwort können wir in Gott allein finden. Wir vermögen Ihn nicht mit unserem Verstand zu schauen, weil kein Verstand, der nicht Gott ist, Gott sehen kann. Gott selbst muß unsere Gottesschau werden. Darum sagt der heilige Johannes vom Kreuz:

«Erfüllt vom Verlangen, sich im Besitze dieses großen Gutes zu wissen, durch dessen Liebe sie sich selbst entrissen und im Herzen verwundet fühlt, kann die Seele dieses Weh nicht mehr länger ertragen. Sie bittet deshalb, ihr seine Schönheit, sein göttliches Wesen zu enthüllen und zu zeigen und sie durch diesen Blick zu töten; solange sie nicht von den Fesseln des Fleisches befreit sei, könne sie ihn nicht schauen und nicht, wie sie es wünsche, genießen.»[3]

Der ganze mystische Aufstieg der Seele ist eine Reinigung durch die eingegossene Liebe. Ist die Seele völlig gereinigt, so wird sie Gott schauen. Je mehr sie gereinigt ist, desto besser wird sie Ihn erkennen. Denn Er offenbart Sich selbst der Seele, wie gesagt, durch die Wirkung Seiner Liebe. Der beschauliche Mensch wird öfters an diesen gewaltigen Fremden, der in ihm wohnt, gemahnt. Jede Regung des göttlichen Geistes in uns vermehrt unsere Liebe zu Ihm, und unser Verlangen, Ihn deutlich zu schauen. Der heilige Johannes vom Kreuz sagt darüber:

«Diese Liebesgegenwart war so erhaben, daß die Seele glaubte und fühlte, es müsse darin ein unermeßliches Wesen verborgen sein, aus dessen Quelle ihr nur einzelne halbdunkle Lichtzüge seiner göttlichen Schönheit zuflossen. Diese brachten eine solche Wirkung in ihr hervor, daß sie vor Sehnsucht und Verlangen nach dem, was sie in dieser Gegenwart verhüllt wahrnahm, verschmachtete... Jetzt vergeht die Seele vor Sehnsucht, sich in jenes höchste Gut zu versenken, das sie gegenwärtig, aber verhüllt wahrnimmt, und ist es auch verhüllt, so fühlt sie doch ganz wahrnehmbar das

Gut und die Wonne, die es in sich birgt. Und deshalb wird die Seele von diesem Gute weit mächtiger angezogen und hingerissen, als irgendein natürlicher Gegenstand von seinem Ruhepunkte.»[4]

Der Vers aus dem «*Geistlichen Gesang*», den der Heilige hier kommentiert, wiederholt genau, was wir über die Liebe gesagt haben. Die Liebe heilt uns nicht von unserer Unwissenheit: die mystische Liebe ist eine Krankheit, welche die Schau allein zu heilen vermag.

Der «*Geistliche Gesang*» enthält die vollständigste Darstellung der höchsten Stufen des mystischen Lebens – der geistlichen Vermählung und der umgestaltenden Einigung. In der umgestaltenden Einigung ist die Seele beinahe vollständig mit Gott vereint, wie einst im Himmel. Zuweilen schaut sie die drei göttlichen Personen in sich, und sich selbst in Ihnen. Und doch fehlt dieser Erfahrung die Klarheit der seligen Anschauung. So vollkommen sie auch sein mag, so mangelt ihrer Vollkommenheit doch der Himmel, weil sie sowohl vergänglich wie auch verhältnismäßig dunkel ist.

Aber in seiner Beschreibung der mystischen Erfahrung auf der Stufe der umgestaltenden Einigung betont der heilige Johannes vom Kreuz, in diesem Zustande sei die Seele von einem intensivern und glühenderen Verlangen nach der klaren und dauernden Gottesschau erfüllt als je zuvor. Gewiß, die Seele ist nun beinahe vollkommen rein, und das Einzige, was noch zwischen ihr und Gott steht, ist der dünne Schleier der sterblichen und leiblichen Existenz. Gewiß, auch ihr Verlangen kann ihr keine Leiden mehr bereiten. Die Liebesflamme hat jede Unvollkommenheit aus der Seele weggebrannt, und es bleibt darin nichts mehr zu vernichten. Daher verzehrt das Feuer des Heiligen Geistes die Seele nicht mehr mit Pein, sondern mit Freude. Die Flammen dieses Feuers hüllen den Geist völlig ein und verwandeln ihn ebenfalls im Feuer und feiern so miteinander, im Jubel der göttlichen Freiheit, das Fest ihrer Vermählung.

Und doch ruft auch hier noch, auf dem Gipfel der mystischen Vollkommenheit, welche die Erfüllung der vollkommenen Liebe ist, soweit sie auf Erden erlangt werden kann, die Liebe mit immer glühenderem Hunger und fleht innig um Sättigung in der vollkommenen Schau. Die vier Schlußstrophen des «*Geistlichen Gesangs*» enthalten den vollkommensten Lobgesang, der je zum Preise jener höchsten Theologie, welche die Anschauung Gottes im Himmel ist, geschrieben wurde. Hier bleibt keine Dunkelheit mehr. Die Morgenfrühe ist eingebrochen. Die ersten Sonnenstrahlen, das göttliche Wort, sind in die reinen Tiefen der im göttlichen Licht umgestalteten Seele eingedrungen.

Die Seele steht am Ufer eines andern Jordans – am hellen stillen Flusse des Todes. Sie blickt über den Fluß und gewahrt ein glänzendes Licht auf den Bergen des wahren Gelobten Landes. Allmählich wird sie vom reinen Waldgeruch voller Würze und Balsam in die Tiefen ihres Seins entrückt. Sie steht am Flußufer, der wundervoll zarte Wind der neuen Welt spielt um ihre Wangen, Augenlider und in ihrem Haar. Nun weiß sie, daß das Land, das für sie einst Kanaan, das Gelobte Land war, die warme, karge Erde der frühen Beschauung, nur mehr eine Wüste ist – eine dürre felsige Einöde, in die sie mit großer Mühe aus der eitlen Weisheit Ägyptens entflohen war.

Hier aber ist Gott. Er ist das Gelobte Land. In Ihm ist nichts verloren. Die ganze Welt glänzt an Seinem Busen. Geschöpfe aller Art entspringen unablässig dem hellen Abgrund Seiner Weisheit. Die Seele sieht sich selbst in Ihm, und Ihn in sich, und in beiden, die ganze Welt. Sie sieht alle Dinge, alle Menschen, lebende und tote, die großen Seelen und die kleinen Seelen, die Heiligen, die glorreiche Mutter Gottes, und sie ist eins mit ihnen allen, denn sie sind alle Eins, nämlich in Christus, in Gott. Er ist das Gelobte Land, Er ist das Wort, Er ist der Geliebte.

Hier, in Ihm, laufen die Strahlen aller Glaubenssätze zusammen, von hier brechen sie aus und überschütten den Verstand mit Feuer. Von Ihm stammten sie, durch Ihn gingen sie hindurch, zu Ihm kehren sie zurück und bringen den Menschenverstand mit, den sie aus dem Grabe eitler Gelehrsamkeit in den Strahlenglanz erhoben haben. In Ihm sind die Glaubenssätze untergetaucht. Er ist ihre Substanz. Ihre stückweise Verkündigung ist unnötig geworden, denn sobald das Vollkommene da ist, kann das Stückwerk weggelegt werden. Der ganze «*Geistliche Gesang*» läßt sich in einem Satz des heiligen Paulus zusammenfassen: «Jetzt schauen wir durch einen Spiegel, unklar, dann aber von Angesicht zu Angesicht. Noch ist mein Erkennen Stückwerk. Dann aber werde ich so erkennen, wie ich selbst erkannt bin.»⁵ Und so läßt die in Gott umgestaltete und an der Himmelsschwelle harrende Seele ihr Verlangen nach Seiner Theologie ertönen:

[«Geistlicher Gesang»]

O mein Geliebter, laß uns fröhlich sein! –
Daß wir in deiner Schönheit schauen gingen
Zum Berge und zum Hügel, wo so rein
Und ungetrübt die Wasser klar entspringen. –
O laß uns weiter vorwärts in die Tiefen dringen!

Dann laß uns, Liebster, unsre Schritte lenken
Hin zu den Felsenklüften, jenen steilen,
Die dort sich in Verborgenheit versenken;
Und laß uns treten ein dort und verweilen,
Um uns vom Moste der Granaten zuzuteilen.

Dort wird durch deine Lehren mir gegeben,
Wonach die Seele mein so heiß begehret;
Dort wird mir auch, o du mein süßes Leben,
Von dir sogleich zum Anteile bescheret,
Was du am andern Tage mir voll Huld gewähret.

Das Lüftchen, das da weht so sanft und stille,
Der Sang der Nachtigall so süß und sacht,
Der hehre Hain mit seiner Anmutsfülle
In wunderbarer klarer Sternennacht,
Die Flamme, die verzehrt und doch nicht Schmerz entfacht

Kein Wesen schaute je, was dieses sei.
Selbst auch Aminadab steht's nicht mehr frei,
Zu zeigen sich. – Belagrung ist vorbei.
So stieg auch schon herab die Reiterei,
Zu schauen, was das für ein klares Wasser sei.⁶

4

Da wir nun so weit sind und uns dem Ende der Reise nähern, läuft unser Geist und Herz ihrem Ziel rascher entgegen als der gewundene Gedankengang auf dem Papier. Schon fliegen sie dahin, um in Ihm, der das Endziel unseres ganzen Strebens ist, zu ruhen. Das weitere Schreiben wird zur Last, und auch der Leser mag nicht weiterlesen. Doch hieße es, unserem Heiligen wenig Ehre und Gott geringen Ruhm erweisen, wollten wir die logischen Schlußausführungen unseres Themas beiseite lassen. Denn diese paar Strophen enthalten sehr vieles. Eine kurze Erläuterung soll sie uns näher bringen.

Diese Verse enthalten das Wesen der katholischen Theologie. Sie stellen eine Zusammenfassung der vollkommensten Beschauung dar. Sie bieten uns noch einmal die Schlußfolgerungen, die wir bereits als jene des heiligen Thomas von Aquin erkannt haben, über die innersten Beziehungen zwischen der Erkenntnis und Liebe in der göttlichen Vereinigung.

Der heilige Paulus sagt, im Himmel «werde ich so erkennen, wie ich selbst erkannt bin». Die vollkommene Beschauung Gottes auf Erden in der umgestaltenden Einigung und im Himmel in der Endverklärung besteht in der gegenseitigen Anschauung des göttlichen Wortes und der Seele, die in der Selbstanschauung Gottes vereinigt sind. Sie schauen einander «in Seiner Schönheit», nach dem Ausdruck des Gedichts. Der heilige Johannes vom Kreuz umschreibt den Zustand der Seele mit den Worten:

«Ich will so umgewandelt werden in deine Schönheit und so vollkommen an derselben teilhaben, daß wir uns beide in deiner Schönheit schauen, indem ich nur deine eigene Schönheit an mir trage. Wenn wir uns dann einander beschauen, wird jeder seine Schönheit im andern sehen, da jede Schönheit des einen die des anderen und jede nur deine Schönheit ist, in der ich aufgehe.»[7]

Diese Anschauung ist die höchste Vollkommenheit des Intellekts. Es ist die vollkommenste Theologie. Es ist die Vollendung der Weisheit. Worin besteht sie?

Die folgenden Zeilen beweisen uns, daß der heilige Johannes vom Kreuz hier die uns bisher vorgetragene Lehre vervollständigt. Es ist nichts anderes als die Lehre der katholischen Kirche. Die vollkommene Anschauung Gottes ist eine klare Intuition, die in einem Blick gewissermaßen alles erfaßt, was dunkel und stückweise in allen einzelnen Glaubenssätzen, in allen von Gott geoffenbarten Wahrheiten und auch in jenen Wahrheiten über Gott und Seine Schöpfung, welche die Vernunft analog in der Philosophie erkennt, geoffenbart worden ist. «Der Berg und der Hügel» sind, wie der heilige Johannes vom Kreuz sagt, Sinnbilder für die gesamte Erkenntnis. Sie versinnbilden die beiden Erkenntnisarten Gottes, von welchen die Kirchenväter sprechen. Der «Berg» ist, nach der Überlieferung, die sogenannte «Morgenerkenntnis» Gottes, die Schau der göttlichen Vollkommenheiten im Wort Gottes. Der «Hügel» ist die niedrigere «Abenderkenntnis» der göttlichen Vollkommenheiten, wie sie sich in Seinen Geschöpfen widerspiegeln. Doch dürfen wir diese beiden Erkenntnisweisen nicht mißverstehen: bei beiden handelt es sich um eine klare Anschauung Gottes von Angesicht zu Angesicht.

Die «Abenderkenntnis» ist nicht unser trauriges analoges und deduktives begriffliches Denken über Gott. Sie schaut Ihn im Glanze Seiner Schöpfung, denn sie schaut, wie der heilige Benedikt, die Welt und alle Dinge in einem einzigen Strahl Seines Lichts gesammelt.

Aus diesem Berg und diesem Hügel fließt das «reine Wasser» der bildlosen und truglosen Erkenntnis, der jede Spur der Unwissenheit fehlt.

Was sind jedoch die «dichten Wälder?» Der heilige Johannes vom Kreuz sagt, er wolle damit alle Gerichte und Werke Gottes, alle Geheimnisse Seiner Selbstoffenbarung in der Geschichte, im Wirken Seiner göttlichen Vorsehung, die jedes Ding in jedem Leben gestaltet, um alles dem Wirken Seines göttlichen Plans unterzuordnen, versinnbilden:

«In diese Tiefen der unerforschlichen Ratschläge wünscht die Seele einzutreten, weil sie vom Verlangen getrieben wird, sich eine gründlichere Erkenntnis derselben zu verschaffen; denn die Erkenntnis derselben bereitet unschätzbare Wonne, die alle Begriffe übersteigt. Darum ruft David aus, wenn er von diesem Wonnegefühl spricht: ‚Die Gerichte des Herrn sind wahrhaftig und gerecht zumal. Fürwahr begehrenswerter sind sie als Gold und Edelstein und süßer als Honig und Honigseim. Dein Knecht liebt sie und beachtet sie.' Aus diesem Grunde ist die Seele vom innigsten Wunsche erfüllt, in diese Gerichte sich zu versenken und immer tiefere Erkenntnis davon zu gewinnen. Um dies zu erreichen, würde sie getrost und freudig alle Prüfungen und Leiden der Welt auf sich nehmen und sich zu allem verstehen, was ihr dazu behilflich sein könnte, wäre es auch noch so schwer und peinlich. Selbst die Ängsten und Nöten des Todes würde sie nicht scheuen, könnte sie sich inniger in Gott vertiefen.»[8]

Die tiefe Schönheit und der Sinn dieser Stelle läßt sich nicht in ein paar Worten ausschöpfen. Sie soll uns, wenn Gott will, bei einer andern Gelegenheit als Grundlage für weitere Überlegungen dienen. Hier wollen wir uns mit der Beobachtung begnügen, daß diese Gotteserkenntnis in «Seinen Gerichten» eines der großen Vorrechte des gehorsamen Glaubens und einer Unterordnung ist, die das höchste Gut dort sieht, wo das Gute scheinbar dem Bösen unterliegt. Darin, und darin allein, besteht die Weisheit, die jenes Geheimnis des Bösen, das der Welt zum Ärgernis dient, durchdringt. Dies ist die einzige Weisheit, deren Blick zu erkennen imstande ist, daß das Böse nicht aufkommt gegen Gott, weil selbst der Wille jener, die Ihn hassen, nur das Werkzeug Seiner Liebe ist und am Geschick Seiner Erwählten mitwirkt und die Steine Seiner ewigen Stadt zurichtet.

Ich habe ausdrücklich betont, diese Gottesschau in Seinen Gerichten bedinge eine Art mystischer Intuition des göttlichen Wirkens innerhalb der menschlichen Geschichte. Dieser Gedanke wird vom heiligen Johannes vom Kreuz nicht ausgesprochen. Aber er ergibt sich notwendig aus seinen Worten, weil jede neue Entwicklung der menschlichen Geschichte der Ausdruck eines geheimnisvollen göttlichen Gerichts ist. Dies trifft auch auf die kleinsten Ereignisse im Leben jedes Einzelmenschen zu. Gottes Weisheit und Barmherzigkeit formen unser ganzes Leben, «behauen es». Das einzige Mittel, das uns hilft, Gott mit Sicherheit in unserem Leben zu erkennen, besteht in der Gleichsetzung Seiner Barmherzigkeit mit Seiner Gerechtigkeit. Solange wir nicht Gottes Barmherzigkeit in Seiner Gerechtigkeit erfahren haben, begreifen wir nicht, daß Gerechtigkeit und Barmherzigkeit in jeder Wahrheit letztlich eins sind. Das heißt, wir müssen zuerst durch den Glauben, dann durch die übernatürliche Wissenschaft, den Starkmut, Rat und die Frömmigkeit, Gottes Liebe in dem, was uns Leiden bringt, begreifen lernen. Darum kann der heilige Johannes vom Kreuz sagen:

> «Das Leiden ist ein Mittel, um tiefer in die Wonnen und Tiefen der Weisheit Gottes einzudringen. Das Leiden läutert und je mehr die dadurch hervorgerufene Reinheit zunimmt, desto tiefer und klarer wird auch die Erkenntnis und desto vollkommener und erhabener der Genuß, weil er aus einem tieferen Erkennen entspringt.»9

Wir atmen die reine, geklärte Höhenluft, da wir einen Grat entlang schreiten, auf dem auch gute Kletterer bergkrank werden. Wieviel mehr wir Kleingläubigen! Und doch sind wir in einem gewissen Sinn sehr gut ausgerüstet zum Verständnis des Geheimnisses Seiner Barmherzigkeit, da sie sich so beharrlich und so völlig mit uns beschäftigt. Die heilige Theresia von Lisieux ist ebenso weit in diese tiefen Wälder eingedrungen wir ihr Vater und Meister, der heilige Johannes vom Kreuz.

NEUNZEHNTES KAPITEL

DER RIESE REGT SICH IM SCHLAF

Gott, der unendliche Verstand, schaut Seine Wahrheit im Spiegel einer Idee, die zugleich Seiner Substanz und Natur gleich und doch eine eigene Person ist. Die Person, dieses Bild, das in jeder Hinsicht wesengleich ist mit dem Vater außer in einem besondern Sohnverhältnis, da Er aus dem Vater hervorgeht, ist das Wort. Er ist der Glanz der Herrlichkeit des Vaters, wie die Liturgie singt.[1] Um der Welt alle Seine göttlichen Vollkommenheiten zu offenbaren, begnügte sich Gott nicht damit, zu den Patriarchen und Propheten zu sprechen. Das Wort nahm eine menschliche

Natur an, der Seine göttliche Person innewohnte, so daß der Mensch Jesus Christus, wahrhaft und wirklich, Gott und das Wort Gottes war. Er und der Vater waren eins, nicht in der moralischen oder mystischen Einheit, wodurch heilige Menschen eins werden mit Gott, sondern wesenseins in einer einzigen göttlichen Natur. Darum konnte Jesus sagen: «Wer mich gesehen hat, hat auch den Vater gesehen. Ich und der Vater sind eins.»[2] Und der heilige Paulus sagt uns, Gott habe «durch seinen Sohn zu uns gesprochen».[3]

Gott verfolgte dabei nicht einfach die Absicht, das Wort Fleisch werden und einige Zeit unter uns wohnen zu lassen, um uns einen Einblick in die göttlichen Vollkommenheiten zu gewähren, welche in dem verborgen waren, was die Kirchenväter als «Wolke» Seiner geheiligten Menschennatur bezeichneten. Er sollte nicht nur eine kurze Weile in der Welt bleiben, sich dann wieder zurückziehen, um eine schwache, flüchtige Erinnerung an Seinen Vorübergang zu hinterlassen. Der Apostel Johannes erklärt uns den eigentlichen Zweck der Menschwerdung. Jesus ist gekommen, um die ganze Menschheit mit Gott in Ihm selbst zu vereinigen, in dem, was der heilige Paulus «einen Leib» nennt. «Allen aber, die ihn aufnahmen, gab er Macht, Kinder Gottes zu werden. Denen, die da glauben an seinen Namen.»[4] Christus ist das lebendige Brot der göttlichen Wahrheit, gesandt, um das übernatürliche Leben zu nähren, das mit dem Glauben beginnt. Durch den Empfang Seines Leibes und Blutes im heiligen Altarssakrament und die Betätigung der Gebote und Räte, die Er uns gegeben hat, dringen wir tief ins Geheimnis Christi ein. Dieses Leben des Christen in Christus, durch die Sakramente und die Ausübung der christlichen Tugenden, läßt ihn am eigentlichen Leben Christi selbst im Vater teilnehmen. Daher ist die ganze christliche Heilseinrichtung darauf hingeordnet: daß die Menschen durch Christus vom Heiligen Geist der Liebe zu Gott dem Vater hingezogen werden, um im Abgrund der göttlichen Beschauung, deren reiner, flammender Mittelpunkt das göttliche Wort ist, versunken zu leben. Jesus sagt dies deutlich in den Worten: «Wie mich der lebendige Vater gesandt hat und ich durch den Vater lebe, so wird auch der, der mich ißt, durch mich leben.»[5]

So wie alles unendliche Licht, Leben und Gute, das im Wort ist, vom Vater erzeugt wird, mit dem Es eins ist, so geht auch die göttliche Weisheit und Beschauung, das übernatürliche Leben, die übernatürliche Liebe und der übernatürliche Friede, die des Christen Herz erfüllen, aus Christus, mit dem Heiligen Geist und dem Vater, die in den Tiefen seines Wesens wohnen, hervor. Der heilige Johannes vom Kreuz hat von dieser mystischen Gegenwart Christi in uns gesprochen. Der Mystiker beginnt etwas von Christus zu erkennen, der in ihm wohnt durch die Gnade wie «ein unermeßliches verborgenes Wesen... aus dessen Quelle ihr [der Seele] nur einzelne halbdunkle Lichtzüge seiner göttlichen Schönheit zuflossen.»[6]

Mit einem Wort, nur in Christus gibt es eine Beschauung Gottes, denn Christus ist das Wort Gottes, die Schönheit und Wahrheit Gottes, in dem Gott Seine eigene göttliche Herrlichkeit erblickt.

Nach der Ablehnung aller falschen Formen der Mystik, wie auch aller echten Formen mystischer Erfahrung, die weniger rein sind als der vollkommene Glaube, widmet der heilige Johannes vom Kreuz im «*Aufstieg zum Berge Karmel*» der Wahrheit, daß wir in Christus, wie Er uns in der von Ihm Seiner Kirche anvertrauten Offenbarung geschenkt wird, alles finden, was der Mensch überhaupt von Gott erkennen kann, ein kraftvolles Kapitel. Im «*Geistlichen Gesang*» nun erklärt er, auch die Heiligen im Himmel schauten Gott in den Geheimnissen Christi.

Betrachten wir jedoch vorerst die Stelle aus dem «*Aufstieg zum Berge Karmel*».

«Wer jetzt noch Gott befragen oder von ihm Visionen oder Offenbarungen haben wollte, der würde nicht bloß unvernünftig handeln, sondern er würde Gott geradezu beleidigen, weil er seine Augen nicht einzig auf Christus richtet ohne jegliches Verlangen nach außerordentlichen Dingen...»

Bäte ein Mensch Gott, sagt der heilige Johannes vom Kreuz, um irgendeine neue Offenbarung, die außerhalb des Glaubensgutes läge, so würde ihm Gott folgendes erwidern:

«Willst du, daß ich dir ein Wort des Trostes sagen soll, dann schau auf meinen Sohn, der mir gehorsam war und aus Liebe zu mir große Trübsal erfahren hat. Du wirst sehen, was er dir zur Antwort geben wird. Willst du, daß Gott dir gewisse geheime Dinge und Geschicke offenbare: richte nur deine Augen auf ihn! In ihm wirst du die tiefsten Geheimnisse, Kenntnisse und Wunder schauen, die in ihm verborgen sind, wie dies auch mein Apostel ausspricht in den Worten: ‚In ihm sind alle Schätze der Weisheit und Erkenntnis verborgen.' Diese Schätze der Weisheit sind für dich viel erhabener und lieblicher und nützlicher als das, was du wissen möchtest.»[7]

Und nun singt die Seele im «*Geistlichen Gesang*» von einem geheimnisvollen Aufstieg mit dem Geliebten in die «Felsenhöhlen». Diese Höhlen, sagt der heilige Johannes vom Kreuz, sind die Geheimnisse Christi, und der Fels ist Christus selbst. Die Sprache, worin der Heilige diese Weisheit schildert, erhebt sich zu den höchsten Tönen. «Keines seiner Werke gewährt ein erhabeneres und genußreicheres Wissen»[8] als die Anschauung Gottes in den Geheimnissen des fleischgewordenen Wortes. Er betont selbstverständlich, die Seele spreche hier nicht von der Beschauung dieser Geheimnisse auf Erden, sondern von der seligen Anschauung im Himmel. Tatsächlich besteht einer der Gründe für das glühende Verlangen der Seele nach Erlangung dieser vollkommenen Anschauung darin, daß sie sich danach sehnt, «zur Erkenntnis der Geheimnisse des Gottmenschen zu gelangen, deren erhabene Weisheit in Gott verborgen ist.»[9]

Überdies macht der heilige Johannes vom Kreuz eine sehr eindringliche Feststellung, die von manchen seiner Kommentatoren völlig übersehen wurde. Er sagt nicht nur, die mystische Durchdringung der Geheimnisse Christi sei die höchste aller Gebetsgnaden, sondern er erklärt sogar, alle Gnaden, alle mystischen Gunstbezeigungen, alle passiven Reinigungen und all die mannigfachen Vorbereitungen, deren die Seele bedarf, um in ihrem Aufstieg zur umgestaltenden Vereinigung zu gelangen, und sogar die umgestaltende Vereinigung selbst, hätten keine andere Rolle zu erfüllen als sie auf diese erhabenste Gotteserkenntnis in Christus vorzubereiten. Es ist, als vernähmen wir hier ein Echo des großen heiligen Paulus, welcher schreibt:

«Mir, dem geringsten von allen Heiligen, ward die Gnade zuteil, den Heiden den unergründlichen Reichtum Christi zu verkündigen und ihnen allen zu zeigen, was die Heilsordnung ist, das Geheimnis, das von Ewigkeit her in Gott, dem Schöpfer des Alls, verborgen war. Jetzt soll den Herrschaften und Mächten im Himmel durch die Kirche die mannigfaltige Weisheit Gottes kundgemacht werden. So war es sein ewiger Ratschluß, den er in Christus Jesus, unserm Herrn, verwirklicht hat.»[10]

Hier die Worte des heiligen Johannes vom Kreuz:

«Alle diese Gnaden sind nur von untergeordneter Natur gegenüber der Weisheit der Geheimnisse Christi, sie sind nur Zubereitungen, um zu denselben zu gelangen.»[11]

Wie kennzeichnet er diese Weisheit? Ich führe dafür seine Deutung der «Felsenhöhlen» an.

«Der Fels, von dem hier die Rede ist, ist Christus. Die tiefen Höhlen dieses Felsens versinnbilden die erhabenen, tiefen und unergründlichen Geheimnisse der göttlichen Weisheit, die in der Person Christi kraft der hypostatischen Vereinigung oder der Vereinigung der menschlichen Natur mit dem Worte Gottes oder der dadurch bedingten Vereinigung der Menschheit mit Gott verborgen sind, und die in dem harmonischen Zusammenwirken der Gerechtigkeit und Barmherzigkeit Gottes sowie in der Offenbarung seiner Ratschlüsse bezüglich des Heiles des Menschengeschlechtes sich kundgeben.»[12]

Der Nachdruck, womit der heilige Johannes vom Kreuz die Erkenntnis der Geheimnisse Christi betont, mag einem Theologen fragwürdig erscheinen. Hat er aber den genauen Wortlaut der angeführten Stelle beachtet, so werden seine Zweifel schwinden. Oder wenigstens wird ihm der heilige Johannes vom Kreuz eine Antwort auf seine Zweifel andeuten. Nähme der heilige Johannes vom Kreuz an, die höchste Weisheit und erhabenste Beschauung der Seligen im Himmel finde ihre Erfüllung in der Geheiligten Menschheit Christi, und zwar in Seiner Menschennatur, so wäre seine Auffassung ganz unrichtig und keineswegs wahrheitsgemäß. Doch erklärt der heilige Johannes stets ganz deutlich, die «Geheimnisse Christi» bedeuteten für ihn nicht bloß die äußern Ereignisse im geschichtlichen Leben Christi, — obgleich auch sie Offenbarungen der unendlichen Weisheit und Güte Gottes seien —, sondern vor allem die Vereinigung zweier Naturen in einer Person und die Vereinigung aller Menschen im mystischen Leib Christi.

Aber selbst, wenn wir die «Geheimnisse Christi» in ihrem allertiefsten Sinn betrachten, wäre es falsch zu behaupten, das Geheimnis der Menschwerdung, die hypostatische Vereinigung und die zuinnerst damit verbundenen Geheimnisse unserer Erlösung, seien zusammen die «erhabensten aller Geheimnisse» und stellten somit das höchste Beschauungsobjekt der Seligen im Himmel dar. Eine solche Annahme wäre vollständig falsch und widerspräche der ganzen Lehre der Kirche. Es wäre eine unbefugte Übertreibung und Verzerrung der katholischen Wahrheit.

Doch hat sich der heilige Johannes vom Kreuz keiner solchen Übertreibung schuldig gemacht. Er weist der Menschwerdung den ihr zukommenden Platz an, wenn er sagt, «keines seiner [Gottes] Werke gewähre ein erhabeneres und genußreicheres Wissen».[13] Dies ist natürlich absolut unbestreitbar, wenn man die Menschwerdung so auffaßt, wie es der heilige Johannes vom Kreuz tut, unter Einschluß des ganzen damit verbundenen Erlösungswerks.

In Wirklichkeit aber ist das erste und größte aller Geheimnisse, das alle übrigen durch seine unendliche Würde und Tiefe übersteigt, das Geheimnis des innern Lebens Gottes selbst, dessen Eine Natur aus drei wirklich von einander unterschiedenen Personen besteht. Im Verhältnis zu diesem Geheimnis ist die Menschwerdung nur ein Mittel zum Zweck: das fleischgewordene Wort offenbart den Menschen die Wahrheit Gottes und läßt sie an Kindes Statt an Seinem Leben teilhaben. Doch vollbringt dies Gott nur deshalb, weil das einzige angemessene Ziel überhaupt die Verherrlichung der Allerheiligsten Dreieinigkeit der Personen in einer Natur ist. Dies, und dies zuallererst, ist das höchste und vollkommenste Beschauungsobjekt der Seligen im Himmel. Und eben dies will der heilige Johannes vom Kreuz besagen, wenn er den verborgenen Sinn seiner Strophe entschleiert:

«Das Lüftchen, das uns da entgegenweht,
Der Sang der süßen Nachtigall,
Der Hain mit seiner Anmutsfülle
In heit'rer Sternennacht,
Dazu die Flamme, die verzehrt und doch nicht schmerzt.»[14]

Aus seinen tiefen, wenn auch kurzen Betrachtungen über das Leben der drei göttlichen Personen in den Seelen der Seligen ersehen wir, daß dieses Geheimnis in einem gewissen Sinne schon im ganzen Komplex der Geheimnisse um die Menschwerdung enthalten ist. Dieses «Lüftchen, das uns da entgegenweht», das der heilige Hauch der heiligen Dreifaltigkeit in der Seele ist, wird der Seele vom Vater durch die Geheimnisse Christi übermittelt. Es wird ihr folglich in den «tiefen Felsenhöhlen» geschenkt. In dem Sinn läßt sich die Menschwerdung wiederum als überragend bezeichnen: Obwohl sie nämlich, gleich allen übrigen Geheimnissen, aus dem höchsten von allen, dem Geheimnis der Dreifaltigkeit, hervorgeht, ist sie doch in bezug auf uns das wichtigste von allen, weil wir durch Christus dem Leben der drei göttlichen Personen einverleibt werden und in unsern Seelen den Heiligen Geist, «das Unterpfand der Vollkommenheit», empfangen, der uns mit derselben Liebe, die den Vater und den Sohn eint, mit Gott vereinigt.

Werfen wir einen Blick auf den schönen Abschnitt des heiligen Johannes vom Kreuz über diese Wirkung des Heiligen Geistes, im «*Geistlichen Gesang*», wobei wir die eingehende Darstellung desselben Gedankens in der «*Lebendigen Liebesflamme*» dem Leser selbst überlassen müssen:

«Diese Umgestaltung der Seele wäre keine wirkliche und vollkommene, wenn sie nicht an ihr in den drei Personen der heiligsten Dreifaltigkeit offen und wahrnehmbar zutage treten würde... Vereinigt mit Gott, umgestaltet in ihn, haucht die Seele Gott in Gott, d. h. denselben göttlichen Hauch, den er selbst bei ihrer Umgestaltung in sich aushaucht... Und es darf uns eine so erhabene Tätigkeit nicht unmöglich erscheinen; denn kraft ihrer Teilnahme an Gott haucht die Seele in Gott, wie Gott in ihr. Wenn Gott die Seele einmal in gnadenvoller Weise mit der heiligsten Dreifaltigkeit vereinigt, wodurch sie vergöttlicht und Gott durch Teilnahme wird, wer kann es dann für unglaublich finden, daß die Seele die

Verstandes-, Willens- und Liebestätigkeit vollzieht oder besser gesagt vollzogen hat in der heiligsten Dreifaltigkeit, vereint mit ihr und wie der Dreieinige Gott selbst? Übrigens geschieht diese Tätigkeit immer kraft der Mitteilung und Teilnahme, da Gott in der Seele selbst wirkt. Das heißt umgestaltet sein in die drei Personen der Macht, der Weisheit und Liebe nach, und dadurch ist die Seele Gott ähnlich. Und damit sie zu dieser erhabenen Lebensweise gelangen könne, schuf sie Gott nach seinem Bild und Gleichnis.»[15]

Der heilige Johannes vom Kreuz läßt uns keinen Zweifel an der überragenden Würde dieses großen Geheimnisses, wenn er seine Schilderung der Vereinigung der Seele mit den drei göttlichen Personen mit der ausdrücklichen Bemerkung schließt, dies sei das Endziel, wofür wir alle geschaffen seien. Darin besteht das eigentliche Wesen der «Visio beatifica», die aus der Liebe hervorgeht, weil sie völlig von der Umgestaltung der Seele durch die Liebe in Gott abhängt.

Bereits haben wir die Lehre des heiligen Thomas betont, der, während er erklärt, die «Visio beatifica» sei wesenhaft ein Verstandesakt, der aus der Liebe hervorgehe, seine Auffassung durch die Schlußfolgerung ergänzt, diese Anschauung finde ihr Ziel und ihre Vollendung ebenfalls in der Liebe. Dies führt uns schließlich zum letzten Kreis unseres spiralförmigen Aufstiegs zu Gott durch die mystische Dialektik der Erkenntnis und Liebe.

Die Liebe zu Gott führte den Verstand dazu, Ihn im Glauben zu suchen. Der Glaube verlieh dem Verstand das Licht, Ihn mit vermehrter Liebe zu suchen. Diese vermehrte und opferwilligere Liebe erhob den Verstand über festumrissene Begriffe und zog ihn über die intentionale Erkenntnis der Theologie hinaus. Doch brachte dieser Zustand noch keine Lösung für die Frage der Erkenntnis und Liebe, auch wenn er der Seele beinahe eine Erfahrung Gottes verlieh, wie Er in sich selbst ist. Diese innige Liebesvereinigung mit Gott in der Finsternis entfachte in der Seele eine dunkle verzehrende Flamme der Sehnsucht nach der vollkommenen Anschauung. Nach der allmählichen Reinigung durch diese Flamme ist die Seele in der Anschauung gewachsen und hat die höchste in diesem Leben erreichbare Gotteserkenntnis erlangt. Es bleibt nur noch die selige Anschauung, welche die Seele in den vollkommenen Besitz Gottes bringt. Wir haben auch schon die Erklärung des heiligen Johannes vom Kreuz gesehen, wonach die Seele nicht bloß um ihrer selbst willen nach dieser Anschauung strebe. Denn um der Liebe willen möchte sie schauen. So wird die Liebe zum Ziel von allem. Die vollkommene Lobpreisung und Anbetung Gottes, durch die klare Anschauung und den Besitz Gottes im Licht und in der Glorie — dies stellt die letzte und ewige Wonne der in Gott verklärten und von Seiner eigenen Wonne überfluteten Seele dar.

Der heilige Johannes vom Kreuz schildert die Freude der Seele, die mit Christus in die Erkenntnis Seiner Geheimnisse eintritt, um mit Christus in vollkommener Weise die allerheiligste Dreifaltigkeit zu preisen, deren Weisheit und Barmherzigkeit sie in vollem Maße offenbaren. Diesen Lobpreis, diese laus gloriae oder Preis der Glorie, nach den Worten des heiligen Paulus, bietet uns das geheimnisvolle Gedicht des Karmeliten-Mystikers unterm Sinnbild des «Mosts der Granatäpfel».

«Der Most der Granatäpfel [der Geheimnisse Christi], von dem nach den Worten der Braut sie und der Bräutigam kosten werden, ist der Genuß und die Wonne der göttlichen Liebe, die aus der Erkenntnis und dem Verständnis der göttlichen Dinge der Seele erwächst. Wie aus den vielen Körnern der Granatäpfel, wenn man die Frucht genießt, nur ein und derselbe Saft fließt, so strömt auch aus jenen Wundern und Herrlichkeiten Gottes, die in die Seele sich ergießen, nur ein Genuß und eine Liebeswonne in sie über. Es ist dies ein Trinken des Heiligen Geistes, den sie sogleich, nachdem sie davon gekostet, in innigster Zärtlichkeit ihrem Gott, dem Worte und Bräutigam, aufopfert.»[16]

Mit dem Geschmack dieses Mosts auf unserer Zunge und der Liebessehnsucht in unserem Herzen, mit dem göttlichen Durst, der selbst auf unsern eigenen armseligen, vom Geschmack an dieser Welt und an ihren vielen Sünden verdorbenen Zungen zu brennen beginnt, können wir endlich diese Einführung in die christliche Mystik abschließen. Und wir tun es mit dem Gedanken, daß Schweigen besser sei als Reden, obgleich auch das Reden notwendig ist, weil der Glaube vom Anhören kommt, und der Same der Beschauung, der nichts anderes ist als der Same des göttlichen Wortes, wird nur durch die Rede anderer Menschen in die Menschenherzen gesät.

Die heilige Jungfrau Maria war der weiseste Theologe. Sie war die Mutter des göttlichen Worts, das zugleich die Theologie Gottes und der Menschen ist. Die göttliche Wahrheit drang so tief in ihr Leben ein, daß sie in ihrem jungfräulichen Leibe Mensch wurde. Alle Weisheit hatte ihren Sitz in ihrem unbefleckten Herzen. Als der Engel der Verkündigung zu ihr kam, fand er sie in tiefstem Schweigen versunken. Wenige Worte sind uns von ihr, die uns das Wort selbst schenkte, überliefert. Was tat sie anderes als Ihm lauschen, nachdem sie Es der Welt geschenkt hatte? «Sie bewahrte alle diese Worte und erwog sie in ihrem Herzen.»[17] Somit ist Maria in jeder Hinsicht das Vorbild des beschaulichen Menschen und der Spiegel des Mystikers. Wer die reine göttliche Wahrheit liebt, liebt instinktiv die Schlichtheit der unbefleckten Mutter Gottes. Sie zieht ihn in das Herz ihres Schweigens und ihrer Demut. Sie ist die Jungfrau der Einsamkeit, welche Gott Seine Eremitin nannte. Sie verbarg sich in den Felsenhöhlen, von denen der heilige Johannes vom Kreuz oben spricht. Sie lebte als Eremitin in den erhabenen Geheimnissen ihres Sohnes. Sie lebte stets im Himmel, auch wenn sie über die Erde schritt, Böden reinigte, Betten machte und für die Zimmerleute das Abendbrot zubereitete. Was geschah in ihrer unvorstellbar reinen Seele, im makellosen Spiegel ihres Wesens, das Gott geschaffen hatte, auf daß sie Sein vollkommenes Ebenbild aufnehme?

Als der Engel redete, erwachte Gott im Herzen dieses Mädchens von Nazareth und regte sich in ihm gleich einem Riesen. Er rührte sich und öffnete die Augen, und ihre Seele sah, daß sie mit Ihm die ganze Welt in sich trug. Die Verkündigung war nicht so sehr eine Schau als ein Erdbeben, wodurch Gott das Weltall bewegte und die Sphären ins Schwanken brachte; und Anfang und Ende aller Dinge traten in ihrem tiefsten Herzen vor sie hin. Und tief unter der Bewegung dieses schweigenden Umsturzes schlief sie in der unendlichen Ruhe Gottes, und Gott war ein lockiges Kind, das in ihr schlief, und durch ihre Adern strömte Seine Weisheit, die Nacht, Sternenlicht und Schweigen ist. Und ihr ganzes

Wesen wurde umfangen in Ihm, den sie umfing, und sie versanken in gewaltiges Schweigen.

Die Sendung unserer Lieben Frau in der Welt ist es, diesen ihren Christus, diesen Riesen, in den Menschenseelen zu bilden, wie Er selbst in ihr sich bildete. Sie bringt ihnen Seine Gnade, und Seine Gnade ist Seine eigene lebenspendende Gegenwart. Durch die Taufe wird Er in jedem Mensch geboren, doch wissen wir es nicht. Er wirft Seinen Schatten über die Seelen, die Seiner zuerst im Frieden der Beschauung innewerden: doch genügt dies nicht. Auf dem Gipfel des mystischen Lebens muß sich Gott selbst bewegen und offenbaren und die Welt in der Seele schütteln und sich wie ein Riese von Seinem Schlafe erheben.

Das sagt uns der heilige Johannes vom Kreuz in der «*Lebendigen Liebesflamme*». Und damit möchte ich schließen:

«Dieses Erwachen ist eine vom Worte im Wesen der Seele hervorgerufene Bewegung und von solcher Erhabenheit, Macht und Herrlichkeit und von so innig wohltuender Süßigkeit begleitet, daß es der Seele vorkommt, als seien alle Balsamgerüche, alle wohlriechenden Spezereien und Blumen der ganzen Welt hingestreut, gewendet und fortwährend in Bewegung gebracht, damit sie ihren süßen Duft von sich geben. Es scheint der Seele, als seien alle Königreiche und Herrschaften der Welt und alle Kräfte und Gewalten des Himmels in Bewegung, und nicht nur das, es ist ihr auch, als ob alle Geschöpfe, alle Kräfte und Wesen, alle Vollkommenheiten und Reize der geschaffenen Dinge aufleuchteten und einträchtig eben dieselbe auf eines hinzielende Bewegung machten... Wenn also jener erhabene Gebieter in der Seele sich geltend machen will, dem die Herrschaft... auf die Schulter gelegt ist... so scheint es, daß alles auf einmal in Bewegung gerät... so wie einer beim Öffnen des Palastes in einem einzigen Akte die Erhabenheit der im Innern sich befindlichen Person sowie auch ihre Tätigkeit wahrnimmt... Dieses Erwachen und Schauen der Seele geht so vor sich, daß Gott, in welchem sie wie auch alle Geschöpfe ihrem Wesen nach sich befinden, einige von den vielen Schleiern und Hüllen, die vor ihr hängen, hinwegnimmt, damit sie sehen kann, was er ist. Alsdann aber leuchtet jenes göttliche Antlitz voll von Huld hindurch und man nimmt es wahr, wenn auch noch etwas im Dunkel, da noch nicht alle Schleier hinweggenommen sind. Und indem er alle Dinge durch seine Kraft in Bewegung setzt, tritt zugleich mit ihm alles, was er tut, zutage, so daß er in ihnen und sie in ihm fortwährend in Bewegung zu sein scheinen. Die Seele hat den Eindruck, daß er sich bewege und erwache, während sie bewegt und aufgeweckt wird.» [18]

ANHANG

BIOGRAPHISCHE NOTIZEN

Die Lebensumstände und Bedeutung der in diesem Buche angeführten theologischen Schriftsteller dürften nicht allen Lesern bekannt sein. Daher erlaube ich mir, hier ein kurzes charakterisierendes Bild der wichtigsten unter ihnen beizufügen.

DER HEILIGE GREGOR VON NYSSA

Kleinasien, 4. Jahrhundert

Gregor, Bischof von Nyssa, ist zugleich der bedeutendste und wohl am meisten vernachlässigte unter den frühchristlichen mystischen Theologen. Er war der Bruder des heiligen Basilius des Großen, der das Mönchtum in Kleinasien einführte, von wo aus es sich nach Europa verbreitete. Die beiden Brüder bildeten zusammen mit einem andern Gregor, dem Bischof von Nazianz, ein mächtiges Dreigestirn. Sie retteten die Kirche in der Zeit ihrer größten Gefahr, da sie im Jahrhundert des Arianismus lebten. Und hätten die Arianer, welche die Gottheit Christi leugneten, gesiegt, so hätte ihr Sieg den Untergang der christlichen Mystik bedeutet. Denn eine christliche Mystik ohne das fleischgewordene Wort und ohne die Dreifaltigkeit der Personen in der Einheit der göttlichen Natur wäre sinnlos gewesen. Die Arianer leugneten diese beiden Lehren. Für die Mystik bedeutete dies eine Herabsetzung der Beschauung auf die Stufe der Dichtung oder bestenfalls des Pantheismus.

Gregor von Nyssa wurde in Kappadozien (in der heutigen Türkei) gegen 335 n. Chr. geboren, als der Bußeifer der Wüstenväter auf dem Höhepunkt angelangt war. Literarisch gebildet, verheiratete er sich zuerst und lebte in der Welt. Später aber trat er in ein Kloster ein, das sein Bruder, der heilige Basilius, am Ufer des Iris-Flusses gegründet hatte. Hier widmete er sich dem Gebet, der Askese und dem beschaulichen Studium der Theologie. Im Jahre 371 weihte der heilige Basilius, der unterdessen

Bischof von Cäsarea geworden war, Gregor zum Bischof der Nachbarstadt Nyssa. Obgleich Gregor die Erwartungen seines Bruders als Verwalter nicht erfüllte, zeichnete er sich durch seine theologischen Schriften und Predigten gegen die überhandnehmende arianische Irrlehre aus. Die Zeit sah wirklich nicht danach aus, als wollte sie beschauliche Menschen in Versuchung bringen, dogmatische Fragen als bloße Spekulationsthemen zu betrachten und deren Rolle in der «affektiven» mönchischen Spiritualität für unwesentlich zu halten. In der Tat waren es beschauliche Menschen — der heilige Athanasius, Basilius, die beiden Gregor — und die Mönchsorden als solche, welche die christliche Theologie im vierten Jahrhundert retteten.

Der heilige Gregor ist der eigentliche Vater der apophatischen christlichen Mystik. Doch wurde diese Unterscheidung bald wieder vergessen unter dem Eindruck eines christlichen Platonikers aus dem fünften Jahrhundert, dessen Werke man fälschlicherweise Dionysius (dem vom heiligen Paulus zur Apostelzeit in Athen bekehrten Dionysius Areopagita[1]) zuschrieb. Dieser sogenannte *Pseudo-Dionysius* war ein Anhänger des Proklus, des letzten großen Neuplatonikers (fünftes Jahrhundert n. Chr.); in seiner Verbindung platonischer Ideen mit dem christlichen Glauben aber folgte er ebenfalls den Spuren des heiligen Gregor von Nyssa, der Ende des vierten Jahrhunderts gestorben war. Da ihre Herkunft in die Zeit der Apostel verlegt wird, gewannen die Werke des Pseudo-Dionysius ein so großes Ansehen, daß die ganze folgende apophatische christliche Mystik sich auf ihn stützt. In Wirklichkeit bildete Gregor von Nyssa nicht nur die eigentliche Quelle dieser mystischen Überlieferung, sondern er war wohl auch der größere Philosoph und Theologe als der Pseudo-Dionysius. Zwei große Anhänger des heiligen Gregor von Nyssa teilen mit ihm die Ehre, die mystische Theologie begründet zu haben. Beide waren Einsiedler in Nitria, in der ägyptischen Wüste. Es sind der *heilige Macarius* von Alexandrien und *Evagrius Ponticus*.

Der heilige Gregor von Nyssa spielte eine so hervorragende Rolle am zweiten allgemeinen Konzil in Konstantinopel, daß die

Verbindung mit ihm hinfort als Beweis strenger Rechtgläubigkeit galt. Als Dogmatiker genoß er stets ein großes Ansehen und geriet nie in Vergessenheit. Seine mystischen und asketischen Werke blieben in der Ostkirche immer sehr bekannt. Im Westen wurden sie erst in unserer Zeit wieder neu entdeckt.

DER HEILIGE BERNHARD VON CLAIRVAUX

Frankreich, 12. Jahrhundert

Obgleich er nicht mehr der Zeit der Patristik angehört, wird der heilige Bernhard zuweilen als «letzter Kirchenvater» bezeichnet. Diese Bezeichnung läßt sich mit seiner Treue zum Geist der patristischen Theologie in einer Zeit intellektueller Gärung, welche der mächtigen Entwicklung der mittelalterlichen Scholastik vorausging, erklären. Bernhard von Clairvaux ist eine der größten und charakteristischsten Persönlichkeiten des Mittelalters. Sohn eines burgundischen Adeligen, trat er 1112 ins neugegründete Kloster von Cîteaux, bei Dijon, ein. Mit diesem Schritt glaubte er alles hinter sich zurückzulassen, was die Aufmerksamkeit der Welt auf sich zieht. Aber in wenigen Jahren gründete er zahlreiche Zisterzienserklöster in ganz Europa. Dadurch, daß er den Orden zu einer Weltbewegung erweiterte, brachte er seiner Zeit den beschaulichen und asketischen Charakter des Klosterberufs lebhaft zum Bewußtsein.

Die weite Verbreitung der Schriften des heiligen Bernhard – vor allem seiner Predigten über das *Hohelied* – wirkten stärker als alles andere auf die Bildung der mittelalterlichen Mystik ein. Die Geistigkeit des heiligen Bernhard verbindet ein stark persönliches und leidenschaftlich gefühlsmäßiges Element mit tiefem Ernst und Willenskraft. Die Zartheit des heiligen Franziskus fehlt ihm. Doch ist seine rauhe Art nicht so ausgeprägt, wie man nach der Darstellung mancher seiner Nachfahren annehmen könnte, denn seine tiefe Einsicht in die göttliche Güte bildet eines der Hauptmerkmale seiner Geistigkeit. Die mystischen Schriften des heiligen Bernhard sind Hymnen, worin er die Süßigkeit der umgestaltenden Vereinigung preist. Sie brachten ihm die Bezeichnung des «honigfließenden Lehrers» (doctor mellifluus) ein. Doch steckt nichts Honigfließendes in manchen seiner Briefe an Adelige und Geistliche, denen er die Pflichtvergessenheit vorhält. Sie sind im Gegenteil eher heftig; aber wir dürfen weder das «Süße» noch die Kraftäußerungen an ihm übertreiben. Der heilige Bernhard war eine Persönlichkeit voller Kontraste, die man beinahe als Widersprüche bezeichnen könnte. In seiner scharfen Selbsteinsicht nannte er sich die «Chimäre seiner Zeit». Die Qual, als eine der wichtigsten Persönlichkeiten im öffentlichen Leben Europas zu gelten, bedrückte ihn, da er sich nach einem Leben in klösterlicher Zurückgezogenheit sehnte. Bernhard entschied nicht nur über die Geschicke ganzer Völker, heilte die Wunden kirchlicher Trennung und des Schismas, sandte Europa auf einen Kreuzzug, sondern einer seiner Schüler, der einst in Clairvaux den Ofen geheizt hatte, wurde sogar zum Papst, Eugen III., gewählt. Durch seine Begeisterung, sein Beispiel und seine Ratschläge übte der heilige Bernhard einen außerordentlichen Einfluß auf das Leben seiner Zeit aus. Trotz seiner häufigen Ablehnung der philosophischen Spekulation in den zahlreichen neuen Schulen spielte er eine entscheidende Rolle in der theologischen Entwicklung seiner Zeit. Dadurch, daß er die Verurteilung des Abälard und Gilbert de la Porrée veranlaßte, leistete er der Theologie einen Dienst, den ihr kein theologischer Fachmann zu leisten vermochte. Diese Verurteilung bereitete den Weg für den gesunden Intellektualismus der Scholastik vor, und dem Einfluß des heiligen Bernhard ist es wohl teilweise zu verdanken, daß es einem Denker wie dem heiligen Thomas von Aquin gelang, die dekadente patristische Theologie von ihrer Beschäftigung mit Nebensächlichkeiten zu befreien. Schließlich ging ja der heilige Thomas von demselben kritischen Standpunkt aus wie Abälard, nur benützte er ihn in einem völlig andern Sinne und gelangte so zu ganz andern Ergebnissen. Die Verurteilung des Abälard rettete auch die wahre Mystik, denn eigentlich war es der Instinkt des beschaulichen Menschen, der dem heiligen Bernhard die im falschen Glaubensbegriff des Abälard enthaltenen Gefahren bewußt machte. Derselbe Instinkt des Abtes von Clairvaux ließ ihn den Irrtum des Gilbert de la Porrée in der Unterscheidung zwischen «Gott» und der «Gottheit» erkennen, wodurch Gott schließlich auf die Stufe jedes andern Wesens herabgesetzt und seine Transzendenz auf einen philosophischen Begriff eingeengt worden wäre. Der größte Dienst, den der heilige Bernhard der christlichen Mystik durch die Entlarvung äußerst gefährlicher Irrtümer geleistet hat, steht im Grunde dem Werk eines Fachtheologen nicht nach.

DER HEILIGE THOMAS VON AQUIN

Italien, 13. Jahrhundert

Der größte unter den Theologen ist eigentlich schon bekannt genug. Das gewaltige Ausmaß seiner theologischen und philosophischen Synthese, die logische, überlegene Klarheit seines Denkens und vor allem die ganze Verschmelzung von Ordnung, Einfachheit und Tiefe, welche seine «*Summa Theologica*» kennzeichnen, sind ein klarer Ausdruck seiner Begabung und Heiligkeit. So kraftvoll sein spekulatives Denken war, so dürfen wir doch nicht übersehen, daß er auch ein Mystiker war. Seine mystische Theologie wächst aus der apophatischen heraus (der heilige Thomas hat die Werke des Pseudo-Dionysius kommentiert), aber sie beschränkt sich nicht darauf. Auch ist seine mystische Lehre nicht von seiner dogmatischen und seiner Moraltheologie getrennt. Da die Theologie für den heiligen Thomas ein organisches Ganzes bildet, beschränkt sich seine Mystik nicht bloß auf die dem beschaulichen Leben gewidmeten «*Quaestiones*» der «*Summa*», sondern durchdringt alle Darlegungen über die Beziehung des Menschen zu Gott.

Die leidenschaftliche Objektivität des heiligen Thomas mag den Eindruck erwecken, die «*Summa*» sei in Jahren stiller, ungestörter Ruhe entstanden. In Wirklichkeit lebte und kämpfte er inmitten einer gewaltigen geistigen Krise. Die klare Ordnung der «*Summa*» war nicht die Frucht klösterlicher Zurückgezogenheit, sondern des heftigen Kampfes inmitten der Erregung der Schulen. Die wenigsten wissen, daß nicht alle Zeitgenossen den Gedanken des heiligen Thomas begeistert zustimmten. Manche seiner bezeichnenden Lehren wurden in der Stunde der Schlacht dargelegt und unter der Gefahr, als häretisch verurteilt zu werden, verteidigt.

Thomas von Aquin wurde 1225 auf einem Schloß in Süditalien geboren und bei den Benediktinern auf dem Monte Cassino erzogen. Später kam er an die Universität von Neapel, wo er zuerst mit der Welle des skeptischen Rationalismus bekannt wurde, welche die christlichen Universitäten unterm Einfluß des spanisch-maurischen Philosophen Averroes überflutete. Der von begeistertem Glauben und tiefer Gottesliebe, in Verbindung mit einer glänzenden Intelligenz, erfüllte Thomas trat in den jungen Dominikanerorden ein, wo er sein Leben dem Gebet und Studium und der Verteidigung der Wahrheit zu weihen gedachte. Seine Brüder widersetzten sich dem Plan und warfen ihn ins Gefängnis. Diese seine Gefängniszeit verbrachte er mit der Betrachtung der Bibel und dem Studium des Aristoteles. Nach seiner Freilassung begab er sich nach Paris, dann nach Köln; an beiden Universitäten studierte er unter dem Dominikaner-Gelehrten Albert dem Großen, der ihn auf sein gewaltiges Werk vorbereitete.

Die Geisteswelt um die Mitte des dreizehnten Jahrhunderts war in drei mächtige Kraftströme geteilt. Vom Widerstreit dieser Kräfte hing die Zukunft des christlichen Denkens, und folglich der christlichen Religion ab. Auf der einen Seite stand der Rationalismus des Averroes. Auf der andern die streng traditionalistische Bewegung der Anhänger des heiligen Augustinus und des arabischen Neuplatonikers Avicenna. In der Mitte die christlichen Aristoteliker, Albert der Große und Thomas von Aquin. Das Ringen drehte sich um Grundfragen des Christentums. Der Averroismus verwarf die Theologie und sah das höchste Glück des Menschen in der Betätigung der Vernunft. Die Erkenntnistätigkeit um ihrer selbst willen befriedigte nach ihm das ganze Streben des Menschen, weil sie einfach Ausdruck eines weltumfassenden Verstandes sei, der in ihm wirkte. Die Augustinianer erkannten die atheistische Grundhaltung dieser Philosophie und traten kraftvoll dagegen auf. In ihrer Betonung der göttlichen Transzendenz und der absoluten Abhängigkeit des Menschen von Gott gingen sie ihrerseits so weit, daß sie behaupteten, auch die natürliche Erkenntnis des Menschen erfordere die unmittelbare übernatürliche Einwirkung Gottes auf die Seele. Dies führte sie zu einer Herabwürdigung des Verstandes zugunsten des Glaubens und der mystischen Intuition.

Die überragendste Persönlichkeit der augustinischen Schule war der *heilige Bonaventura*, der General des Ordens der Minderen Brüder, ein Zeitgenosse, Gegner und Freund des heiligen Thomas. Sie starben im gleichen Jahre (1274). In vielen grundsätzlichen Fragen stand er dem heiligen Thomas nahe, in andern wieder unterschied er sich von ihm, vor allem, was das Verhältnis von Glaube und Vernunft bei unserer Annäherung an Gott, den Vorrang des Verstandes über den Willen, die Einheit der menschlichen Wesensform und die Quelle der menschlichen Erkenntnis der Transzendentalien anbelangt.

Der heilige Thomas trat mit einem höchst bedeutsamen Ideal auf den Plan: Er nahm sich vor, die Autonomie der menschlichen Vernunft und der menschlichen Person gegen die Extremisten hier und dort zu verteidigen, von denen die einen den Menschen sozusagen in Gott versenkten, die andern in einen allumfassenden tätigen Intellekt. Der Eifer der Augustinianer, die christliche Mystik zu retten und die Seele auf den Weg des Glaubens und der Liebe zur göttlichen Vereinigung zu führen, brachte, nach der Auffassung des heiligen Thomas, die christliche Mystik durch einen unklugen Fideismus und eine Überbetonung der Liebe in Gefahr. Der heilige Thomas war Intellektualist, doch kann nicht oft genug hervorgehoben werden, daß er den Vorrang des Verstandes deswegen so nachdrücklich betonte, weil er die einzige sichere Bürgschaft der vollkommenen Liebe und der mystischen Vereinigung darstellt. Der heilige Thomas weiß, gleich allen christlichen Theologen, vollkommen, daß das Endziel der menschlichen Bestimmung in der Liebe besteht und daß der Weg der theologischen Tugenden durch die Nacht des Glaubens zur göttlichen Vereinigung führt. Folglich bildet schließlich, paradoxerweise, der Intellektualismus des Thomas von Aquin das höchste Merkmal der wahren Mystik, da es ohne Vernunft keine Heiligkeit geben kann.

DER SELIGE JAN VAN RUYSBROECK

Belgien, 14. Jahrhundert

Einer der größten christlichen Mystiker – und Verfasser prachtvoller Werke über die Beschauung, Jan van Ruysbroeck, beherrschte das goldene Zeitalter der deutschen und flämischen Mystik – das Zeitalter der Tauler, Suso und Thomas von Kempen. Er wurde 1293 in einem Dörfchen in der Nähe von Brüssel geboren. Dort besuchte er die Schulen und wuchs im Schatten des Sankt Gudula-Doms auf, wo er nach der Priesterweihe im Jahre 1318 zum Kaplan gewählt wurde. Er verbrachte fünfundzwanzig Jahre lang im tätigen Leben, aber seine Predigten entsprangen stets einem tiefinnerlichen, beschaulichen Gebetsleben. Ruysbroeck widmete fast seine ganze Begabung und Tatkraft der Darstellung des wahren Wesens der Beschauung. Es war ein höchst bedeutsames Ziel. Im Jahre 1308 war der größte Theologe jener Zeit, Johannes Duns Scotus, nach Köln gesandt worden, um die Irrtümer der Begharden und Brüder vom freien Geiste zu widerlegen. Aber Scotus starb noch vor Beginn seines Wirkens. Die Begharden vertraten einen Pantheismus und nahmen an, der Mensch sei von Natur der göttlichen Wesenheit gleich, daher gelange der «geistliche Mensch», sobald er im Besitze der Methode der innern Sammlung sei, zu einer vollkommenen Verwirklichung der Wesensgleichheit mit Gott. Darum sei er hinfort außerstande zu sündigen und von allem Gehorsam gegenüber der kirchlichen Autorität entbunden. Sie befähige ihn schon auf Erden zum Genuß der Anschauung Gottes. Obgleich Ruysbroeck die Begharden durch direkte Widerlegung angriff, befaßte er sich doch in erster Linie mit der positiven Darlegung der wahren Lehre, statt der bloßen Ablehnung der falschen. Vor allem aber war Ruysbroeck selbst ein beschaulicher Mensch. Da ihn das rege Leben in Brüssel in zu viel Zerstreuungen hineinzog und ihn die Art, wie die Domherren von Sankt Gudula die liturgischen Feiern zelebrierten, ermüdete, zog er sich im Jahre 1343 in eine Waldeinsiedelei bei Groenendael zurück, wo er in der Folge eine kleine beschauliche Gemeinschaft nach der Regel der Augustiner-Chorherren gründete. Hier führte Ruysbroeck ein einfaches, einsames Leben, wobei er sich häufig in den Wald zurückzog, um mit Gott allein zu sein. Doch kehrte er im geschriebenen und gesprochenen Wort, den Früchten seiner Beschauung, wieder zu den Mitmenschen zurück. Groenendael wurde zu einem Mittelpunkt christlicher Geistigkeit. Aus allen Teilen Deutschlands und der Niederlande kamen Besucher, so daß Ruysbroeck zu seiner Zeit wie auch später einen sehr großen Einfluß ausübte. Seine bedeutendsten Werke sind: «Die Zierde der geistlichen Hochzeit.» «Vom glänzenden Stern.» «Das Buch von der höchsten Wahrheit.» Die Benediktinermönche von Saint Paul de Wisques, die Ruysbroeck aus dem flämischen Original ins Französische übersetzt haben, schreiben, «keiner komme dem Ruysbroeck gleich in seiner Fähigkeit, die Struktur des beschaulichen Lebens auf festen philosophischen Grundlagen aufzubauen.»[2]

Es ist völlig richtig, daß die Lehre Ruysbroecks auf festen philosophischen und theologischen Grundlagen beruht, doch verdient er das Lob, das ihm seine gelehrten Übersetzer in dieser Hinsicht zuerkennen, nicht. Ruysbroecks Ausdrucksweise ist oft höchst unklar, und wir verstehen sehr gut, daß Theologen wie Gerson, der Kanzler der Pariser Universität, ihn desselben Pantheismus anklagten wie die Begharden. Diese Beschuldigung war falsch, aber die Unklarheit, die Anlaß dazu geboten hatte, kommt daher, daß die Theologie Ruysbroecks zugleich eklektisch und unabhängig ist. Zuweilen stimmt er mit dem heiligen Thomas von Aquin überein, aber meist verfällt er der augustinischen Tradition. Immerhin kann er mit Recht Anspruch auf eine gewisse Unabhängigkeit erheben, insofern er die mystische Erfahrung in dichterischer Sprache schildert. Und doch vermag der heilige Johannes vom Kreuz, der ein viel größerer Dichter war als Ruysbroeck und wohl auch ein größerer Mystiker, seiner mystischen Lehre ein einfaches, kraftvolles theologisches Gefüge zu verleihen, das alles weit übertrifft, was wir bei Ruysbroeck finden. Auch dem heiligen Johannes vom Kreuz fehlte es nicht an Kritikern, da sich jeder, der über die mystische Erfahrung schreibt, leicht der Gefahr strenger Kritik aussetzt. Doch hat die Tatsache, daß sich der heilige Johannes vom Kreuz auf eine Reihe klarer, feststehender und allgemein anerkannter Prinzipien stützte, die, weit davon entfernt, seine Freiheit zu beeinträchtigen, die Wirkungskraft und den Bereich einer Theologie, die ihm eigen ist, nur erweitert. Der Mystiker von Groenendael wurde längst als Seliger verehrt, ohne daß je eine Seligsprechung stattfand, doch ist sein Kult vom Heiligen Stuhl anerkannt worden. Sein Fest wird in der Diözese von Mecheln mit eigener Messe und eigenem Offizium gefeiert

DIE HEILIGE THERESIA VON AVILA

Spanien, 16. Jahrhundert

Da die Heiligkeit und Beschauung die ganze menschliche Person vervollkommnet, überrascht es nicht, daß manchen unter den größten Mystikern ein warmes menschliches Zartgefühl, ein lebhafter Humor und ein einfacher natürlicher Verstand eigen war. Die Gnade hat alle diese natürlichen Eigenschaften in der Seele der Theresia von Ahumada verklärt, und sie so zu einer der anziehendsten Persönlichkeiten der ganzen Kirchengeschichte gemacht. Als Reformatorin der Karmeliterinnen verband sie eine starke natürliche Begabung für Verwaltungsfragen und eine scheinbar unerschöpfliche Energie mit dem beschaulichen Leben. Wir kennen ihre Lebensgeschichte aus ihrer Autobiographie, die zu den hervorragendsten Werken der spanischen Literatur gezählt wird; aber auch ihre übrigen Werke sind nicht weniger bewundernswert.

Sie wurde am 28. März 1515 in Avila geboren und trat mit einundzwanzig Jahren ins Karmeliterinnenkloster der Menschwerdung ihrer Geburtsstadt ein. Während ihrer Noviziatszeit war sie noch weit von der Heiligkeit entfernt, führte etwa zwanzig Jahre lang ein mittelmäßiges religiöses Leben, vernachlässigte die innern Gebetsgnaden und lebte ziellos von Monat zu Monat dahin, ohne ernstliche Ideale und ohne daß jemand sie auf den Weg zur religiösen Vollkommenheit lenkte.

Erst mit vierzig Jahren erkannte Theresia plötzlich den Ernst ihrer Lage. Geleitet vom Licht der Gnade, widmete sie sich nun ernstlich dem innerlichen Gebet und fing an, ihr Leben in Ordnung zu bringen. Sie machte sehr rasche Fortschritte, vor allem unter dem Einfluß einiger großer Heiliger und Theologen jener Zeit, welche die Vorsehung Gottes damals in ihr Leben führte. Ihre Begegnung mit den Jesuiten, dem heiligen Franz von Borgia, ihre Freundschaft mit dem Franziskanerreformator, dem heiligen Petrus von Alcántara, ihre Unterordnung unter die Führung von Männern wie dem Dominikaner Bañez und dem Jesuiten Balthasar Alvarez trugen außerordentlich viel zu ihrem geistigen Wachstum bei.

Das Hauptmerkmal der Geistigkeit der heiligen Theresia liegt in ihrer Erkenntnis der Bedeutung des innerlichen Gebets. Von daher kam ihr die Eingebung zur Karmelitenreform. Ihr ganzes Ziel bei der Rückkehr zur ursprünglichen Karmelitenregel ging darauf aus, Menschen, wie sie selbst, die Möglichkeit zur Einsamkeit und geistigen Freiheit zu bieten, von der das beschauliche Leben abhängt.

Theresia selbst hatte eine ausgesprochen apostolische Auffassung vom beschaulichen Leben. Sie glaubte, ihre Schwestern würden durch ihr Gebets- und Opferleben sehr viel zur Beruhigung der religiösen Wirren im europäischen sechzehnten Jahrhundert, zur Rettung der Seelen und Bewahrung der Einheit der katholischen Kirche beitragen. Es ist höchst bezeichnend, daß eine der schönsten Früchte der katholischen Gegenreformation ein Orden ist, worin das beschauliche Gebet im strengen Sinne nicht nur ausdrücklich gepflegt, sondern als dessen Zweck betrachtet wird.

Als der heilige Johannes vom Kreuz im Jahre 1568 der heiligen Theresia begegnete und seinerseits die Grundlage zu einer Reform der Karmelitenmönche legte, war etwas Neues geschehen: Die Ordensgeistlichen übten nicht mehr nur die Beschauung, sondern predigten auch den Weg des innern Gebets und brachten die Seelen unter ihrer Leitung zu einer gewissen Stufe der Beschauung, nicht nur in den Klöstern, sondern auch in der Welt. Nach einem Leben tiefer Beschauung, erstaunlicher Tätigkeit und unglaublicher Leiden, starb die heilige Theresia am 4. Oktober 1582. Es gab damals kaum mehr eine bedeutendere Stadt in Spanien, in der sich nicht ein Kloster der Unbeschuhten Karmeliten befand.

DER HEILIGE JOHANNES VOM KREUZ

Spanien, 16. Jahrhundert

Juan de Yepes war sechsundzwanzigjährig, als er im Jahre 1568 zum erstenmal der heiligen Theresia begegnete. Seit fünf Jahren befand er sich im Karmelitenorden, aber seine Hoffnungen auf ein einsames Beschauungsleben blieben unter der gemäßigten Regel unerfüllbar, weshalb er sich anschickte zu den Kartäusern überzutreten. Die heilige Theresia überzeugte ihn, daß Gott andere Absichten mit ihm habe: Er sollte nicht in einen Orden eintreten, in welchem die Beschauung weitgehend im mündlichen Gebet bestand. Es war nicht ein Irrtum, daß er Karmelite geworden war: Nur sollte er zum ursprünglichen Karmelitenideal zurückkehren, um alle nötigen Voraussetzungen für die einsame Gemeinschaft mit Gott zu finden, und zwar durch die Abtötung, welche die «Reinheit des Herzens» behütet, ohne die kein Mensch zur «Gottesschau» gelangt.

Auf den ersten Blick scheint der junge Karmelitenmönch nicht der Mann, einen Orden vollständig zu erneuern. Er war sehr klein von Gestalt, schüchtern, schweigsam und empfindsam veranlagt, so wenig gesprächig und gelegentlich so geistesabwesend, daß er gar nicht merkte, wenn die andern ihn anredeten. Trotzdem erkannte die heilige Theresia bald, daß ihm eine sehr tiefe, der Erfahrung entstammende Weisheit eigen war. Er besaß ein ebenso gesundes Urteil wie sie, und, was mehr ist, er war überdies Theologe. Auch standen seine Energie und sein Mut dem ihren nicht nach, nur ihr kräftiges Temperament fehlte ihm. Dazu war er, wie sich zeigen sollte, ein Dichter, und zwar einer der bedeutendsten in einer hochbegabten Zeit. Doch erwies sich dies erst später.

Im Winter 1568—69 finden wir die ersten drei Karmelitenmönche in einem kleinen Bauernhaus in der Nähe eines Dorfes, mit Namen Duruelo. Ihre winzigen Zellen lagen im Dachgeschoß, durch die Ziegellücken wehte während ihren Betrachtungsstunden der Schnee. Bei Tag predigten sie ringsum auf dem Lande. Niederlassungen wurden gegründet, die Reform machte Fortschritte. Aber bald mußte sie sich gegen ernsthafte Widerstände bewähren. Die unvermeidliche Eifersucht der nichtreformierten Mitglieder des erneuerungsbedürftigen Ordens fand zahlreiche Vorwände, die heilige Theresia an ihrem Werk zu hindern. Nach stürmischen Kapitelwahlen wurde der heilige Johannes in Toledo ins Gefängnis geworfen, wo man ihn etwa neun Monate lang sehr schlecht behandelte. Während dieser Zeit schrieb er drei seiner großartigsten Gedichte, welche die Lehre enthielten, die später drei seiner Bücher über das mystische Gebet füllen sollte.

Nach einer Flucht aus dem Gefängnis, die man zum mindesten als aufsehenerregend bezeichnen kann, kehrte der heilige Johannes vom Kreuz für eine kurze, aber fruchtbare Arbeits- und Schriftstellertätigkeit zur Reform zurück, während der er mehreren Neugründungen vorstand. Diesmal hatte sich die Reform durchgesetzt. Im Jahre 1585 hatten die Unbeschuhten Karmeliten ein neues Verwaltungssystem eingeführt und Johannes vom Kreuz auf dem neuen Konzil in den Ordensrat gewählt. Das neue System stammte nicht vom heiligen Johannes. Seit dem Tode der heiligen Theresia im Jahre 1582 war eine neue Generation aufgekommen und hatte die Reform auf eine neue Grundlage gestellt. Der geistige Leiter dieser neuen Entwicklung war der bekehrte Genueser Bankier Nikolaus Doria. Er war einfach ein Mensch der Tat, und darum ein starrer, gebieterischer Asket

ohne viel Neigung zur Beschauung, weshalb die heilige Theresia einst in bezug auf ihn die trockene Bemerkung machte: «Es gibt gewisse Arten der Heiligkeit, die ich nicht verstehe.»
Bereits hatte Doria einen Anhänger der heiligen Theresia, den Hieronymus Gracian, beiseite geschoben. Bald kam auch Johannes vom Kreuz dran. Nach fünfjähriger Tätigkeit als Ordensrat wurde der Heilige plötzlich seines Amtes enthoben und nach Mexiko beordert. Doch sollte er Spanien nicht verlassen. Im Sommer 1591 brach seine Gesundheit zusammen. Er wurde in einem Kloster untergebracht, dessen Prior ihm feindlich gesinnt war und der nicht verfehlte, ihn täglich daran zu erinnern. Gegen Jahresende starb er dort. 1726 wurde er heiliggesprochen und zweihundert Jahre später zum Kirchenlehrer erhoben.

Der heilige Johannes vom Kreuz war nie ein sehr volkstümlicher Heiliger außerhalb seiner spanischen Heimat. Seine Lehre gilt als «schwierig», und von den andern verlangt er dieselbe unnachgiebige Strenge, die er in seinem eigenen Leben übte. Ein näheres Studium seiner Lehre, wie es hier versucht wurde, zeigt jedoch, daß der heilige Johannes vom Kreuz die volle Ausgeglichenheit, Klugheit und «Unterscheidungsgabe» besaß, die der höchsten Heiligkeit eigen ist. Er ist kein Fanatiker, der seinen Untergebenen unerträgliche Lasten auferlegt, die sie schließlich sittlich und physisch zugrunde richten. Seine Forderungen bleiben in wesentlichen Fragen unnachgiebig, in allen Nebenumständen dehnbar. Sein einziges Ziel besteht darin, den ganzen Menschen, Leib und Seele, der Führung des göttlichen Geistes unterzuordnen. In der konkreten Verwirklichung widersetzte sich der heilige Johannes vom Kreuz unbarmherzig dem Formalismus und der Unmenschlichkeit jener, die er mit «geistlichen Grobschmieden» vergleicht, welche heftig auf die Seelen ihrer Opfer loshämmern, um sie irgendeinem konventionellen Muster asketischer Vollkommenheit anzupassen. Er wußte sehr wohl, daß dieser Art Askese selbst ein sehr ernsthafter Fehler zugrunde lag, da sie ja oft nur der Ausdruck eines unverbesserlichen geistigen Hochmuts ist. Die Klarheit und Logik dieses spanischen Karmeliten, zusammen mit seiner unübertrefflichen erfahrungmäßigen Einsicht in das Göttliche, macht ihn zum weitaus größten wie auch zum sichersten aller mystischen Theologen.

BLAISE PASCAL

Frankreich, 17. Jahrhundert

Blaise Pascal wurde im Jahre 1623 in Clermont-Ferrand, in Zentralfrankreich, geboren. Seine erste Hinwendung zum Jansenismus fand 1646 statt, er zog sich nach seiner «Vision» im Jahre 1654 nach Port Royal zurück. Damals begann er die «*Lettres Provinciales*». Später verließ er Port Royal wieder und starb am 15. August 1662 in Paris.

Wenig katholische Schriftsteller sind so umstritten wie Pascal. Überall hat er Gegner, sowohl innerhalb der Kirche wie unter den größten Kirchenfeinden. Aber auch Anhänger bei Katholiken wie Andersdenkenden. Die Gegner hat er sich weitgehend selbst zu verdanken. Seine hervorragende Intelligenz und scharfe Beobachtungsgabe der Menschennatur zwingt uns noch heute zur Bewunderung. Sein gequältes Leben verdient eine Sympathie, die ihm oft verweigert wird. Alles an ihm wurde in Frage gestellt, von seiner geistigen Gesundheit bis zur Treue gegenüber der Kirche. Vielleicht war er ein Neurotiker. Sicher hat er gewisse theologische Irrtümer verteidigt. Auch hätte er eine gesündere geistig-religiöse Umgebung wählen können als den Jansenismus von Port Royal. Dennoch wäre es töricht, seine Aufrichtigkeit anzuzweifeln; und seine Weisheit spricht für sich selbst. Pascal wurde nie als Häretiker verurteilt, er hat sich nie starr der kirchlichen Autorität widersetzt und starb nicht anders als er zu leben geglaubt hatte, als gläubiger Katholik. Doch bleibt die Tatsache bestehen, daß er einen großen Teil seines Lebens mit der jansenistischen Häresie verbunden blieb und dieselbe in einer Anzahl anonymer und heimlich erschienener Anklageschriften verteidigte. Aber seine Verteidigung von Port Royal war nicht eine eigentliche Verteidigung der verbotenen Lehre. Er versuchte nur zu beweisen, daß die verurteilte Lehre in Wirklichkeit gar nicht diejenige von Port Royal war.

Aber es läßt sich nicht leugnen, daß die Verwerflichkeit des Jansenismus auch bei Pascal durch den Stil, den Scharfsinn und die literarische Begabung nicht gemildert wird. Die «*Lettres Provinciales*» bleiben, wie Pascal später selbst eingesehen zu haben scheint, ein Fleck auf seinem Namen. Die Anklagen sind ihrer gehässigen Schmähung der Gesellschaft Jesu wegen berühmt. Hier geht Pascal sowohl in seinen theologischen Auffassungen wie in seiner geistigen Weitsicht fehl. Das übertriebene, falsche Bild, das er von der jesuitischen Moraltheologie zeichnet, wirkte sich auf die ganze Kirche aus. Mehr als sonst jemand war es Pascal, der die «Kasuistik» zu einem Schimpfwort im Munde der Kirchenfeinde machte. Gleich irgendeinem «Antipapisten» verbreitete er den Vorwurf der grundsätzlichen Unehrlichkeit gegen die Moraltheologie, und daß viele katholische Geistliche und Mönche nichts anderes als politische Opportunisten seien, die den Beichtstuhl nur als Mittel zur weltlichen Herrschaft benützten! Kardinal Newman hat später in seiner «*Apologia*» die Kirche und sich selbst gegen diese Anklagen verteidigt. Aber bis heute bleibt sie die Hauptwaffe der Kirchenfeinde. Hätte Pascal allein sie geschmiedet, so hätte er sich damit in der Tat eine große Verantwortung aufgeladen. Doch lag dies zweifellos seiner Absicht fern. Als er später die möglichen Folgen seiner Behauptungen erkannte, scheint er eine innere Wandlung vollzogen zu haben. Er widmete sich in seinen letzten Lebensjahren einem Buche zur Verteidigung des katholischen Glaubens gegen den schon damals vordringenden Rationalismus.

Das Werk wurde nie beendet. Aber schon die Aufzeichnungen dazu bilden eines der bedeutsamsten Werke der gesamten Literatur. Es sind seine berühmten «Gedanken», «*Les Pensées*». In den «Gedanken» spricht nicht so sehr der Jansenist Pascal als der wahre Katholik in ihm. Hier bereitet er eine glänzende Verteidigung der Vernünftigkeit des katholischen Glaubens vor und greift damit das pseudokatholische Denken von Philosophen wie Descartes an, die in ihrer Bemühung, dem Rationalismus entgegenzukommen, den Glauben seines Inhalts beraubten und die Religion auf eine Formsache, einen oberflächlichen Zufall in einer Gesellschaft von Mathematikern herabwürdigten.

Als Naturwissenschafter war Pascal für eine solche Aufgabe gut ausgerüstet. Er war in den fortgeschrittensten Kreisen des mathematischen und physikalischen Empirismus aufgewachsen. Aber gleichzeitig war er Katholik. Die Schwierigkeit, als Katholik in einem wesentlich skeptischen und weltlichen Jahrhundert zu leben, verwickelte Pascal in gewisse Spannungen, die ihm schadeten. Seine verschiedenen «Bekehrungen», seine berühmte Vision, das «Wunder des Dorns», seine Verbindung mit Port Royal, der unausgeglichene «Moralismus», wie er sich in den «*Lettres Provinciales*» widerspiegelt, scheinen der Ausdruck einer Art Freudlosigkeit einer Seele zu sein, die keine wahre geistige Ruhe finden konnte. Das unvollendete Buch der «*Pensées*» bleibt daher ein echtes Zeugnis seines Geistes, wie auch das Denkmal eines unsteten Menschen.

Zweifellos hätte die Vorstellung, daß der «Probabilismus», der ihm in der Moraltheologie so verwerflich erschien, eines Tages von den Theologen praktisch allgemein angenommen würde, bei Pascal Anstoß erregt. Und doch entwickelt sich das geistige Leben da am besten, wo den Seelen in zweifelhaften Fällen die Wahlfreiheit offensteht. Die jansenistische Strenge, mit der sie glaubten, ein wahrhaft «geistiger» Mensch werde in Zweifelsfällen stets von einer besondern innern Kraft zur Entscheidung für das getrieben, was der Menschennatur schwerer erscheine und ihr stärker zuwider sei, bildet eigentlich ein Hindernis für das Wirken des Heiligen Geistes. Sie treibt die Seele in die Enge und schließt sie in kleinliche Einzelbetrachtungen ein, ähnlich denjenigen der Pharisäer zur Zeit Christi. Noch gefährlicher aber ist diese Askese wegen ihrer ausdrücklichen Irrationalität. Pascal, der in den «*Pensées*» die Vernunft verteidigt, greift sie in den «*Lettres Provinciales*» in einem andern Zusammenhang an. Darin liegt wohl die Wurzel seiner Irrtümer. Dies ist sehr wichtig und unerläßlich zum Verständnis des Unterschiedes zwischen der Askese des heiligen Johannes vom Kreuz einerseits und der falschen Askese der Jansenisten anderseits.

JOHANNES VOM HEILIGEN THOMAS

Spanien, 17. Jahrhundert

Einen schärferen Gegensatz als zwischen Pascal und Johannes vom heiligen Thomas kann man sich kaum vorstellen, obschon diese beiden Männer Zeitgenossen, Gelehrte und Mystiker waren. Johannes vom heiligen Thomas fand mühelos seinen Weg und seine Bestimmung und verbrachte lange, fruchtbare Jahre mit Studium, Unterricht und schriftstellerischer Tätigkeit. Aber er wird nur wenig gelesen. Sein Werk ist in mancher Hinsicht weit bedeutsamer als dasjenige Pascals, aber außer bei den theologischen Fachleuten hat es nur wenig Interesse gefunden. Johannes vom heiligen Thomas gehört zu den spekulativen Theologen, die dem durchschnittlichen Gebildeten fernstehen, außer wenn ihm dessen Denken durch einen Mittelsmann in die gewöhnliche Sprache übersetzt wird. Aber die Fragen, womit sich solche Theologen beschäftigen, gehen gewöhnlich so sehr in die kleinsten Einzelheiten, daß sich diese Mittlerarbeit selten lohnt. Die Abhandlung des Johannes vom heiligen Thomas über die Gaben des Heiligen Geistes bildet eine bedeutsame Ausnahme von dieser allgemeinen Regel.

Obgleich sein Leben ereignislos verlief, besitzt es einen interessanten Hintergrund. Er wurde im Jahre 1589 in Lissabon als Sohn eines österreichischen Diplomaten geboren, der bald darauf mit seiner Familie in die spanischen Niederlande zog. Johannes erhielt eine kosmopolitische Bildung an verschiedenen Universitäten, wie Löwen und Coimbra. Im Jahre 1623, einige Jahre nach seiner Priesterweihe, trat er in Madrid in den Dominikanerorden ein. Von da an widmete er sich dem besondern Beruf, von dem sein Ordensname Zeugnis gibt: Er opferte seine ganze Begabung dem Studium und der Erläuterung des heiligen Thomas von Aquin.

Im Zeitalter, das auf die thomistische Erneuerung des sechzehnten Jahrhunderts folgte, scheint das nichts Außergewöhnliches. Und zweifellos hat Johannes vom heiligen Thomas nie daran gedacht, er könnte damit etwas Bemerkenswertes leisten. Im Gegenteil, das Erstaunlichste an ihm ist die Unbedingtheit, womit er sich vornahm, seine eigene Begabung und Persönlichkeit dem Denken des engelgleichen Lehrers unterzuordnen. Darin liegt der so bezeichnende Gegensatz zu Pascal. Denn auch Johannes vom heiligen Thomas verwickelte sich, wie Pascal, in einen Streit mit den Jesuiten. Aber welcher Unterschied! Bei ihm finden wir keinerlei Schärfe, keine von der Polizei beschlagnahmte Publikation, keinerlei beidseitige Anklagen auf Häresie, keinen öffentlichen Lärm, keine Seelenunruhe. Johannes vom heiligen Thomas war der Dominikanergegner des großen Suarez im siebzehnten Jahrhundert. Beide kommentierten den heiligen Thomas. Beide gereichen ihren Schulen zur Ehre. Suarez besaß vielleicht die größere theologische Begabung unter den beiden. Johannes vom heiligen Thomas dagegen trachtete einzig nach der reinen Lehre des heiligen Thomas von Aquin, die er dem «eklektischen» Thomismus jener entgegenstellte, welche, auch wenn sie selbst zu großem Ansehen gelangten, nie an den engelgleichen Lehrer heranreichten. Eine Abhandlung des Johannes vom heiligen Thomas sticht von den übrigen ab: Seine Studie über die Gaben des Heiligen Geistes, der eine hervorragende Bedeutung zukommt. Sie enthält die Lösung von Fragen, welche die mystischen Theologen unserer Zeit sehr stark beschäftigen. Die Ansicht moderner Schriftsteller wie P. Garrigou-Lagrange, P. Gardeil und anderer, welche das mystische Leben für die normale Vollendung des christlichen Gnadenlebens halten, beruht fast ganz auf der Lehre des heiligen Thomas über die Gaben des Heiligen Geistes, wie sie Johannes vom heiligen Thomas dargelegt hat. Fraglos hat uns dieser große Dominikaner aus dem siebzehnten Jahrhundert die wahre Lehre des heiligen Thomas von Aquin mit unbedingter Klarheit und Treue übermittelt.

Nach einer siebzehnjährigen Lehrtätigkeit in Alcalá wurde Johannes vom heiligen Thomas, ganz gegen seinen Willen, zum Beichtvater Philipps IV. berufen. Er starb, 1644, bald nach dieser Ernennung.

QUELLEN

EINLEITUNG

1 C. G. JUNG: «*Die Beziehungen der Psychotherapie zur Seelsorge*». Rascher-Verlag Zürich und Leipzig 1937. S. 11–12
2 *Menti Nostrae*. 23. Sept. 1950. Herder, Wien. S. 49
3 I Pet 3, 15
4 Joh 17, 22–23
5 *Sancti Thomae huc omnis theologia spectat ut ad intime vivendum in Deo nos adducat.* Pius XI. Studiorum Ducem, 29. Juni 1927
6 Breve, 24. August 1926, worin der heilige Johannes zum Kirchenlehrer erklärt wird.

I. VISION UND ILLUSION

1 BLAISE PASCAL: «*Gedanken*», übers. v. W. Rüttenauer, Dietrich-Verlag, Leipzig. S. 79–80
2 Hl. GREGOR VON NYSSA: «*Psalmenkommentar*», P. G. 44. 464–65. CF. DANIÉLOU: *Platonisme et Théologie mystique*. S. 133
3 *1. Homilie über den Ecclesiastes.* P. G. 44.628. CF. DANIÉLOU, op. cit., S. 136
4 Ich möchte nicht behaupten, Pascal habe Gregor v. Nyssa gelesen. Seine Gedanken über das «divertissement» können auch aus der Lektüre des «*De Gradibus Humilitatis*» des hl. Bernhard stammen. Jedenfalls steht es ganz in der Tradition von «*De Trinitate*» des hl. Augustinus, XII. Bch. (über den Sündenfall Adams).
5 PASCAL, op. cit. S. 78–79
6 Ebda. S. 83
7 Hl. GREGOR VON NYSSA: «*Psalmenkommentar*». C. 5 P. G. 44. 450–51

II. DAS PROBLEM DES UNGLAUBENS

1 *Commentarium in Epistolam ad Romanos*, cap. 10. lectio II.

III. EINE DUNKLE NACHT

1 Hl. GREGOR VON NYSSA: «*In cantica canticorum*», Hom. II. P. G. 44. 999
2 Hl. GREGOR VON NYSSA: *7. Hom. über den Ecclesiastes*, P. G. 44. 729. CF. DANIÉLOU, op. cit. S. 139
3 Man vergißt gewöhnlich, daß der heilige Johannes vom Kreuz zu Beginn des «*Aufstiegs zum Berge Karmel*» (den ich im folgenden als «*Aufstieg*» bezeichne) von einer dreifachen Nacht spricht, der Nacht der Sinne, der Nacht des Glaubens und der Nacht der reinen Beschauung oder mystischen Vereinigung mit Gott. Uns schwebt meist eine zweifache Einteilung vor. In Wirklichkeit ge-

hört die zweite und dritte der drei Nächte zur «Nacht des Geistes». Siehe «*Aufstieg*», I. Bch. 1. u. II, 1. u. 2. übersetzt v. P. Ambrosius a S. Theresia S. 16 u. S. 75–80 (nach der Gesamtausgabe v. P. Aloysius ab Immac. Conceptione u. P. Ambr. a S. Theresia in fünf Bänden, Verlag Kösel-Pustet, München 1937 ff., die im folgenden stets angeführt wird).
4 *Aufstieg*, I. Bch. 13. Kp. S. 66–67
5 Cf. *Aufstieg*, III. Bch. 16. Kp. S. 317
6 Ebda. III. Bch. 16. Kp. S. 316
7 Ebda. I. Bch. 13. Kp. S. 64
8 Ebda. I. Bch. 8. Kp. S. 40
9 Ebda. III. Bch. 20. Kp. S. 333–4

IV. DIE FALSCHE MYSTIK

1 Die Bemerkungen erschienen im «*Osservatore Romano*», 3. Febr. 1951

V. WISSEN UND UNWISSENHEIT

1 *Aufstieg*, I. Bch. 4. Kp. S. 22–23
2 *Die dunkle Nacht der Seele*. I. Bch. 1. Kp. S. 8
3 *Aufstieg*, I. Bch. 4. Kp. S. 19
4 Joh 14, 6
5 *Aufstieg*, II. Bch. 6. Kp. S. 103
6 Ebda.
7 *Das Leben der heiligen Theresia von Jesu*, übers. v. P. Aloysius Alkhofer, Ord. Carm. Disc., Verlag Kösel-Pustet, München 1937–40. Dreizehntes Hauptstück S. 130
8 Ebda. S. 129–30
9 *Die lebendige Liebesflamme* S. 87 (3. Strophe)
10 «*Leben der heiligen Theresia*» S. 128
11 Siehe z. B. «*Aufstieg*» III. Bch. 20. Kp. S. 338: «Man soll darum im geistlichen Leben... den Willen läutern und bedenken, daß die natürliche Schönheit und alle anderen Gaben der Natur von der Erde sind.»
12 Ebda. I. Bch. 13. Kp. S. 64: «Erstens: Trage immerfort das Verlangen, Christus in allen Dingen nachzuahmen und dein Leben dem seinen gleichförmig zu machen. Darum mußt du es betrachten, damit du es nachahmen und in allem dich so verhalten kannst, wie er sich verhalten würde.»
13 *Aufstieg*, II. Bch. 7. Kp. S. 105 und 110
14 Ebda. 13. Kp. S. 147
15 Ebda. 10. Kp. S. 115–16
16 Ebda. 13. Kp. S. 146
17 Ebda.

VI. BEGRIFFE UND BESCHAUUNG

1 *Summa Theologica*, I., 13, a. 5
2 *Summa*, loc. cit.

3 Cf. Hl. BERNHARD: «*De Consideratione*» V. 13. Hl. THOMAS: *Summa* I. 13. a. 4
4 II. Sent. D. 33 a. 2. q. 3.
5 Collatio II. in Hexaemeron, n. 32
6 Siehe: JACQUES MARITAIN: *Degrès du Savoir* (Paris 1935) S. 475
7 De Potentia, VII. 5. ad. 14.
8 In Boetium de Trinitate. I. 2. ad. 2.

VII. DUNKLE ERKENNTNIS

1 Siehe: Hl. THERESIA VON AVILA: «*Weg zur Vollkommenheit*»
2 «Ad rationem summi boni pertinet quod summo modo se creaturae communicet: quod maxime fit per hoc quod naturam creatam sic sibi conjugit, et una persona fiat ex tribus, Verbo, anima et carne.» *Summa Theologica*, III, 1, I. Der hl. Thomas bezieht sich auf einen Text aus «*De Trinitate*» (XIII, 17) des heiligen Augustin.
3 Cf. SÖREN KIERKEGAARD: «*Furcht und Zittern*»
4 Die Taufe ist das Sakrament, wodurch der Seele ausdrücklich ein voller, lebendiger Glaube verliehen wird. Im Fall von Bekehrungen Erwachsener ist es höchst wahrscheinlich, daß der lebendige Glaube gewöhnlich schon vor der Wassertaufe in der Seele gegenwärtig ist.

VIII. THEOLOGISCHE GRUNDLAGE

1 «*Aufstieg*», Vorrede. S. 6–7
2 «*Geistlicher Gesang*», Vorwort. S. 5
3 Ebda.
4 Ebda.
5 Er war damals noch Mitglied der Beschuhten Karmeliten, deren Kleid er unterm Namen Johannes vom heiligen Mathias genommen hatte.
6 Drei Jahre Philosophie und eines Theologie wären heute in einem katholischen Priesterseminar unvorstellbar. Auch wenn der heilige Johannes vom Kreuz nicht die ganze Theologie nach einem dogmatischen Handbuch durchnahm, so gab ihm sein tiefes Eindringen in einzelne Teile eine sichere Kenntnis der gesamten Theologie.
7 «*Geistlicher Gesang*», I. Teil. S. 32
8 Siehe I. IIae. Q. I, a. 8; Q. II, a. 8; Q. III, a. 3; Q. III, a. 8; Q. IV, a. 3.
9 «*Summa*», I IIae. Q. II, a. 1–6. Cf. *Aufstieg*. III. Bch. 15–22 Kp.
10 «*Summa*», I IIae. Q. II, a. 7.
11 «*Aufstieg*», III. Bch. 25. ff. Kp.
12 Cf. Ebda. II. Bch.
13 «*Summa*», I IIae. Q. 6, a. 7. Siehe auch die zwei vorhergehenden Artikel.
14 «*Geistlicher Gesang*», XXIV. Strophe, S. 192. In der Frage über das metaphysische Wesen der Seligkeit sind die katholischen Theologen geteilter Meinung. Alle nehmen an, die Seligkeit müsse drei Akte enthalten – die Anschauung, die Liebe und die Freude – als Folge der vollkommenen Vereinigung der Seele mit Gott. Die einen sehen das eigentliche Wesen der Seligkeit in der Freude,

andere in der Liebe, andere wieder in der Anschauung und Liebe zugleich, wieder andere in der Anschauung. Die letztere ist die thomistische Ansicht. Cf. «*Summa*», I II Q. 3, a. 4.
15 «*Summa*», I IIae. Q. 3, a. 6.
16 «*Aufstieg*», I Bch. 4. K. S. 22
17 «*Summa*», I IIae. Q. 5. a. 5.
18 «*Aufstieg*», II. Bch. 7. Kp., S. 106–7
19 Er war Professor am Collège de France. In Wirklichkeit war der Kommentar ein Raubgut. Zuerst hatte ihn Robert Estienne 1545 nach den Vorlesungsnotizen eines Studenten von Vatable und gegen den heftigen Protest Vatables selbst herausgegeben. Cf. VILNET: «*Bible et Mystique chez Saint Jean de la Croix.*» Etudes Carmelitaines, 1949. S. 22. In diesem ganzen Abschnitt folge ich Vilnet.
20 Siehe: VILNET. op. cit., IV. Kp.

IX. GLAUBE UND VERNUNFT

1 BRUNO DE J.-M.: «*Saint Jean de la Croix*» (Paris 1932) 10. Kp. S. 115
2 «Ein Mann des Gebets und Studiums: Zuerst jedoch des Gebets.» Cf. Bruno, op. cit. 10. Kp. S. 122
3 Bruno, op. cit. S. 221
4 Lukas 10, 16
5 «*Geistliche Leitsätze*...» Werke 5. Bd. («Kleinere Schriften») S. 60
6 Siehe HERBERT JEAN: «*Spiritualité Hindoue*» (Paris 1947) S. 356
7 «*Verhaltungsmaßregeln*» (Kleinere Schriften) S. 46
8 *Aufstieg*, II. Bch., 20. Kp.
9 Ebda. S. 210
10 Ebda. S. 211

X. DER VERSTAND IM BESCHAULICHEN LEBEN

1 «*Aufstieg*», II. Bch., 20. Kp.
2 Ebda. 19. und 20. Kp.
3 Siehe Schema zum «*Aufstieg*».
4 «*Aufstieg*», II. Bch. 19. Kp. S. 191
5 Ebda. 20. Kp., S. 213
6 Ex toto posse suo homo debet diligere Deum et quidquid habet ad Dei amorem ordinare. «*Summa*», II IIae: Q. 27. a. 5.
7 «*Geistlicher Gesang*», XXVII., S. 219
8 «*Aufstieg*», III. Bch. 15. Kp., S. 316
9 «*Dunkle Nacht*», II. Bch., 11. Kp. S. 115
10 Siehe: Hl. JOHANNES VOM KREUZ: «*Die lebendige Liebesflamme*»
11 «*Aufstieg*», III. Bch., 15. Kp., S. 317
12 Ebda. S. 318 und 19
13 Ebda. S. 319
14 Lukas 11, 34–35
15 «*Aufstieg*», III. Bch. 21. Kp., S. 343

16 Ebda. 23. Kp., S. 348–49
17 Ebda. S. 349
18 Ebda.
19 Ebda. S. 350
20 Ebda., I. Bch., 13. Kp., S. 64
21 Ebda.

XI. EUER GEISTIGER GOTTESDIENST

1 Röm 8, 13–14
2 Ebda. 12, 1
3 I Kor 14, letzter Vers
4 «*In Epist. Pauli ad Romanos*», Cap. XII. Lect. I.
5 «*Dunkle Nacht*», I. Bch., 6. Kp., S. 26
6 I Kor 2, 14–15
7 «*Aufstieg*», II. Bch., 17. Kp., S. 181–2
8 «*Dunkle Nacht*», I. Bch., 6. Kp., S. 26
9 Ebda.
10 Ebda.
11 «*Leitsprüche*», 40, 41, 42 (Kl. Schriften, S. 64–65)
12 Ebda. Nr. 34 (Kl. Schriften, S. 63)

XII. INSTINKT UND EINGEBUNG

1 «*Aufstieg*», I. Bch., 11. Kp., S. 54
2 Cf. «*Dunkle Nacht*», II. Bch., 2. Kp.
3 Ebda. S. 72–73
4 Hl. THERESIA VON AVILA: «*Leben*», 18. und 22. Hauptst.
5 «*Summa*», I. Q. 82, A. 23.

XIII. VERSTAND UND DISKURSIVES DENKEN

1 «*Aufstieg*», II. Bch., 29. Kp., S. 250
2 Ebda. S. 251
3 Ebda. S. 252
4 «*Summa*», II IIae. Q. 180, a. 3, ad. I.
5 «*Summa*», II IIae. Q. I., a. 7.
6 Hebr. 11, 6.
7 Siehe: Hl. THOMAS: «*Summa*» I. IIae. Q. 89, a. 6. und Papst Pius IX. DENZINGER-BANNWART: «*Enchiridion Symbolorum*» n. 1677.
8 Siehe: JEAN DE SAINT THOMAS: «*Les Dons du Saint-Esprit*», übers. v. Raïssa Maritain (Juvisy 1930), S. 13. (Aus Johannes v. hl. Thomas: Kommentar zur «Summa Theologica» des hl. Thomas. I II, Q. 68)
9 Jean de Saint Thomas, op. cit., S. 81

XIV. DAS GEBET DER RUHE

1 «*Leben*», 15. Hauptst., S. 132 ff.
2 Ebda. 22. Hauptst., S. 213.
3 Die hl. Theresia will nicht sagen, die mystische Beschauung sei im strengen Sinne des Wortes der Menschennatur angeboren, sondern sie gehöre zu den der Menschennatur bei der Schöpfung Adams von Gott verliehenen Gaben; historisch betrachtet gehörte sie daher zum geistigen Rüstzeug des ersten Menschen und hätte sich, ohne die Erbsünde, an alle seine Nachkommen weitervererbt.
3 Ebda. 15. Hauptst. S. 143–44
4 Ebda. S. 144
5 J. VAN RUYSBROECK: «*Die Zierde der geistlichen Hochzeit*». A. d. Fläm. v. W. Verkade. II. Bch., 74. und 75. Kp., S. 170–73
6 J. DE GUIBERT, S. J. *Etudes de Théologie Mystique* (Toulouse 1930), zitiert in JULES LEBRETON, S. J.: «*Tu Solus Sanctus*» (Paris 1948), S. 135–6
7 «*Aufstieg*», II. Bch., 11. Kp., S. 131 f.
8 Ebda. S. 132
9 Ebda. 27. Kp., S. 254
10 «*Lebendige Liebesflamme*», 3. Str., S. 112
11 «*Geistlicher Gesang*», 26. Str., S. 211–12
12 «*Lebendige Liebesflamme*», 3. Str., S. 85–86
13 Ebda. S. 89
14 Ebda. S. 94
15 Ebda. S. 86
16 Ebda. S. 90–91
17 Ebda. S. 91

XV. WASSERSPIEGEL

1 Eph 2, 6
2 Joh 20, 29
3 «*Aufstieg*», II. Bch., 20. Kp., S. 207
4 Ebda. 25. Kp., S. 243–44
5 Cf. GARRIGOU-LAGRANGE: «*Perfection chrétienne et Contemplation*» (Paris 1923), dtsch. «*Mystik und christliche Vollendung*», 1927
6 «*Aufstieg*», II. Bch., 22. Kp., S. 223–24
7 Cf. «*Definitionen des Konzils von Orange*», DENZINGER-BANNWART
8 «*Aufstieg*», II. Bch., 8. Kp., S. 111
9 Ebda. 22. Kp., S. 224
10 «*Das Religionsbuch der Kirche*» (Catechismus Romanus), hsg. v. M. Gatterer, Innsbruck 1932, 2. Kp., 6. F., S. 41
11 «*Aufstieg*», II. Bch., 8. Kp., S. 111
12 Ebda. I. Bch., 2. Kp., S. 15 und 16
13 Joh 17, 21–22

XVI. EINE DUNKLE WOLKE

1. «*Aufstieg*», II. Bch., 2. Kp., S. 77
2. Ebda.
3. Ebda. S. 78
4. Ebda. S. 78–9
5. Ebda. S. 79
6. Ebda. S. 79–80
7. Isaias 7, 9 wurde von vielen Kirchenvätern in diesem Sinne angeführt
8. Hebr 11, 6
9. *Fides principaliter est ex infusione... sed quantum ad determinationem est ex auditu.* IV. Sent., D. 4, Q. 2. A. 2; Sol. 3, ad. I.
10. XII. Strophe, S. 93
11. Joh 4, 14.
12. Psalm 17, 12.
13. «*Geistlicher Gesang*», S. 30
14. Ebda. S. 94
15. Osea 2, 20.
16. «*Geistlicher Gesang*», S. 96
17. «*Dunkle Nacht*», II. Bch., 5. Kp., S. 77
18. «*Geistlicher Gesang*», 12. Str., S. 95

XVII. LIEBENDE ERKENNTNIS

1. *Sapientia quae est donum causam habet in voluntate; sed essentiam habet in intellectu cujus actus est recte judicare.* II II, Q. 45, A. 2.
2. Joh 14, 23–16–17.
3. *Commentarium in Evangelium Joannis, V.*
4. «*Degrès du Savoir*» (Paris 1935), S. 523
5. Siehe MARITAIN, op. cit. S. 519
6. JOHANNES VOM HL. THOMAS: «*Cursus Theologicus*», I II, Q. 68–70. Disp. 18, a. 4. In R. Maritains Übersetzung S. 138–39
7. Sermo VIII. in «*Cantica*», 5.
8. «*Summa*» II II, Q. 180, A. 7, ad. I.
9. «*De Civitate Dei*», XIX, c. 27.
10. *Caritas facit hominem Deo inhaerere propter seipsum, mentem hominis uniens Deo per affectum amoris... Caritas proprie facit tendere in Deum, uniendo affectum hominis Deo ut homo non sibi vivat sed Deo.* II II, Q. 17, a.6.
11. Dieses Zitat ist im Lichte der gesamten Lehre des heiligen Thomas über das tätige und beschauliche Leben zu verstehen. Auch achte man darauf, daß, wenn der hl. Thomas die Liebe zu Gott von der Liebe zu unserem Nächsten unterscheidet, er damit nicht abstreitet, daß wir durch die Liebe zu unserem Nächsten nicht auch Gott liebten. II II, Q. 188, A. 6.
12. 38. Str., S. 288
13. «*Summa*», I, Q. 82, A. 23.

14 *De Adhaerendo Deo*, IX. Cf. MARITAIN, op. cit., S. 530
15 Matth 5, 8.
16 «*Summa*», I II, Q. 3, A. 2. ad. 4.

XVIII. BERG UND HÜGEL

1 Lukas 11, 23.
2 *Caritas attingit ipsum Deum ut in ipso sistat, non ut ex eo aliquid nobis proveniat.* II II, Q. 23. A. 6. Cf. II II, Q. 17, A. 6. die oben XVII. Kp., Anm. 10 zitiert wurde.
3 «*Geistlicher Gesang*», XI. Str., S. 84
4 Ebda. S. 86
5 I Kor 13, 12.
6 «*Geistlicher Gesang*», 36.–40. Str., S. 271
7 Ebda. 36. Str., S. 272
8 Ebda. 36. Str., S. 275–76
9 Ebda. S. 276

XIX. DER RIESE IM SCHLAF

1 Zisterzienserbrevier, Hymnus der Laudes
2 Joh 14, 9; 10, 30.
3 Hebr 1, 2.
4 Joh 1, 12.
5 Joh 6, 58.
6 «*Geistlicher Gesang*», S. 86
7 «*Aufstieg*», II. Bch., 20. Kap., S. 206
8 «*Geistlicher Gesang*», 37. Str., S. 278–9
9 Ebda. S. 279
10 Eph 3, 8–9.
11 «*Geistlicher Gesang*», 37. Str., S.281
12 Ebda. S. 279
13 Ebda. S. 278
14 Ebda. 39. Str., S. 293
15 Ebda. S. 294–5
16 Ebda. 37. Str., S. 283
17 Lukas 2, 51.
18 «*Lebendige Liebesflamme*», 4. Str., S. 130–31 und S. 133

ANHANG: BIOGRAPHISCHE NOTIZEN

1 Apostelg 17, 34.
2 *Oeuvres de Ruysbroeck l'Admirable*, Brüssel 1935, 2. Bd., S. 16

THOMAS MERTON

Sohn eines englischen Malers und einer amerikanischen Quäkerin, wurde am 31. Januar 1915 an der spanisch-französischen Grenze geboren. 1916 übersiedelte die Familie nach Amerika. Nach dem Tode seiner Mutter nahm ihn sein Vater auf seine Studienreisen nach Frankreich, England und Italien mit. Merton besuchte das Clare College in Cambridge und später, nach dem Tode seines Vaters, die Columbia Universität in New York. Er beschäftigte sich vor allem mit moderner Literatur und Kunst. Seine Auseinandersetzung mit dem Kommunismus, mit indischer und christlicher Mystik und vor allem die Begegnung mit dem Werk von Gilson, Blake und Hopkins führten ihn zum Christentum zurück. Dreiundzwanzigjährig ließ er sich taufen und trat 1941 in die Trappistenabtei in Gethsemani (Kentucky, USA) ein. Hier entstanden seine wichtigsten Werke.

Die Werke

NATURE AND ART IN WILLIAM BLAKE 1938

THIRTY POEMS 1943

A MAN IN THE DIVIDED SEA 1946

WATERS OF SILOE 1948

FIGURES FOR AN APOCALYPSE 1948

EXILE ENDS IN GLORY 1948

THE SEVEN STOREY MOUNTAIN 1949
[Der Berg der sieben Stufen]

SEEDS OF CONTEMPLATION 1950

THE ASCENT TO TRUTH 1951
[Der Aufstieg zur Wahrheit]

THE SIGN OF JONAS 1952